Kunst-Reiseführer in der Reihe DuMont Dokumente

Zur schnellen Orientierung – die wichtigsten Orte Kataloniens auf einen Blick (die Schreibweise nennt zuerst den katalanischen Namen, in Klammern folgt der spanische; s.a. das Vorwort)

(Auszug aus dem ausführlichen Ortsregister S. 357)

In der vorderen Umschlagklappe: Übersichtskarte von Katalonien

In der hinteren Umschlagklappe: Umgebung von Barcelona

In Barcelona

Fritz René Allemann
Xenia v. Bahder

Katalonien

und Andorra

DuMont Buchverlag Köln

Auf der Umschlagvorderseite: Tossa de Montbui, Kirche Santa Maria

Auf der vorderen Umschlagklappe: Girona, Diözesan-Museum: Detail des Schöpfungsteppichs; Sinnbild des Monats März

Auf der hinteren Umschlagklappe: Girona, Kreuzgangskapitell: Zwei Zimmerleute

Auf der Umschlagrückseite: Sant Pere de Roda

5., durchgesehene und aktualisierte Auflage 1988

Repro: ORZ, Düsseldorf, und Litho Köcher, Köln
Druck: Rasch, Bramsche
Buchbinderische Verarbeitung: Bramscher Buchbinder Betriebe

Printed in Germany ISBN 3-7701-1102-8

Inhaltsverzeichnis

Vorwort *(Bitte nicht überschlagen!)*

Wer sich einem gedruckten Führer anvertraut, möchte gerne wissen, was er zu erwarten hat und nach welchen Gesichtspunkten der Stoff ausgewählt ist. Auskunft darüber sollen diese kurzen Vorbemerkungen geben.

1. Der vorliegende Band ist in erster Linie für den Einzelreisenden bestimmt, der die Kunstlandschaft Kataloniens mit dem eigenen (oder dem an Ort und Stelle gemieteten) Wagen erkunden möchte. Wenn er sich konsequent an den Bedürfnissen des Autofahrers orientiert, dann hat das nichts mit Snobismus zu tun, sondern einfach damit, daß viele katalanische Kunstschätze mit anderen Verkehrsmitteln nur schwer zu erreichen sind – selbstverständlich abgesehen von denen, die in den Städten besichtigt werden können.

2. Wir legen das Schwergewicht bewußt auf die großen Epochen der katalanischen Vergangenheit, von der römischen Antike bis zum Ausgang des Mittelalters. Die Werke der späteren Zeit – auch die der überaus lebendigen und international eminent fruchtbar gewordenen Moderne – sind demgegenüber nur am Rande gestreift worden. Diese Akzentsetzung hat gewiß auch mit durchaus subjektiven Neigungen der Verfasser zu tun. Sie rechtfertigt sich jedoch auch sachlich, weil Katalonien geschichtlich durch die römische Herrschaft geprägt, in der romanischen Kunst erstmals zu großer (und später nie mehr übertroffener) schöpferischer Eigenleistung erwachsen ist und dann nach der Blüte einer gleichfalls recht selbständig verarbeiteten Gotik jählings – zusammen mit dem Verlust seiner politischen Eigenständigkeit – in provinzielle Bedeutungslosigkeit zurücksank. Was sich im späten 19. Jahrhundert herausbildete, muß wohl als ein neuer Ansatz und nicht als ein Rückgriff auf die abgebrochene Kontinuität angesehen werden; seine angemessene Würdigung bedürfte daher einer eigenen Studie.

3. Auch im Hinblick auf die Epochen, denen unsere Aufmerksamkeit in erster Linie gilt, müssen wir uns nicht nur aus Gründen des Umfangs mit manchen Lücken abfinden. Insbesondere ist es uns versagt gewesen, etwa archäologische Fundstätten oder jene (teilweise sehr bedeutenden) abgelegenen Klöster und Kirchen aufzusuchen, die nur nach längeren Fußmärschen oder äußerstenfalls mit dem Geländewagen zu erreichen sind. Wir sind darum auf diese Sehenswürdigkeiten auch nicht eingegangen.

4. Öffnungszeiten von Museen, Ausgrabungsstätten oder Kirchen unterliegen zahlreichen Schwankungen teils je nach der Jahreszeit, teils aus nicht näher bezeichneten Gründen. Wir haben sie darum im Einzelfall nur dort ausdrücklich angeführt, wo sie vom normalen Usus (s. gelbe Seiten) abweichen. Andererseits bemühen wir uns soweit wie möglich um exakte Angaben darüber, wo man sich die Schlüssel zu üblicherweise verschlossenen Sehenswürdigkeiten besorgen kann. Aber begreiflicherweise kann sich auch das einmal ändern; für Hinweise darauf – wie überhaupt für jede sachliche Ergänzung oder Korrektur – sind Verfasser und Verlag immer dankbar.

Bei der Arbeit an diesem Führer ist uns die Hilfe von so zahlreichen Persönlichkeiten und Stellen zuteil geworden, daß wir sie unmöglich an dieser Stelle einzeln nennen können; ihnen allen gilt unser Dank für die Liebenswürdigkeit, mit der sie uns unsere Aufgabe erleichtert haben, und für die wertvollen Auskünfte und Ratschläge, die wir empfangen durften.

Kleinrinderfeld bei Würzburg

Fritz René Allemann
Xenia v. Bahder

Vorwort zur Neuausgabe

Obwohl seit der ersten Auflage nur fünf Jahre vergangen sind, sind in Katalonien seither so viele Veränderungen vor sich gegangen, daß eine gründliche Überarbeitung unseres Führers wünschenswert scheint. Vor allem drängte es sich auf, die Namen von Ortschaften und Institutionen jetzt grundsätzlich in ihrer katalanischen Schreibweise wiederzugeben – auch dort, wo wir früher die international gebräuchlicheren spanischen (kastilischen) Formen verwendet haben. Denn wer heute in Katalonien reist, wird nur noch ausnahmsweise (etwa auf den Autobahnen, die nach wie vor der zentralen Administration unterstehen) der bisher gewohnten Orthographie begegnen. Auf fast allen Wegweisern heißt Gerona jetzt Girona, wird statt Lérida nun Lleida geschrieben; da schien es angemessen, uns diesem Gebrauch konsequenter als zuvor anzuschließen. Auf die spanischen Namen wird aber überall, wo es angebracht schien, bei der ausführlicheren Darstellung der einzelnen Orte oder Einrichtungen verwiesen.

Teil I: Hintergründe

Ramon Muntaner (1265–1336), der berühmteste Chronist des mittelalterlichen Kataloniens. (Nach: Ferran Soldevila, ›Sintesis de Historia de Cataluña‹, Barcelona 1973)

Annäherung an Katalonien

Der Schauplatz

Das Wort Katalonien kann mancherlei bedeuten, je nachdem, welchen Aspekt – den geographischen, den historischen, den politisch-administrativen oder den ethnisch-linguistischen – es anvisiert. Die heute gängigste und gewiß am wenigsten problematische Definition bezieht sich auf jenes Teilgebiet des gegenwärtigen spanischen Staates, das zwischen den Pyrenäen, dem Mittelmeer und dem Unterlauf des Ebros ein annäherndes Dreieck bildet, territorial in die vier Provinzen Gerona, Barcelona, Tarragona und Lérida aufgegliedert ist und auch etwa (mit einem zunehmend außer Gebrauch gekommenen Begriff) als 'das Prinzipat' bezeichnet wird. Das entspricht jenem Bereich, dem einst die spanische Republik zwischen 1931 und 1939 den Status einer autonomen Region eingeräumt hatte und der auch in der neuen demokratischen Monarchie diesen Status aufs neue bereits erhalten hat oder doch in allernächster Zukunft erhalten soll (vgl. a. die Karte in der vorderen Umschlagklappe).

Alles in allem, wenngleich nicht schematisch, bewegt sich auch der vorliegende Führer in diesem Rahmen. Er tut das schon aus praktischen Gründen, um den Band nicht über Gebühr anschwellen zu lassen. Immerhin muß gleich eingangs daran erinnert werden, wie weit der katalanische Geschichts- und Kulturraum über das Prinzipat hinausgreift. So bildete nördlich der Pyrenäen das Roussillon bis um die Mitte des 17. Jahrhunderts, als es an Frankreich abgetreten werden mußte, einen integralen Bestandteil des katalanischen Teil-Staates im Verband der aragonesischen Monarchie, und zumal in dessen künstlerischer Entwicklung kam ihm sogar lange Zeit eine führende Rolle zu; es war also unerläßlich, diesem Stück katalanischen Kernlandes wenigstens im Vorbeigehen ein paar Blicke zu widmen. Anderseits konnten sich die Autoren auch einen Hinweis auf Andorra nicht versagen. Zwar ist die winzige Gebirgsrepublik seit erheblich mehr als einem halben Jahrtausend ihren eigenen politischen Weg gegangen. Aber sie hat sich doch immer am katalanischen Schicksal beteiligt gefühlt und über lange Zeit hinweg der sonst aus dem öffentlichen Leben verbannten Sprache ein offizielles Refugium bereitet. Nicht gerechtfertigt schien es dagegen, auch das einstige Königreich Valencia und die Inselwelt der Balearen in die Betrachtung einzubeziehen. Obwohl beide mehrheitlich oder gar überwiegend zum katalanischen Sprachgebiet gehören, müssen sie doch politisch wie kulturell, ja selbst ethnisch als Regionen eigenen Charakters betrachtet werden, die sich denn auch gegen 'großkatalanische' Ansprüche oder Versuchungen von Barcelona her recht energisch zur Wehr setzen.

Das eigentliche Katalonien, das Prinzipat also, mit seinen 32000 Quadratkilometern etwa so groß wie Belgien, muß vor allem als ein kräftig ausgebildetes Bergland begriffen werden, das sich von der Küste landeinwärts und von Süden nach Norden stufenweise immer höher türmt und auf dem Dach der Pyrenäen ausgesprochen alpinen Charakter annimmt. Dieser ost-westlich verlaufenden, die Grenze zu Frankreich bildenden Kette ist parallel eine zweite – die der sogenannten Vorpyrenäen – vorgelagert, vom Hochgebirge geschieden durch die Oberläufe des Fluvià, des Ter und des Segre, aber doch in manchen Gipfeln noch mehr als 2000, in der Sierra del Cadí gar mehr als 2600 Meter hoch. Der Küste entlang zieht sich, von den Durchbrüchen der Flüsse aus dem Hinterland immer wieder in einzelne Blöcke zerschnitten, die Cordillera Costera südwestwärts; wenn ihre höchsten Erhebungen im Montnegre keine 800 m.ü.M. erreichen, so wirkt sie doch wesentlich imposanter, weil sie direkt aus dem Mittelmeer oder doch gleich hinter einem schmalen Küstensaum aufsteigt (der Tibidabo etwa, Barcelonas berühmter Aussichtsberg, dominiert mit seinen nur 512 Metern Höhe den ganzen Bereich um die Hafen-Metropole). Gegen das Hinterland zu, von der Küstenkordillere nur durch den rund 150 Kilometer langen, knapp 10 Kilometer breiten tektonischen Graben des katalanischen Längstals (der *Depresión Prelitoral*) getrennt, wächst die ungleich massigere Binnenkette auf, im Norden bis über 1500, im zentralen Massiv des Montseny bis über 1700, im Montserrat immer noch auf mehr als 1200 Meter über Meer ansteigend.

Zwischen diesen Gebirgssystemen bleibt nur wenig Raum für einigermaßen ausgedehnte Flächen. Sie finden sich eigentlich nur an zwei Stellen: im Ampurdán zwischen den letzten Ausläufern der Pyrenäen und den ersten zur Küstenkordillere gehörenden Anhöhen und im Inlandsbecken von Lérida. Die Flußtäler sind überwiegend tief eingeschnitten und erweitern sich nur selten zu fruchtbaren, als Pla, Plana oder auch Concha bezeichneten Mulden. Die meisten dieser Flüsse haben von den Pyrenäen zum Mittelmeer nur einen verhältnismäßig kurzen Weg zurückzulegen; eine Länge von über hundert Kilometern erreichen nur der Ter, der einen weiten Bogen nach Westen und Süden schlägt, bevor er ostwärts zur Küste durchbricht, der geographisch wie historisch als Scheidelinie bedeutsame Llobregat und vor allem der Segre, der mit seinen zahlreichen Nebenflüssen den Hauptteil des katalanischen Hinterlandes zum Ebro hin entwässert. Die vielen Wasserläufe mit ihrem starken Gefälle haben schon früh die Entwicklung von Gewerbe begünstigt; die vielfach schluchtenartigen Verengungen ihrer Rinnen luden zur Anlage zahlreicher Talsperren und großer Staubecken ein, die heute der katalanischen Industrie eine reichliche Versorgung mit Elektrizität sichern.

Infolge seines ausgeprägten orographischen Profils zerfällt Katalonien in eine beträchtliche Zahl relativ enger und in der Vergangenheit voneinander ziemlich isolierter Kleinlandschaften. Auch heute noch, unbekümmert um die so viel besser gewordenen Verkehrsverbindungen, werden diese *Comarcas* als eine natürliche Realität empfunden; große, von einer katalanischen Bank gestiftete Tafeln an den Hauptstraßen informieren den Autoreisenden allenthalben darüber, in welcher Comarca er sich befindet, und vermitteln ihm die wichtigsten Daten über diese offiziell gar nicht existierenden und doch höchst lebendigen

Gebilde, die erst jetzt im Rahmen der wiedergewonnenen katalanischen Autonomie auch wieder administrative Bedeutung erlangen sollen. Die amtliche Provinzeinteilung des Landes dagegen, im 19. Jahrhundert nach dem Muster der französischen Départements reichlich artifiziell zurechtgeschneidert, ist dem Volk demgegenüber immer fremd geblieben: es sieht in ihr nichts als Herrschaftsinstrumente des Madrider Zentralismus, dazu bestimmt, den alten und als einzig relevant empfundenen Zusammenhang des Landes aufzulösen: jene katalanische Einheit, die als der wahrhaft nationale Bezugspunkt über der Vielfalt der Comarcas und ihrer nachbarschaftlichen Vertrautheit begriffen wird.

Dem Autotouristen mag die recht bewegte Bodengestaltung manchmal einigermaßen beschwerlich vorkommen, wenn er – abseits der paar Autobahn-Äste – auch auf den großen Durchgangsrouten angesichts der kurvenreichen Straßen mehr Zeit zur Bewältigung selbst bescheidener Entfernungen braucht, als er sich das zu Hause beim Blick auf die Karte ausgerechnet hatte. Und doch lohnt es sich durchaus, das Tempo zu drosseln. Denn Katalonien ist ein wunderschönes Land, von einer da und dort idyllischen, meist aber eher dramatischen Schönheit, die ohne Hast wahrgenommen und genossen werden will. Das liegt nicht nur an der faszinierenden Verschiedenartigkeit der kleinen, aus Bergen und Tälern gefügten Landschaftskammern, sondern auch daran, daß diese Region als Ganzes, bei allen Unterschieden zwischen ihren diversen klimatischen Zonen, doch viel eher zum grünen als zum dürren Spanien gehört. Außerhalb einiger Trockenzonen in den Inlandsbecken und in einzelnen Küstenbereichen genießt es neben anderen mediterranen Ländern den Vorteil reichlicherer Niederschläge. Sie verteilen sich vor allem auf die Frühjahrs- und Herbstmonate; während der langen, nur gelegentlich von heftigen Gewittern unterbrochenen Trockenperiode sorgt mancherorts ein Netz künstlicher Bewässerung für das Gedeihen der landwirtschaftlichen Kulturen.

Auch diese zeichnen sich durch eine bemerkenswerte Vielfalt aus: ihre Skala reicht von Kartoffeläckern im Norden über Getreidefelder und (in einigen Mündungsgebieten der Flüsse) Reispflanzungen bis zu ausgedehnten Weinbergen, Olivenhainen und Fruchtgärten. Allerdings leidet diese an sich höchst gesunde, überwiegend von Kleinlandwirten oder Kleinpächtern *('Rabassaires')* betriebene Polykultur unter den meist eher kargen Böden; daß die Katalanen es fertigbrächten, 'aus Steinen Brot' zu machen, bescheinigt ihnen bezeichnenderweise ein kastilischer Spruch. Anderseits haben die Landwirte hierzulande schon zu einer Zeit, da dergleichen im übrigen Spanien noch ganz unbekannt war, die natürlichen Nachteile durch ein hochentwickeltes Genossenschaftswesen auszugleichen gelernt. Und schon im 18. Jahrhundert setzte hier der Prozeß der Industrialisierung ein, dem diese Region ihre außerordentliche Anziehungskraft auf Spanier anderer Herkunft verdankt: der industrielle Vorsprung von mehr als hundert Jahren vor dem übrigen Spanien – mit alleiniger Ausnahme des Baskenlandes – hat den Reichtum Kataloniens begründet und damit auch entscheidend zum kraftvollen Selbstbewußtsein und zur Selbstbehauptung eines Volkes beigetragen, dem in der großen Zeit des Nationalstaates die Chance der politischen Verwirklichung in einem unabhängigen Gemeinwesen versagt blieb, das innerhalb eines fremden oder von fremden Kräften geprägten Staates leben muß und das doch seine Eigenart auch über Zeiten der Entfremdung oder gar Unterdrückung hinweg zäh zu wahren verstand.

Das Volk

Unter diesen 'nationalen Minderheiten' Westeuropas bilden die Katalanen, wenn man darunter die Gesamtheit der geschlossen siedelnden Volksgruppe katalanischer Sprache verstehen will, zweifellos die größte: sechs bis sieben Millionen. Und zum mindesten die Bevölkerung des Prinzipats als Hauptträger der katalanischen Tradition hat wohl auch von allen ethnisch-linguistischen Minoritäten dieses Bereichs die größte Vitalität und damit die größte Fähigkeit zum Überleben auch unter schwierigen Bedingungen bewiesen. Das hängt sicher mit der zahlenmäßigen wie mit der ökonomischen Stärke zusammen. Beide Faktoren aber konnten vor allem dadurch wirksam werden, daß eine breite und solid begründete bürgerliche und intellektuelle Schicht die katalanische Sache zu ihrer eigenen machte und wenigstens in ihrer Mehrheit dem Widerstand gegen die Assimilation ans herrschende spanische (d.h. kastilische) Wesen entschiedenen Rückhalt lieh. Weder im Baskenland, wo die wirtschaftlich dominierende Klasse in Industrie und Hochfinanz dem kulturellen Einfluß Madrids völlig erlag, noch gar in Galicien, das überhaupt kaum ein autochthones Bürgertum hervorbrachte, gab es etwas Vergleichbares – und vollends im benachbarten Frankreich hat sich die nationale Bourgeoisie seit der großen Revolution völlig mit dem jakobinischen Zentralismus identifiziert und nach Kräften an der fortschreitenden Zerstörung der okzitanischen, bretonischen, elsässischen und nicht zuletzt (im Roussillon) auch der katalanischen Eigenständigkeit mitgewirkt.

Diese charakteristische Einstellung des katalanischen Bürgertums fällt um so schwerer ins Gewicht, als die katalanische Gesellschaft schon vor Beginn der modernen Industrialisierung bürgerlich geprägt erscheint. Von bürgerlicher Lebens- und Geisteshaltung zeugen auch jene Qualitäten, die gerade spanischen Autoren des 17. und 18. Jahrhunderts an den Katalanen besonders bemerkenswert erscheinen: Arbeitsamkeit, Zuverlässigkeit, Zähigkeit, hochentwickelter Erwerbssinn und ellbogenkräftiger Egoismus. Und niemand hat den Unterschied zur Mentalität des typischen Spaniers exakter formuliert als der Autor eines Lexikons, das 1846 in Madrid erschien: die Katalanen, betont er, glaubten sich »durch die Ausübung von Fertigkeiten und durch berufliche Tätigkeit nicht zu erniedrigen, sondern sie betrachten diese vielmehr als Ehre«.

All diese Charakterzüge lassen sich wohl am besten auf die Formel eines handfesten Realismus bringen. Die katalanische Sprache hat dafür ein Wort, das gern als Schlüsselbegriff für die katalanische Mentalität überhaupt verwendet wird: '*seny*' dürfte wohl ziemlich exakt dem englischen Ausdruck *common sense* entsprechen. Um zu verstehen, was damit gemeint ist, braucht man sich nur etwa an die ganz unterschiedliche Reaktion der Katalanen und der Basken auf die systematische Benachteiligung ihrer eigenen Kultur durch das

Franco-Regime zu erinnern: während der baskische Widerstand sich in einer verzweifelten Zuflucht zur Gewalttätigkeit äußerte, lagen solche Methoden den Katalanen im allgemeinen völlig fern. Sie erwehrten sich der Pressionen, denen sie sich ausgesetzt sahen, mit einem viel weniger dramatischen, aber letzten Endes wohl wirksameren Gegendruck, indem sie den autoritären Staat einfach unterliefen und ihm Schritt für Schritt, in fast unmerklichen Etappen, die zunächst verweigerten Konzessionen abrangen.

Eine sehr wichtige Unterstützung wurde ihnen dabei durch die großen Scharen der Einwanderer aus anderen Teilen Spaniens zuteil. Katalonien ist wohl der einzige Fall einer minoritären Volksgruppe, die eine fast unwiderstehliche Assimilationkraft auch auf die Angehörigen des eigentlichen Staatsvolks ausübt – etwa auf die Massen der Quasi-Gastarbeiter aus ärmeren Landesteilen, vor allem aus Murcia und aus Andalusien. Für die Neubürger, die hier das Auskommen suchten, das ihnen ihre eigene Heimat nicht bieten konnte, war die Integration ins Katalanentum – mochte dieses auch von den Machthabern noch so mißtrauisch betrachtet werden – ein erstrebenswertes Ziel, weil sie als Kennzeichen sozialen Aufstiegs erschien. Und was das bedeutet, kann man erst ermessen, wenn man sich vor Augen führt, daß heute mehr als die Hälfte der Einwohner Barcelonas aus nicht-katalanischen Provinzen stammt. Eben weil die katalanische Kultur immer eine außerordentliche Fähigkeit zur Einschmelzung fremder Elemente an den Tag gelegt hat, fühlten sich ihre Verfechter nie in gleicher Weise durch den Zustrom der Hunderttausende von Immigranten bedroht wie etwa die Basken: sie sahen sich daher auch nicht gezwungen, sich in ihrem engen Lebenskreis einzuigeln oder mit dem typischen Chauvinismus der notorisch Unterlegenen auf ihre Situation zu reagieren.

Das mag auch damit zusammenhängen, daß das Katalanentum selber aus vielfältigen ethnischen Wurzeln erwachsen ist: aus iberischen und keltischen, griechischen und römischen, denen sich später – in freilich eher bescheidenem Umfang – Westgoten, Araber, Franken hinzugesellt haben. Nicht umsonst hat einer der bedeutendsten katalanischen Historiker unserer Zeit, Jaume Vicens i Vives, seine Landsleute als »eine Frucht aus vielerlei Samen«, ja als »kulturelle und biologische Mestizen« bezeichnet. Freilich sollte man die Rolle dieser so sehr gemischten Ursprünge nicht allzu hoch einschätzen: der Charakter eines Volkes wird sicher weniger von seiner biologischen Substanz als von seinem geschichtlichen Schicksal und von den historisch gewordenen, aber eben deshalb wandelbaren gesellschaftlichen Strukturen bestimmt. Auch unter diesem Aspekt jedoch scheint das katalanische Volk – wir werden darauf bald noch bei unserem historischen Rückblick zurückkommen – durch eine Offenheit nach außen gekennzeichnet, die sich in einer langen maritimen, kommerziellen und (im Spätmittelalter) imperialen Entwicklung herausgebildet hat. Auf die formativen Jahrhunderte der Nationalität geht der intime Kontakt mit dem transpyrenäischen Kerneuropa zurück, der für das katalanische Selbstverständnis so bedeutsam geworden ist: in einer viel elementareren Weise als irgendwo sonst in Spanien fühlt man sich hier als integrierender Teil und keineswegs als bloßes Anhängsel (oder gar als Widerpart) der europäischen Kulturgemeinschaft.

Die Sprache

Über die Sprache der Katalanen kursieren noch immer die eigentümlichsten Mißverständnisse und Fehlinformationen. Den einen gilt das *Català* ganz einfach als ein Dialekt des Spanischen. Die anderen versichern, es handle sich um ein mit französischen Worten versetztes Spanisch. Solche Urteile (oder besser Vorurteile) sind zwar absurd, aber ihre Verbreitung ist keineswegs zufällig: sie spiegeln nur die Vorstellungen wider, die von Propagandisten und Apologeten des spanischen Zentralstaates systematisch in die Welt gesetzt wurden, um das Katalanische wie alle anderen *'lenguas vernaculares'* innerhalb des spanischen Staates zu diskreditieren (das Wort *'vernacular'* enthält einen ähnlich herabwürdigenden Unterton wie der deutsche Begriff *'provinziell'*). Tatsächlich hat sich das offizielle Spanien nicht erst unter der Herrschaft Francos weidlich bemüht, alle diese *'Provinzsprachen'* – auch das Baskische und das mit dem Portugiesischen eng verwandte Gallego – auf das Niveau bloßer Mundarten hinabzudrücken, die höchstens der Verständigung von Ungebildeten untereinander dienen könnten, deren Verschwinden aber im Interesse der sakrosankten 'Einheit Spaniens' dringend erwünscht wäre.

Diesem hartnäckig seit dem 18. Jahrhundert verfolgten Ziel der linguistischen Vereinheitlichung Spaniens dienten neben den direkten Methoden administrativen Zwanges auch subtilere Mittel. Zu ihnen gehörten die pseudo-wissenschaftlich untermauerten Zweck-Thesen, die dem Katalanischen seinen Rang als eigenständiger Zweig der romanischen Sprachenfamilie streitig machen, seine Wiederbelebung und Vereinheitlichung unter dem Impuls der kulturellen *Renaixença* als bloßes Kunstprodukt eines anti-spanischen (*'separatistischen'*) Ressentiments darstellen wollten. Daß dieser Feldzug jedenfalls im Ausland nicht ohne Effekt geblieben ist, geht aus Fehlinformationen wie den oben angeführten hervor – und vielleicht auch daraus, daß bis heute kein deutscher Verlag ein Wörterbuch oder eine Grammatik des Katalanischen herausgebracht hat; mehrere Publikationen dieser Art sind jedoch neuerdings in Barcelona erschienen.

Solche Vernachlässigung muß um so mehr befremden, als es sich beim Katalanischen ohne Zweifel um eine der bedeutenden Kultursprachen Europas handelt. Dies schon rein quantitativ: mehr Menschen sprechen katalanisch als etwa dänisch, finnisch oder norwegisch. Ihre Zahl wird auf sechs bis sechseinhalb Millionen geschätzt (zuverlässige statistische Angaben über die Muttersprachen sind weder in Spanien noch in Frankreich verfügbar). Rund 200 000 davon leben im französischen Roussillon, etwa 20 000 im näheren Umkreis der sardinischen Stadt Alghero, knapp 7000 in Andorra, alle anderen in Spanien: im eigentlichen Katalonien, im Küstengebiet der valencianischen Provinzen, in gewissen aragonesischen Grenzdistrikten und auf den Balearen.

Entscheidend für den Rang einer Sprache ist allerdings nicht allein die Zahl derer, die sich ihrer im täglichen Leben bedienen, sondern auch und vor allem die Frage nach dem Gewicht der literarischen und wissenschaftlichen Leistung, die in ihr erbracht worden ist. Auch in dieser Hinsicht braucht das Katalanische keinen Vergleich zu scheuen. Nach den erhaltenen Denkmälern zu schließen, dürfte es sich etwa gleichzeitig wie die anderen ibero-romani-

Ramon Llull (1235–1316). (Archivo Cuyás, Barcelona)

schen Sprachen von der Vorherrschaft des Lateinischen emanzipiert haben: im 12. Jahrhundert. Von seiner frühen Entwicklung zur Selbständigkeit zeugt allein schon die Tatsache, daß ihm die älteste Grammatik eines modernen Idioms gewidmet war, die wir überhaupt kennen: ihr Autor, Ramon Vidal aus Besalú, ist schon 1210 gestorben. Und annähernd zu der gleichen Zeit, da Dante dem Italienischen seine gültige Form verlieh, brachte die damals bereits in voller Blüte stehende katalanische Literatur ihren ersten großen Klassiker hervor: den welterfahrenen Franziskanerpater, vielseitigen Dichter und Philosophen Ramon Llull (lat. Raimundus Lullus), dessen Wirkung als Denker noch bis in die Neuzeit hinein faßbar wird. Daß Llull aus Mallorca stammte und die Meister der späteren katalanischen Lyrik, Ausiàs March und Jordi de Sant Jordi, Valencianer waren, demonstriert nur, wie sehr die katalanischen Länder unter der aragonesischen Krone wenn nicht eine politische, so doch jedenfalls eine machtvolle kulturelle Einheit bildeten; daß das Katalanische innerhalb dieser monarchischen Quasi-Föderation nicht nur gleichberechtigt neben dem Aragonesischen (bzw. dem früh in Aragon heimisch gewordenen Kastilianischen) stand, sondern bis ins 15. Jahrhundert hinein eine beherrschende Rolle spielte, ergab sich allein schon aus der wirtschaftlichen Vormacht der Barceloneser Händler-Aristokratie.

Daß der frühen sprachlichen und literarischen Reife eine lange Ära der Dekadenz folgte, hing wesentlich mit den politischen Veränderungen zusammen, auf die im nächsten Kapitel einzugehen sein wird: zuerst mit dem Übergang der aragonesischen Krone an die kastilische Dynastie der Trastámara, dann mit der Vereinigung der spanischen Teilkönigreiche unter der immer ausgeprägteren Hegemonie Kastiliens. Auch wenn die spanischen Könige aus dem Hause Habsburg insgesamt die Sonderrechte der Regionen nur sehr vorsichtig einschränkten, war es unvermeidlich, daß die Sprache des kastilisch geprägten Hofes auch in den anderssprachigen Gebieten mehr und mehr Boden gewann, zuerst beim Adel, dann in wachsendem Maße auch in der bürgerlich-städtischen Gesellschaft. Mit dem Machtantritt der Bourbonen schließlich und der Niederwerfung des katalanischen Widerstandes gegen deren Herrschaft machte diese spontane Expansion der nunmehrigen spanischen Staatssprache einer bewußten und systematischen Verdrängung des Katalanischen zuerst aus dem öffentlichen Leben, dann auch aus Schule und Kirche Platz.

In dem Erlaß Philipps V. vom 16. Januar 1716, der als *Decreto de Nueva Planta* bezeichnet wird und das völlige Ende jeder katalanischen Autonomie besiegelte, wurde das Kastilianische zur ausschließlichen Amts- und Gerichtssprache erhoben. Schon damals hatten die kastilischen Berater des Monarchen noch weitergehende Maßnahmen empfohlen, so den Ausschluß aller katalanischen Bücher aus dem Unterricht, das Verbot der Verwendung dieser Sprache »in Wort und Schrift« an den Schulen und ganz besonders eine Anweisung, nach der »die christliche Lehre auf kastilianisch erteilt und erlernt werden« müsse. Hatte der erste Bourbonen–Monarch von diesem Schritt noch abgesehen, so ordnete sein Sohn Karl III. ein halbes Jahrhundert später (1768) tatsächlich die Einführung des *Castellano* als alleinige Unterrichtssprache auf allen Stufen der öffentlichen Lehranstalten an, in der ausdrücklichen Absicht, »das allgemeine Idiom der Nation zu verbreiten«.

Unter solchen Umständen wurden begreiflicherweise katalanische Bücher immer seltener geschrieben und noch seltener gedruckt – und das bedeutete nichts anderes, als daß die einstige Hochsprache tatsächlich fast nur noch als Umgangssprache der unteren Klassen am Leben blieb, sich mehr und mehr in verschiedene Mundarten auffächerte und zudem durch das fortschreitende Eindringen kastilianischer Wendungen auch in diese Dialekte viel von ihrem authentischen Charakter einbüßte. So schien ihr fast unvermeidlich das gleiche Schicksal vorgezeichnet, dem schon lange zuvor andere ibero-romanische Sprachformen wie etwa das Leonesische und das Aragonesische erlegen waren: das allmähliche Aufgehen in der Einheitssprache der Gebildeten auf der einen, das Absinken zum 'Bauernspanisch' auf der anderen Seite.

Schon in der ersten Hälfte des 19. Jahrhunderts aber begann sich das Blatt zu wenden. Als Bonaventura Carles Aribau – ein Autor, der sich bis dahin so gut wie ausschließlich des Spanischen bedient hatte – 1833 in der bis dahin mißachteten Sprache seiner Heimat eine 'Ode an das Vaterland' (nämlich das katalanische) veröffentlichte, war dies der Markstein für den Beginn des Prozesses, der als *Renaixença*, als katalanische Renaissance, in die Kulturgeschichte eingegangen ist. Unter dem Einfluß der Romantik, nicht zuletzt der deutschen, begannen die Katalanen ihre eigene halb vergessene Geschichte und Kultur aufs neue zu entdecken. Was als Bewegung innerhalb einer kleinen Elite begonnen hatte, gewann in der zweiten Jahrhunderthälfte zunehmend breitere Wirksamkeit. Die Wiederbelebung

Pompeu Fabra (1868–1948). (Nach: Ferran Soldevila: ›Resum d'Historia dels Països Catalans‹, Barcelona 1975)

der *Jocs Florals*, der als 'Blumenspiele' bekanntgewordenen mittelalterlichen Dichter-Wettbewerbe (1859) bezeichnete eine wichtige Etappe auf dem Weg zur Wiederaufwertung des *Català* als Literatursprache. Und sein Durchbruch war nicht länger aufzuhalten, als der große Linguist Pompeu Fabra mit der Vereinheitlichung der volkstümlichen Dialekte und der Reinigung des Idioms von kastilianischen Beimischungen den Katalanen ein Instrument des Ausdrucks zur Verfügung stellte, das nicht nur allen künstlerischen Bedürfnissen, sondern auch denen der modernen Wissenschaften entsprach.

Nur für kurze Zeit allerdings war dieser wiedergeborenen Sprache die freie Entfaltung vergönnt – erstmals in den Jahren der *Mancomunidad* (vgl. S. 60), später noch einmal in jenem autonomen Katalonien, das sich im Verband der spanischen Republik zwischen 1931 und 1939 konstituieren konnte. Dem großartigen Aufschwung des katalanischen Verlagswesens wie der Presse, der sich in diesen Jahren ereignete, bereitete selbst der Sieg der Franco-Truppen im Bürgerkrieg, die erneute Ausschaltung der einheimischen Sprache aus jeglichem Amtsverkehr wie aus der Schule und sogar das mehrjährige Verbot aller katalanischen Veröffentlichungen nicht mehr als einen zeitweiligen Rückschlag. Obwohl das Katalanische bis über den Tod Francos hinaus für fast vier Jahrzehnte aus dem staatlichen Unterrichtswesen verbannt blieb und auch keine Tageszeitungen in dieser immer noch mit äußerstem Mißtrauen betrachteten Sprache zugelassen wurden, nahm die Buchproduktion mit fortschreitender Liberalisierung des autoritären Regimes aufs neue rapid zu, und private Sprachkurse suchten das Manko der öffentlichen Lehranstalten wenigstens einigermaßen auszugleichen. In den letzten Jahren der Diktatur gab es sogar bereits Ansätze zur Unterstützung derartiger Bestrebungen durch amtliche Stellen – wie die Provinzverwaltung von Barcelona –, und selbst in den Staatsschulen kam es da und dort, mit Billigung der Elternvertretungen oder sogar auf deren ausdrücklichen Wunsch, zur halb heimlichen, halb von den Behörden tolerierten Einführung des Katalanischen als Unterrichts*gegenstand*, wenn auch nicht als Unterrichts*sprache*. Inzwischen hat das neue AutonomiestatutKataloniens im Rahmen der wiederhergestellten spanischen Demokratie dieser Sprache in aller Form ihren offiziellen Status zurückgegeben, und demgemäß wird heute den Schulen auch wiederum die perfekte katalanisch-kastilianische Zweisprachigkeit als Lehrziel gesetzt.

Wie viel dabei nachzuholen ist, geht aus (selbstverständlich inoffiziellen) Umfragen hervor, die noch vor wenigen Jahren veranstaltet worden sind. Sie haben ergeben, daß sich selbst von den Einwohnern mit katalanischer Muttersprache nur eine Minderheit imstande fühlt, diese eigene Sprache auch zu lesen, geschweige denn selber zu schreiben. Um so erstaunlicher mutet angesichts dieser Tatsache schon allein der *Umfang* der katalanischen Buchproduktion an, der an die tausend Veröffentlichungen jährlich erreicht. Es gibt längst kein Feld des literarischen und wissenschaftlichen Schaffens mehr, auf dem katalanische Autoren nicht eine reiche Tätigkeit entfaltet und mindestens so Bedeutendes hervorgebracht hätten wie die Schriftsteller und Gelehrten europäischer Nationalliteraturen von vergleichbarer Leserzahl. Am eindrucksvollsten ist bis heute die lange Reihe der großen Lyriker geblieben, von Jacint Verdaguer († 1902) – dem ersten Klassiker der *Renaixença* – bis zu dem 1913 geborenen, 1985 verstorbenen Salvador Espriu, der mehrfach als Kandidat für den Nobelpreis genannt worden ist.

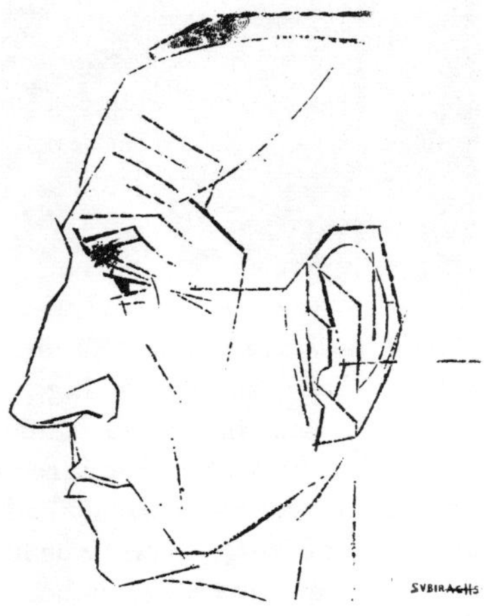

*Salvador Espriu (*1913), Zeichnung von Subirachs. (Biblioteca de Cataluña)*

Mossèn Jacint Verdaguer (1845–1902). (Archivo Cuyás, Barcelona)

Im *Català* steht diesen Autoren ein zugleich kraftvolles und biegsames Instrument zu Gebote. Seine auffälligste Eigentümlichkeit ist die Neigung zur Knappheit, die sich besonders darin äußert, wie häufig die in anderen romanischen Sprachen vorherrschenden vokalischen Endungen abgestoßen werden. Wo der Kastilianer *'viejo'* (alt) sagt, heißt es auf katalanisch *'vell'*; *'raro'* (selten) wird zu *'rar'*, *'ojo'* (Auge) zu *'oll'*, das französische *'gorge'* (Schlucht) zu *'gorg'*. Diesen Zug hat das Katalanische mit dem Rätoromanischen, vor allem aber auch mit dem Okzitanischen oder Provençalischen Südfrankreichs gemein, mit dem es überhaupt aufs engste verwandt ist – so eng in der Tat, daß manche Linguisten diese Idiome geradezu als verschiedene Zweige einer und derselben Sprache auffassen. In der Tatsache, daß beide zwischen den ibero-romanischen und den gallo-romanischen Sprossen aus dem gemeinsamen lateinischen Stamm eine Art Mittelstellung einnehmen, mag sich auch die bereits erwähnte Fehldeutung des Katalanischen als ein französisch überfremdetes Spanisch erklären. Seiner tatsächlichen Originalität und der unbestreitbaren direkten Herkunft aus dem Vulgärlatein der Spätantike wird eine solche Interpretation allerdings in keiner Weise gerecht. Inzwischen hat das *Català* auch im öffentlichen Leben nicht nur die völlige Gleichberechtigung wiedergewonnen, sondern in manchen Bereichen – wie etwa dem der amtlichen wie der privaten Aufschriften – das Spanische zunehmend verdrängt. In den Schulen bildet es nicht nur selbstverständlich einen bevorzugten Unterrichtsgegenstand, sondern es dient auch auf allen Stufen bis hinauf zur Universität immer häufiger als Unterrichtssprache.

Die Geschichte

Katalonien gehört zu den altbesiedelten Gebieten Europas. Knochen- und Werkzeugfunde bezeugen die Anwesenheit von Menschen des Neandertal-Typus. Im späteren Paläolithikum setzten sich in den Grotten der heutigen Provinz Gerona Jägerstämme fest, die wie die Schöpfer der berühmten Höhlenmalereien von Nordspanien und Südwestfrankreich der sogenannten Cro-Magnon-Rasse angehörten; ähnliche Schöpfungen sind jedoch hier nirgends aufgefunden worden. Die frühesten Zeugnisse vorgeschichtlicher Kunst auf katalanischem Boden, schematisch gezeichnete, aber durch kräftige und ausdrucksvolle Bewegung charakterisierte Menschengruppen und Jagdszenen in einer Höhle bei Cogul (Prov. Lérida), stammen aus der Zeit des Mesolithikums, also etwa dem 8. bis 5. Jahrtausend v. Chr. Eine wesentliche größere Bevölkerungsdichte läßt sich für die Ära der neolithischen Viehzüchter und später der ersten Ackerbauer nachweisen, die neben zahlreichen polierten Steinwerkzeugen auch die ersten Erzeugnisse der Keramik hinterlassen hat.

Etwa auf die Mitte des dritten vorchristlichen Jahrtausends werden schließlich die ersten megalithischen Denkmäler Kataloniens datiert. Daß es sich bei den Erbauern dieser Konstruktionen aus mächtigen Steinplatten, der Dolmen und der teilweise recht ausgedehnten Galeriegräber wie der Cova d'en Daina (vgl. S. 108) wohl um Hirtenvölker gehandelt haben dürfte, läßt sich daraus schließen, daß sich die rund 200 noch vorhandenen Anlagen dieser Art in unserem Bereich auf gebirgige, für die Agrikultur wenig geeignete Zonen zwischen Pyrenäen und Rio Llobregat beschränken.

Eine wesentlich kompliziertere, durch das Nebeneinander und die Verschränkung verschiedener Kulturen gekennzeichnete Bevölkerungsstruktur ergibt sich aus den Relikten der späten Bronze- und der frühen Eisenzeit. Offenbar ist dem Eindringen der Urnenfelder-Kultur (vor 1000 v. Chr.) eine ganze Reihe von neuen indogermanischen Einwanderungsströmen von Süd- und Mittelfrankreich her gefolgt, die schließlich in den Siedlungszentren des Ampurdán, im Gebiet um Barcelona und vor allem, besonders zahlreich, im Segre- und Ebrobecken zur Ruhe kamen.

Iberer, Griechen, Römer

Etwa vom 7. Jahrhundert vor Christi Geburt an wird auch in Katalonien die stets stärkere Ausbreitung der iberischen Kultur von Andalusien her erkennbar, die sich anscheinend auf Anregungen durch die Phönizier zurückführen läßt. Ob ihr wachsender Einfluß auf das Gebiet zwischen Ebro und Pyrenäen auf den Zustrom neuer Bevölkerungen zurückgeht oder ob sich die eingesessenen Stämme die Errungenschaften einer höherstehenden Zivilisation – wie die Technik der Keramik-Herstellung auf der Drehscheibe, die quasi-städtische Siedlungsweise und vor allem die Schrift – in der Konsequenz eines intensiven Handelsverkehrs nach und nach angeeignet haben, ist unter den Archäologen immer noch umstritten. Auf jeden Fall mehren sich nun zunehmend vom Ebro-Delta bis zum Roussillon die Niederlassungen eindeutig iberischen Charakters, für die etwa die Ausgrabungen von Ullastret (vgl. S. 105) ein besonders eindrucksvolles Beispiel darstellen.

Sehr bald aber, schon vom 6. Jahrhundert an, begann auf diese iberische Kultur auch ein neues, von außen kommendes Element einzuwirken: das hellenische. Sowohl in der Nähe der heutigen Ortschaft Rosas am Nordrand des gleichnamigen Golfes als auch südlich davon in Emporion (heute Empúries) entstanden Ableger der phocäischen Kolonie Massilia (Marseille). Allerdings ist es bisher nicht gelungen, die erstgenannte dieser Handelsniederlassungen exakt zu lokalisieren; man kennt ihre Existenz nur durch literarische Hinweise und durch einige Münzfunde. Dagegen sind bedeutende Reste des griechischen Emporion zutage gefördert worden. Aus der weiten Streuung der Münzen, die in dieser Stadt geprägt und später auch in iberischen Zentren nachgeahmt wurden, läßt sich ihre Rolle als kommerzieller Mittelpunkt der ganzen katalanischen Küste erschließen, und die zahlreichen griechischen Keramiken wie andere Exportgüter aus dem östlichen Mittelmeer, auf die man in iberischen Grabungsstätten gestoßen ist, illustrieren auch den intensiven Kontakt zwischen diesem Stützpunkt antiker Hochkultur und den autochthonen Völkerschaften.

Nicht zuletzt der griechischen Durchdringung mag auch die Leichtigkeit zuzuschreiben sein, mit der sich die Römer im Zweiten Punischen Krieg in der katalanischen Küstenzone festsetzten. Ein Bündnis, das Rom frühzeitig mit Emporion eingegangen war, erlaubte es seinem Feldherrn Gnaeus Scipio, 218 v. Chr. mit seinen Truppen in der Hafenstadt an Land zu gehen und damit eine zweite Front gegen Karthago zu eröffnen, dessen Feldherr Hannibal seinerseits von Spanien her nach Italien eingedrungen war. Noch im gleichen Jahr fiel Tarragona in römische Hand; von den Eroberern ausgebaut und kraftvoll befestigt, stieg diese zuvor iberische Siedlung schnell zu ihrem wichtigsten Stützpunkt jenseits der Pyrenäen und nach dem endgültigen Sieg über die Karthager zur Hauptstadt der nunmehrigen römischen Provinz *Hispania Citerior* auf. Und obwohl es um die Wende des 3. vorchristlichen Jahrhunderts zu einer Reihe von Aufständen der einheimischen Stämme gegen die römische Herrschaft kam, konnten diese niedergeschlagenen Erhebungen den raschen Fortgang der Kolonisation kaum aufhalten: zusammen mit Andalusien erscheint das heutige Katalonien als das am frühesten und gründlichsten durchromanisierte Gebiet der ganzen Pyrenäenhalbinsel. Während alle früheren ethnischen und kulturellen Einflüsse bis hin zu denen der Iberer und der Griechen doch eher flüchtige Spuren hinterlassen haben, hat die Eingliederung ins *Imperium Romanum* die Physiognomie der Region entscheidend geprägt – kein Wunder, wenn man bedenkt, daß die Zugehörigkeit zum Weltreich der Antike immerhin sieben Jahrhunderte dauerte und damit ungleich stärker traditionsbildend wirkte als alle vorangegangenen (und manche späteren) Herrschaftsverhältnisse.

Der Übernahme der lateinischen Sprache, des römischen Rechts und der griechisch-römischen Kunst folgte schließlich als wichtigstes und am weitesten fortwirkendes Element das Eindringen des Christentums. Ob tatsächlich schon der Apostel Paulus, wie es die Überlieferung will, in Katalonien das Evangelium verkündet hat, läßt sich nicht mit Sicherheit nachweisen. Fest steht aber jedenfalls, daß die neue Lehre hier schon sehr bald Wurzel schlug; im 3. Jahrhundert unserer Zeitrechnung scheint sie zum mindesten in den Küstenstädten schon eine große Zahl von Anhängern gefunden zu haben. Zahlreiche Märtyrer, darunter Bischöfe von Tarragona, Barcelona und Girona und die Heilige Eulalia, die später als Patronin der katalanischen Hauptstadt verehrt wurde, bezahlten ihren Glauben während der Christenverfolgungen ebenso mit dem Tode wie die gleichfalls heilig gesprochenen Missionare Philipp und Cucofate. Daß diese aus Nordafrika stammten, wirft ein Licht auf die engen Beziehungen der jungen katalanischen Kirche mit den Christen der mediterranen Gegenküste, die auch durch die enge stilistische Verwandtschaft mancher Sarkophage und anderer Grabdenkmäler in der frühchristlichen Nekropole bei Tarragona (vgl. S. 266) mit ähnlichen Erzeugnissen der Werkstätten Karthagos beglaubigt wird. Zu den ältesten katalanischen Bistümern zählen neben den schon erwähnten auch die von Lleida, Urgell und Tortosa – auch dies ein Beweis dafür, wie weit das Christentum schon geraume Zeit vor dem Ende des Weströmischen Reiches von seinen ursprünglichen Stützpunkten am Mittelmeer landeinwärts vorgedrungen war; Einbrüche germanischer Kriegerscharen seit der Mitte des 3. Jahrhunderts und die dadurch ausgelöste Weltuntergangsstimmung scheinen diesem Prozeß noch kräftige Impulse mitgeteilt zu haben.

Westgoten, Araber, Franken

Dem fortlebenden antiken Erbe haben auch die Stürme der Völkerwanderung wenig anzuhaben vermocht. Dies schon deshalb, weil Katalonien von den ersten Einbrüchen der germanischen Kriegerscharen verhältnismäßig wenig berührt wurde: die Züge der Vandalen, Sueben und Alanen zogen mehr die Mitte und den Norden der Halbinsel in Mitleidenschaft. Eine erste westgotische Invasion (414–418) blieb Episode; nachdem ihr Führer, Ataulf, in Barcelona ermordet worden war, zogen sich die Eindringlinge wieder über die Pyrenäen ins heutige Südwestfrankreich zurück. Erst sechzig Jahre später, schon nach dem endgültigen Zusammenbruch des Weströmischen Reiches, erweiterte ihr in Toulouse residierender König Eurich seinen Machtbereich erneut nach Süden. Aber obwohl Eurichs Nachfolger Alarich II. zeitweise sogar Barcelona zu seinem Sitz erkor, blieb Katalonien vom Einfluß der neuen Herren weniger berührt als andere Gebiete der Halbinsel wie etwa Kastilien, die Extremadura oder Galicien. Manches deutet darauf hin, daß die neue (überdies bald romanisierte und vom Arianertum zum römischen Katholizismus übertretende) germanische Herrenschicht hier noch einen geringeren Teil der Bevölkerung stellte. Auffallend spärlich gesät sind auch die Überreste ihrer Kunst in dieser Region; als einziges architektonisches Denkmal von Belang aus dieser Zeit ist noch die Gruppe der drei Kirchen in der damaligen Bischofsstadt Egara (heute Terrassa) vorhanden – auch sie nicht mehr in der originalen, sondern in einer nach karolingischen und romanischen Umbauten und Erweiterungen durchgreifend veränderten Gestalt (vgl. S. 219). Bedeutsam für die spätere kulturelle Entwicklung mag freilich der enge Kontakt gewesen sein, der auch jetzt wiederum – wie in der Römerzeit und zuvor bereits unter den Iberern – zwischen den südfranzösischen und den katalanischen Distrikten bestand; daß beide dem Westgotenreich angehörten, hat zweifellos wesentlich zur parallelen Entwicklung der Sprache und überhaupt zur kulturellen Verwandtschaft zu beiden Seiten der Pyrenäen beigetragen. Stärkere artistische Impulse als von der westgotischen Herrschaft dürften auf diesen 'katalanisch-septimanischen Kern', wie ihn der Historiker Soldevila nennt, von den byzantinischen Außenposten auf den Balearen und im valencianisch-andalusischen Küstenstreifen ausgegangen sein; byzantinische Inspiration bleibt sowohl in einigen Kirchenbauten wie San Martin de Sarroca als auch in Malerei und Plastik bis ins 12. Jahrhundert hinein faßbar.

Noch geringer als die Prägekraft der westgotischen Domination war die der islamischen Eroberung. Während die Herrschaft der germanischen Könige immerhin ein rundes Vierteljahrtausend dauerte, konnten die Araber und ihre zum Glauben Mohammeds bekehrte nordafrikanische Gefolgschaft zum mindesten in Nordkatalonien nicht einmal für ein volles Jahrhundert Fuß fassen. Es dauerte gut fünf Jahre (713 bis 718), ehe die muselmanischen Armeen den Widerstand in dieser Region gebrochen hatten, und in einigen gebirgigen Hinterlandszonen scheinen sie sogar nie über eine indirekte Domination unter Assistenz tributpflichtiger christlicher Chefs hinausgelangt zu sein. Nach der Niederlage, die Karl Martell den Angreifern bei Poitiers 732 beigebracht hatte, flutete die sarazenische Welle nicht nur bald wieder bis zu den Pyrenäen zurück; auch die Bergkette erwies sich nicht so sehr als solider Damm gegen die nachdrängenden fränkischen Streitkräfte, sondern eher als Ausgangspunkt für eine früh einsetzende Rückeroberung der Grenzdistrikte vom septimanischen Gallien her. Schon 785 fiel Girona wieder in die Hände Karls des Großen; in den ersten Jahren des 9. Jahrhunderts konnte sich dessen Sohn Ludwig der Fromme aufs neue Barcelonas bemächtigen.

Zum mindesten im Norden unseres Gebiets, der nun bis hin zum Riu Llobregat als 'Spanische Mark' des Frankenreichs organisiert wurde, ist die islamische Okkupation also eine kurze und belanglose Episode geblieben. So konnte sie hier auch keine nennenswerten kulturellen und künstlerischen Nachwirkungen zeitigen. Spuren arabischen Einflusses lassen sich zwar in nicht geringer Zahl feststellen, von dem großartigen frühen Klosterbau Sant Pere de Roda (vgl. S. 79) bis hin zu so ausgesprochen maurisch anmutenden Bauten des 12. Jahrhunderts wie den 'Arabischen Bädern' von Girona (S. 123) oder Sant Pau del Camp in Barcelona (S. 164). Aber sie sind keineswegs auf die Jahrzehnte der direkten Zugehörigkeit zum Kalifat von Córdoba zurückzuführen, sondern belegen den späteren friedlichen Austausch vor allem durch Vermittlung der sprachlich und kulturell arabisierten, aber bei der christlichen Religion gebliebenen 'Mozaraber'. Etwas anders liegen die Dinge im Bereich zwischen Llobregat und Ebro, die noch drei Jahrhunderte länger der orientalischen Durchdringung ausgesetzt waren: Wenn in Tarragona, in Tortosa, vollends in Lérida da und dort arabische Assoziationen wach werden, so deshalb, weil diese Städte an der damals klar überlegenen Zivilisation des Islams so lange unmittelbar partizipiert haben.

Obwohl die Spanische Mark nach dem Rückzug der Araber aus Nordkatalonien noch bis gegen die Mitte des 13. Jahrhunderts juristisch als Teil zuerst der fränkischen Monarchie, dann des westfränkischen Teilreiches und schließlich Frankreichs galt, löste sie sich faktisch lange vorher wieder aus dieser Abhängigkeit heraus. Nichtsdestoweniger hat ihre vorübergehende Bindung an das Königtum zuerst der Karolinger, dann der Kapetinger eine weit größere geschichtliche Tragweite erlangt als zuvor die Zugehörigkeit zum westgotischen oder gar zum islamischen Herrschaftsbereich. Denn das katalanische Staatswesen, das sich nach und nach aus den fränkischen Grafschaften herausbildete, blieb eben doch entscheidend dadurch bestimmt, daß es die ersten Anstöße zu seiner Konstituierung von jenseits der Pyrenäen empfangen hatte und auch weiterhin mit dem Languedoc und selbst der Provence zunächst in weit engerem Kontakt blieb als mit Aragon, Navarra und vor allem Kastilien. Daß sich die Katalanen bis heute als die 'Europäer' Spaniens schlechthin empfinden, ergibt sich wesentlich aus diesen transpyrenäischen Ursprüngen wenn nicht ihres Volkstums, so doch jedenfalls ihrer politischen Eigenständigkeit. Bevor sich der (bis heute nicht schlüssig aufgeklärte) Name 'Katalonien' für ihre Heimat durchsetzte, wurden sie von den übrigen Glaubensgenossen der Halbinsel, aber auch von den Mohammedanern kurzerhand als 'Franken' bezeichnet; noch in den Romanzen des ›*Canto de mio Cid*‹, die den kastilischen Nationalhelden aus der Epoche der *Reconquista* besingen, erscheinen die katalanischen Gefolgsleute des Grafen von Barcelona als »seine Franzosen«. Ein solcher Sprachgebrauch wird durchaus begreiflich, wenn man sich vor Augen hält, wie lange der 'altkatalanische' Kern noch durch die fortdauernde islamische Besetzung der Landstriche jenseits des Llobregat und des Ebrobeckens von den anderen christlichen Königreichen Iberiens getrennt und damit zwangsläufig auf die Liaison mit den okzitanischen und darüber hinaus auch den zentralfranzösischen Nachbarn angewiesen blieb.

Daß freilich die Hilfe der französischen Herrscher gegen neue islamische Einbrüche oft viel zu spät und manchmal gar nicht mobilisiert werden konnte, hat die Region frühzeitig auf ihre eigenen Mittel der Verteidigung zurückgeworfen und damit ihre tatsächliche Verselbständigung von den fernen Monarchen beschleunigt. Wilfried der Behaarte (kat. Guifré el Pilós, span. Vifredo el Velloso) vereinigte im 9. Jahrhundert erstmals die Grafschaften

Barcelona, Urgell, Cerdanya, Besalú und Girona in einer Hand, eroberte dazu das zur Abrundung seiner Besitzungen noch fehlende Zwischenstück, das als Grafschaft und Bistum Ausona (Vic) organisiert wurde, wie das Felsmassiv des Montserrat. Er gilt deshalb als der eigentliche Schöpfer des katalanischen Staates – auch wenn die unter ihm erlangte Einheit unter seinen Söhnen infolge der fortschreitenden Erbteilung wieder verloren ging und es erst späteren Sprossen der von ihm begründeten Dynastie vorbehalten blieb, diesem Gemeinwesen eine dauerhafte Gestalt zu verleihen.

Die enge kulturelle Anlehnung des neu erwachsenden Gebildes an die französischen und provençalischen Zentren überdauerte denn auch bei weitem die eigentlich politische Abhängigkeit von dem fernen Lehensherrn. Gesellschaftlich fand sie ihren Ausdruck in der Entwicklung eines ausgeprägten Feudalismus, wie er in dieser Form dem übrigen Iberien fremd geblieben ist; die katalanische Aristokratie war in ihrer Struktur dem Lehensadel Frankreichs viel enger verwandt als dem Rittertum Kastiliens und Aragons. Auch jene künstlerische Strömung, die gerne als 'karolingische Renaissance' bezeichnet wird, griff über die Pyrenäen hinüber; als ihr bedeutendstes Denkmal ist Sant Pere de Roda wenigstens bruchstückweise erhalten geblieben, und wie dort, so finden sich karolingische Reminiszenzen neben mozarabischen und byzantinischen auch in der einen oder anderen bescheidenen Landkirche.

Die Geburt Kataloniens

Die Einheit der katalanischen Grafschaften südlich der Pyrenäen, die Wilfried der Behaarte in seiner Hand zusammengefaßt hatte, brach zwar nach seinem Tode wieder auseinander. Immerhin blieb ein starker Kern vorhanden, da der ältere Zweig der Familie mit Barcelona zusammen auch Girona und Ausona-Vic in seiner Gewalt behielt. Um diesen Kern konnten sich im Laufe des 10. und 11. Jahrhunderts auch die peripheren Adelsherrschaften wieder kristallisieren. Eine geschickte Heiratspolitik und die auf ihr begründeten Erbansprüche kamen diesem Prozeß zugute. Mit der dadurch erreichten Abrundung des zunächst beschränkten Gebiets erwuchs im 10. und 11. Jahrhundert nach und nach ein staatliches Ganzes von unverwechselbarer Physiognomie und beträchtlicher Dynamik nach außen wie nach innen. Zunehmend unabhängiger von dem Oberherrn in Paris, der spätestens seit dem Übergang der Krone auf die Dynastie der Kapetinger von dem fernen iberischen Außenposten kaum mehr Notiz nahm, wandte sich die Barceloneser Dynastie nach der Sicherung ihrer Grenzen gegen den Islam zunächst vor allem der Expansion nach Nordosten zu. Mit dem Erwerb des Roussillons, Carcassonnes und der Provence zeichneten sich die Umrisse eines mächtigen und kulturell bemerkenswert homogenen katalanisch-okzitanischen Reiches ab, das als Brücke zwischen Spanien und Italien hätte dienen können. Aber der

Illustrierte Genealogie der katalanischen Monarchen von Wilfried dem Behaarten bis zu Martin dem Jungen. (Nach: Ferran Soldevila, ›Sintesis de Historia de Cataluña‹, Barcelona 1973) ▷

Alfonso
Pere:
Jacme:
Peronella:
Pere:
Jacmes
Alfonsos
Pere:
Johan:
Martis
Reys

Die Heirat von Ramon Berenguer IV. mit der aragonesischen Erbin Petronila. (Nach: Ferran Soldevila, ›Sintesis de Historia de Cataluña‹, Barcelona 1973)

Ausdehnung dem Nordrand des Mittelmeeres entlang bis zu den Alpen war keine Dauer beschieden. Der Traum zerbrach, als sich Peter I. (in Aragon: Peter II.) nach längerem Schwanken an die Seite des albigensischen Adels gegen den Kreuzzug stellte, den der Papst und der König von Frankreich zur Vertilgung dieser Ketzerei organisiert hatten; sein Tod in der Schlacht von Muret (1213) bezeichnete das Ende der katalanischen Nordostpolitik.

Den weiteren Aufstieg Kataloniens hat allerdings auch die Katastrophe von Muret nicht auf die Dauer behindert. Denn schon in der ersten Hälfte des 12. Jahrhunderts hatte Ramon Berenguer IV., der Großvater des unglücklichen Peter, der Dynastie eine solidere Basis verschafft, als sie im Languedoc und in der Provence zu finden war: indem er durch die Heirat mit der aragonesischen Erbin Petronila die Krone des benachbarten christlichen Königreichs erwarb (1137). Die Vereinigung mit Aragon erwies sich als eminent zukunftsträchtig: erst sie schuf durch Zusammenfassung der Kräfte die Voraussetzungen für den späteren endgültigen Vorstoß nach Süden, für die Eroberung der 'neukatalanischen' Gebiete bis zum Ebro und für den Ausgriff zuerst nach Valencia und auf die Balearen, ja schließlich für eine mediterrane Großmachtpolitik.

Auch wenn diese Früchte der katalanisch-aragonesischen Union erst im 13. und 14. Jahrhundert reiften, sind doch die Grundlagen dafür schon in jener Periode gelegt worden, die man als die der eigentlichen Geburt Kataloniens bezeichnen kann. Zu diesen Grundlagen gehört aber nicht nur die territoriale Verbreiterung zuerst der gräflichen, dann der königlichen Machtsphäre, sondern auch die innere Konsolidierung des jungen Staatswesens und nicht zuletzt die schriftliche Fixierung und Zusammenfassung der überkommenen

Rechtsordnung in dem umfassenden, im 12. Jahrhundert auf Grund älterer Bestimmungen redigierten Gesetzwerk der sogenannten *Usatges.* Mit seinen Vorschriften über den Landfrieden wie über die Rechte und Pflichten des Herrschers bildet dieses Korpus bereits das Fundament, auf dem sich später der Bau einer sehr sorgfältig erarbeiteten Verfassung erheben sollte. Schon gegen Ende des 12. Jahrhunderts werden zu den vom Grafen bzw. König einberufenen Ständeversammlungen – den Cortes – neben Adel und Geistlichkeit auch Vertreter der Bürger aus Städten und Flecken herangezogen.

Der romanische Elan

Im Jahre 985 hatte Katalonien den letzten großen Einbruch islamischer Heere durchgemacht. Barcelona war von den Kriegern Almansors belagert, zerstört und geplündert worden. Nachdem diese Invasion aber schließlich aus eigenen Kräften abgewehrt worden war, wurde seine Sicherheit von den maurischen Nachbarn nicht mehr ernsthaft gefährdet. Angesichts solcher äußeren Ruhe setzte nun ein lebhaftes geistiges Leben ein. Klöster wie Ripoll, an dessen Spitze mit dem großen Abt Oliba aus einem der katalanischen Grafenhäuser ein Mann von weitem intellektuellen Horizont trat, gewannen als Pflegestätten nicht nur der Theologie, sondern auch der Wissenschaften europäischen Ruf. Oliba, von Romfahrten her mit Italien vertraut, scheint auch als Erster lombardische Baumeister nach Katalonien geholt zu haben, die hier eine Schule katalanischer Architekten heranzogen. Ihre Kirchen – mit der großartig strengen Burgkirche von Cardona als dem Meisterstück – zeichnen sich durch die Vollendung ihrer Proportionen bei strikter Funktionalität und bei durchgehendem Verzicht auf plastischen Schmuck aus; ihre sonst nackten Wände sind nur durch Lisenen, Blendarkaden und Zickzack-Ornamente gegliedert.

Das kirchliche Baufieber, das bald nach der Jahrtausendwende die ganze Region erfaßte, entsprang zum Teil wohl dem Bedürfnis, zerstörte gottesdienstliche Gebäude zu ersetzen, halbzerstörte wiederaufzubauen, noch vorhandene für die wachsende Bevölkerung zu erweitern. Hinzu kam aber auch ein weiteres Motiv: die Ablösung der alten westgotischen oder 'mozarabischen' Liturgie durch die römische. Zuerst unter fränkischem Einfluß, dann als Folge der direkten (auch politisch zunehmend wichtigeren) Kontakte mit dem Heiligen Stuhl wurden aus Rom neue Formen des Gottesdienstes übernommen, die insbesondere den Ausbau der Chorpartie erforderten. Zwischen Presbyterium und Langhaus begann sich ein mehr oder minder mächtiges Querschiff zu legen. Um Platz für die immer zahlreicheren Altäre zu schaffen, wurde die Zahl der Apsiden vergrößert (in Ripoll bis zu sieben), oder es kam zu kleeblattartigen Ausgestaltungen des Chorhauptes. Die Vergrößerung der Krypten zu förmlichen unterirdischen Kirchen, in engem Zusammenhang mit dem um sich greifenden Reliquienkult, wurde durch die raschen Fortschritte der Gewölbetechnik begünstigt. Wachsende Sorgfalt galt schließlich den Glockentürmen, die wohl auf Anregungen durch den italienischen *Campanile* zurückgeführt werden können. Von Katalonien aus – und nicht direkt von Norditalien – haben offenbar auch Teile Frankreichs diese 'erste romanische

Kunst' empfangen: die Randzone der abendländischen Christenheit begann erstmals auch eine kulturelle Ausstrahlungskraft auf zentralere Teile Europas auszuüben.

Trotz der Skulpturfeindlichkeit des lombardisch inspirierten Kirchenbaus bildete sich allerdings im Roussillon eine eigentliche Bildhauerschule heraus. Ihre ersten erkennbaren Spuren finden wir in den Türstürzen von Saint-Genis-des-Fontaines und Saint-André-de-Sorède; ob sie auch an den unvergleichlichen Kapitellen im nahen Sant Pere de Roda mitgearbeitet hat, läßt sich nicht mehr mit Sicherheit feststellen. Vom Roussillon aber ging auf jeden Fall im späten 11. und im 12. Jahrhundert der Durchbruch der hochromanischen Plastik aus, die etwa in Girona oder Sant Cugat del Vallès ihre Reife, im Portal von Ripoll ihre Vollendung gefunden hat; aus der dortigen Tradition ist bei allem sehr persönlichen Stilwillen auch das weit verstreute, von der Toskana bis nach Navarra nachweisbare Werk des 'Meisters von Cabestany' entstanden. Erst spät und eher sporadisch schlägt andererseits in Architektur und Skulptur das große französische Vorbild durch wie etwa in Sant Joan de les Abadesses.

Als der weitaus wichtigste Beitrag Kataloniens zur europäischen Romanik erscheint aber aus heutiger Sicht die Wandmalerei. Das halbe Hundert der Fresken, die in die Gegenwart herübergerettet wurden, stellt ein wahrhaft einzigartiges Korpus im gegenwärtigen Bestand hochmittelalterlicher Kunst dar. Keine andere Gegend Europas hat Vergleichbares aufzuweisen. Dabei handelt es sich, genau besehen, nur um bescheidene Reste, die überwiegend aus kleinen, vielfach abgelegenen Dorfkirchen stammen; von der ehemaligen Ausmalung der Dome und der großen Klöster ist auch in Katalonien so gut wie gar nichts übriggeblieben. Um so erstaunlicher mutet die Souveränität an, mit der manche Meister in diesen ländlich schlichten Gotteshäusern die wenigen, durch das theologische Programm und die Bedürfnisse der Liturgie vorgegebenen Themen romanischer Kirchenmalerei abgewandelt haben. Ihre Kunst hat nichts mehr mit den wenigen überkommenen Beispielen aus dem frühen 11. oder gar dem 10. Jahrhundert zu tun: der Qualitätssprung von den rührend-naiv anmutenden Resten der ältesten Freskenschicht aus Sant Quirze de Pedret beispielsweise (vgl. S. 230) zum Schaffen des späteren 'Meisters von Pedret' oder zum Werk jener Künstler, die die beiden Kirchen von Taúll ausgemalt haben, ist so enorm, daß auch nur von einer handwerklichen, geschweige denn von einer stilistischen Kontinuität kaum gesprochen werden kann. Kunsthistoriker glauben die Wurzeln, aus denen diese Blüte erwachsen ist, über Italien zurück nach Byzanz verfolgen zu können. Aber sie geraten dabei sehr schnell auf das ungesicherte Terrain der Spekulation. Wichtiger als die Feststellung der Einflüsse, die auf die Bildsprache der reifen katalanischen Fresken eingewirkt haben mögen, ist doch das erstaunlich hohe Niveau der wichtigsten Zyklen und die bemerkenswerte Selbständigkeit, mit der die übernommenen formalen Elemente behandelt werden.

Dabei beschränkt sich die sprudelnde künstlerische Schöpfungskraft keineswegs auf die bisher genannten Hauptgattungen. Früher als alle anderen Kunstformen entwickelt sich in den Klöstern die Buchmalerei, die später auch für die Steinplastik wie für die monumentalen Wandbilder Vorlagen oder doch Anregungen liefert. Gegen das Ende unserer Periode beginnt auch die später so bedeutsam gewordene Tafelmalerei mit den zahlreichen Altarvor-

1 CABESTANY Tympanon des 'Meisters von Cabestany' (Roussillon)

2 ST-GENIS-DES-FONTAINES Mittelteil des Türsturzes (Roussillon)

3 CADAQUÉS

4 SANT PERE DE RODA Blick in den Innenraum

5 SANT MIQUEL DE FLUVIÀ Kirchturm

6 CASTELLÓ D'EMPÚRIES Tympanon der Kirche Santa Maria

7 EMPÚRIES Der Heilgott Asklepios

8 EMPÚRIES Museum: Büste einer römischen Dame

9 ULLASTRET Reste der Iberer-Siedlung

10 Sant Julià de Boada

11 Dolmen d'En Daina

12 Bucht von Tossa de Mar

13 VILABERTRÁN Turm und Apsiden der Kirche

14 SANT FELIÚ DE GUIXOLS Porta Ferrada

15 BESALÚ Jüdisches Ritualbad

16 BESALÚ Sant Pere: von Löwen flankiertes Fenster

17 In SANTA PAU

18 HOSTALRIC Stadtmauer mit Türmen

20 GIRONA Innenraum der Kathedrale

◀ 19 PORQUERES Kirche Santa Maria

21 GIRONA Große Feinheit der Ausführung zeigt dieses Kapitell des Kreuzgangs
22 GIRONA Kreuzgangskapitell: Szenen aus der Geschichte Jakobs

23 GIRONA Kreuzgangkapitell: Bischof segnet einen Maurer

24 GIRONA Sant Feliú: römischer Sarkophag in der Kirchenfassade

25 GIRONA In den arabischen Bädern

26 GIRONA Parque de la Dehesa

27 GIRONA Sant Nicolao

28 MOLLÓ Turm von Santa Cecilia

29 SANT JOAN DE LES ABADESSES

30 SANT JOAN DE LES ABADESSES Kapitelle

31 SANT JOAN DE LES ABADESSES Santissim Misteri

33 RIPOLL Portal

32 BEGET im Llierca-Tal

34 RIPOLL Steinfraß ließ von dieser Figur am Portal nur noch die Umrisse übrig

35 RIPOLL Schalmeienbläser am Portal

36 RIPOLL Portal: Jonas wird vom Walfisch verschluckt

sätzen auf Holz eine wachsende Rolle zu spielen. Holz ist auch der Werkstoff für die geschnitzten und fast durchwegs farbig gefaßten Bildwerke: die unzähligen Madonnen-Figuren, die selteneren, aber durch expressive Kraft ergreifenden Kreuzabnahme-Gruppen und schließlich, besonders wichtig, die Darstellungen der *Majestat*, die dem Gläubigen den (bekleideten) Christus am Kreuz als den zugleich leidenden und triumphierenden Gottessohn vor Augen führen. Dieser Typus orientalischen Ursprungs findet sich zwar auch außerhalb Kataloniens, ist aber für unsere Region, wo diese Kreuze offenbar intensive Verehrung genossen, sehr charakteristisch geworden.

So fällt die Geburt eines katalanischen Staatswesens zusammen mit einem elementaren Ausbruch schöpferischer Energien. Nicht zu Unrecht hat man die Romanik geradezu als die nationale Kunst Kataloniens schlechthin betrachtet. Jedenfalls hat das Land in keiner anderen Epoche seiner Geschichte künstlerisch wieder die gleiche gesamteuropäische Bedeutung erlangt, wie sie ihm in diesen Anfangs-Jahrhunderten seiner politischen Existenz als Gemeinwesen eigenen Profils zukam.

Aufstieg zur Großmacht

Die Vereinigung mit Aragon erscheint im Rückblick als der Auftakt zu der großen Epoche Kataloniens. Schon vor dieser Union war Tarragona endgültig erobert und der Grafschaft Barcelona einverleibt worden. Nach dem Erwerb der aragonesischen Krone konnte Ramon Berenguer IV. auch Tortosa und Lleida ihren islamischen Herren endgültig entreißen und damit das Gebiet des späteren Prinzipats abrunden. Der nächste große Vorstoß folgte zwischen 1229 und 1245, als Jakob (kat. Jaume, span. Jaime) I., 'der Eroberer', die Balearen und das Königreich Valencia unterwarf und damit im Süden eine Kompensation für den Verlust der okzitanischen Besitzungen nördlich der Pyrenäen unter seinem unglücklichen Vater Peter I. fand. Sowohl die Inselgruppe als auch die besonders fruchtbaren valencianischen Küstenzonen wurden überwiegend von katalanischen Kolonisten besiedelt. Das hat ihre allmähliche sprachliche und ethnische Katalanisierung eingeleitet und läßt erkennen, wie sehr Katalonien zu jener Zeit und noch lange darüber hinaus in der Gemeinschaft mit Aragon die Rolle der Hegemonialmacht spielte – nicht nur deshalb, weil es die Dynastie stellte, sondern auch im Hinblick auf die ökonomische, kommerzielle und vor allem maritime Führungsstellung, die ihm in der Doppelmonarchie zukam.

Dabei wurden die Neuerwerbungen nicht mehr, wie die früheren bis zum Ebro, einfach dem bisherigen Besitz hinzugefügt. Valencia wurde als ein eigenes, mit Katalonien und Aragon hauptsächlich durch Personalunion verbundenes Königreich organisiert. Ebenso waren ja auch die beiden ursprünglichen Reichsteile nie miteinander verschmolzen, sondern nur unter der gemeinsamen Krone und einem Minimum übergreifender Institutionen zusammengefaßt worden. Die Besonderheit der Einzelstaaten blieb in einem Gefüge sorgfältig gewahrt, das Elemente einer lockeren Konföderation mit denen eines Commonwealth verband. Das damit gesicherte Eigenleben der Glieder erleichterte bald auch die

Expansion dieses eigentümlichen und ungemein flexiblen Gebildes über die iberische Halbinsel hinaus. Sie zielte nun nicht mehr wie früher nach Südfrankreich, sondern über das Mittelmeer hinweg nach Italien: Peter III. 'der Große' von Aragon (als Graf von Barcelona Peter II.), Gemahl der Hohenstaufen-Erbin Konstanze, der Tochter König Manfreds, verfocht mit beträchtlichem kriegerischem Erfolg seine Erbansprüche auf Sizilien und Neapel; seine Nachfolger stritten sich hundert Jahre lang mit Genua um den Besitz Sardiniens; ritterliche Abenteurer an der Spitze katalanischer Söldnerscharen schnitten sich aus dem zerfallenden Organismus des byzantinischen Reiches sogar ostmediterrane feudale Herzogtümer wie Athen und Neopatras heraus.

Für uns sind diese überseeischen Expeditionen weniger wegen ihrer zeitweise glanzvollen Ergebnisse interessant als wegen der ökonomischen, sozialen und politischen Veränderungen im katalanischen Kernland selber, die damit Hand in Hand gingen. Mindestens bis in die Mitte des 12. Jahrhunderts war der Schwerpunkt des Landes in den Berggebieten gelegen. Gewiß spielte Barcelona als Sitz des Grafenhauses schon damals eine bedeutende Rolle, setzte auch die Entwicklung von Schiffahrt und Handel bereits früher wenigstens ansatzweise ein. Aber die Berge, zur Zeit der islamischen Invasionen das Refugium der Christen, blieben doch das große Kraftreservoir. Sie lieferten den Dynasten und ihren Vasallen nicht nur die Hauptmasse ihrer Truppen, sondern auch die Menschen, die zuerst die verheerten meernahen Landschaften bis zum Llobregat bevölkern und später die Siedler für 'Neukatalonien' bis zum Ebro wie für die valencianischen und balearischen Besitzungen stellen mußten. Der durchaus ländlich bestimmten Gesellschaft entsprach eine ganz und gar feudal bestimmte Ordnung, in die sich auch die wenigen zivilisatorischen Zentren der Klöster und der Bischofssitze durchaus einordneten.

Spätestens zu Beginn des 13. Jahrhunderts aber hatte sich bereits eine sichtbare Verschiebung der gesellschaftlichen Kräfteverhältnisse vollzogen. Das aufstrebende Bürgertum der Städte und vor allem dessen kaufmännische Oberschicht gewann mit der allmählichen Ausdehnung des Fernhandels zusehends an Gewicht. Ohne seine tatkräftige Unterstützung und ohne die Handelsflotte, die es aufgebaut hatte, wäre wohl die Eroberung oder doch die Behauptung von Mallorca kaum gelungen. Offenbar haben zur Entfaltung dieser bürgerlichen Wirtschaft kapitalkräftige Zuwanderer aus dem ökonomisch früher und höher entwickelten Languedoc, die vor den Heeren der Kreuzfahrer nach Süden auswichen, wesentlich beigetragen. Die späteren weit ausgreifenden militärischen Unternehmungen der Grafen-Könige bis nach Italien und Griechenland erweiterten dann ihrerseits Gesichtskreis und Aktionssphäre der Barceloneser Händlerbourgeoisie. In ihr erwuchs den großen Seestädten Italiens, die bis dahin im mediterranen Raum dominiert hatten, eine ernsthafte Konkurrenz – mit dem Unterschied, daß diese neue Führungsschicht dank ihrem Rückhalt bei der Monarchie und einer engen Interessengemeinschaft mit der Krone nicht nur auf der Basis eines Stadtstaates operieren mußte, sondern sich auf ein breiteres nationales Funda-

◁ *König Jaume I. und die katalanischen Cortes. (Nach: Ferran Soldevila, ›Resum d'Historia dels Països Catalans‹, Barcelona 1975)*

ment stützen konnte: sie war es, die – früher als in fast allen anderen europäischen Ländern – zum Träger eines modern anmutenden Nationalbewußtseins wurde (und zwar eines katalanischen, nicht etwa eines aragonesischen).

Der »frühreife Nationalstaat«, wie der französisch-katalanische Historiker Pierre Vilar dieses Gebilde wohl zu Recht bezeichnet, fand seinen Ausdruck in einem eigentümlichen politischen System, das zu jener Zeit wohl nur im England der *Magna Charta* seinesgleichen hatte. Schon 1283 verabschiedeten die Cortes von Barcelona ein Statut, das den Monarchen zu ihrer regelmäßigen alljährlichen Einberufung verpflichtete, und eine weitere Bestimmung, wonach neue Gesetze von größerer Tragweite nicht ohne Zustimmung der Mehrheit dieser Ständevertretung in Kraft gesetzt werden konnten. Beides sicherte den Ständen ein höheres Maß an politischer Mitbestimmung als es gemeinhin im mittelalterlichen Ständestaat von den Trägern der Krone zugestanden wurde. Darüber hinaus schufen sich die Cortes im 14. Jahrhundert ein ständiges Organ in der Gestalt der sogenannten *Generalitat*, das zunächst die Verwendung der bewilligten Mittel durch die Krone kontrollieren sollte und sich allmählich zu einem eigentlichen Instrument der Regierung auswuchs. Und vor allem setzten sich nun mehr und mehr die Thesen durch, die das Verhältnis der Monarchie zu ihren Untertanen nicht mehr einfach als Gehorsamspflicht gegenüber der gottgewollten Autorität interpretierten, sondern es vielmehr in einem zweiseitigen Vertrag begründet sahen: dieser sogenannte 'Paktismus' wurde nun zu einem bestimmenden Element des gesamten öffentlichen Lebens.

All das kam gewiß nicht, wie manche modernen Autoren vorschnell schließen, einer 'demokratischen' Organisation des Gemeinwesens im modernen Sinne des Begriffes gleich. Es handelte sich vielmehr um ein eindeutig oligarchisches Regime, in dem nicht etwa die städtische Bürgerschaft in ihrer Gesamtheit, sondern nur eine patrizische Elite neben Adel und Geistlichkeit den Gang der Staatsgeschäfte mitbestimmte. Selbst in der Stadtverwaltung von Barcelona errangen die kleinbürgerlichen Handwerker mit ihren Zünften erst spät eine Vertretung, und auch dann blieben sie noch in der Minderheit. Wohl aber wies die immer striktere Bindung der verschiedenen öffentlichen Gewalten an festgelegte konstitutionelle Regeln und die zunehmend klarere Ausscheidung ihrer Kompetenzen in eine spätere Zeit voraus. Hier schien sich wirklich die Entwicklung zu einem ähnlichen System wie dem englischen abzuzeichnen – auch wenn diese Tendenz dann unter den Habsburgern zum Stillstand kam und unter den Bourbonen völlig abgebrochen wurde.

Insofern hat das späte Mittelalter für Katalonien nicht nur nach außen hin, durch den Aufbau eines maritimen Imperiums von durchaus ungewöhnlichen Ausmaßen, sondern auch nach innen einen geschichtlichen Höhepunkt bezeichnet. Es ist kaum übertrieben zu sagen, daß das Land in dieser Zeit an der Spitze des europäischen Fortschritts stand. Auch kulturell erscheint das Vierteljahrtausend zwischen dem späten 12. und dem frühen 15. Jahrhundert als eine glanzvolle Ära. Nun setzt sich das Katalanische auf breiter Front anstelle des bisher bevorzugten Latein (oder in der Lyrik des Provençalischen) als Schriftsprache durch – nicht nur im Bereich der schönen Literatur, sondern auch der Wissenschaften. Als erster europäischer Denker verwendet der ungemein vielseitige Ramon

Llull das volkstümliche Idiom nicht nur in seinen dichterischen Werken, sondern auch in philosophischen Traktaten, deren Nachwirkungen sich noch bis tief in die Neuzeit hinein beobachten lassen. Die enge Verbindung, die dieser frühe Klassiker mit dem arabischen und dem jüdischen Geistesleben unterhielt, kennzeichnet nicht nur die Weite seines persönlichen Gesichtskreises, sondern auch die Horizonterweiterung des katalanischen Bürgertums überhaupt. Von den Autoren der bedeutenden katalanischen Chroniken bis zu den Romanciers im 15. Jahrhundert, von der scholastischen Gelehrsamkeit des Geroneser Franziskanerpaters Eiximenis bis zum italienisch beeinflußten Humanismus des Bernat Metge erstreckt sich ein weiter Bereich literarischer und wissenschaftlicher Prosa. Von der Blüte katalanischer Jurisprudenz zeugt der klassisch gewordene, im ganzen Mittelmeerraum als gültig anerkannte Kodex des Seerechts im *Llibre del Consulat de Mar*, von der hochentwickelten geographischen Kenntnis und kartographischen Kunst der berühmte ›Katalanische Weltatlas‹ von 1375.

Der gotische Umbruch

Wie eng schließlich auch die künstlerische und gesellschaftliche Entwicklung ineinander verflochten sind, macht Vicens Vives deutlich, wenn er das »gotische und merkantile Katalonien« des Spätmittelalters dem vorangegangenen »romanischen und ländlichen« gegenüberstellt. Sicher läßt sich die Gotik nicht ohne weiteres und vorbehaltlos als eine Kunst des jungen Großbürgertums interpretieren. Geistliche Orden wie vor allem die Zisterzienser waren an ihrer Ausbildung und Ausbreitung wesentlich beteiligt. Auch feudale Antriebe lassen sich weiter beobachten, und was zumal die Monarchie als Bauherr bedeutete, das kann kaum überschätzt werden: Klöster wie Santes Creus und Poblet müssen mindestens in gleichem Maße als königliche wie als kirchliche Monumente verstanden werden. Trotzdem ist unverkennbar, wieviel die katalanische Gotik dem kraftvollen Selbstbewußtsein (und dem Willen zur Selbstdarstellung) jener aufsteigenden städtischen Schicht verdankt, deren Handelsverbindungen sich nun über das ganze Mittelmeer und darüber hinaus erstreckten. Das gilt zumal für Barcelona. Mehr noch als Kirchen wie Santa Maria del Mar, mehr auch als Repräsentativbauten wie das Rathaus und der Sitz der *Generalitat*, demonstriert das ein so monumentaler Nutzbau wie die Schiffswerft der *Drassanes* (span. Atarazanas; s. S. 171) mit ihren riesigen Hallen; die auffallende Verwandtschaft ihrer Konstruktion mit jener des *Tinell* – des großen Empfangssalons im königlichen Palast – mag gleichsam symbolisch verdeutlichen, wie sehr eben auch die altehrwürdige, aus dem Feudalismus herausgewachsene Institution des Königtums vom Unternehmergeist und der kühlen Zweckhaftigkeit dieses urbanen Bürgerstandes durchdrungen war.

Dabei wirken auch in der Gotik Elemente der romanischen Tradition noch lange nach – nicht nur in jenen Bauten der Übergangszeit, die vor allem im frisch gewonnenen Neukatalonien errichtet werden und zu denen neben den erwähnten königlichen Klöstern auch die Kathedralen von Tarragona, Tortosa und Lleida zählen. Der neue Architektur-Stil schafft sich in unserer Region nicht nur später Eingang als in seinem französischen Herkunftsland oder selbst in Deutschland; er bleibt auch gleichsam erdgebundener, gibt nur selten dem unbändigen, gemeinhin als 'typisch gotisch' betrachteten Höhenstreben nach und nutzt die neuen technischen Möglichkeiten des Spitzbogens und des Rippengewölbes vielmehr vorzugsweise eher zur horizontalen als zur vertikalen Ausdehnung. Ein extremes, aber nichtsdestoweniger charakteristisches Beispiel bietet die Kathedrale von Girona mit dem breitesten aller überhaupt bekannten gotischen Kirchenschiffe. Dazu paßt die vorherrschende Tendenz sei es zur Einschiffigkeit, sei es zur Annäherung an die neue Raumgestalt der Hallenkirche: selbst wo man bei der überkommenen Struktur der dreischiffigen Basilika bleibt, ragt das Mittelschiff im allgemeinen nur wenig über die Seitenschiffe hinaus (die Kirche von Castelló d'Empúries bildet, offenbar unter französischem Einfluß, die bemerkenswerteste Ausnahme von der Regel). Schließlich bleibt eine gewisse nüchterne Strenge – José Guidol spricht von »Rationalität« – bis in eine Zeit hinein maßgebend, in der anderswo der flamboyante Stil bereits zur fortschreitenden Auflösung der Baumassen geführt hat: auch die spätgotischen Meister in Katalonien vermeiden es fast durchwegs, die konstruktiven Gliederungen dekorativ überwuchern zu lassen.

Wenn sich so die Architektur – trotz der gelegentlichen Beteiligung ausländischer Baumeister – eine so unverkennbar nationale Eigenart bewahrt, daß gewisse katalanische Kunsthistoriker sie mit einiger Übertreibung geradezu als 'antigotisch' definieren, unterliegt die Plastik des 14. und 15. Jahrhunderts in viel höherem Maße internationalen Einflüssen. Das geht schon aus der großen Zahl fremder, insbesondere französischer und niederländischer, aber auch deutscher und italienischer Bildhauer hervor, die nun in stets wachsender Zahl zum Schmuck der Kirchenfassaden und der Portale wie zur Anfertigung der kostbaren Grabmäler herangezogen werden. Burgundische und italienische Anklänge mehren sich aber auch in einheimischen Werken – ganz abgesehen davon, daß man vielfach angesichts fehlender Dokumentation im Dunkeln tappt, ob beispielsweise eine so großartige, überaus italienisch wirkende Figur wie die des Erzbischofs Juan von Aragon in der Kathedrale von Tarragona einem katalanischen Künstler oder einem Gast aus der Toskana zu verdanken ist. Offenbar bedurfte es starker von auswärts kommender Impulse, um die katalanischen Steinmetzen aus ihrer lange bewahrten Bindung an die Überlieferung der romanischen Ateliers zu lösen. Und als diese Emanzipation dann mit Beginn des 14. Jahrhunderts, erheblich später also als in den Nachbarländern, schließlich vollzogen ist, gewinnen die Vorbilder von nördlich der Pyrenäen für geraume Zeit eine kaum eingeschränkte Vorherrschaft.

Ähnliches gilt für die Malerei. Auch hier bereitet eine recht lange, heute gerne als 'protogotisch' bezeichnete Übergangszeit den Weg zur Übernahme von Modellen, die im übrigen Europa schon wesentlich früher entwickelt worden sind. Zugleich treten nun mehr als zuvor einzelne klar umrissene, auch namentlich bekannte Künstlerpersönlichkeiten auf. Der zuerst als Buchmaler tätige Ferrer Bassa († vermutlich 1350) erscheint als Schrittmacher der italianisierenden, insbesondere am Werk Duccios geschulten Manier (sein einziges dokumentarisch gesichertes Werk, die Ausmalung der Michaelskapelle im Kloster von Pedralbes, ist den Besuchern leider unzugänglich). Sein Sohn Arnau Bassa und die Brüder Francesc, Jaume, Pere und Joan Serra, von denen einige mit diesem zeitweise zusammenarbeiten, setzen diese Linie fort. Bei ihnen tritt bereits das Tafelbild – vor allem in der Form der großen, aus vielen Teilstücken zusammengesetzten Retabel (Altaraufsätze) – ganz in den Vordergrund. Mit der Zeit treten den zunächst vorherrschenden italienischen Einflüssen auch französische und flämische zur Seite – so etwa bei dem Gironeser Lluis Borassà –, so daß Guidol nicht ohne Grund von einem »internationalen Stil« sprechen kann, dem er auch das Schaffen von Borassàs Nachfolger Bernat Martorell und von Jaume Ferrer dem Jüngeren zuordnet. Und schließlich erreicht die 'Schule von Barcelona' in der zweiten Hälfte des 15. Jahrhunderts – also zu einer Zeit, da auf anderen Gebieten der Kunst bereits ein Niedergang erkennbar wird – mit Jaume Huguet einen letzten großen Höhepunkt in einer Synthese flämischer, italienischer und autochthoner Stil-Elemente.

Dieser ausgesprochen internationale Charakter der hochgotischen Malerei Kataloniens braucht ebensowenig zu verwundern wie die intensiven äußeren Anregungen, die in der Plastik derselben Zeit zutage treten: darin spiegelt sich einfach die ständige Zunahme der Kontakte mit dem übrigen Europa, die sich gleichermaßen aus der imperialen Expansion der aragonesischen Monarchie nach dem südlichen Italien hin wie aus den räumlich noch viel weiter gespannten Handelsinteressen des Barceloneser Bürgertums ergeben. Um so erstaunlicher mutet angesichts dieser Zusammenhänge die eigenwillige Originalität an, die sich die katalanische Architektur noch bis an die Schwelle der Neuzeit zu bewahren wußte.

Der Niedergang: Im Schatten Kastiliens

Das Ende der goldenen Zeit Kataloniens war nicht die Folge eines einzelnen Ereignisses, sondern einer ganzen Reihe von Krisen und Katastrophen. Die erste schwere Erschütterung erlitt das Land durch die schauerliche Pestepidemie von 1348; die dadurch verursachte Entvölkerung der ländlichen Distrikte verschärfte den Druck des Adels auf die Bauern und spitzte damit die sozialen Gegensätze zu. Einen tiefen Einschnitt bezeichnete 1410 der Tod Martins I. ('des Humanen'): mit ihm starb das Geschlecht Wilfrieds des Behaarten nach mehr als einem halben Jahrtausend der Herrschaft aus. Das Ringen der verschiedenen Prätendenten um die Krone Aragons gewann im 'Kompromiß von Caspe' schließlich Fernando de Antequera aus dem kastilischen Grandengeschlecht der Trastámara.

Sein Machtantritt bereitete der katalanischen Vorherrschaft innerhalb des vielgestaltigen aragonesischen Commonwealth ein Ende: die führende Rolle ging zuerst vom bürgerlichen Barcelona auf den überwiegend agrarischen Reichsteil Aragon, später auf Valencia und schließlich auf den großen traditionellen Rivalen Kastilien selber über. Wohl konnte die Oligarchenschicht Kataloniens von Fernando die Bestätigung ihrer Rechte und Freiheiten und insbesondere die ausdrückliche Anerkennung der *Generalitat* erwirken. Der damit erzielte Erfolg des 'Paktismus' war jedoch nicht mehr als ein Pyrrhus-Sieg: daß die

Institutionen damit erhalten und sogar zementiert wurden, änderte nichts daran, daß ihre Wurzeln im Leben Kataloniens selber zusehends verdorrten.

Natürlich läßt sich die fortschreitende Austrocknung des katalanischen Eigenlebens so wenig wie die Verlagerung der Machtzentren allein auf den Wechsel der regierenden Dynastie zurückführen. Entscheidend dafür wurde vielmehr das auffällige Versiegen der schöpferischen Energien in den bisher bestimmenden Eliten selber. Je mehr zumal das Großbürgertum an Initiative und Risikobereitschaft einbüßte, je mehr es seine Reichtümer statt in kommerziellen Unternehmungen in Landbesitz oder Spekulationsgeschäften anzulegen begann, desto zäher klammerte es sich an die formalen Garantien seiner Privilegien. Die städtischen und ländlichen Unterschichten aber, von jeder Chance politischer Mitbestimmung ausgeschlossen, waren in der neuen Situation weniger als zuvor bereit, sich von den beherrschenden Minoritäten vertreten zu fühlen: sie sahen das Heil viel eher in einer Stärkung der königlichen Gewalt, das heißt in der Ausbildung eines kräftigen zentralstaatlichen Absolutismus.

Nicht zuletzt an diesen divergierenden gesellschaftlichen Interessen scheiterte letztlich der Versuch einer nationalen Erhebung gegen Juan II., den dritten Monarchen aus dem Haus der Trastámara, und die Berufung eines anderen Prätendenten auf den Thron wenn nicht des ganzen aragonesischen Reichs so doch jedenfalls Kataloniens. Der zehnjährige verheerende Bürgerkrieg (1462–72) zeitigte zwar insofern ein bedeutsames und zukunftsweisendes Resultat, als Juans Sohn und Nachfolger Ferdinand II. durch königliche Intervention schließlich die Ablösung der seit langem umstrittenen ländlichen Leibeigenschaft verfügte; damit ging Katalonien nicht nur dem übrigen Spanien, sondern auch fast allen Ländern Europas um Jahrhunderte voraus. Anderseits aber trugen die ausgedehnten und zerstörerischen Feindseligkeiten weiter zur Schwächung eines ohnedies schon debilen sozialen Organismus bei.

Die schlimmsten und dauerhaftesten Schädigungen freilich erlitt dieser Organismus durch die Union zwischen den Kronen Aragons und Kastiliens. Die Heirat Ferdinands II. mit der kastilischen Thronerbin Isabella, die die Einheit der iberischen Königreiche mit Ausnahme Portugals begründete, lief zwar ursprünglich keineswegs auf eine völlige Verschmelzung der Länder hinaus: die aragonesischen Gliedstaaten – und damit auch Katalonien – behielten durchaus ihre eigenen Institutionen. Und während die 'katholischen Könige', wie das Paar nun genannt wurde, in Kastilien als absolute Monarchen regierten, blieben sie in allen Teilen Aragons zunächst an die herrschenden konstitutionellen Regeln gebunden. Aber die Politik jener neuen Einheit, für die sich nun mehr und mehr der Sammelname 'Spanien' einbürgerte, wurde eben doch von nun an eindeutig kastilisch bestimmt. Eine wichtige Rolle bei der Durchsetzung der königlichen Macht spielte neben der fortschreitenden sprachlich-kulturellen Kastilianisierung der Oberschichten die Inquisition, die auch in Katalonien gegen den erklärten Willen der *Generalitat* eingeführt wurde. Die von den Monarchen erzwungene Austreibung der Juden lag auf der gleichen Linie. Den schwersten Schlag aber erhielt Katalonien durch die Entdeckung Amerikas und seinen Ausschluß aus Schiffahrt und Handel mit den neu entdeckten Gebieten jenseits des Atlantischen Ozeans.

Der Ausbruch in die neue Welt wie die fast gleichzeitige Erschließung des Seewegs nach Indien hätte unter allen Umständen dem Wohlstand der Katalanen eine seiner wichtigsten Grundlagen entzogen. Die Verlagerung der Handelsrouten auf die Weltmeere minderte entscheidend die bisherige Bedeutung der mediterranen Hafenstädte; davon wurde Barcelona genauso betroffen wie seine italienischen Konkurrenten. Daß aber die Ausbeutung der amerikanischen Kolonien, ja jeder direkte Kontakt mit ihnen einzig und allein den Kastiliern vorbehalten blieb, kam beinahe schon einem gezielten Todesstoß gegen die katalanische Metropole gleich, die sich von ihrem vormaligen kommerziellen und maritimen Vorrang auf eine durchaus zweitrangige Rolle reduziert sah.

So setzte sich im 16. und 17. Jahrhundert der Zerfallsprozeß unaufhaltsam fort, der schon im 15. begonnen hatte. Wohl achteten die nun regierenden habsburgischen Monarchen im allgemeinen die autonomen Sonderrechte, an denen die Katalanen nun erst recht zäh festhielten. Trotzdem bezeichnet Ferran Soldevila die Ära der Habsburger nicht ohne Grund als die Zeit der »friedlichen Entnationalisierung«. Nicht zuletzt bestätigt die erschütternde kulturelle Sterilität Kataloniens in dieser Epoche die Diagnose des angesehenen katalanischen Historikers.

Nicht mehr friedlich, sondern mit durchaus gewalttätigen Mitteln wollte schließlich der allmächtige Günstling und Minister Philipps IV., der Graf von Olivares und Herzog von Sanlúcar, sein proklamiertes Ziel erreichen, »alle diese Königreiche, aus denen sich Spanien zusammensetzt, unterschiedslos auf den Stil und die Gesetze Kastiliens zu reduzieren«. Seine systematische Unterdrückungspolitik, verbunden mit den schweren finanziellen Lasten, die er Katalonien auferlegte, löste schließlich 1640 einen Volksaufstand aus, der wiederum, wie die Erhebung gegen Juan II., Züge einer sozialen Revolution annahm. Diesmal waren es die früher eher königstreuen unteren Klassen, die die Initiative zur Empörung ergriffen; das Kampflied der rebellischen Schnitter, 'Els Segadors', ist bis heute die Nationalhymne Kataloniens geblieben. Um nicht jede Kontrolle zu verlieren, blieb den Spitzen der Gesellschaft und der Administration nichts anderes übrig, als sich der Bewegung anzuschließen. Einmal auf die Bahn des Aufruhrs geraten, sahen die Chefs der *Generalitat* die beste Sicherheit in der engen Anlehnung an Frankreich. Schwebte ihnen zuerst die Errichtung einer unabhängigen katalanischen Republik unter französischem Schutz vor, so fanden sie sich bald bereit, den französischen König Ludwig XIII. zum Grafen von Barcelona auszurufen und nach dessen Tod auch Ludwig XIV. als Monarchen zu akzeptieren. Aber der Versuch zur Loslösung von Spanien mißlang. Nach zwölfjährigem Krieg setzte sich Philipp schließlich durch. Einziger dauernder Effekt der mißglückten Emanzipationsbestrebungen war die Teilung des Prinzipats durch die Abtretung des Roussillons und der nördlichen Distrikte der Cerdanya an Frankreich, die der 'Sonnenkönig' im sogenannten Pyrenäen-Frieden erwirkte.

Daß sich Philipp IV. nach seiner Trennung von Olivares als großmütiger (oder doch jedenfalls politisch geschickter) Sieger erwies und die 'Freiheiten' der unterlegenen Katalanen im wesentlichen intakt ließ, trug wohl mit dem Mißbehagen über die schroff zentralistische französische Politik in den neuerworbenen nordpyrenäischen Gebieten sehr zu einer pro-habsburgischen Umorientierung der katalanischen Notabeln bei. So war es kein Wunder, wenn sie sich im Spanischen Erbfolgekrieg (1701–14) entschieden und fast einmütig auf die Seite des Habsburger Prätendenten Karl stellten; auch weitgehende Zusagen des bourbonischen Thronanwärters Philipp konnten sie nicht zu einem Frontwechsel bewegen. Selbst nachdem die großen Mächte im Frieden von Utrecht (1713) die Ansprüche Philipps V. anerkannt hatten und Katalonien von seinen Verbündeten allein gelassen wurde, kämpfte es weiter. Aber als Barcelona, nach dreimonatiger Belagerung, am 11. September 1714 schließlich im Sturm genommen wurde, war der militärische Widerstand zu Ende. Heute begehen die Katalanen den 11. September als ihren nationalen Gedenktag, als *Diada,* die zugleich der Erinnerung an den heroischen verlorenen Kampf von ehedem wie der Manifestation des Willens zur politischen und kulturellen Selbstbehauptung in Gegenwart und Zukunft dient.

Mit dem Fall Barcelonas lag auch der katalanische Staat in Trümmern. Diesmal war der Sieger gewillt, die aufmüpfige Region tatsächlich auf das Niveau einer bloßen spanischen Provinz 'wie alle anderen' zu reduzieren. Diesem Ziel diente der Bau der Zitadelle von Barcelona, die ausdrücklich als Zwingburg zur bewaffneten Niederhaltung der Stadt wie des Landes gedacht war (sie wurde schließlich in der zweiten Hälfte des 19. Jahrhunderts geschleift, und ihre Stelle nimmt heute der *Parc de la Ciutadella* ein). Im Dekret der 'Nueva Planta' löschte Philipp V. 1716 schließlich mit einem Federstrich die vielhundertjährige katalanische Verfassung aus, löste alle bisherigen autonomen Institutionen auf und reorganisierte das unterworfene Land nach absolutistisch-zentralistischen Prinzipien in einer Weise, die jedes Eigenleben ersticken sollte. Welche Rolle das Dekret und die ihm folgenden Erlasse für die sprachliche Kastilianisierung spielten, haben wir bereits an anderer Stelle gesehen (vgl. S. 19).

Der kulturelle Niedergang hatte freilich lange vor diesem (scheinbaren) politischen Todesurteil eingesetzt. Die fortschreitende Austrocknung und Erstarrung der früher so lebendigen Selbstverwaltung einerseits, die Abkapselung der Region von den großen wirtschaftlichen Strömen andererseits trug sicher das ihre dazu bei, daß mit der einheimischen Literatur auch die bildende Kunst mehr und mehr im Provinzialismus versackte. Weder die Renaissance, die sich erst gegen Ende des 16. Jahrhunderts allmählich von ihrer bis dahin noch engen Bindung an die gotische Tradition löste, noch das Barock vermochten im katalanischen Landesteil auch nur annähernd die Bedeutung zu erlangen, die ihnen in anderen Gegenden Spaniens zukam, und sie haben schon gar nicht irgendwelche Schöpfungen von überregionalem, geschweige denn europäischem Rang hervorgebracht. Das hängt sicher auch damit zusammen, daß mit dem Erlahmen der schöpferischen Kräfte im vormals so produktiven Bürgertum auch die Bereitschaft der Aristokratie zum Mäzenatentum nachließ, je mehr die Angehörigen der großen katalanischen Familien ihre Zukunft eher am kastilischen Hof als in der eigenen Heimat suchten.

Gewiß sind noch bis ins 18. Jahrhundert hinein etwa in Barcelona manche Stadtpalais der Oberschicht und auch öffentliche Gebäude von ansehnlicher Qualität entstanden, und eine

Schöpfung wie die (freilich zunächst unvollendet gebliebene) Front der Kathedrale von Girona samt dem großzügig angelegten Aufgang zu ihr darf als ein durchaus respektables Muster barocken Bauwillens gelten. Aber das alles blieb im Bereich mehr oder weniger fertig übernommener fremder Modelle. Nach bahnbrechenden Leistungen oder auch nur originellen Abwandlungen vorgeprägter Schablonen wird man in der Malerei und Plastik genauso ergebnislos suchen wie in der Architektur. Eine so imposante Schöpfung der Renaissance-Skulptur wie das Grabmal des Ramón de Cardona in der Kirche von Bellpuig widerspricht diesem Urteil nicht: es ist das Werk eines italienischen Bildhauers. Und ähnliches gilt, trotz einigen beachtlichen städtebaulichen Errungenschaften wie der Plaza Real in Barcelona, noch für die Zeit des Klassizismus; die Monumentalität der Kathedrale von Vic (oder auch der *Catedral Nueva* von Lleida) mutet noch um einige Grade kälter an als die ähnlicher Bauwerke des gleichen Stils außerhalb Kataloniens.

Die Wiedergeburt

Die sprichwörtliche Energie der Katalanen konnte freilich auf die Dauer nicht gebrochen werden. Die bourbonische Repression erwies sich schließlich sogar eher als ein Ansporn. Von der politischen Mitbestimmung über das eigene Schicksal ausgeschlossen und kulturell überfremdet, wandte sich die Bevölkerung um so entschiedener dem Bereich zu, der ihrer Tätigkeit noch offenstand: dem wirtschaftlichen. Das gleiche 18. Jahrhundert, das die Liquidierung ihrer eigenen, historisch gewordenen Institutionen und den fortschreitenden Verfall der einheimischen Sprache mit sich brachte, bezeichnet den Beginn des großen wirtschaftlichen Aufschwungs im Zeichen einer frühen Industrialisierung. 1741 entstand die erste Fabrik zur Herstellung baumwollener Tücher; fünfzig Jahre später beschäftigte die Baumwoll-Industrie bereits nicht weniger als 80 000 Arbeitskräfte. Die Zulassung der Katalanen zum Handel mit den amerikanischen Besitzungen, der ihnen so lange versperrt geblieben war, belebte ihrerseits diese neue intensive Aktivität. Kurzum: das politische Debakel wurde zum Auftakt für einen ökonomischen Sieg. Ihm verdankte Katalonien jene Spitzenstellung in den damals erst einsetzenden modernen Produktionszweigen, die es bis in die Gegenwart hinein im spanischen Staatsverband behauptet hat. Und mindestens insofern, als das kastilisch bestimmte Regiment die erstarrten Herrschaftsformen der alteingesessenen Oligarchie zerschlug, trug es – wohl gegen den eigenen Willen – selber dazu bei, die Unterlegenen auf die Bahn der industriellen Expansion zu drängen.

Unter diesen Voraussetzungen war es wohl nur noch eine Frage der Zeit, wann der Vorsprung auf dem wirtschaftlichen Felde auch eine Renaissance des zeitweise scheinbar völlig erstickten katalanischen Nationalbewußtseins nach sich ziehen werde. Erste, noch recht unsichere Symptome einer solchen Wiedergeburt lassen sich bereits in der Zeit der napoleonischen Besetzung beobachten. Anregungen der Romantik – nicht zuletzt der deutschen – trugen dazu bei, im 19. Jahrhundert das scheinbar erloschene Feuer aufs neue anzufachen. Die Wiederbelebung der mittelalterlichen Dichterwettbewerbe – der *Jocs*

Florals –, zunächst nur als folkloristisch–unpolitisches Phänomen betrachtet, leitete eine Epoche der immer gründlicheren und von starken Emotionen getragenen Beschäftigung mit der eigenen Vergangenheit, Sprache und Kultur ein. Und es war wohl unvermeidlich, daß aus der kulturellen Selbstbesinnung schließlich auch eine politisch orientierte, im Zeichen des modernen Nationalismus stehende Emanzipationsbewegung entstand.

Immerhin waren diese 'katalanistischen' Tendenzen noch bis in die Anfänge des 20. Jahrhunderts hinein im wesentlichen die Sache einer Minderheit bürgerlicher Kreise. Die erstarkende, vorwiegend unter anarchistischem Einfluß stehende Arbeiterschaft brachte lange keinerlei Interesse für die 'nationale Frage' auf. Erst recht scheiterte 1873 der Versuch zu einer bundesstaatlichen Umgestaltung Spaniens in der kurzlebigen Ersten Republik, an deren Spitze mit dem Katalanen Francisc Pi i Margall ein bedeutender Theoretiker des Nationalitätenproblems und des Föderalismus trat: dem Unternehmen fehlte die solide Basis in der Bevölkerung, und wirklichkeitsfremder Idealismus bei der Führung wie groteske Überspitzungen partikularistischen Eigenwillens in einzelnen Landesteilen diskreditierten das Experiment vollends.

Aber auch solche Fehlschläge konnten die wiedererstandene katalanische Nationalidee nicht auf die Dauer aufhalten. Ein erster auf breiter Grundlage erarbeiteter Entwurf für ein Autonomiestatut – die sogenannten *Bases de Manresa* – entstand bereits 1890. Die schwere Erschütterung, die Spanien 1898 durch die Niederlage in seinem Krieg mit den Vereinigten Staaten und durch den Verlust seiner letzten bedeutenden Übersee-Kolonien (Kuba, Puerto Rico und Philippinen) erfuhr, gab den Bemühungen um den Wiedergewinn eigener politischer Institutionen – wenn auch meist im Rahmen des spanischen Staates – neuen Auftrieb. Einen ersten, noch sehr bescheidenen und doch in die Zukunft weisenden Erfolg erzielte dieses Streben 1913, als ein königliches Dekret die Möglichkeit zur Zusammenfassung verschiedener Provinzen in einer als *Mancomunidad* bezeichneten Arbeitsgemeinschaft schuf. Die vier katalanischen Provinzialbehörden machten sich diese Chance sogleich zunutze, und die führenden Politiker verstanden es geschickt, aus dem neuen, eigentlich nur als verwaltungstechnisches Instrument gedachten Organ so etwas wie den Keim einer Regionalregierung zu machen. Vor allem kulturpolitisch entfaltete die *Mancomunitat* – wie sie nun katalanisch genannt wurde – in dem Jahrzehnt ihrer Existenz eine ungewöhnlich breite und fruchtbare Tätigkeit, ganz besonders durch den Ausbau des Schulwesens (in dem nun auch das Katalanische wieder als Unterrichtsgegenstand Eingang fand), der Bibliotheken und zahlreicher wissenschaftlicher Einrichtungen – darunter, besonders folgenreich, jenes' Instituts für katalanische Studien', dessen wichtigstes Werk die Vereinheitlichung und Kodifizierung der einheimischen Schriftsprache sein sollte. Als die Diktatur des Generals Primo de Rivera 1925 die *Mancomunitat* wieder auflöste, hatte sich der katalanische Autonomiewille so weit gefestigt, daß er auch durch Madrider Maßnahmen nicht wieder gebrochen werden konnte.

Wie die politische Wiederbelebung des katalanischen Selbstbewußtseins durch die kulturelle *Renaixença* starke Anstöße erhalten hatte, so wirkte sie ihrerseits wiederum kräftig auf das kulturelle und künstlerische Leben zurück. Mit dem gewaltigen Epos

›L'Atlantida‹ des Priester-Poeten Jacint Verdaguer (1877) hatte die neukatalanische Literatur erstmals wieder eine Höhe erklommen, die sich mit den großen dichterischen Schöpfungen des Mittelalters messen konnte. Mit den Versdramen von Angel Guimerà (1845–1924) eroberte sie sich das Theater. Joan Maragall (1860–1911) erschloß der bis dahin eher epigonischen Lyrik neue Horizonte einer zugleich modernen und eminent vielfältigen Ausdrucksweise. Den drei Bahnbrechern folgte eine Vielzahl bedeutender literarischer Figuren. Nicht minder bedeutsam als ihr eigenes Schaffen wurde ihre Rolle als iberische Interpreten der zeitgenössischen Weltliteratur: manche großen Werke ausländischer Autoren wurden in Spanien durch katalanische Übersetzungen bekannt gemacht, bevor sich Verlage spanischer (d. h. kastilischer) Sprache ihrer annahmen.

Auch der bildenden Kunst teilte sich der neue Impetus mit. Erstmals seit der Gotik trat Katalonien wieder aus provinzieller Enge heraus, konnte jene künstlerische Schule der *Art Nova*, die ihren genialsten Vertreter in Gaudí fand, wieder die Position einer Avantgarde einnehmen – in jener internationalen ästhetischen Bewegung nämlich, der auch der deutsche Jugendstil zugehört. Architekten wie Lluis Domènech i Montaner, der Schöpfer des vielumstrittenen Barceloneser Musikpalastes, Josep Puig i Cadafalch und Josep Maria Jujol, Gaudís Mitarbeiter bei Entwurf und Ausführung des originellen Güell-Parks in Barcelona, verhalfen dieser Gruppe zu einem Ansehen weit über Spanien hinaus. Und aus dem engen Kontakt mit den Malern der gleichen Richtung erwuchs schließlich auch das Genie des Halbkatalanen Pablo Picasso, der seine entscheidenden Lehrjahre in Barcelona zubrachte. Wie wenig der einmal geweckte Elan wieder abbrach, dafür zeugen Namen von weltweitem Ruf wie die von Joan Mirò, Antoni Tàpies und wohl auch – bei allen Vorbehalten – Salvador Dalí.

Von der Autonomie zur Autonomie

Die Auflösung der *Mancomunitat* war nicht mehr als ein episodischer Rückschlag. Weit entfernt, das katalanische Streben nach Eigenständigkeit auf die Dauer zu hemmen, schuf die Diktatur Primo de Riveras vielmehr die Voraussetzungen für seine umfassendere Verwirklichung. Im autonomistischen Lager büßte die großbürgerlich geführte *Lliga Regionalista* einen großen Teil ihres Einflusses zugunsten jener radikaleren und fortschrittlicheren Gruppen ein, die sich schließlich in der neuen Partei *Esquerra Republicana* (Republikanische Linke) unter dem eminent populären früheren Oberstleutnant Francisc Macià zusammenfanden. Nicht nur die zuvor abseits stehende katalanische Arbeiterschaft wurde erstmals in die Bewegung zugunsten der Selbstverwaltung einbezogen; auch die gesamtspanischen republikanischen und sozialistischen Parteien nahmen diese Forderung nun in das Programm der Einheitsfront auf, zu der sie sich 1930 nach dem Sturz des Diktators zusammenschlossen. Damit war für Katalonien der Weg zur lange ersehnten Autonomie frei, nachdem König Alfons XIII. im Jahr darauf den republikanischen Triumph bei den

Gemeindewahlen mit seinem freiwilligen Thronverzicht quittiert hatte und die Zweite Republik ausgerufen worden war. In einer Volksabstimmung bekannte sich die überwältigende Mehrheit nicht nur der Abstimmenden, sondern auch der Stimmberechtigten in den vier Provinzen des Prinzipats zu dem Statut, das eine Kommission der gewählten provisorischen katalanischen Volksvertretung ausgearbeitet hatte und das die Wiederherstellung der *Generalitat* in modernen demokratischen Formen, aber mit sehr weitgehenden eigenen Kompetenzen vorsah. Zwar mußten die Katalanen bei ihren Verhandlungen mit Madrid einige Abstriche von ihrem ursprünglichen Projekt hinnehmen. Nichtsdestoweniger hatten sie mit dem Inkrafttreten des revidierten Statuts und der Wahl des ersten katalanischen Parlaments im November 1932 wesentliche Ziele erreicht: nach mehr als zwei Jahrhunderten der totalen Abhängigkeit, die im Dekret der *Nueva Planta* stipuliert worden war, hatten sie wieder ein eigenes Gemeinwesen zurückgewonnen – auch wenn es sich formell nicht, wie zunächst vorgesehen, als 'Staat' definieren durfte, sondern als 'Region' bezeichnet wurde.

Diesem Gebilde war freilich nur eine kurze und überaus stürmische Existenz beschieden. Ein schwerer Konflikt mit der nunmehr wieder konservativ-zentralistisch bestimmten Madrider Regierung bewog die *Generalitat* im Oktober 1934, gleichzeitig mit dem sozialistischen Aufstand in Asturien, zur Proklamation einer Katalanischen Republik, die der Zentralregierung jeden Gehorsam aufsagte. Die impulsive Erhebung wurde nach wenigen Stunden ohne Mühe niedergeschlagen; ihr einziges Ergebnis war die 'vorläufige' Suspension des Autonomiestatuts und die Verurteilung der rebellischen Ratsmitglieder zu dreißigjährigen Gefängnisstrafen. Und auch als der Wahlsieg der Volksfront am 16. Februar 1936 die Annullierung dieser Maßnahmen nach sich zog und Katalonien seine so kurz zuvor gewonnene und schon wieder verlorene Selbstregierung zurückerlangte, da war seinen wiederhergestellten Institutionen nur eine ganz kurze Atempause vergönnt: schon im Juli des gleichen Jahres machte der Ausbruch des Bürgerkrieges das konstitutionelle Werk aufs neue zunichte.

Wohl brach in Barcelona der Putschversuch der Garnison am bewaffneten Widerstand der Polizei-Einheiten und der Arbeiter zusammen. Aber hier – wie in ganz Katalonien – löste die mißglückte militärische Revolte ihrerseits eine spontan in Gang kommende soziale Revolution aus: nicht mehr die formell weiterbestehende *Generalitat*, sondern das Zentralkomitee der 'proletarischen Milizen' übte von nun an die tatsächliche Regierungsgewalt aus. In diesem improvisierten Ausschuß gaben zunächst die radikalen anarchistischen und syndikalistischen Gruppen ganz und gar den Ton an. Als im weiteren Verlauf des Bürgerkrieges nach und nach der anfängliche revolutionäre Überschwang gedämpft und (teilweise gewaltsam) zurückgebunden wurde, da waren es nicht so sehr die legalen katalanischen Autoritäten, die davon profitierten, als vielmehr die zentralen republikanischen Organe in Madrid.

Immerhin konnte sich Katalonien fast zweieinhalb Jahre lang gegen den Ansturm der Franco-Truppen behaupten. Erst Anfang 1939, nach dem Zusammenbruch einer großangelegten republikanischen Offensive an der Ebro-Front, gelang den Aufständischen schließlich der Durchbruch. Dann aber gab es kein Halten mehr. Am 26. Januar, einen Monat nach

Beginn der Entscheidungsschlacht, konnten die Armeen Francos Barcelona besetzen, ohne bei dieser Operation auch nur einen einzigen Mann einzubüßen. Am 9. Februar befand sich ganz Katalonien in der Hand der Sieger.

Allein in dieser einen, verhältnismäßig kleinen Region dürften der blutigen Rachejustiz, die nun über alle Widersacher der militärischen Machtergreifung erging, mehr als 10000 Menschenleben zum Opfer gefallen sein. Die neuen Herren gaben sich jedoch damit ebensowenig zufrieden wie mit der Aufhebung des Autonomiestatuts und aller damit verbundenen Sonderrechte. Sie setzten auch zu einem eigentlichen Vernichtungsfeldzug gegen alles an, was in ihren Augen als Äußerung des verhaßten 'Separatismus' erschien – und jedes Zeichen von Andersartigkeit war in den Augen eines fast mystisch der 'Einheit Spaniens' verpflichteten Regimes bereits als 'separatistisch' abgestempelt. Nicht zuletzt wurde keineswegs bloß der öffentliche, sondern selbst der private Gebrauch der katalanischen Sprache bereits als staatsfeindlicher Akt betrachtet.

Diese extremen Formen der Repression ließen sich allerdings nicht für unbeschränkte Zeit durchhalten – schon deshalb nicht, weil auch die mit der Franco-Diktatur eng verbundenen Kreise des katalanischen Großbürgertums bald gegen eine solche systematische Zerstörung der eigenen Kultur Einspruch erhoben. Nichtsdestoweniger betrachtete das autoritäre Herrschaftssystem des Generalissimus, das die Provinzen des Prinzipats praktisch als erobertes feindliches Gebiet behandelte, auch dann noch jeden Ausdruck katalanischen Selbstbewußtseins mit äußerstem Mißtrauen als gefährliche Abweichung von der allgemeinverbindlichen Doktrin, nachdem die blutige Phase der Vergeltung abgeschlossen war.

Die ersten Stimmen, die sich gegen diese Politik eines eigentlichen kulturellen Völkermords erhoben, kamen aus dem Kloster von Montserrat. Die dortigen Benediktinermönche, durch Francos Konkordat mit dem Heiligen Stuhl in einigem Maße gegen Einmischungen des Staates abgesichert, waren für lange Zeit die einzigen, die mit ihrer Zeitschrift *Serra d'Or* eine periodische Veröffentlichung auf katalanisch publizieren konnten und diese Chance auch wirklich schon zu einer Zeit ausnützten, in der die Kirche sich sonst zum willigen Instrument der Kastilianisierungspolitik hergab (vgl. S. 235). Erst gegen Ende der fünfziger Jahre eröffnete die schrittweise Liberalisierung des Regimes wieder eine Möglichkeit für Aktivitäten wenigstens auf dem kulturellen Felde. So konnte die private, überwiegend von großen und mittleren katalanischen Industriellen finanzierte Organisation 'Omnium Cultural', auch wenn sie in den sechziger Jahren zeitweise verboten wurde, doch das zuerst nur illegal fortbestehende, später wenigstens tolerierte Institut für katalanische Studien durch ihre Beihilfe am Leben erhalten und darüber hinaus für katalanischen Unterricht wenigstens außerhalb der offiziellen Schulen sorgen.

Auch der politische Widerstand gegen die Diktatur begann sich nach und nach wieder zu formieren. Bezeichnend für Katalonien war es, daß er sich vorzugsweise in halblegalen oder – wo das nicht möglich war – wenigstens in gewaltlosen Formen vollzog: zu terroristischen Aktivitäten kam es hier selten, und wo sie sich ausnahmsweise ereigneten, blieben sie eine Randerscheinung. Immerhin erlebte in den Spätjahren Francos nicht nur das katalanische Verlagswesen einen neuen Aufschwung; auch Bücher von ausgesprochen 'katalanistischer'

Tendenz konnten nun wieder erscheinen und zum mindesten innerhalb der kulturellen Eliten den Willen zur Bewahrung der eigenen Tradition stärken. Als sich nach dem Tode des Caudillos die Tendenzen zur Demokratisierung Spaniens nach und nach durchsetzten, dauerte es nur kurze Zeit, bis die Region als erste des ganzen Landes wieder ihre 'präautonomen' Organe erhielt: eine neue *Generalitat* wurde ins Leben gerufen und unter die Leitung des langjährigen Emigranten Josep Tarradellas gestellt, der schon vor 1939 der katalanischen Regierung angehört hatte. Und nachdem die neue, demokratische spanische Verfassung von 1978 die konstitutionellen Voraussetzungen dafür geschaffen hatte, wurde im Sommer 1979 schließlich ein neues Autonomiestatut verabschiedet, das der regionalen Administration in einigen Punkten sogar mehr Kompetenzen zugesteht als sein Vorgänger von 1932.

Anders als in den unruhigen, von unablässigen politischen Krisen heimgesuchten dreißiger Jahren dürfte die wiedergewonnene Selbstverwaltung (und wenigstens teilweise Selbstregierung) diesmal auf soliderem und dauerhafterem Fundament errichtet sein und Katalonien damit ungleich bessere Möglichkeiten zur Entfaltung seines Eigenlebens und Eigenwesens eröffnen. Durch außerordentliche Aktivität vor allem auf kultur- und sprachpolitischem Felde, aber auch auf vielen anderen Gebieten hat sich der 1980 gewählte, 1984 glanzvoll an den Urnen bestätigte Tarradellas-Nachfolger Jordi Pujol energisch bemüht, aus seinen wenngleich begrenzten Zuständigkeiten das Maximum herauszuholen. Diesem Bemühen verdankt seine bürgerlich-autonomistische, der demokratischen Mitte verpflichtete Regierungsformation *Convergència i Unió* die absolute Mehrheit, über die sie gegenwärtig im katalanischen Regionalparlament verfügt. Eine solche Politik läßt sich zwar nicht immer ohne Konflikte durchsetzen; auch und gerade einer sozialistisch geführten Zentralregierung geht der betonte katalanische Eigenwille oft zu weit, und auch die gerichtlichen Instanzen des spanischen Staates sind schon mehrfach eingeschritten, wenn die *Generalitat* über die Grenzen ihrer Vollmachten hinauszugehen schien. Aber wenn das Verhältnis zu Madrid nicht von Spannungen frei ist, so hat es jedenfalls bisher seit dem Ende der Franco-Ära nie eine gefährliche Zerreißprobe bestehen müssen.

Teil II Reiserouten

Christus aus Sant Climent de Taúll. Museu d'Art de Catalunya, Barcelona (vgl. Farbt. 19)

Auftakt im Roussillon

So gut wie alle Wege von Mitteleuropa nach Katalonien durchqueren das französische Departement Pyrénées-Orientales. Die einzige Alternative – die Route über den Port d'Envalira, Andorra und Seu d' Urgell – ist nicht nur umwegiger und beschwerlicher, sondern auch vom November bis in den Mai hinein überhaupt nicht befahrbar: im Winter sperren Schneemassen diesen höchsten, bis auf 2400 m ü. M. ansteigenden Pyrenäenpaß.

Kein Wunder daher, wenn das Roussillon – Kernstück der Pyrénées-Orientales – von alters her das wichtigste aller Tore zur Iberischen Halbinsel gewesen ist. Das gilt heute noch mehr als früher, seit die Autobahn von Lyon nach Barcelona den schnellsten und bequemsten Zugang nicht nur nach Katalonien, sondern nach Spanien überhaupt eröffnet hat. Wem der Sinn nur nach Badeferien an der Costa Brava oder auch an einem der ferneren Mittelmeerstrände bis hinunter nach Andalusien steht, der kann sein Ziel nun im 120-Kilometer-Tempo ansteuern, ohne der Gegend diesseits der Pyrenäen mehr als einen flüchtigen Blick zu gönnen. Er wird höchst zufrieden sein, wenn er nicht länger gezwungen ist, sich durch die belebte Innenstadt von Perpignan hindurchzuzwängen oder seine Geschwindigkeit in den Dörfern entlang den Landstraßen zu drosseln, die auf die spanische Grenze hinführen.

Der Reisende aber, den die katalanische Kunst- und Kulturlandschaft anzieht, wird gut daran tun, seinen Drang nach Süden zu zügeln und sich zunächst so gemächlich, wie er es sich zeitlich leisten kann, im Roussillon umzusehen. Denn dieser äußerste Südzipfel Frankreichs war immerhin über fast ein Jahrtausend hinweg – von Karl dem Großen bis 1659, als das Roussillon und der weiter landeinwärts gelegene nordpyrenäische Teil der einstigen Grafschaft Cerdanya (Cerdagne) im Pyrenäenfrieden von Spanien an die französische Monarchie abgetreten werden mußte – ein integrierender Teil des katalanischen Staatswesens gewesen. Sprache und Volkstum der Katalanen haben sich hier trotz der intensiven Assimilationspolitik von Paris bis heute erhalten. Und mehr noch: die Region diesseits der Pyrenäen hat historisch in weit mehr als einem bloß geographischen Sinn eine der Schlüsselregionen Kataloniens gebildet.

Tatsächlich kann man von der Kunst dieses Landes zumal im frühen und im hohen Mittelalter überhaupt kein auch nur annähernd gültiges Bild gewinnen, wenn man das ausklammert, was in seinem heute französischen Teil geschaffen worden ist. Ja man darf ruhig sagen, daß manche ihrer bedeutendsten und für die spätere Entwicklung wegweisenden Werke in dem Bereich nördlich der großen Gebirgskette entstanden und erhalten geblieben sind. Kaum eine der vier spanisch-katalanischen Provinzen vereinigt auf so engem Raum so viele hervorragende Denkmäler insbesondere der romanischen, aber auch noch der gotischen Epoche.

Eben diese Dichte der hier überkommenen Zeugnisse rechtfertigt es zweifellos, daß die Reihe der DuMont Kunst-Reiseführer dem Roussillon (und Languedoc) einen eigenen Band gewidmet hat. Trotzdem scheint es am Platze, auch in unserem Zusammenhang wenigstens auf ein paar der Kostbarkeiten aufmerksam zu machen, die am Wege des Katalonienfahrers liegen oder doch mit einem kleinen Abstecher von diesem Wege erreicht werden können. Sie alle werden ihm die Einstimmung in die Eigentümlichkeiten der Kulturprovinz erleichtern, deren Bekanntschaft er nun machen möchte. Die meisten werden zum Verständnis dessen beitragen, was den Reisenden jenseits der Pyrenäen erwartet. Und manche – erstaunlich viele – führen ihm Wendepunkte oder Höhepunkte in der künstlerischen Entwicklung des Katalanentums eindringlich vor Augen.

Schon PERPIGNAN selber sollte nicht als bloße Etappe oder bestenfalls als ideales Standquartier betrachtet werden, von dem aus sich das Roussillon ohne viel Mühe erkunden läßt. Dem Besucher wird hier zwar zuerst die großzügige Anlage der neueren Quartiere mit ihrem Ring breiter Boulevards ins Auge fallen. Aber ihr modernes Air läßt doch den Blick auf eine stolze Vergangenheit frei. Von der Romanik freilich, die das ländliche Roussillon so entscheidend geprägt hat, ist nicht gerade viel übrig. Nur noch die Reste der ruinierten, ihrer einstigen Bestimmung schon lange entfremdeten Kirche *Saint-Jean-le-Vieux* erinnern an diese Frühzeit – und selbst die Skulpturen ihres Marmorportals von 1219 sind nicht viel mehr als ein Ausklang, vielleicht gar nur ein Nachklang jener großen romanischen Bildhauerschule, die aus dieser Region hervorgegangen ist.

Mit ungleich größerem Anspruch tritt dem Betrachter das neuere, ganz aus der gotischen Epoche stammende Gotteshaus von *Saint-Jean* entgegen, in dessen Schatten sich die Überbleibsel seines Vorgängers verstecken. Die frühere Stiftskirche, erst 1602 mit der Verlegung des Bischofssitzes aus Elne nach dem inzwischen so viel größeren und aktiveren Perpignan zur Kathedrale aufgestiegen, hat eine lange Baugeschichte hinter sich: erst mehr als hundert Jahre nach der Grundsteinlegung wurde das ursprünglich in traditionell-basilikalen Formen entworfene Bauwerk als weitgespannte einschiffige Halle neu konzipiert – in ähnlicher Weise, wenn auch nicht ganz so atemraubend-kühn, wie das zuvor beim Neubau der Kathedrale von Gerona erprobt worden war.

Obwohl nicht vor der zweiten Hälfte des 15. Jahrhunderts zu Ende geführt, geht Saint-Jean in seinen Ursprüngen noch auf das frühe 14. zurück – in die große Zeit Perpignans also, in der nach einer aragonesischen Erbteilung die Monarchen des kurzlebigen, aber glanzvollen Königreichs Mallorca von hier aus ihre Besitzungen von den Balearen bis Montpellier regierten (1278 bis 1344). Etwas von der raffinierten höfischen Kultur dieses knappen Dreivierteljahrhunderts vergegenwärtigt noch heute das *Palais* der mallorquinischen Könige in ihrer Haupt- und Residenzstadt: wohl der bedeutendste mittelalterliche Profanbau Kataloniens überhaupt und ganz gewiß der heiterste. Die marmorverkleideten Fassaden des

Innenhofs zumal mit der feingliedrigen Loggia über dem Eingangsportal, dem ähnlich graziösen Arkadengang des sogenannten 'Paradieses' über den wuchtigeren Gewölben des Erdgeschosses und der Doppeltreppe zur Hofkapelle vermitteln heute, nach einer sorgfältigen Restaurierung, wieder eine perfekte Vorstellung gotischer Eleganz, nachdem dieses charmante Monument jahrhundertelang als Teil der späteren Zitadelle eher martialischen Zwecken dienstbar gemacht worden war.

Wer von der Autobahn resolut absieht, dem stehen für die Weiterfahrt von Perpignan spanienwärts im wesentlichen vier Routen zur Verfügung, die sich jenseits der Grenze jeweils in einem der vier in den folgenden Kapiteln beschriebenen Zufahrtswege nach Barcelona fortsetzen:

1. Die landschaftlich besonders anziehende, aber ungemein kurvenreiche, teilweise auch recht enge Küstenstraße über Cerbère und Port-Bou zur Costa Brava.
2. Der direkteste und daher schnellste, auch müheloseste Verkehrsstrang, der das Roussillon über den Col de Perthus mit Girona verbindet.
3. Die weiter landeinwärts verlaufende, wiederum recht gebirgige Strecke durch das Vallespir – das Tal des Tech –, die am Col d'Arès auf 1540 Meter über Meereshöhe die Pyrenäen überquert und sich in Ripoll mit der nächsten vereinigt.
4. Der westlichste, weitaus längste, allerdings vorzüglich ausgebaute Weg entlang dem Têt-Fluß durch den französischen Teil der Cerdagne, der seit der Eröffnung des Cadí-Tunnels (1984) eine neue direkte Route nach Barcelona und einen interessanten Zugang zu den Sehenswürdigkeiten des katalanischen Hinterlandes eröffnet.

Die erste dieser Routen erschließt gewiß die faszinierendste Szenerie: die ständig wechselnden Ausblicke aufs Mittelmeer über die Steilhänge der Côte Vermeille und die romantisch gelegenen ehemaligen Fischerdörfer wie Collioure und Port-Vendres, die trotz der touristischen Überfremdung noch so erstaunlich viel von ihrem ursprünglichen Charme bewahrt haben. Nur ist es nicht jedes Autotouristen Sache, um solcher Augenweide willen die unaufhörlichen und zugegebenermaßen oft ermüdenden Windungen in Kauf zu nehmen, die ihm da zugemutet werden. Wem sie allzu beschwerlich vorkommen, der hat freilich auch die Möglichkeit, die künstlerisch interessantesten Etappen von Route 1 und Route 2 miteinander zu kombinieren: indem er nicht die direkte Straße Perpignan-Col de Perthus wählt, sondern stattdessen zuerst die Richtung nach Elne einschlägt.

Die empfehlenswerteste Variante ist dabei, von Perpignan statt der geradewegs nach Elne verlaufende N114 eher der D617 Richtung Canet-Plage zu folgen. Etwa nach 3 km führt rechts eine Abzweigung nach dem Dorf CABESTANY. Seine *Kirche* aus dem späten 12. Jahrhundert, durch Umbauten und wenig glückliche Restaurationen beeinträchtigt, würde den kleinen Umweg zwar kaum lohnen. Aber sie birgt ein Juwel: das früher über dem Portal angebrachte, jetzt im rechten Seitenschiff aufgestellte Marien-Tympanon eines wohl roussillonesischen Bildhauers, dessen Namen wir zwar nicht kennen, dessen Schaffen sich aber dank seiner höchst individuellen Faktur in dem weiten Bereich von der Toskana bis nach Aragon verfolgen läßt und den man aufgrund dieses Schlüsselwerkes einfach als 'Meister von Cabestany' identifiziert (Abb. 1).

Nicht mehr wie in Cabestany mit einem (wenngleich bedeutenden) Fragment haben wir es etwas über 10 km weiter in ELNE zu tun. Die *Kathedrale* der ehemaligen Bischofsstadt zieht schon aus einiger Ferne den Blick auf sich: ihre beherrschende Lage auf einer isolierten, aus der Ebene emporsteigenden Hügelkuppe hat ihr nicht nur religiöse, sondern auch strategische Bedeutung verliehen. Das dokumentiert schon die strenge, zinnengekrönte Fassade der festungsartigen dreischiffigen Basilika, die mit dem größten Teil ihres Bestandes noch dem frühen 11. Jahrhundert angehören dürfte. Sie war damals zweifellos der größte und ehrgeizigste Sakralbau des Roussillons; trotz den Veränderungen, die sie etwa durch die nachträgliche Einwölbung des Langhauses oder durch die Reihe gotischer Kapellen an ihrer Südfront erfahren hat, gehört sie zu den besterhaltenen Zeugnissen jener Epoche, und die Geschlossenheit des Raumeindrucks, den das Innere hinterläßt, ist durch diese Eingriffe jedenfalls nicht nennenswert gestört worden.

Gleiches gilt für den berühmten *Kreuzgang*, den einzigen der katalanischen Regionen diesseits der Pyrenäen, der keine schweren Einbußen erleiden mußte. Auch er hat sich eine überraschende Einheitlichkeit bewahrt, obwohl man doch weiß, daß an ihm fast zwei Jahrhunderte lang – vom 12. bis tief ins 14. hinein – gebaut wurde: auch wenn sich der mittlerweile vollzogene Stilwandel an dem reichen plastischen Schmuck seiner Kapitelle durchaus ablesen läßt, waren die später hinzugekommenen gotischen Meister offenbar in einer für sie sonst kaum typischen Weise um eine gleichsam 'historisierende' Anpassung an die Arbeit ihrer romanischen Vorgänger bemüht.

Der Tourist, der kurz vor Argelès-sur-Mer doch lieber die Küstenstraße verläßt, um den bequemeren Perthus-Paß zu benutzen, kommt durch zwei Dörfer, die fast in jeder Darstellung mittelalterlicher Kunstgeschichte ihren Platz finden. SAINT-ANDRÉ-DE-SORÈDE und erst recht SAINT-GENIS-DES-FONTAINES weisen über den Eingängen zu ihren (auch sonst bemerkenswerten) Kirchen die ältesten bekanntgewordenen *Türstürze* mit bildnerischem Schmuck auf. Der von Saint-Genis (Abb. 2) ist zudem das früheste datierte romanische Werkstück überhaupt: seine Inschrift verweist ihn ins Jahr 1019–20. Ob der in Saint-André, der in auffallend ähnlicher Weise ebenfalls Christus in der Mandorla zwischen Engeln und (vermutlich) Aposteln zeigt, als ein früher Versuch des gleichen Meisters oder als eine nicht ganz überzeugende Replik des Vorbilds aus dem Nachbardorf angesehen werden muß, ist umstritten. Die kräftigere räumliche Durchbildung seines Reliefs könnte die zweite Annahme nahelegen. Aber anderseits ist die Marmorplatte von Saint-Genis trotz der engen Bindung ihrer Figuren in die Fläche, die auf eine direkte Herkunft aus frühmittelalterlichen Elfenbein-Schnitzereien hindeuten könnte, soviel souveräner gestaltet, daß man doch eher versucht sein möchte, in Saint-André eine erste Fingerübung an einer Aufgabe zu sehen, die später noch einmal mit größerer Sicherheit bewältigt worden sei.

Ist man, von Saint-Genis kommend, nach wenigen Minuten auf die große Durchgangsstraße von Perpignan nach Le Perthus gelangt und bei den Thermen von Le Boulou links in diese N 9 eingebogen, so wird man bereits nach anderthalb Kilometern nochmals – zum letztenmal vor der Grenze – seitwärts verlockt. Auf einem schmalen und holprigen, aber dankenswert kurzen Erdweg, der nur durch einen unauffälligen Wegweiser angezeigt wird,

Figur aus dem Türsturz von Saint-André-de-Sorède (Roussillon)

erreicht man schnell das unscheinbare *Kirchlein* von SAINT-MARTIN-DE-FENOLLAR. Im Chor dieser sonst fast armselig anmutenden Kapelle findet sich, größtenteils in bemerkenswert guter Erhaltung, ein Freskenzyklus aus den Anfängen des 12. Jahrhunderts, der unstreitig den großen Werken der romanischen Malerschule Kataloniens zuzurechnen ist (Farbt. 5): bei aller Bindung an die thematische Konvention hat der Künstler hier zu einem kraftvollen, von hieratischer Starre weit entfernten und auf eine sehr persönliche Weise expressiven Stil gefunden, wie wir ihn später im Museum der katalanischen Kunst von Barcelona in den Schöpfungen des Meisters von Taúll wieder antreffen werden.

Wer es vorzieht, kann übrigens kurz nach Saint-Martin auch über die D 618 nach Céret fahren, von dort aus das Vallespir erkunden und dann über den Col d'Arès auf der dritten unserer Routen Ripoll ansteuern. Das vermittelt ihm in ARLES-SUR-TECH die Bekanntschaft mit einer weiteren frühen Manifestation roussillonesischer Plastik: dem eigentümlichen Relief in Form eines griechischen Kreuzes, mit dem thronenden Christus Pantokrator im Zentrum und den Evangelisten-Symbolen in den Medaillons der vier Arme, das über dem Portal der *Abteikirche Sainte-Marie* eingelassen ist und aus der gleichen Werkstatt wie die Türstürze von Saint-Genis und Saint-André stammen dürfte. Sehenswert ist dort auch der späte, schon aus der Übergangszeit zur Gotik stammende *Kreuzgang* und vor allem, zur Linken des Eingangsportals, das *Grabdenkmal des Guilleaume Gausselme* über einem frühchristlich-konstantinischen Sarkophag, der im Mittelalter das Ziel vieler Wallfahrer war, weil sich das Wasser, das ihn erfüllt, angeblich geheimnisvoll immer wieder erneuert.

Der Reisende aber, der das Roussillon als einen integralen Bestandteil Kataloniens erleben und sich hier auf den Geist des frühen und hohen Mittelalters einstimmen möchte, wird die letzte unserer vier Routen nach Spanien vorziehen. Sie ist zwar mit ihren genau 100 Kilometern von Perpignan bis Puigcerdá die weitaus längste, und die bedeutsamsten der Monumente, die sie erschließt, liegen erst noch abseits – teilweise sogar etwas unbequem abseits – der trefflich ausgebauten und für den Autofahrer so verlockenden N 116. Und doch gibt es nicht nur im heute französischen, sondern auch im spanischen Bereich wenig, was sich den drei Klöstern von Serrabone, Saint-Michel-de-Cuxa und Saint-Martin-du-Canigou an die Seite stellen läßt: sie sind für die katalanische Romanik von ähnlicher grundlegender Bedeutung wie etwa Santes Creus und Poblet für die Gotik.

SERRABONE, ehemaliges Priorat von Augustiner-Chorherren, einsam an einer Bergflanke gelegen, ist zwar von der Durchgangsstraße im Tal des Têt nur 12 km entfernt. Aber die Zufahrt, die von Bouleternère zuerst entlang dem Wasserlauf des Boulès führt und dann nach 7,5 km rechts bergwärts abbiegt, kommt einem wegen ihrer nicht endenden engen Kurven ungleich länger vor. Hat man dann den Wagen auf dem kleinen Parkplatz abgestellt und die letzten paar hundert Meter zu Fuß hinter sich gebracht, so trifft man auf einen fast schmucklosen, aus dem groben Schiefergestein der Umgebung errichteten Bau; daß diese *frühere Kirche* jahrhundertelang, nachdem sie von ihren Kanonikern verlassen war, als Unterstand für Hirten und ihr Vieh gedient hat, scheint beim Anblick ihrer rustikalen Mauern durchaus glaubhaft. Um so unwahrscheinlicher aber wirkt, wenn man das Portal durchschritten hat, der Anblick der prunkvollen, aus rosa Marmor errichteten Empore, die einen Teil des Langhauses ausfüllt (Farbt. 2). Der Kontrast zwischen dem rustikalen Mauerwerk aus unregelmäßig gefügten Platten und dem kostbaren Material wie dem bildnerischen Luxus dieser Empore frappiert, ja er wirkt auf geradezu bestürzende Weise inkongruent. Denn hier ist nicht nur der Stein auf Hochglanz poliert. Das ganze Gebilde erweckt den Eindruck eines alles andere als primitiven, ja geradezu ausgeklügelten Raffinements: der Wald schlanker Doppelsäulen, über dem sich die Tribüne erhebt, die ungewöhnlich perfekte Machart der Tierkapitelle, vollends die Front dieses Balkons, die mit der mehr ornamentalen als plastischen Durchbildung ihrer ganz und gar aus der Fläche und dem graphischen Spiel der Linie lebenden, dicht gedrängten Reliefs wie mit den figuralen Motiven auf arabische Einflüsse aus dem Kalifat von Cordoba hindeuten dürfte. Ein ähnlicher Widerspruch bestimmt auch das Bild der Südgalerie, auf der sich die Chorherren, im Freien und doch vor den Unbilden des Wetters geschützt, zu ergehen pflegten; der weite Ausblick in die Berglandschaft über den Hang mit dem winzigen Klostergarten hinweg verleiht ihr einen ganz besonderen Charme.

Anders als Serrabone ist SAINT-MICHEL-DE-CUXA (kat. Sant Miquel) unschwer zu erreichen, weil es als einziges unserer Kloster-Trias im Tal angelegt ist: von Prades aus, wo der Exil-Katalane und kompromißlose Franco-Gegner Pablo Casals alljährlich seine Musikwochen abzuhalten pflegte, gelangt man in knappen fünf Minuten auf der D 27 zu der

Perfekt gestaltetes Kapitell einer Doppelsäule in Serrabone (Roussillon)

berühmten *Abtei,* die sich schon vor Beginn des zweiten nachchristlichen Jahrtausends zum eigentlichen religiösen und damit geistigen Mittelpunkt des Roussillons entwickelt hatte und dann unter dem großen Abt Oliba ihre Glanzzeit erlebte.

Anderthalb Jahrhunderte von Zerfall und Raub haben der frühmittelalterlichen Erbschaft freilich bös zugesetzt. Von der kostbaren Ausstattung, die in zeitgenössischen Dokumenten bezeugt wird, konnten nur noch winzige Bruchstücke gerettet werden: Reste vom Skulpturenschmuck der Empore, die einst noch großartiger als die von Serrabone ausgestattet gewesen sein muß, sind jetzt dem Haupteingang der Kirche eingegliedert worden, und der marmorne Altartisch konnte in einem Einfamilienhaus der Nachbarschaft identifiziert werden, wo er als Boden des Balkons diente. Verloren ist auch der Hauptbestand des Kreuzgangs aus dem 12. Jahrhundert, der nach Amerika verkauft wurde und derzeit zu den Attraktionen des New Yorker *Cloisters Museums* gehört. Immerhin war es möglich, aus den übrigen, weit verstreuten und nach und nach wieder beigebrachten Teilen wenigstens zwei der Arkadengänge so herzurichten, daß sie eine Vorstellung von Art und Qualität des ursprünglichen Werkes vermitteln können, dessen Kapitell-Plastik wohl der gleichen Werkstatt wie die von Serrabone entstammt oder doch jedenfalls, auch in ihren ausgesprochen orientalisierenden Zügen, auf den gleichen artistischen Umkreis verweist (Farbt. 1).

In eine ganz andere Welt führt das Kircheninnere: hier tritt mit der umsichtigen Wiederherstellung die architektonische Gestalt des vor-romanischen, im Jahre 975 geweihten Baus machtvoll zutage. Zwar fehlt es auch hier nicht an maurisch-mozarabischen Anklängen: manche Einzelheiten lassen erkennen, daß etwa die charakteristischen Hufei-

Figur des 11.–12. Jh. aus dem Kreuzgang von Saint-Michel-de-Cuxa (Roussillon)

Engel an einem Kapitell des wiederhergestellten Kreuzgangteils in Saint-Michel-de-Cuxa (Roussillon)

senbögen über den Durchgängen durch die sonst ungegliederten Wände, die das grandiose Mittelschiff von den Seitenschiffen trennen, bei all ihrer eigentümlichen Abwandlung doch eher auf cordobesische Inspiration zurückgehen als auf verspätete westgotische Erinnerungen. Aber der Gesamteindruck des Raumes ist doch der einer urtümlichen Wucht und einer nicht nur auf den äußeren Dimensionen beruhenden Größe. Zusammen mit Sant Pere de Roda, dem wir demnächst begegnen werden, ist Saint-Michel-de-Cuxa zweifellos einer der Gipfel der Baukunst aus der Zeit vor der Jahrtausendwende.

SAINT-MARTIN-DU-CANIGOU schließlich bleibt als einziges unserer drei Klöster dem motorisierten Verkehr überhaupt verschlossen. Wer es aufsuchen will, muß den Wagen im Dorfe Casteil stehen lassen und für etwa eine halbe Stunde einem ausgezeichnet angelegten, aber allerdings recht steilen Fußweg bergauf folgen. In der warmen Jahreszeit empfiehlt es sich, die Nacht unweit von Casteil in Vernet-les-Bains mit seinen vielen vorzüglichen Hotels zu verbringen, so daß man den Aufstieg zur Abtei in den früheren Morgenstunden hinter sich bringen kann, bevor ihn die Tageshitze beschwerlich gestaltet.

Die einfachste Anfahrt nach Vernet und Casteil ist zwar jene, die bei der (sehr pittoresken) befestigten Kleinstadt Villefranche-le-Conflent von der N 116 nach links abbiegt. Trotzdem möchte ich empfehlen, lieber von Saint-Michel-de-Cuxa der D 27 über Taurinya und Fillols zu folgen: die landschaftlich durchwegs bezaubernde Straße bietet eine faszinierende Sicht auf das Canigou-Massiv, über dem sich als höchster Berg des Roussillons der Pic du Canigou auf mehr als 2700 m ü. M. erhebt.

Saint-Martin ist kurz nach Saint-Michel – etwa um das Jahr 1000 – von Graf Guifred von Cerdanya, dem Bruder Olibas, gestiftet und den Benediktinern zugeeignet worden. Auch ihm hat die Zeit schwer zugesetzt: schon vor der Französischen Revolution wurde den letzten Mönchen die Berg-Einsamkeit zu beschwerlich, und sie überließen ihr Kloster freiwillig dem fortschreitenden Ruin, dem erst zu Beginn unseres Jahrhunderts der damalige Bischof von Perpignan, Mgr. de Carsalade, durch erste Maßnahmen der Restauration Einhalt gebot. Seine eigentliche Wiederherstellung aber verdankt das Gebäude dem Eifer des Benediktiner-Paters Bernard de Chabannes, der 1952 die Arbeit mit der Unterstützung freiwilliger Helfer wieder aufnahm und sie bis 1974 so weit zu Ende führte, wie das ohne bedenkliche Eingriffe in den noch vorhandenen Bestand überhaupt möglich war.

Heute bieten die beiden lange bis zur Unkenntlichkeit zerstörten Terrassen, die übereinander zu der ihrerseits zweistöckig angelegten Kirche emporsteigen, wieder ein imposantes, wenn auch kaum in allen seinen Einzelheiten unbedingt authentisches Bild dessen, was dieses abgeschiedene Zentrum klösterlichen Lebens einst dargestellt haben dürfte. Von dem früher zweistöckigen *Kreuzgang* ist nur eine einzige Galerie – wahrscheinlich nicht an ihrer ursprünglichen Stelle – vorhanden; sie konnte aus Bruchstücken rekonstruiert werden, die sich in den benachbarten Dörfern befanden (Farbt. 3). Eines ihrer (vermutlich relativ späten) Figurenkapitelle zieht die Aufmerksamkeit vor allem durch die unverkennbare Sinnlichkeit auf sich, mit der der Bildhauer die für jene Zeit seltene halbnackte Figur einer Tänzerin ausgestattet hat; man hat diese Gestalt als Salome gedeutet, aber wahrscheinlicher verkörpert sie die Todsünde der Wollust. Am nächsten beim Ursprung steht auch hier wohl wieder die

Merkwürdiges Kapitell mit Tänzerin in Saint-Martin-du-Canigou (Roussillon)

Doppelkirche: das als Krypta dienende, der Gottesmutter geweihte Untergeschoß mit seinen Gratgewölben offenbar karolingischen Typs und die Oberkirche, deren monolithische Säulen ohne Basen von massiven, weitausladenden Kapitellen ausgesprochen archaischen Zuschnitts und grober Relief-Dekoration gekrönt werden.

Nicht versäumen sollte man schließlich auf der Rückkehr von der Rundfahrt durch die Klöster ins Têt-Tal, in CORNEILLA-DE-CONFLENT Station zu machen. Hier, in der Hauptstadt der Grafschaft Cerdanya, hatte Graf Guifred seine Residenz aufgeschlagen. Die Marienkirche aus dem 11. und 12. Jahrhundert mit dem prächtig ziselierten Schmuck von Hauptportal und Apsen muß wohl unter die ästhetisch vollkommensten Werke romanischer Baukunst in unserer Region – und nicht zuletzt auch unter die best-erhaltenen, am wenigsten durch nachträgliche Umbauten verfälschten – gerechnet werden.

Wege nach Barcelona

1. Route: Über die Costa Brava

Weil die Costa Brava von allen spanischen Mittelmeerküsten dem industriellen Herzen Europas am nächsten liegt, ist sie auch als erste – noch früher als die weiter südlich gelegenen Strände der Levante und Andalusiens – vom modernen Massentourismus erobert, erschlossen und verschandelt worden. Kaum eines jener Fischerdörfer, deren Originalität und deren verschwiegenen Reiz noch vor einem halben Jahrhundert Reisende nicht genug zu rühmen wußten, ist der Verwandlung in eine Konzentration rücksichtslos hingeklotzter Betonburgen entgangen. Und viele der vormals einsamen Felsenbuchten sind jetzt von Spekulanten 'urbanisiert', das heißt mit Urlaubskolonien und Ansammlungen von Ferienhäusern mehr oder minder geglückten Stils überzogen worden. Dieser Verwandlung verdankt die Region ihren gewiß großartigen und von den Einwohnern im allgemeinen lebhaft willkommen geheißenen ökonomischen Aufschwung, aber auch den Verlust dessen, was einst ihren unverwechselbaren Charakter ausmachte.

Und doch hat die 'wilde Küste' auch nach Jahrzehnten eines geradezu besessenen Zerstörungswerkes da und dort noch einiges vom Zauber ihrer Landschaft bewahrt. Wer ihren Straßen nach Süden folgt, dem werden zwischen öden, trübselig-verstädterten und doch der Urbanität so ganz und gar entbehrenden Badeorten immer noch (und immer wieder) wahrhaft atemberaubende Ausblicke in eine noch kaum berührte Ufer-Landschaft zuteil, über steil abstürzende, grün bebuschte Hänge hinunter auf ein von bizarren Felsen gesäumtes Meer. Schon deshalb lohnt es sich, der unregelmäßig, nahe am Meer verlaufenden, des öfteren aber auch nach dem Landesinnern abbiegenden Straße zu der katalanischen Metropole zu folgen.

Zudem aber wird diese zugegebenermaßen recht langwierige Strecke durch eine Reihe beachtlicher Denkmäler markiert, die die eminente geschichtliche Bedeutung dieses Landstrichs als Durchgangsgebiet vom gallisch-fränkisch-französischen Hexagon in den iberischen Raum verdeutlichen. Von vorgeschichtlichen Zeiten über die Ära griechischer und römischer Kolonisation bis ins romanische und gotische Mittelalter spannt sich der Bogen der Monumente, die hier die Wechselfälle der Jahrhunderte und Jahrtausende überdauert haben. Und einigen von ihnen ist die jüngste stürmische Entwicklung an der Costa Brava sogar mindestens insofern zugute gekommen, als sie das eine oder andere vormals fast unzugängliche oder nur mühsam auf Fußpfaden erreichbare Bauwerk in die Reichweite

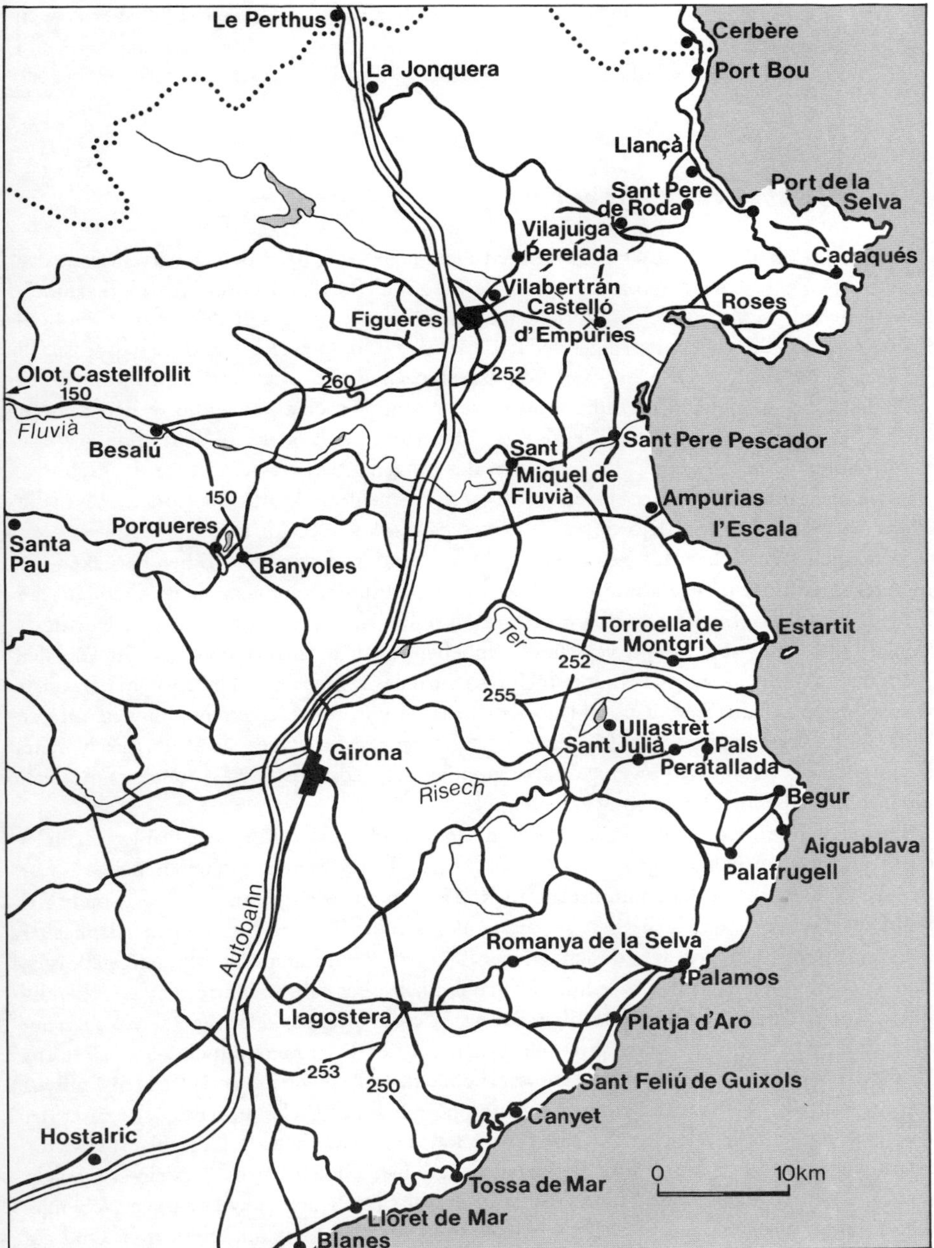
Le Perthus
La Jonquera
Cerbère
Port Bou
Llançà
Sant Pere de Roda
Port de la Selva
Vilajuiga
Perelada
Cadaqués
Vilabertrán
Figueres
Castelló d'Empúries
Roses
Olot, Castellfollit
150
260
252
Fluvià
Besalú
Sant Miquel de Fluvià
Sant Pere Pescador
150
Ampurias
Porqueres
l'Escala
Santa Pau
Banyoles
Torroella de Montgri
Estartit
Ter
252
255
Ullastret
Sant Julià
Pals
Girona
Peratallada
Risech
Begur
Aiguablava
Palafrugell
Autobahn
Romanya de la Selva
Palamos
Llagostera
Platja d'Aro
253
250
Sant Feliú de Guixols
Canyet
Hostalric
0
10km
Tossa de Mar
Lloret de Mar
Blanes

motorisierten Verkehrs gerückt hat – übrigens in einer Weise, die diese Reste einer großen Vergangenheit meist respektiert hat. So werden Unruhe, Lärm und Benzingestank an- und abfahrender Autos zum mindesten vom engeren Umkreis solcher Gebäude ferngehalten.

Die Glaubensburg: Sant Pere de Roda

Das ist schon beim ersten der bedeutenden Denkmäler, die nach dem Überschreiten der französisch-spanischen Grenze zwischen Cerbère und Port-Bou unsere Aufmerksamkeit beanspruchen, in vorbildlicher Weise gelungen. Wer in Llançà statt der (sehr reizvollen) Route rund um die weit vorspringende Halbinsel von Cadaqués (Abb. 3) die Richtung nach Figueres einschlägt, nach 9 km dem Wegweiser nach Roses folgt und dann gleich beim nächsten Dorf Vilajuiga nach links abbiegt, der gelangt auf einer neuen, in weiten Kehren vorbildlich angelegten (auf manchen Karten überhaupt nicht oder auf irreführende Weise verzeichneten) Straße – einer der schönsten der ganzen Küstenregion, bevor die Gebirgsflanken im Sommer 1978 durch einen furchtbaren Flächenbrand verheert wurden – bis in die Nähe des tausendjährigen Klosters SANT PERE (span. SAN PEDRO) DE RODA.

Glücklicherweise hat das gefräßige Feuer, dem so viel von der früher berückenden mediterranen Busch-Vegetation in der Sierra de Roda zum Opfer gefallen ist, nicht auf die Nordflanke des Gebirgsstocks übergegriffen. So sind nicht nur die Ruinen der ehrwürdigen Benediktinerabtei vom Brand verschont geblieben; auch in ihrer Umgebung ist von der Naturkatastrophe nichts zu bemerken. Und so wird das weite, herrliche Panorama, das sich vom Kloster auf die Steilküste und über den Hafen von Port de la Selva hinweg auf den funkelnden Wasserspiegel des 600 Meter tiefer gelegenen Mittelmeers eröffnet, durch nichts beeinträchtigt; es gibt wohl wenig andere mönchische Siedlungen des Mittelalters, die sich einer so hinreißenden Umgebung erfreuen.

Daß sich Eremiten, vielleicht auch schon Gemeinschaften von Ordensbrüdern früh in diese Gegend zurückgezogen hatten, war freilich kaum den Schönheiten einer Natur zuzuschreiben, für die der frühmittelalterliche Mensch nur wenig Sinn besaß. Viel mehr fiel wohl ins Gewicht, daß man sich an dieser Bergflanke vor den Streifzügen islamischer Kriegerscharen und den Überfällen sarazenischer wie normannischer Piraten geborgen fühlen durfte. Wie sehr dieses Schutzbedürfnis noch über Jahrhunderte hinweg lebendig blieb, das wird schon beim ersten Blick auf das Kloster offenbar. Hat man den Wagen auf dem Parkplatz am Ende der Fahrstraße unterhalb des Eremitenkirchleins Santa Helena abgestellt, ist man ein Stück weit dem angenehmen, fast ebenerdig verlaufenden Fußweg gefolgt und wird man dann bei einer Biegung plötzlich des Zieles ansichtig, so mutet der Ruinenkomplex eher wie eine trutzige Burg an als ein Gotteshaus (s. Umschlagrückseite). Nicht nur der finster fensterlose Bergfried neben dem Glockenturm mit seinen weniger martialischen Klangarkaden trägt zu diesem Eindruck bei. Auch die vielfältigen Nebengebäude sind unverkennbar auf die Möglichkeit einer Verteidigung hin entworfen. Und auf dem Gipfel des Berges hoch über Kirche und mönchischen Behausungen haben die Patres zudem mit der Zitadelle von San Salvador einen beherrschenden Beobachtungsposten angelegt: von dieser *Atalaya* aus, zu der man heute vor allem ihres unvergleichlichen Panoramas wegen aufsteigt, konnte man einen anrückenden Feind zur See oder zu Lande rechtzeitig erkennen und die Glaubensburg in Verteidigungszustand versetzen.

Das Bedürfnis danach erklärt sich leicht aus den Umständen der Entstehungszeit. Man weiß, daß an dieser Stelle bereits früh – möglicherweise sogar vor der arabischen Eroberung Spaniens – eine Zweigniederlassung der Benediktiner von Banyoles bestand. Urkundlich ist dieses Priorat jedenfalls bereits aus dem 8. Jahrhundert bezeugt. Später wurde es aber offenbar dem Verfall anheimgegeben, vielleicht auch völlig verlassen. Immerhin konnte der Graf Tassi oder Tassis von Perelada, einer der reichsten Feudalherren der Region, teilweise noch auf den alten Grundmauern aufbauen, als er sich um die Mitte des 10. Jahrhunderts des Klosters annahm, anno 943 seine Erhebung in den Rang einer selbständigen Abtei mit eigener Gerichtshoheit erwirkte und nun daran ging, einen weit größeren und prachtvolleren Neubau aufzuführen. Die Reste der vorangegangenen Anlage lassen sich vor allem dort noch feststellen, wo das im Frühmittelalter häufig verwendete *opus spicatum*, das in Fischgrätenmanier aufgeführte Mauerwerk, die späteren Erneuerungen und Restaurationen überdauert hat.

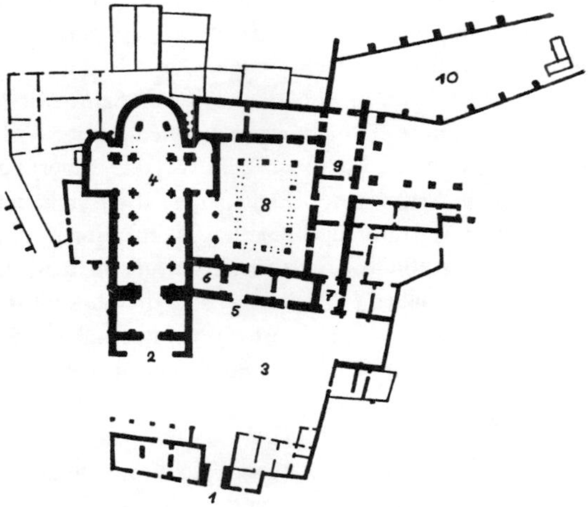

Gesamtgrundriss

1 Eingang zum Klosterhof
2 Eingang zur Kirche
3 Klosterhof
4 Kirche
5 Eingang zum Klostergebäude
6 Glockenturm
7 Verteidigungsturm
8 Innenhof und Kreuzgang
9 Refektorium oder Speisesaal
10 Terrasse

Sant Pere de Roda
(Nach: Alexandre Deulofeu, ›Sant Pere de Roda, seine Bedeutung, Geschichte und Kunst‹, Figueras 1970)

Die lange Bauzeit – die auf Tassi zurückgehende Kirche wurde erst 1022 geweiht – hat wohl nicht nur mit der für jene Zeit ungewöhnlichen Großzügigkeit der Planung zu tun, sondern mag auch damit zusammenhängen, daß der Fortgang der Arbeit durch die Unruhen der Zeit beeinträchtigt wurde. Noch war ja die Rückgewinnung der Spanischen Mark für die Christenheit nicht endgültig gesichert; die Eroberung und Zerstörung ihrer Hauptstadt Barcelona durch die Expedition des Kalifen Almansor kann sehr wohl auch dann zu längeren Unterbrechungen des Werkes geführt haben, wenn die muselmanischen Invasoren nicht bis zu den Ausläufern der Pyrenäen gelangten. Und eben dieser Einfall hat die Benediktiner und ihre ritterlichen Beschützer jedenfalls von der Notwendigkeit überzeugt, sich durch eine möglichst wehrhafte Ausgestaltung ihres Sitzes gegen ähnliche, jederzeit denkbare Gefahren vorzusehen.

Das ausgesprochen kriegerische Bild, das Sant Pere bietet, ergibt sich freilich auch daraus, daß die später errichteten, mehr auf Schmuck und Prunk bedachten als rein zweckhaften Bauteile größtenteils zerstört worden sind, nachdem die letzten Mönche schon im 18. Jahrhundert ihre mittlerweile als allzu einsam und unbequem empfundene gebirgige Zuflucht verlassen und sich im Tale eine neue Heimstätte gesucht hatten. Schon bald danach, sicher aber nach der Übernahme der freiwillig preisgegebenen Gebäude durch den Staat im Zeichen der Säkularisierung von 1832, wurde nicht nur die berühmte Bibliothek in alle Winde zerstreut, über die wir aus den Berichten antiquarisch interessierter Reisender noch einiges erfahren (und aus der beispielsweise das prachtvoll illuminierte, heute in der Pariser Nationalbibliothek aufbewahrte Bibelmanuskript mit seinen bemerkenswert frei gestalteten, karolingischen Vorbildern verpflichteten Miniaturen stammt). Auch alles, was von den dekorativen Elementen der Architektur einigermaßen kostbar schien, verfiel nach und nach einer rücksichtslosen Demontage.

Anders als etwa im roussillonesischen Saint-Michel-de-Cuxa war es bei der spät einsetzenden Restauration nicht mehr möglich, wenigstens noch nennenswerte Teile des offenbar sehr schönen Kreuzgangs aus dem 12. Jahrhundert zu verwerten: es reichte gerade dazu, ein paar wenige Arkaden des Bogengangs gleichsam symbolisch wieder aufzurichten. Auch von der reichen Marmor- und Alabasterdekoration der Kirchenfront sind an Ort und Stelle nur noch unbedeutende Bruchstücke übriggeblieben; das dem Meister von Cabestany zugeschriebene großartige Relief des schreitenden Christus auf dem See Genezareth und der zagenden Jünger gehört heute zu den kostbarsten Schätzen des Marés-Museums in Barcelona (Abb. 54), und ein paar Einzelstücke finden sich im privaten Schloßmuseum von Peralada (vgl. S. 101).

Weit älter als diese von klassischer Vollendung zeugende Skulptur und die paar weniger bedeutenden erhaltenen Medaillons an der Kirchenfassade dürften die beiden Bildplatten sein, die bei der Restauration des Glockenturms in einer seiner oberen Galerien unter späterem Mauerwerk zutage kamen und die dort am besten (vorzugsweise mit dem Fernglas) von der Terrasse des Klosters aus betrachtet werden können. Vermutlich handelt es sich bei dem archaisch anmutenden Bildnis eines bärtigen Mannes und bei der Figur einer Sirene um

37 RIPOLL Außenansicht des Chorhauptes

38 LLUÇÀ Kreuzgang

39, 40 LLUÇÀ Tierfiguren-Kapitell und abstrakt ornamentales Kapitell im Kreuzgang

41 VIC Alabaster-Altar in der Kathedrale

42 SANTA MARIA DE L'ESTANY Abendmahl-Kapitell

43 VIC Museu Episcopal: Fresko von Adam und Eva

44, 45 SANTA MARIA DE L'ESTANY Kapitelle: Flucht nach Ägypten und Drei Geistliche

47 SANTA MARIA DE L'ESTANY Kapitell: Fiedelnder Ochse

46 Sant Jaume de Frontanyà

49 Typischer Bauernhof (Más) mit Turm und Bogenfenstern im südlichen Lluçanès

50 BARCELONA Säulen des einstigen Augustus-Tempels in einem Haus des Carrer del Paradis

48 SANTA MARIA DE L'ESTANY Kapitell: Geiger und tanzende Frau

51 BARCELONA Stadtmauer aus dem 4. Jh.

53 BARCELONA Kreuzgang von Sant Pau del Camp

52 BARCELONA Sant Pau del Camp

54 BARCELONA Museu Marés: Fischzug Petri des 'Meisters von Cabestany' aus Sant Pere de Roda

55 BARCELONA Gänse im Kreuzgang der Kathedrale

57 BARCELONA Kathedrale: die Krypta mit dem Marmorsarg der Hl. Eulalia

56 BARCELONA Die Kathedrale

58 Detail von Abb. 57

59 BARCELONA Kathedrale: holzgeschnitztes Tympanon von Michael Lochner (Köln) über einer Pforte zum Kreuzgang

60 BARCELONA Chorabschluß in der Kathedrale

61 BARCELONA Im Barri Gótic

62 BARCELONA Patio der Casa de l'Ardiaca

63 BARCELONA Palau Reial Major mit Mirador del Rei Martin (dahinter)

64 BARCELONA Loggia im ersten Stock des Palau de la Generalitat

65 BARCELONA Sardana Tanzende

66 BARCELONA Saló de Tinell, erbaut 1359–1370

67 BARCELONA Der Palau de la Generalitat

70 BARCELONA Santa Maria del Mar ▷

68 BARCELONA Museu d'Art de Catalunya, Grabmal der Familie Ardèval

69 BARCELONA Museu d'Art de Catalunya, Evangelisten-Statuen aus Gandia

Illustration in einer Bibel aus Sant Pere de Roda. (Nach Ferran Soldevila, ›Sintesis de Historia de Cataluña‹, Barcelona 1973)

ältere Werkstücke, die beim Bau des Turmes (wahrscheinlich in der Mitte des 11. Jahrhunderts) nach einer damals oft befolgten Gepflogenheit in das neue Bauwerk eingefügt wurden; jener lombardischen Frühromanik, der der Turm zweifellos stilistisch zugehört, lag die Verwendung von figürlicher Plastik im allgemeinen völlig fern.

Der Eigenart, ja Einzigartigkeit von Sant Pere wird man jedoch erst inne, wenn man durch den (offenbar erst unter Tassis errichteten) Portikus das Innere der Kirche betritt, deren Grundmauern bis etwa Mannshöhe augenscheinlich noch dem Gotteshaus des früheren Priorats entstammen (Abb. 4). Was sich hier offenbart, steht nicht nur in der katalanischen

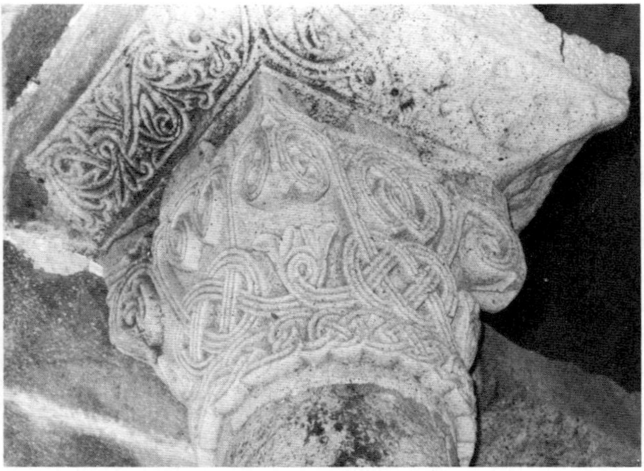

Kapitell in Sant Pere de Roda

Archaische Plastik am Turm von Sant Pere de Roda

Architektur aus der Zeit um die Jahrtausendwende völlig einsam da. Schon die Dimensionen sind für die frühe Epoche bemerkenswert: Mittelschiff und Hauptapsis erreichen eine Länge von fast 37 Metern, und der Scheitel des gurtenverstärkten Tonnengewölbes liegt 15,40 Meter hoch über dem Fußboden. Wenn Saint-Michel-de-Cuxa und vor allem Ripoll diese Maße noch übertreffen, dann erst aufgrund der Erweiterungen unter Abt Oliba. Ähnlichkeiten bestehen auch zwischen den Grundrissen der drei großen Klöster aus der katalanischen Frühzeit. Trotzdem vermittelt der Kirchenraum von Sant Pere einen völlig anderen Eindruck. Das liegt vor allem an den zweistöckig übereinandergestellten Säulen auf den drei inneren Seiten der kreuzförmigen Mittelschiff-Pfeiler und vor allem an ihren mächtigen quasi-korinthischen Kapitellen, aber auch an dem überraschenden Chor-Umgang (ohne Kapellenkranz), der seinesgleichen nur in viel späteren, unter französischem Einfluß entstandenen Kirchenbauten der Region (wie Sant Joan de les Abadesses) findet.

All das hat mit den üblichen Strukturen der frühen katalanischen Romanik kaum etwas gemein: zwischen der selbst heute noch, im ruinierten Zustand des Gotteshauses, eindrucksvollen Pracht dieses Raumbildes und der schlicht-monumentalen Funktionalität des lombardisch inspirierten *premier art roman* etwa in Cardona liegen Welten. Kein Wunder daher, wenn der bedeutende Entdecker und Interpret der 'ersten romanischen Kunst', Puig i Cadafalch, die Entstehungszeit von Sant Pere, das so ganz und gar nicht in sein Schema paßte, kurzerhand ins 12. Jahrhundert verlegte. Heute läßt sich diese Fehldatierung angesichts der dokumentarischen Zeugnisse wie der archäologischen Befunde nicht mehr halten. Aber die Verlegenheit der Kunsthistoriker über die Rätsel, die ihnen das Kloster von Roda aufgibt, ist deswegen nicht geringer geworden. Gerne behilft man sich jetzt mit der Klassifizierung des Tassis-Baus als 'mozarabisch'. Tatsächlich gibt es auffällige Parallelen zwischen den Kapitellen des Mittelschiffs und solchen des 10. Jahrhunderts aus dem Kalifat von Córdoba, die in ganz ähnlicher Weise die antike korinthische Ordnung zugleich aufgreifen und abwandeln. In anderer Hinsicht jedoch scheint Sant Pere keineswegs mozarabisch oder gar islamisch beeinflußt: so findet sich in dem ganzen Gebäude nur ein einziger, als solcher mit bloßem Auge fast nicht zu erkennender Hufeisenbogen (der Triumphbogen über dem Eingang zur Apsis). Neigt man nicht vielleicht dazu, über den sicher vorhandenen, aber ganz gewiß nicht dominierenden arabischen Einflüssen das karolingische Erbe zu übersehen, das hier im Herzen der Spanischen Mark doch durchaus nicht unerwartet erscheint? Am nächsten kommt man der Wirklichkeit wohl, wenn man davon ausgeht, daß hier ein nicht nur eklektischer, sondern schöpferisch-synthetisch begabter Baumeister am Werke war oder daß mehrere Architekten nacheinander vielfältige Anregungen zu einem auch heute noch bezwingenden Ganzen zu verschmelzen verstanden.

Das Ampurdán: Antikes und feudales Erbe

Wenden wir uns bei der Rückfahrt von Sant Pere in Vilajuiga nach links Richtung Roses (span. Rosas) und biegen wir dann kurz vor diesem großen, an der gleichnamigen Bucht gelegenen Badeort rechts in die C260 nach Figueres ein, dann gelangen wir in einer knappen halben Stunde aus dem frühen ins späte Hochmittelalter, aus dem Bereich der Vor-Romanik in den der entfalteten Gotik. Die Kleinstadt CASTELLÓ D'EMPÚRIES (span. Castelló de Ampurias) lohnt den Besuch vor allem wegen ihrer prachtvollen *Kirche Santa Maria.* Sie ist nächst der Kathedrale von Girona ohne Zweifel nicht nur das größte, sondern auch das künstlerisch anziehendste Gotteshaus Nordost-Kataloniens aus dem 14. und 15. Jahrhundert (Farbt. 6, 7).

Ihre Größe überrascht schon in dem Augenblick, wenn man nach der Einfahrt in den Ort unversehens ihrer langgestreckten, von mächtigen Strebepfeilern gestützten Südflanke ansichtig wird. Steht man dann der reich gegliederten Fassade mit ihrem üppigen Skulpturenschmuck gegenüber, so glaubt man eher vor einen großangelegten Dom als vor die Pfarrkirche eines verschlafenen Landstädtchens zu treten. Ganz in die Irre führt dieser erste Eindruck nicht. Als die Grafen von Ampurias im ersten Viertel des 14. Jahrhunderts einen neuen Bau anstelle der romanischen, 1064 geweihten Kirche in Auftrag gaben, verfolgten sie mit dieser Stiftung augenscheinlich weitzielende Absichten: ihre Residenz Castelló sollte nicht nur vom bloßen Flecken zur Stadt, sondern auch zum Mittelpunkt eines eigenen Bistums erhoben werden. Eine solche Wiederbelebung des ehemaligen, auf die Anfänge des Christentums zurückgehenden, aber seit dem 7. Jahrhundert nicht mehr bestehenden Bistums Ampurias hätte die Grafschaft aus ihrer unbequemen kirchlichen Abhängigkeit von Girona herausgelöst, und eben im Hinblick darauf war Santa Maria von Anfang an in den Dimensionen einer künftigen Kathedrale geplant worden. So weit kam es nie; das Volk aber bezeichnet die Pfarrkirche von Castelló noch heute als die 'Kathedrale des Ampurdán' – und aus künstlerischer Sicht ganz gewiß nicht zu Unrecht.

Die Jahrhunderte hatten ihr freilich bös zugesetzt. Eine lange Zeit der Vernachlässigung und das Zerstörungswerk zuerst der französischen Soldateska in den Revolutionskriegen des späten 18. Jahrhunderts, dann der antiklerikalen Eiferer zu Beginn des Bürgerkrieges hinterließen schließlich eine halbe Ruine. Seit den sechziger Jahren aber ist das Monument durch eine insgesamt höchst geglückte Restauration seines populären Namens erneut würdig geworden. Zumal das Hauptportal, das den ausgedehnten Kirchplatz nach Westen hin abschließt, hat seinen ursprünglichen Glanz zurückgewonnen – auch wenn es sich bei den Statuen der zwölf Apostel zu beiden Seiten der Eingangspforte und bei den fein durchgearbeiteten Baldachinen, unter denen sie stehen, im wesentlichen um Kopien handelt. Das Tympanon, das die Muttergottes als Namenspatronin der Kirche, mit dem Jesuskind auf ihren Knien, zwischen St. Joseph und der kleineren Figur einer Dienerin einerseits, den Heiligen Drei Königen anderseits zeigt (Abb. 6), stellt wohl ein Werk des Meisters Antonio Antigoni (urspr. eher: Antigó) aus Girona dar, der in der ersten Hälfte des 15. Jahrhunderts die Bauarbeiten leitete.

Im Innern fällt zuerst die typisch katalanische Gedrungenheit auf: ganz im Gegensatz zum üblichen Bild gotischer Kirchenräume scheint hier die Breite stärker akzentuiert als die Höhe – vor allem durch das weitgespannte Gewölbe des Mittelschiffs. Die schlanken Säulen, die es tragen – und deren schlicht zylindrische Form nur da und dort durch einen Zierwulst geschmückt wird –, rufen Erinnerungen an frühchristliche Basiliken wach. Basilikal ist auch der Grundriß der Kirche gestaltet. Aber das Licht erhellt das achtjochige Langhaus nicht nur, wie das der basilikalen Tradition entsprechen würde, durch die Rundfenster des Obergadens: es fällt, von keinem Mauerwerk behindert, vor allem durch die großen Fenster der Seitenschiffe unbehindert bis in die Raummitte ein.

Der etwas enger angelegte Chor dagegen kommt unsern vertrauten Vorstellungen von Gotik weit näher. Hier dominiert in der Tat die Vertikale, betont durch die schmäleren und höher gezogenen Chorfenster. Durch die reich gegliederte, dreipaßförmige Apsis und durch das stärkere Hervortreten der Seitenkapellen, die im Langhaus hinter den Seitenschiffen verschwinden, wird auch die Wand in charakteristischer Weise gleichsam aufgelöst. Eine dieser Kapellen zieht durch ein eindrucksvolles Doppelgrabmal eines gräflichen Bruderpaares die Aufmerksamkeit auf sich; es stammt aus dem ehemaligen, später in ein Dominikanerkloster umgewandelten Grafenpalast. Einer wesentlich späteren, schon ganz 'flamboyanten' Epoche gehört der kostbare Altaraufsatz aus Alabaster an, den der Steinmetz Vicente Borrás aus dem nahen Figueras 1483 bis 1485 für die Summe von 80 Goldgulden geschaffen hat. Die Madonna ist hier, anders als im Tympanon, stehend dargestellt, mit ihrem gekrönten, aber recht unvornehm-pummelig wirkenden Kind im Arm. Die Säulen zu beiden Seiten der Nische, in der die große Gestalt steht, weisen einen Überreichtum an figuralem Schmuck auf; ähnliches gilt für die dicht gedrängten Figuren der acht Reliefszenen aus der Passion Christi, die schon auf eine barocke Manier vorausweisen. Die kuriosen Kegel, die den *Retablo* krönen, sind übrigens eine späte Zutat des 18. Jahrhunderts.

Unweit von Castelló liegt das einstige, im 19. Jahrhundert durch Umbauten gründlich veränderte Grafenschloß von *Perelada,* heute eine Spielbank, beachtlich durch die künstlerische Dekoration vor allem mit wertvollen Gobelins. In dem zum Schloßbereich gehörenden früheren Dominikanerkloster sind die vor kurzem noch unzugänglichen Privatsammlungen des früheren Besitzers heute zum bemerkenswerten Museum umgestaltet, wo neben vielfältigen Kunstgegenständen und Erzeugnissen katalanischen Kunstgewerbes in seiner großartigen Bibliothek auch zahlreiche illuminierte mittelalterliche Handschriften und Inkunabeln zu bewundern sind.

Besuch des Museums nur im Rahmen von Führungen, die vormittags um 10, 11 und 12 Uhr, nachmittags um 14.30, 15.30 und 16.30 Uhr beginnen.

Auf der Weiterfahrt zu den Ruinen des antiken Ampurias sei der kleine Abstecher über Sant Pere Pescador zu der bemerkenswerten romanischen Kirche von SANT MIQUEL DE FLUVIÀ empfohlen. Ihr festungsartig massiver Anblick (Abb. 5) könnte zur Vermutung führen, man habe es hier mit einem typischen Werk des 11. Jahrhunderts zu tun. Darauf deutet auch die charakteristisch 'lombardische' Dekoration der drei Apsiden und des prachtvollen viergeschossigen Turms mit Blendarkaden und Lisenen hin. Tatsächlich ist eine Weihe der Kirche, die damals zu einer Niederlassung der Benediktiner von Cuxa (Roussillon) gehörte, bereits 1066 bezeugt. Trotzdem scheint ein großer Teil des heutigen Baubestandes eher dem 12. Jahrhundert zuzugehören (die Zinnen, die den burgähnlichen Charakter des Gebäudes noch hervorheben, stammen offenbar erst aus dem 14. Jahrhundert). Während aber in der rein architektonischen Gestaltung die Stileigentümlichkeiten des *premier art roman* offenbar noch lange nach dessen Blütezeit beibehalten worden sind, haben die zugleich primitiv anmutenden und höchst expressiven Kapitelle im Innern nichts mehr mit der strengen Funktionalität dieser Kunst zu tun; sie weisen schon auf eine andere, einer überquellenden dekorativen Phantastik zugewandte Geisteshaltung.

(Wenn die Kirche – wie meist – geschlossen ist, wende man sich wegen des Schlüssels an den kleinen Laden gegenüber ihrer Nordfront.)

Daß die historischen Wurzeln des Ampurdán allerdings viel tiefer in die Vergangenheit zurückreichen als nur ins feudale und klösterliche Mittelalter, das wird in AMPURIAS gegenwärtig. Schon im 6. vorchristlichen Jahrhundert ist hier auf einer kleinen Insel am Südende des Golfes von Roses eine Handelsniederlassung von Griechen aus dem kleinasiatischen Phokäa – oder aus den phokäischen Kolonien Massilia (Marseille) und Alalia (Aleria) auf Korsika – begründet worden. Und dieser zunächst winzige Hafenplatz Emporion hat der Landschaft im Norden der Costa Brava über mehr als ein volles Jahrtausend hinweg den urbanen, kommerziellen und kulturellen Mittelpunkt geboten.

Dem hellenischen Einfluß folgte in mehreren Schüben der lateinische. Ampurias diente den Römern schon als ihr allerserstes Sprungbrett auf der Iberischen Halbinsel: Hier landete Scipio, als er Hannibals Italien-Expedition mit einem Gegenstoß in die spanische Machtbasis Karthagos beantwortete und im Rücken des Puniers eine zweite Front errichtete (218 v. Chr.). Von hier aus setzte Cato knapp ein Vierteljahrhundert später, 195 v. Chr., zur dauernden Unterwerfung der iberischen Stämme unter die römische Herrschaft an. Und Cäsar gab dem Romanisierungsprozeß im nunmehrigen Emporiae den entscheidenden letzten Anstoß, indem er neben der griechischen Stadt 49 v. Chr. eine neue für Veteranen seiner Bürgerkriege anlegte.

Von dem, was Emporion-Emporiae-Ampurias einst bedeutet hat, vermitteln die Ausgrabungen allerdings nur einen schwachen Begriff. Vom ursprünglichen Kern der griechischen Kolonie, der sogenannten Palaiapolis, sind kaum mehr Spuren übriggeblieben. Auf der einstigen, mittlerweile durch Versandung ihres Naturhafens zur Halbinsel gewordenen Insel liegt jetzt das pittoreske mittelalterliche *Sant Martí d'Empúries,* in der Spätantike Sitz der Bischöfe, später der Grafen von Ampurias und heute ein überaus belebter Touristenort. In der später auf Festlandsboden errichteten hellenischen Neustadt anderseits – der Neapolis – hat die spätere Überbauung in der Römerzeit die ursprüngliche städtebauliche Anlage so verwischt, daß es dem Laien fast unmöglich ist, sie auch nur im Geiste zu rekonstruieren. Und da die Ruinen der Stadt jahrhundertelang den Bewohnern der Gegend als nützlicher Steinbruch dienten, steht nicht ein einziges Gebäude mehr aufrecht: Einige meist römische Mosaiken und ein paar vereinzelte Säulenstümpfe sind so gut wie alles, was an Ort und Stelle von der Pracht und der geschichtlichen Leistung einer tausendjährigen Kolonisation zeugt. Die besten der reichlich geborgenen Kunstschätze müssen heute im Archäologischen Museum von Barcelona besichtigt werden. Die zum eigentlichen Wahrzeichen von Ampurias gewordene Kolossalstatue des Heil-Gottes Asklepios, die am Hang des Hügels gleich hinter dem Eingang die ganze Stätte beherrscht (Abb. 7), ist ebenso

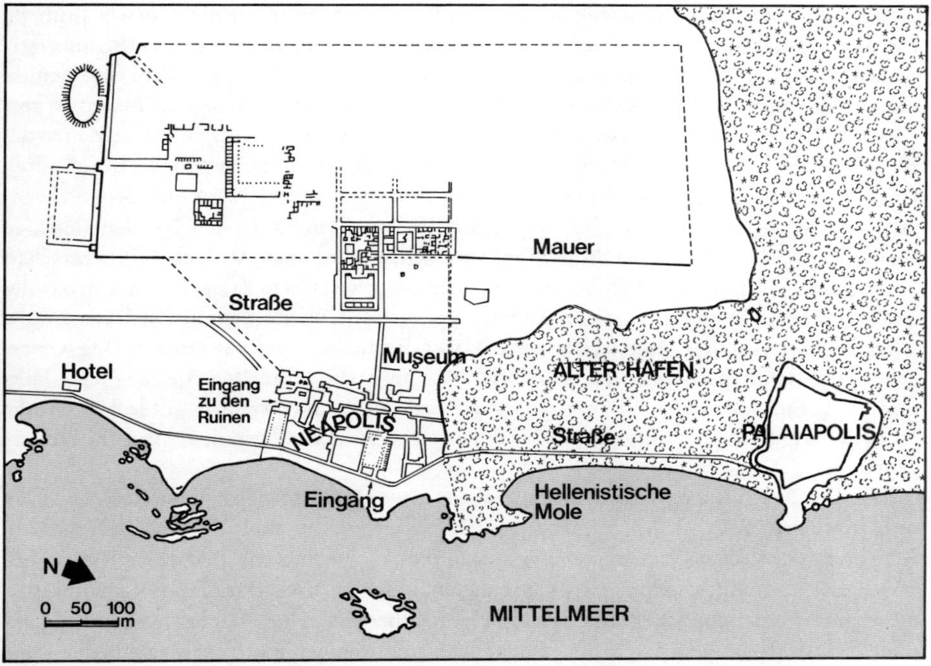

Übersichtsplan von Ampurias. (Nach E. Ripoll Perelló, ›Ampurias, Guia Itineraria‹, Barcelona 1977)

Kopie wie das andere, sorgfältiger gearbeitete Exemplar des gleichen Werkes im 'monographischen Museum', das inmitten des Ruinenfeldes eingerichtet worden ist, und wie viele andere der besten Ausstellungsstücke daselbst – etwa die Porträtbüste einer römischen Dame aus der Zeit der Flavier (Abb. 8) oder die berückende kleine Venus aus hellenistischer Zeit, die ihrerseits bereits eine Kopie nach einer Arbeit aus der Werkstatt des Praxiteles war.

Als erstes wird man der Mauer der einstigen griechischen Neapolis und des kleinen Eingangstors ansichtig, das laut Livius noch in der römischen Ära zunächst den einzigen Zugang zur Stadt darstellte und durch das man auch jetzt wieder das Ausgrabungsgelände betritt. Der untere Teil der Mauer, aus mächtigen und unregelmäßig behauenen, 'zyklopischen' Blöcken gefügt, galt früher als ein Werk der einheimischen Iberer; heute weiß man, daß diese Annahme unbegründet und daß der Wall, wie Emporion überhaupt, zur Gänze griechischen Ursprungs ist. Was an iberischen Funden gemacht worden ist, gehört dem erst später begründeten, außerhalb der hellenischen und der römischen Quartiere liegenden Eingeborenen-Viertel an, das im Altertum als Indike bekannt war.

Bei dem verwirrenden Durcheinander der Epochen wie der Baulinien zum mindesten in der hellenisch-römischen Unterstadt scheint ein detaillierter Hinweis auf die einzelnen, kaum voneinander zu unterscheidenden Gebäude und Gebäudegruppen kaum sehr sinnvoll. Ein paar leicht zu identifizierende Fixpunkte seien immerhin genannt. Von dem kleine Platz, zu dem man gleich hinter dem Eingang gelangt, führt links eine Treppe zu dem einstigen, an der erwähnten Statue des Gottes sogleich kenntlichen *Asklepios-Heiligtum* hinauf; rechts von dem Plätzchen liegt anderseits der *Tempel des Zeus Serapis,* dem in den frühen Zeiten des Kaisertums ein bedeutender Mysterienkult galt (eine Rekonstruktion im Museum vermittelt einen Eindruck von der ursprünglichen Gestalt dieses Gebäudes). Folgt man dem Straßenzug, der gegenüber dem Serapis-Tempel parallel zur Strandlinie nach Norden führt, so gelangt man auf die *Agora,* den Mittelpunkt der hellenischen Stadt, wo sich die Bürgerschaft zur Beratung der öffentlichen Angelegenheiten zu versammeln pflegte. Zur Linken des relativ breiten, meerwärts von der Agora abzweigenden Weges befinden sich die kargen Überreste der *Stoa,* der Säulenhalle, die als Markt diente. Und wenn wir diesen Weg weitergehen, uns dann aber unmittelbar vor dem zur Uferstraße führenden Ausgang nach links und hierauf nach den ersten Bauresten noch einmal nach links wenden, entdecken wir die Fundamente der *frühchristlichen Basilika,* kenntlich an der halbrunden Apsis im Hintergrund.

Für den Archäologen liegt sicher nicht nur eine Herausforderung, sondern auch ein unbestreitbarer Reiz in der Aufgabe, aus den vielen neben- und übereinanderliegenden Schichten archaischer, klassischer und spätantiker Fragmente das Bild einer langen und kontinuierlichen Entwicklung zu rekonstruieren. Der Kunstfreund freilich kommt inmitten dieser meist unansehnlichen und dazu höchst unübersichtlichen Trümmer nur wenig auf seine Kosten. Ihm bietet gewiß die geschichtlich weit weniger interessante und bedeutsame römische Oberstadt auf der breiten, ebenen Plattform über der Neapolis mehr Anziehendes. Denn hier, wo Cäsar seine ausgemusterten Soldaten ansiedelte, ist erheblich mehr von der alten Substanz erhalten. Und da einander keine verschiedenen Epochen dauernd in die Quere geraten, bietet sich das Vorhandene auch ungleich übersichtlicher dar. Noch ist erst ein Teil dieses Areals von 300 auf 700 Meter Ausdehnung erschlossen, das ganz von einer eigenen, teilweise noch vorhandenen Mauer umschlossen war. Gewiß handelte es sich hier um eine durchaus provinzielle Gründung. Aber die Großzügigkeit des *Forums,* die Eleganz und selbst der Luxus einiger großer, wenigstens in ihren Umrissen wieder zu Tage geförderter *Wohnhäuser* – das spricht doch unmittelbar an. Und die sehr geschickt mit den Ruinen zur Einheit verbundene moderne Parkanlage trägt dazu bei, daß man des pedantisch anmutenden Schachbrett-Musters der Gesamtplanung und der leichten Langeweile solcher späten Kolonialarchitektur kaum inne wird.

Erst recht verlockt zum Verweilen der Blick, der sich von diesem hochgelegenen Stadtteil über Zypressen und Pinienhaine auf das tiefblaue Mittelmeer und die häuserbestandene Halbinsel mit dem Badeort von l'Escala dahinter eröffnet. Wie denn überhaupt Ampurias ohne seine zauberhafte Lage nicht entfernt die Mengen von Besuchern anlocken würde, die sich hier ständig einfinden. Andere antike Stätten – etwa Mérida in der spanischen Extremadura oder das portugiesische Conimbriga, um nur zwei von vielen zu nennen – vermitteln wohl dank dem besseren Erhaltungszustand ihrer Bauten eine genauere und eindrücklichere Vorstellung von dem, was an Kunst und Kultur des Altertums auf iberischem Boden erwachsen ist. Aber keine von ihnen schmiegt sich so vollkommen in eine wahrhaft zauberhafte Umgebung hinein.

Um uns mit dieser Umgebung ganz vertraut zu machen, sollten wir schließlich einen Spaziergang entlang der Uferstraße außerhalb der Ruinen nicht versäumen, wo wir auch noch ein Stück von der Außenmole des einstigen Hafens zu erkennen vermögen. Den größten Teil des Hafengeländes allerdings nehmen heute die Wiesen zwischen Neapolis und Palaiapolis ein; überblickt man sie von Sant Martí aus, so fällt es nicht leicht sich auszumalen, daß da, wo sich heute die grüne Fläche dehnt, einst hellenische Kauffahrteischiffe und römische Kriegsflotten zu ankern pflegten.

Öffnungszeiten von Ampurias (einschl. Museum: dieses ist zu denselben Zeiten geöffnet): im Sommer 10–14, 15–19 Uhr, im Winter 10–13, 15–17 Uhr, außer montags.

Costa Brava: Von der Urzeit zum Massentourismus

Anders als bei unserer bisherigen Fahrt werden wir jenseits des Riu Ter zunächst keinen gleichermaßen bedeutenden künstlerischen Schöpfungen mehr begegnen. Und doch wäre es wenig ratsam, wenn wir nun den kürzesten Weg wählen und eilends auf Barcelona zustreben wollten. Wir würden einiges von den vielleicht nicht großen, aber doch reizvollen Denkmälern der Vergangenheit verpassen, die an unserem Wege oder wenig abseits von ihm zum Aufenthalt einladen.

Einen kleinen Abstecher lohnt schon die erst neuerdings restaurierte romanische Kirche von BELLCAIRE aus dem 11. Jahrhundert, die vor allem durch die ungewöhnlich tiefen Blendarkaden über ihren Apsiden aus dem gewohnten architektonischen Schema jener Zeit herausfällt. Auch TORROELLA DE MONTGRI, von einem mächtigen *Kastell* des 13. Jahrhunderts überragt, ist durchaus einen Spaziergang durch seine alten Gassen wert. Erst recht sollten wir nicht versäumen, gleich hinter diesem Ort, nachdem wir den Ter überquert haben, nach rechts und dann bei Serra de Daró wieder nach links abzubiegen. Unweit von ULLASTRET nämlich, über einen mit *'Ruines d'Ullastret'* gut bezeichneten Seitenweg zu erreichen, sind seit 1930 die beachtlichen Reste einer halbstädtischen Iberer-Siedlung auf einem Felssporn über dem Daró-Tal ausgegraben worden (Abb. 9). Schon bei der Anfahrt fallen die massigen Mauern aus unregelmäßigen, aber doch sorgsam behauenen Quadern mit ihren halbrunden, gelegentlich auch quadratischen Türmen auf, die den Ort auf seiner leichter zugänglichen Westseite gegen feindliche Angriffe abschirmen sollten. Die Archäologen datieren den imposanten Wall auf das Ende des 5. oder den Beginn des 4. Jahrhunderts v. Chr. Da ist es nicht verwunderlich, daß die dahinter ansässige Bevölkerung, wie aus den Bodenfunden hervorgeht, engen – und offenbar eher freundschaftlichen als feindseligen – Kontakt mit den Griechen im nahen Emporion unterhielt. Von dort stammen die meisten der zahlreichen Münzen, die im kleinen Museum auf der früheren Akropolis ausgestellt sind, und auch bei der in Ullastret zutage geförderten Keramik, die dort zu besichtigen ist, handelt es sich vielfach um hellenische Importware. Einheimischer Herkunft aber sind die grauen Tonplättchen gleich links vom Eingang; mit ihren iberischen Inschriften gehören sie zu den interessantesten Stücken in diesem sonst eher bescheidenen Museum.

(Das Museum ist im Sommer von 10.30–13 und 16–20 Uhr geöffnet, außerhalb der Reisesaison 9–12 und 16–19 Uhr; wenn es während der Besuchszeit geschlossen ist, braucht man nur die Glocke mit der Aufschrift *'Llamar al guarda'* zu ziehen). Montags geschlossen.

Südlich von Ullastret, in PERATALLADA, tun wir gut daran, den Wagen vor den Mauern der ehemaligen Befestigung abzustellen und den pittoresken Ort zu Fuß zu durchstreifen. Er macht uns mit der katalanischen Volksarchitektur des Mittelalters bekannt, aber auch mit einigen Wohnsitzen vornehmer Geschlechter, denen selbst im deutlich erkennbaren Verfall noch etwas von adliger Würde geblieben ist. Etwas abseits der Ortschaft, aber von der Durchgangsstraße aus gut sichtbar, liegt die charmante, wenn auch kunsthistorisch gewiß nicht besonders bedeutende Kirche mit dem offenen Glockenstuhl. Im nächsten Ort SANT JULIÀ DE BOADA ist eine der ältesten Kirchen der Region sorgfältig wiederhergestellt worden: Sie dürfte ins 9. Jahrhundert zurückgehen, und die beiden charakteristischen Hufeisenbögen im Innern (Abb. 10) bezeugen wohl eher westgotisches als islamisches Erbe.

Nicht minder anschaulich als in Peratallada, aber auf weniger melancholisch anmutende Weise wird die Vergangenheit in dem 11 km weiter nach Südosten hin gelegenen PALS gegenwärtig. Die Anlage des Ortes auf einem Hügel, der die weite Ebene der sogenannten Platja de Pals übersieht und beherrscht, entspricht ganz dem Typus der hinterländischen katalanischen Kleinstädte. Was ihn aber vor allen anderen auszeichnet, ist seine adrette Aufgeputztheit: Kein anderes katalanisches Städtchen, das wir kennen, wirkt so wohlkonserviert oder ist doch, genauer gesagt, mit so viel Liebe und Verständnis restauriert worden.

Steigt man die Straßen gemächlich bergan, den Wegweisern nach dem Ortszentrum 'El Pedró' folgend, so locken allenthalben verschwiegene Seitengassen oder kleine, durch Schwibbogen abgetrennte stille Plätze abseits. Zur Wohlgefälligkeit des Anblicks trägt neben dem reichen, hierzulande gar nicht so selbstverständlichen Blumenschmuck ganz besonders auch der warme Goldton des Steins bei, aus dem die durchwegs unverputzten Häuser gebaut sind; der Katalane Josep Plá, der einen dickleibigen Führer durch Katalonien und einen anderen durch die Costa Brava geschrieben hat, nennt ihn mit einem treffenden Ausdruck 'aprikosenfarbig'. An einzelnen Gebäuden, vor allem an dem fast palastartig anmutenden großen Haus, das beim Aufstieg bald zur rechten Hand auffällt und dessen Baulinie den Verlauf der hier nicht mehr existierenden einstigen Stadtmauer bezeichnet, kann man noch merkwürdige erkerartige, aber fensterlose halbrunde Ausbuchtungen beobachten: Es handelt sich um alte Backöfen, wie wir ihnen später insbesondere im Hinterland vielfach begegnen werden.

An der aus dem gleichen Stein wie ganz Pals erbauten *Kirche* vorbei, die in ihrer fast schon martialischen Strenge den Charakter katalanischer Gotik trägt (und die nach ziemlicher

Zerstörung mit viel Verständnis wieder hergerichtet worden ist), gelangen wir schließlich auf den höchsten Punkt, zu dem massigen, die Hügelkuppe krönenden *Stundenturm*. Die Aussicht von ihm muß prachtvoll sein, nach Osten zum Mittelmeer, nach Norden hin bis zum Canigou; leider haben wir den Turm nie anders als verschlossen angetroffen. Auch von der kleinen Hochfläche jedoch, die man westlich der Kirche durch das hier noch vorhandene Stadttor erreicht, entzückt der Blick über die Platja einerseits, auf den Mauerring anderseits, hinter dem sich Pals verbirgt und der in diesem Abschnitt noch völlig intakt ist.

Kein Wunder daher, wenn die Touristen von der Costa Brava gern hierherkommen – jene zum mindesten, die der Allerwelts-Architektur ihrer Hotels auch einmal landeinwärts statt nur an den Strand zu entfliehen suchen. Um so beachtlicher mutet es an, daß Pals dem gewiß willkommenen und verdienstbringenden Fremdenverkehr nicht, wie vergleichbare Orte, zum Opfer gefallen ist: Es hat so gut wie nichts von seiner Ursprünglichkeit preisgegeben und ist doch auch anderseits den Gefahren eines Absinkens ins Nur-Museale glücklich aus dem Wege gegangen.

Wie wohltuend das ist, wird uns vollends bewußt, wenn wir von Pals den direkten Weg über Palafrugell und Palamós zu der Küstenstraße einschlagen, die vom zweiten dieser Orte bis nach Barcelona so gut wie immer nahe dem Ufer verläuft. Zum mindesten in ihrem ersten Teil, bis Sant Feliú, ist von der einst so hinreißenden Landschaft der Costa Brava kaum mehr etwas zu sehen: der Massentourismus und die in seinem Gefolge auftretende wilde Spekulation haben zur völligen Zersiedlung und zur annähernden Zerstörung der natürlichen Umwelt geführt. Etwas besser sieht es, bei aller auch dort grassierenden Kommerzialisierung, im Küstenstrich zwischen BEGUR (span. BAGUR) – gleich östlich von Pals – und dem *Cap de Sant Sebastià* aus; zwar muß man auch hier die Zugänge zu den zauberhaften Felsbuchten fast überall durch Ferienhaus-Siedlungen der zahlreichen *urbanisaciones* suchen, aber wenigstens wird der Blick auf die oft phantastischen Gesteinsformationen am Rande der blauen Wasserfläche nicht durch trostlos-langweilige Hochhäuser und Hotel-'Paläste' verstellt. Und die Burgruine von Begur samt den zahlreichen *Atalayas* – Wachttürmen – in ihrer Umgebung, die um der rechtzeitigen Warnung vor Piraten-Angriffen willen in einer Zeit der maritimen Unsicherheit errichtet worden sind, teilen dieser von der Natur so verschwenderisch mit Schönheit ausgestatteten Gegend auch einen Schimmer geschichtlicher Patina mit.

Umständlicher, aber dafür auch weit empfehlenswerter als die direkte Strecke durch die reichlich trostlosen Zivilisationswüsten von Platja d'Aro und S'Agaró ist ganz gewiß der Umweg durch das Küstengebirge der sogenannten Selva. Bei Sant Antoni (span. San Antonio), kurz hinter dem Ortsende von Palamós, deutet ein Wegweiser landeinwärts nach Calonge; in dieser Ortschaft wiederum bezeichnet ein anderer nach links die Straße nach ROMANYA DE LA SELVA (span. Romaña). Durch schattenreichen, landschaftlich dabei mancherlei Abwechslung bietenden Gebirgswald gelangt man nach nicht ganz 10 km an die vorgeschichtliche Stätte von COVA D'EN DAINA (span. Cueva de Daina) – eines der vielen Denkmäler der megalithischen Epoche, die es in Katalonien gibt, aber gewiß eines der am leichtesten zugänglichen und zugleich der besterhaltenen (Abb. 11). Nicht nur der zentrale

Dolmen, der einst als Grabstelle dienende Gang aus aufrecht stehenden und quer darüber gelegten Steinplatten, ist hier so gut wie unbeschädigt, sondern auch der steinerne Kreis darum herum, der 'Cromlech', bietet sich noch so dar, wie er einst, ehe die ganze Bestattungsanlage nach Art der 'Hünengräber' unter einem Erdhügel versteckt wurde, von den Erbauern aufgerichtet worden war. Mit einer Entstehungszeit, die etwa auf das Jahr 2000 v. Chr. datiert wird, ist die Cova das älteste Monument, das wir auf unserer Katalonien-Rundfahrt aufsuchen werden: in ihrer erstaunlichen Vollständigkeit imponierende Erinnerung an eine Urzeit, von der außer solchen steinernen Überresten kaum mehr etwas Kunde gibt.

Der Abstecher in die Vorgeschichte und in die (wenigstens relative) Berg- und Waldeinsamkeit der Selva geht in SANT FELIÚ DE GUIXOLS zu Ende: hier kehren wir an die Küste zurück, der wir in Sant Antoni den Rücken gekehrt haben. Es ist gewiß nicht der schlechteste Ort, sich wieder mit dem Massenbetrieb der Costa Brava vertraut zu machen. Denn das ehemalige Kloster-, Hafen- und Fischerstädtchen ist zwar längst zur belebten Hotel- und Fremdenstadt geworden, aber es verrät doch noch etwas von dem Charme, der noch vor ein paar Jahrzehnten die damals selteneren Besucher entzückte. Wahrscheinlich war die alte 'Hauptstadt der Costa Brava' in dem Augenblick, da die Zahl ihrer Gäste zur Lawine anschwoll, einfach schon groß genug und selbstgewiß genug, um die Substanz einer mehr als tausendjährigen Geschichte nicht völlig verschütten zu lassen.

Kern des Ortes war das mächtige *Benediktinerkloster*, das die karolingischen Könige hier vor der Jahrtausendwende errichtet hatten und das bald zum bedeutendsten Ordenszentrum ihrer Spanischen Mark nächst Sant Pere de Roda aufgestiegen war; von dieser Stiftung hat Sant Feliú auch den Namen ihres Patrons – des Heiligen Felix – übernommen. Allerdings erwuchs hier auch früh, dank der Wichtigkeit des Hafens als Umschlagplatz für die Bischofsstadt Girona, ein kräftiges und eigenwilliges kommerzielles Bürgertum, das mit dem Abt in einem steten Streit lag und die aragonesischen Monarchen mehr als einmal zum friedenstiftenden oder auch gewaltsamen Eingreifen veranlaßte.

Von dem weitläufigen Gebäudekomplex des Klosters sind heute nur ein paar Fragmente übriggeblieben: die seinerzeitige barocke Eingangspforte zum geistlichen Areal, die wie ein nicht recht motivierter Triumphbogen allein auf dem Kirchplatz steht, ein paar Türme von der Klosterbefestigung, dazu die nunmehrige Pfarrkirche aus dem 14. Jahrhundert. Das alles wäre nicht weiter des Aufhebens wert. Was uns aber zum Anhalten und Betrachten veranlaßt, das ist die sogenannte *Porta Ferrada:* diese der Kirche vorgelagerte Halle hinter drei ungleich großen, von Säulen mit schmucklosen Würfelkapitellen getragenen Hufeisenbogen, über der sich eine Loggia aus drei kleineren Dreifach-Bogen der gleichen Art unter einer schmalen Reihe von Blendarkaden erhebt, ist der letzte Rest vom karolingischen Klosterbau – nicht mehr als ein Bruchstück, aber eben eines von edler Schönheit und harmonischer Schlichtheit (Abb. 14).

Die Straße südlich von Sant Feliú bis Tossa (oder eigentlich bis Lloret de Mar) ist wohl der hübscheste, insgesamt am wenigsten verunstaltete Abschnitt der Küstenstrecke. Fast durchwegs hoch am Hang angelegt, der überall steil zum Mittelmeer hin abfällt, gewährt sie dank ihren zahllosen schwingenden Kurven sehr abwechslungsreiche Blicke auf die kleinen Buchten und ihre felsengesäumten Strände und die weite Wasserfläche dahinter (Abb. 12). Noch einmal aber sollten wir auf jeden Fall, wenn wir es nicht sehr eilig haben – und der eilige Reisende dürfte auf jeden Fall unsere Route 2 vorziehen – die Durchgangsstraße verlassen und einen Halt einschalten: in TOSSA DE MAR (Farbt. 11, 13). Hier ist zwar der touristischen Flut ganz und gar nicht mehr auszuweichen: Tossa, als erster Ort an der Costa Brava von den Erholungssuchenden entdeckt, wird heute von ihnen fast das ganze Jahr hindurch – mit Ausnahme einiger Wintermonate – förmlich überschwemmt. Und doch sollten wir uns nicht vom Verweilen abhalten lassen, um uns in den Resten des einstigen Römerstädtchens aus der imperialen Aera zu ergehen und seine meist eher rustikalen, aber noch bis ins 4. Jahrhundert n. Chr. hinein angelegten Mosaikböden zu betrachten und vor allem einen Streifzug durch die *Vila Vella* zu unternehmen: durch das alte Viertel, das sich am Südrand der Bucht hinter seinen Mauern, Türmen und Toren aus dem 12. Jahrhundert verbirgt und dessen treppenförmig hügelan verlaufende Gassen so viele Künstler bezaubert haben. Leider ist der Wall, der früher die ganze Altstadt einschloß, in den Jahren des Ersten Weltkriegs durchbrochen worden, um Raum für eine Straße zum damals errichteten Leuchtturm auf der höchsten Stelle der Halbinsel zu gewinnen, die hier ins Meer hinein vorstößt. Dem gewiß nützlichen Projekt fiel damals auch die gewaltige Torre Mayor zum Opfer: der Bergfried des Kastells, der zu einer Zeit, als er seine kriegerische Bestimmung eingebüßt hatte, in eine überdimensionierte Windmühle verwandelt worden war. Auch von der gotischen Kirche ist nur noch ein Torso übrig. Und doch hat, unbeschadet solcher schmerzlicher Einbußen, kein anderer Ort an der Costa Brava so viel von seinem einstigen *Cachet* in die Gegenwart hinübergerettet.

Gewiß gäbe es auch hinter Tossa noch dies oder jenes an Sehenswürdigem aufzuspüren. Und doch scheint es nun an der Zeit, daß wir ohne weitere Unterbrechungen stracks den Weg nach der Stadt unter die Räder nehmen, die nicht nur die geographische, sondern auch die politische und kulturelle Mitte Kataloniens bildet: Barcelona.

2. Route: Über Girona

Wem der Weg über die Costa Brava nach Barcelona allzu langwierig ist, dem bietet sich als die weitaus kürzeste und bequemste Verbindung vom Roussillon her die Autobahn (A 7) an. Parallel zu ihr verläuft auch die gleichfalls vorzüglich ausgebaute, die meisten Ortschaften umgehende Nationalstraße (N II), die vom Col de Perthus über La Jonquera nach Girona führt. Dem eiligen Reisenden mag sie sich auch empfehlen, weil hier nicht so viele einzelne Sehenswürdigkeiten einmal ums andere zum Aufenthalt oder zu kleinen Umwegen verlocken.

Bewunderern von Salvador Dalí sei freilich angeraten, in FIGUERES Station zu machen: Der zweifellos eminent talentierte, aber auch von der Neigung zur Scharlatanerie nicht freie

Surrealist hat seiner sonst eher rührig-gewerbfleißigen als musischen Geburtsstadt ein ganz seinen eigenen Werken gewidmetes *Museum* gestiftet, das jährlich Hunderttausende von Besuchern anzieht. Wer sich mehr von der katalanischen Kunst der Vergangenheit angezogen fühlt, darf Figueres ruhigen Gewissens umfahren, sollte sich aber einen kleinen Seitensprung nicht verdrießen lassen: Wenn er der Abzweigung von der N II nach Port-Bou ein paar Minuten folgt, kann er in VILABERTRÁN Bekanntschaft mit einer der reinsten und anziehendsten architektonischen Schöpfungen der so überreichen katalanischen Romanik schließen. Von den Klostergebäuden des einstigen Augustiner-Chorherrenstiftes, das seit der Säkularisierung in private Hände übergegangen ist und jetzt von der *Generalitat* restauriert wird, ist zwar nur wenig übrgiggeblieben. Aber die im Jahre 1100 geweihte *Kirche* beeindruckt durch das perfekte Ebenmaß ihrer betont schlichten Formen (Abb. 13). Fast zisterziensisch mutet die Art und Weise an, wie sie auf allen figürlichen Schmuck verzichtet und nur die Baukörper als solche wirken läßt; einzig der sehr elegante Turm und die Apsiden sind in lombardischer Manier mit sorgfältig gearbeiteten Blendarkaden, die Fenster der Fassade mit Sägezahn-Friesen geziert und heben sich dadurch von dem sonst schmucklosen Mauerwerk ab. Ähnlich einfach ist auch der kleine, trapezförmige *Kreuzgang* gehalten, dessen Doppelsäulen ihre Rundbogen auf teilweise kaum oder nur andeutungsweise behauenen Kapitellen tragen; gerade die räumliche Beschränkung verleiht ihm eine anziehende Intimität (Farbt. 4).

(Ist die Kirche, wie meist, geschlossen, so kann man nach dem Schlüssel in dem neuen Haus mit der Aufschrift 'Rectoria' fragen, auf der rechten Straßenseite des Carrer Santa Maria, der parallel zum Langhaus verläuft.)

Beginn mit einer Abschweifung: Besalú

Etwas mehr Zeit als für das nahe Vilabertrán benötigen wir für einen anderen Umweg, der uns ebenfalls bei Figueres, diesmal in westlicher Richtung, von der direkten Route abführt. Aber er ist so ertragreich, daß wir uns die paar zusätzlichen Stunden wenn möglich gönnen sollten. Wenn wir bei der oben erwähnten Gabelung der N II nicht der Richtung nach Port-Bou folgen, sondern geradewegs auf Figueres zufahren, dann zweigt, schon im Stadtgebiet, zur Rechten die C 260 nach Olot ab, auf der wir nach 25 Kilometern in BESALÚ eine der reizvollsten, interessantesten und relativ unverdorbenen alten Kleinstädte erreichen, die wir auf unseren Fahrten durchs Land kennen lernen können.

Der Ort spielt in der frühen Geschichte Kataloniens eine beachtliche Rolle. Seit anno 812 ist er als Sitz eines fränkischen Grafen bezeugt; als Graf von Besalú tritt uns zunächst auch Wilfried der Behaarte entgegen, der dann alle Teilgebiete der Spanischen Mark in seinen Händen zusammenfaßte und damit zum Begründer der Dynastie von Barcelona wie zum ersten Herrscher eines gesamt-katalanischen Gemeinwesens wurde. Nach der Aufteilung seiner Besitzungen unter seine sechs Söhne gewann Besalú jedoch den Status einer selbständigen Einheit zurück, die allerdings oft in wechselnden Verbindungen mit anderen feudalen Herrschaften des gleichen Hauses verwaltet wurde. Erst zu Beginn des 12. Jahrhunderts fiel es endgültig an Barcelona, und obwohl dem stark befestigten Platz zunächst als Sitz einer *Vegueria* – eines Gerichts- und Verwaltungsdistrikts – einiges Gewicht erhalten blieb, sank er mit dem Niedergang des feudalen Zeitalters doch zunehmend in die Bedeutungslosigkeit zurück.

Heute zählt Besalú zwar keine 1500 Einwohner. Trotzdem würde es niemandem einfallen, es als Dorf zu bezeichnen. Sein mittelalterliches Ortsbild, das es über die Jahrhunderte stillen Dahindämmerns bis in die Gegenwart hinübergerettet hat und dem es seine Attraktivität verdankt, ist und bleibt durchaus urban, ja es entbehrt nicht eines noblen Zuschnitts. Um uns in Ruhe umzusehen, lassen wir den Wagen am besten vor dem Ortseingang stehen und erkunden das Städtchen zu Fuß. An der Kirche Sant Vincenç vorbei, der wir uns später zuwenden werden, suchen wir zuerst die *Plaça Major* auf, den alten, säuberlich mit Steinplatten gepflasterten und von Arkaden gesäumten Mittelpunkt des Fleckens, der sehr wohl einer wesentlich größeren Stadt zur Zierde gereichen könnte.

Am Anfang der Straße, die von dem Platz nach Norden hin abbiegt, fällt uns ein breit hingelagerter, palastartiger Bau ins Auge. Er soll ursprünglich vom Grafen Bernat Tallaferro – einem Bruder des berühmten Abtes und Bischofs Oliba – in der Zeit um die Wende des ersten christlichen Jahrtausends errichtet worden sein; in seiner gegenwärtigen Gestalt ist er allerdings viel jüngeren Datums, als man das nach der langen Reihe der romanischen Tripelfenster im ersten Stock annehmen möchte. Ins mutmaßlich recht frühe Mittelalter gehen aber auf jeden Fall die Bogengänge im Erdgeschoß zurück, unter denen damals die Händler ihre Marktstände aufzuschlagen pflegten. Die Verbindung bürgerlicher Zweckhaftigkeit mit feudaler Repräsentation wirft ein Licht auf die für Katalonien so bezeichnende Verflechtung von Adel und Kommerz.

Folgen wir von der Plaça Major der Straße, die uns ostwärts zur Brücke über den Fluvià führt, so begegnen wir kurz vor diesem eigentümlichsten Bauwerk der Stadt noch einem anderen Relikt längst versunkener Vergangenheit. Rechts von der Straße führt ein Weg auf den Fluß zu, von dem unten links eine Treppe in die einstige *Mikwah* abgeht: eine jüdische Anlage für rituelle Waschungen, die hier, offenbar unweit der spurlos verschwundenen Synagoge, in den Abhang oberhalb des vorbeiströmenden Flusses hineingebaut worden war (Abb. 15). Eine jüdische Gemeinde mag in Besalú schon zur Römerzeit bestanden haben; sicher existierte sie zur Zeit, als die Heere Karls des Großen die islamischen Eroberer aus den Gebieten unmittelbar südlich der Pyrenäen wieder verdrängten und hier die Spanische Mark errichteten. Der Lokalhistoriker Ramon Grabalona glaubt sogar Hinweise darauf gefunden zu haben, daß die hiesigen Juden den Franken bei ihrem Vordringen tatkräftige Hilfe geleistet hätten. Jedenfalls haben die späteren Grafen in ihrer großen Zeit die Initiative dieser andersgläubigen Untertanen hoch geschätzt und ihnen ihren Schutz gewährt; die Judenvertreibung teils durch die Pogrome der Pestzeit, teils durch das berüchtigte Dekret der

Katholischen Könige dürfte vermutlich den ökonomischen Niedergang von Besalú beschleunigt haben.

Gleich hinter der Mikwah erhebt sich am Ende des Carrer del Ponte, wie die Straße heute wieder auf katalanisch heißt, ein wehrhafter Torturm; durch ihn gelangt man von der Stadt zu der eigentümlichen *Brücke,* die zum Wahrzeichen von Besalú geworden ist und zu den bemerkenswertesten Zweckbauten des katalanischen Mittelalters zählt (Farbt. 8). Ein zweiter Turm sichert den wichtigen Flußübergang an der Stelle im Strom, wo die Brücke jäh einen Knick beschreibt, bevor sie sich dem gegenüberliegenden Ufer zuwendet. Die merkwürdig gebrochene Konstruktion diente anscheinend dem Zweck, das Bauwerk in einem massigen Felsblock inmitten des Fluvià zu verankern. Ob bei dem aufs 12. Jahrhundert zurückgehenden Brückenschlag darüber hinaus frühere römische Fundamente benützt werden konnten, läßt sich nicht mit Sicherheit sagen; fest steht aber, daß das überaus beachtliche Werk im 14. Jahrhundert erneuert und verstärkt worden ist und noch heute seinen Dienst tut, auch wenn die Durchgangsstraße nun um den Ort herumgeleitet worden ist.

Kehren wir von der Brücke zur Plaça Major zurück und biegen von dieser neben dem Rathaus in den Carrer del Canó ein, so öffnet sich nach etwa 40 Metern vor uns wiederum ein noch größerer, aber weniger geschlossener Platz: die *Plaça de Sant Pere* an der Stelle des ehemaligen Petrus-Klosters. In den Franzosenkriegen des frühen 19. Jahrhunderts sind die Wohnungen der Mönche, das Abts-Palais und der Kreuzgang völlig zerstört worden; erhalten blieb jedoch die heute frei inmitten des Platzes stehende, der Pfarrgemeinde dienende *Kirche* aus dem 12. Jahrhundert. An ihrer sonst schlichten Westfassade fällt das kunstvolle, von zwei Löwen flankierte Fenster unter dem Giebel über dem Westende des Mittelschiffs besonders ins Auge (Abb. 16), im dunklen, durch keine Fenster des Obergadens erhellten pseudo-basilikalen Inneren der sehr französisch anmutende Chorumgang, der gegen den Altarraum durch eine von Doppelsäulen getragene Bogenreihe abgegrenzt wird.

Auf die Epoche der Romanik gehen auch fast alle anderen Bauten geistlichen Ursprungs in Besalú zurück – so das einstige *Hospital de Sant Julià,* dessen tief gestuftes Portal gegenüber der Apsis von Sant Pere liegt und das nach seiner Restauration als eine Art Kulturzentrum dient; so auch die *Kirche Sant Vicenç,* an der wir schon kurz nach dem Betreten des Städtchens vorbeigekommen sind. Sie ist allerdings, obwohl im wesentlichen dem traditionellen romanischen Kanon getreu, um einiges jüngeren Datums, und in der Gestaltung ihrer Fassade meldet sich bereits die Gotik an. Besondere Aufmerksamkeit verdient die Seitenpforte, die ihre dekorative Wirkung vor allem von den fein gearbeiteten Kapitellen und den spiralförmig gewundenen Archivolten bezieht.

Die einstmals weitaus bedeutendste Kirche aber, die zum Augustiner-Chorherrenstift *Santa Maria* auf dem Burghügel neben dem gräflichen Kastell gehörte, ist heute nur noch eine beklagenswerte Ruine. Aufrecht stehen bloß noch das Querschiff, ein Teil des Chorhauptes und der halbzerstörte Glockenturm; die drei Apsiden, nach lombardischer Manier mit Blendarkaden und Säulen geschmückt, haben einen Teil ihrer Dekoration eingebüßt und werden zudem durch die grobschlächtigen Strebepfeiler verunstaltet, die nach einem Erdbeben im 18. Jahrhundert zur Stützung des damals schon brüchig gewordenen Mauerwerks angebracht wurden. Von der wertvollen Bauplastik, die wie die Kirche selbst wohl im wesentlichen dem frühen 12. Jahrhundert entstammt, befinden sich die weitaus besten Stücke jetzt im Barceloneser Frauenkloster Pedralbes; einige der hervorragenden Kapitelle sind dort in die Front der Villa eingefügt worden, in die das vormalige *Conventet* umgebaut worden ist (vgl. S. 172). Von der Burg der Grafen selber, die mindestens teilweise auf eine maurische oder gar westgotische Anlage zurückgegangen sein soll, findet sich heute keine Spur mehr.

(Wenn die Kirchen geschlossen sind, wende man sich an Señor Esteve Arboix, Plaça Major 14; er vermittelt auf Wunsch auch den Zugang zu einigen der bemerkenswerten privaten Palais wie etwa der Casa Llaudes an der Plaça de Sant Pere mit ihrem vornehmen – und ausgezeichnet restaurierten – romanischen Innenhof).

Haben wir viel Zeit zur Verfügung, dann mag uns von Besalú aus die landschaftlich sehr lohnende Weiterfahrt nach Westen verlocken, die uns entlang dem Fluvià talaufwärts, an dem pittoresk über felsig-steilem Lava-Hang klebenden CASTELLFOLLIT vorbei, nach Olot führt. Diese lebhafte Industriestadt selber bietet zwar touristisch wenig Anreiz. Wohl aber geht von ihr aus eine Straße nach Osten Richtung Banyoles und Girona, auf der wir ein sehr eigentümliches, etwas düster wirkendes vulkanisches Bergland durchqueren (Farbt. 29). Wählen wir diese Strecke, dann dürfen wir nicht versäumen, uns ein klein wenig abseits der Durchgangsstraße in SANTA PAU umzusehen: der Ort mit seinem noch gut erhaltenen Schloß hat zwar keine besonderen kunsthistorischen Schätze aufzuweisen, vermittelt aber den Eindruck eines mittelalterlichen katalanischen Landstädtchens in seltener Ursprünglichkeit und Unberührtheit (Abb. 17). Mit ihm verglichen wirkt das zweifellos viel hübschere Pals etwas geleckt-museal, und Besalú kommt einem von hier aus schon halb und halb modernisiert vor.

Gleichgültig, ob wir den Umweg über Olot, Santa Pau und den ebenfalls altertümlichen Flecken Mieres wählen oder von Besalú direkt nach Girona weiterfahren – einen kleinen Aufenthalt sollten wir uns auf keinen Fall versagen: am Ufer des Estany de Banyoles die *Kirche* SANTA MARIA DE PORQUERES aufzusuchen (Abb. 19). Der kleine, aber exquisite Bau, dessen Weihe im Jahr 1182 dokumentarisch bezeugt ist, erhebt sich unweit vom südwestlichen Rand des reizvollen, bei den Bewohnern von Girona und Figueres als angenehmes Ausflugsziel beliebten Sees. Seine Fassade unter dem schlichten offenen Glockenstuhl wird beherrscht von dem eindrucksvollen, vierfach nach innen gestaffelten romanischen Stufenportal, dessen Bogen durch ihre leichte, aber nichtsdestoweniger auffallende Hufeisenform entfernte westgotische oder arabische Erinnerungen wecken. Zeugen schon die Kapitelle der vier eleganten Säulen, die die inneren Archivolten tragen, von sorgfältiger Arbeit, so wird unser Interesse vollends im Innern durch den Skulpturenschmuck am Triumphbogen gefesselt, der die durch Nischen und Bogen verzierte Apsis von dem schlichten, einschiffigen, tonnengewölbten Langhaus trennt. Hier nehmen weniger die Kapitelle selbst mit ihrem wiederum an maurische Überlieferungen anknüpfenden Laubwerk unsere Aufmerksamkeit in Anspruch als die beachtlichen Reliefs an den Seiten der Kämpfer. Sie stellen einerseits Gott als Weltenschöpfer sowie Adam und Eva dar, anderseits Christus inmitten der Apostel und die Jungfrau Maria mit dem Kinde: dem Sündenfall, dessen Fluch die Menschheit tragen muß, steht die durch den Gottessohn vermittelte Heilsgewißheit gegenüber.

Einen Besuch wert ist schließlich auch BANYOLES am jenseitigen Ufer des Sees. Wenn von dem einst berühmten Benediktinerkloster, dem Mutterhaus von Sant Pere de Roda wie von Sant Pere in Besalú, überhaupt nichts mehr zu sehen ist, so hat sich die Altstadt doch viel Atmosphäre bewahrt, zumal dank der Folge mehrerer miteinander verbundener Plätze, denen die Laubengänge unter ihren charakteristischen gedrückten Bogen ein unverwechselbares Gesicht verleihen.

Im Anschluß an diesen einzigen einigermaßen ausgiebigen Abstecher von unserer Route sei vorgreifend noch auf eine zweite, schon erheblich näher bei Barcelona gelegene Chance zu einem lohnenden kleinen Schlenker aufmerksam gemacht: den nach HOSTALRIC (span. Hostalrich). Das kleine Städtchen, als Kreuzpunkt mehrerer Straßen von altersher strategisch interessant, hat sich unterhalb der Ruinen seines Kastells einen guten Teil seiner mittelalterlichen Befestigungsanlagen bewahrt; wenn mittlerweile über den Stadtmauern und zwischen den zahlreichen sie verstärkenden Türmen spätere Häuser emporgewachsen sind, trägt das zum malerischen Bilde bei (Abb. 18).

Aber eben: Mit diesem Hinweis greifen wir vor. Schon eher wir von Vilabertrán nach Hostalric gelangen, drängt sich uns etwa auf halbem Wege zwischen den beiden Punkten eine wesentlich ausgiebigere Reise-Unterbrechung auch dann auf, wenn wir meinen, nur über wenig Zeit zu verfügen. Denn wenn es richtig ist, daß unsere Strecke alles in allem des künstlerisch Reizvollen und historisch Interessanten ungleich weniger zu bieten hat als die entlang der Costa Brava, so konzentriert sich dafür der ganze kulturelle Reichtum von zwei Jahrtausenden auf einem einzigen engen Raum: in Girona.

Girona – geistlich und wehrhaft

Keine andere katalanische Provinzhauptstadt, überhaupt keines der größeren urbanen Zentren der Region beschwört Geschichte so unabweisbar zwingend herauf wie Girona – das römische Gerunda, das international noch immer unter seinem spanischen Namen Gerona bekannter ist. Barcelonas *Barri Gótic* ist bei aller Sorgfalt der Konservierung und Restaurierung doch nichts als eine Insel im weltstädtischen Trubel von heute, Schatten und Abglanz eines fernen und großen Vorgestern. Und wenn Tarragona auf spektakuläre Weise die Zeugnisse seiner antiken Ursprünge vorweist und gleichsam demonstrativ den Bogen der Kontinuität von der Römerzeit bis heute schlägt, so wird man bei alledem den Eindruck musealer Bemühung nicht los. Die Einzigartigkeit Gironas aber beruht nicht allein auf seinem außerordentlichen Reichtum an imponierenden Monumenten der Vergangenheit und nicht einmal bloß auf ihrer unvergleichlichen Dichte, sondern vielmehr zu allererst auf dem Fluidum, das von diesen Denkmälern ausgeht. Durchstreift man offenen Auges die Altstadt, dann fühlt man sich tatsächlich um viele Jahrhunderte zurückversetzt – und dies, ohne daß man einen Augenblick den Eindruck gewinnt, diese Denkmäler seien geschickt zur antiquarischen Schau präpariert.

Das hängt nicht zuletzt wohl auch mit der historischen Rolle zusammen, die Girona bis an die Schwelle der Moderne immer wieder gespielt hat. Ihre Entstehung wie ihre Bedeutung verdankte die Stadt der Lage an der bei weitem gangbarsten Verbindung über die Pyrenäen, die von Gallien nach Iberien führte: jener *Via Augusta* des römischen Imperiums, deren Linienführung auch die mittelalterlichen und noch die modernen Straßen wie die Eisenbahn-Geleise jedenfalls in den großen Zügen folgen. Von jeher galt der Besitz Gironas als der Schlüssel, den jeder Eroberer an sich zu bringen suchte, wenn er über das nahe Grenzgebirge in die iberische Halbinsel eindringen wollte. Anderseits war jeder von den Herren der Stadt aus dem gleichen Grunde stets bestrebt, die Verteidigungsanlagen dieses Schutzriegels so unüberwindlich wie möglich auszubauen. Nicht zufällig wird der Bereich, der von den einstigen, abschnittweise noch immer vorhandenen römischen Mauern umschlossen wird und aus dem auch später der eigentliche Stadtkern bestand, traditionell als *La Força de Girona* bezeichnet: als 'die Kraft', 'die Stärke' der Stadt schlechthin, die Bastion also, die so vielen Belagerungen standzuhalten hatte und an der sich noch 1809 die sieggewohnte napoleonische Armee die Zähne ausbeißen sollte.

Solche zähe Wehrhaftigkeit bildet die eine der Konstanten, die den zweitausendjährigen Werdegang Gironas bestimmen. Das andere wesentliche Element seiner Tradition ist zwar etwas jüngeren Datums, hat aber in seinem heutigen Antlitz noch erheblich tiefere Spuren hinterlassen: seine Funktion als geistliches (und damit über lange Epochen hinweg auch intellektuelles) Zentrum des katalanischen Nordostens. Selbst außerhalb des innersten Stadtbezirks um die Kathedrale, wo schon vor den Stürmen der Völkerwanderung der Bischof residierte, entstanden Klöster und Stifte in großer Zahl. Die meisten von ihnen sind inzwischen entweder verschwunden, nach der Säkularisierung zum Sitz von Provinzbehörden oder zu Kasernen umfunktioniert, vielfach auch abgerisssen worden. Selbst im Stadtkern, der solcher Zerstörung im großen und ganzen entgangen ist, haben manche davon schwer gelitten – so das lange ebenfalls zweckentfremdete, von Truppen belegte gotische Kloster *Sant Dominic* mit seinem bemerkenswerten, durch reiche und teilweise merkwürdig archaische Kapitellplastik ausgezeichneten gotischen Kreuzgang. Die Restaurationsarbeiten an diesem einstigen Sitz der Dominikaner, die sich nun schon viele Jahre hinziehen, sind leider immer noch nicht abgeschlossen. An eine Wiederherstellung des benachbarten Renaissance-Baus der *Alten Universität*, von dem nicht mehr als eine leere Hülle übriggeblieben ist, scheint vorderhand noch nicht gedacht.

Nichtsdestoweniger ist doch noch manches vorhanden – oder durch behutsame Erneuerung vom Verfall gerettet worden –: genug jedenfalls, daß wir noch heute mehr als nur eine Ahnung von Glanz und Macht, aber auch von Würde und Gläubigkeit eines Klerus gewinnen können, der das städtische Leben viele Jahrhunderte hindurch wohl noch kräftiger

Girona. (Libreria Porter und Biblioteca de Cataluña, Barcelona)

und vor allem nachhaltiger geprägt hat, als dies von der kriegerischen Berufung Gironas zum Verteidigungs-Bollwerk Kataloniens gesagt werden kann. An den festen Platz von ehedem erinnert heute nur noch wenig; die Kirchen aber dominieren immer noch das Bild der Altstadt am Nordufer des Riu Onyar, hoch aufragend über dem Gewirr von Häusern, verwinkelten Straßen und steilen Treppengäßchen auf dem kräftigen Felssporn, den einst wohl der römische Jupiter-Tempel krönte und auf dem sich heute die *Kathedrale* erhebt.

Die heutige Gestalt des mächtigen Doms ist das Ergebnis einer fast tausendjährigen Baugeschichte. Von der Romanik bis zu einem sehr späten (und relativ freien) Historismus haben in dieser Bischofskirche so gut wie alle Epochen der Kunstentwicklung ihre Spuren hinterlassen – und erstaunlicherweise wirkt das Nebeneinander der Stile keineswegs störend. Vielleicht liegt das an der beachtlichen Qualität der einzelnen Beiträge zu diesem langen Werdegang, vielleicht auch daran, daß die verschiedenen Elemente einander nicht in die Quere kommen. Der Besucher gerät gewissermaßen Schritt für Schritt tiefer in die Vergangenheit hinein.

Steht er am Fuß der großartigen Freitreppe aus dem Ende des 17. Jahrhunderts, die mit ihren dreimal dreißig Stufen neben der strengen gotischen Fassade eines einstigen Klostergebäudes – der *Casa de la Pia Almoyna* – zur Front der Kathedrale emporführt, so bekommt er zuerst den jüngsten Aspekt zu Gesicht. Die Stirnseite des Doms, in der späten Renaissance begonnen, im Barock fortgesetzt, ist erst vor wenigen Jahrzehnten dadurch vollendet

worden, daß in den neun Nischen ihres prunkvollen Portals die lebhaft bewegten, barockem Geiste nachempfundenen Statuen placiert wurden. Erstaunlicherweise befriedigt das Ergebnis dieser langwierigen und stilistisch disparaten Geschichte ästhetisch mehr als die meisten anderen nachmittelalterlichen Fassaden, die nachträglich vor Gebäude einer früheren Zeit hingestellt – oder an sie angepappt – wurden.

Nichts an diesem Auftakt bereitet freilich auf die Überraschung des *Kircheninneren* vor: auf jenes eine Riesenschiff, dessen Kreuzrippengewölbe, auf 34 Meter Höhe ansteigend, mit seiner Breite von 22,60 Metern die weiteste aller gotischen Gewölbekonstruktionen überhaupt darstellt (Abb. 20). Als im 14. Jahrhundert ein gotischer Chor an die Stelle des früheren romanischen Presbyteriums getreten war, hatte noch niemand eine solche Lösung ins Auge gefaßt: so ist diese Chorpartie mit ihrem polygonalen Abschluß und dem feingliederigen Umgang noch dreischiffig angelegt. Erst später, nachdem auch das Langhaus der älteren Kathedrale einem Neubau weichen mußte, kam der Gedanke auf, die beiden stützenden Pfeilerreihen wegzulassen und den neugeschaffenen Raum in einem einzigen gewaltigen Schwung als Ganzes zu überspannen. Lange zögerten der Bischof Dalmau de Mur und das Chorkapitel, sich auf diesen kühnen Vorschlag einzulassen. Schließlich aber entschlossen sie sich doch zu dem Experiment, obwohl von den zwölf namhaften Baumeistern aus dem ganzen Bereich der katalanisch-aragonesischen Krone, die in dieser Angelegenheit konsultiert wurden, sieben ein negatives Urteil abgegeben hatten und nur

Konsolenfiguren an der Ostseite der Kathedrale von Girona

fünf das Wagnis empfahlen. Einer von diesen fünfen, Guillem Bofill, übernahm 1417 den riskanten Auftrag und führte ihn souverän zum Erfolg.

So ist ein Werk zustande gekommen, das in der gesamten Christenheit nicht seinesgleichen kennt und das nicht nur durch die äußeren Ausmaße fasziniert, sondern mindestens ebenso durch seinen großen Atem, durch die unvergleichliche Verbindung von Wucht und Eleganz. Zum Eindruck herrscherlicher Kraft und Würde tragen vor allem die schmucklosen Wände bei, die horizontal nur durch die großen Spitzbogen der Zugänge zum Kapellenkranz und die kleinen der umlaufenden Galerie, vertikal durch die gewölbetragenden Halbpfeiler gegliedert werden. Die stabförmig schlanken Dienste anderseits, die an diesen Pfeilern aufstreben und sich oberhalb der ganz unscheinbaren Kapitelle in den ausstrahlenden Gewölberippen fortsetzen, die so unerhört weit ausladende Wölbung selbst und der Durchblick zum weniger streng entworfenen Chor bringen in das Gesamtbild ein Element uneingestandener, eher nobler als spielerischer und eben dadurch besonders raffiniert anmutender Leichtigkeit ein. Fast möchte man den Reichtum der bildnerischen Ausstattung – den luxuriösen *Retabel* aus vergoldetem Silber mit seinen 24 Relieffeldern etwa oder die Vielzahl der *Grabmäler,* von denen einige wie das des Bernardo de Pau zu den bedeutenden Schöpfungen katalanischer gotischer Plastik zählen – als eine Beeinträchtigung der Faszination empfinden, die von dem reinen Raumgebilde ausgeht. Eines der kostbarsten Stücke des Mobiliars, das älteste, ist leider hinter dem Altar so verborgen, daß man seine Einzelheiten kaum zu erkennen vermag: jener frühe steinerne *Bischofsthron,* der lange fälschlicherweise als der kaiserliche Sitz Karls des Großen galt.

Eine andere, ältere und doch in ihrer Weise nicht minder großartige Welt erschließt sich im *Claustro.* Zusammen mit dem Turm in seiner Südwestecke bildet dieser Kreuzgang den letzten bedeutenden Rest jenes einst so ausgedehnten romanischen Komplexes, mit dessen

Errichtung anstelle einer offenbar weitgehend zerfallenen Bischofskirche kurz nach der Jahrtausendwende begonnen wurde. Heute freilich ist der *Glockenturm* der einzige Teil dieser Hinterlassenschaft, der noch dem (späten) 11. Jahrhundert angehört, und auch dies nur mit seinen unteren, rein lombardisch dekorierten Stockwerken. Die oberen Etagen mit ihren offenen Klangarkaden in Form von Zwillingsfenstern anstelle der zuvor üblichen Blendbögen sind später hinzugekommen, die oberste, siebente sogar erst bei der letzten Restauration; nur dank dieser Aufstockung ragt der Turm wenigstens um ein Geringes über die Seitenmauer des gotischen Langschiffes hinaus.

Der Kreuzgang selbst ist unverkennbar ein Werk jenes 12. Jahrhunderts, in dem viele der katalanischen Klöster, Stifte und Dome sich für ihre Mönche und Chorherren solche Anlagen zulegten. In Girona war das nicht ganz leicht. Die Abschüssigkeit des Terrains nach Norden hin, die noch heute zu erkennen ist, und die Notwendigkeit zur Einordnung dieses später hinzugekommenen Bauglieds zwischen der Nordwand der romanischen Kirche und der Stadtmauer konfrontierten die Baumeister mit einigermaßen schwierigen Aufgaben. Daraus ergab sich nicht nur der irreguläre Grundriß in Form eines Trapezoids. Man griff auch zu nicht ganz üblichen konstruktiven Lösungen wie den Viertelskreis-Gewölben über allen Galerien mit Ausnahme der nördlichen, nach oben hin durch ein normales Tonnengewölbe abgeschlossenen. Das erlaubte es, den Druck der schweren Steinplatten, aus denen die Wölbung besteht, auf die Außenmauern zu vermindern. Im Innern anderseits, dem Garten des Kreuzgangs zu, wurde der Ausgleich dieses Drucks

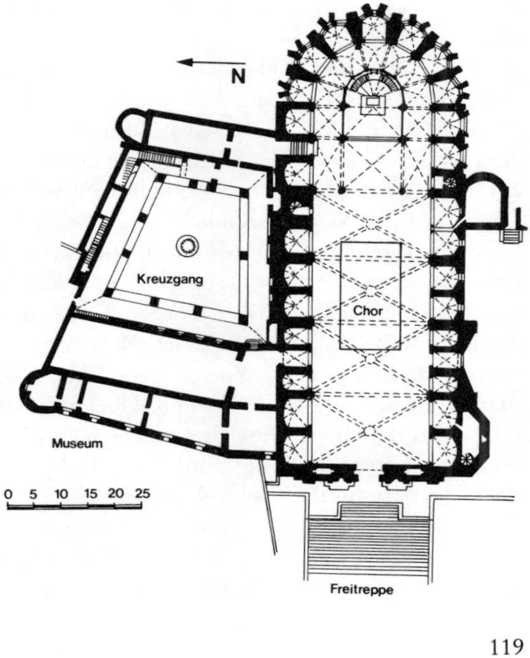

Grundriß der Kathedrale von Girona. (Nach: Mariano Oliver Alberti, ›La catedral de Gerona‹, Leon 1973)

dadurch erreicht, daß die Doppelsäulen, die in Zweier-, Dreier- und Vierer-Paaren zwischen den gemauerten Eck- und Mittelpfeilern die Arkaden tragen, je nach ihrer Last in verschiedenen Abständen zueinander angeordnet werden – auch dies ein Element, das zum Eindruck der Unregelmäßigkeit beiträgt, ohne doch im geringsten die Harmonie des Ganzen zu beeinträchtigen.

Den Ruhm des Kreuzgangs aber, der manchen Kunsthistorikern als der bestgelungene ganz Kataloniens erscheint, begründet die meisterhafte Skulptur seiner *Kapitelle und Friese.* Unter den Kapitellen treten jene rein pflanzlichen Muster, die sich letztlich alle aus der korinthischen Ordnung der Antike ableiten, ebenso wie die rein ornamental entworfenen an Zahl deutlich hinter den figurativ ausgestalteten zurück. Unter diesen wiederum übertreffen zwar nicht numerisch, wohl aber an Bedeutung jene *'chapitaux historiés'*, die biblische Szenen schildern, bei weitem die üblichen Darstellungen einer phantastischen Fauna von Vögeln und Greifen oder anderen Fabeltieren. Auffällig ist dabei zweierlei: einmal das Vorwalten alttestamentlicher Motive über die vom Neuen Testament inspirierten und dann der Mangel einer durchgängigen chronologischen Anordnung – so daß z. B., wenn man den Rundgang bei den Darstellungen der Schöpfungsgeschichte in der Südgalerie links vom Eingang beginnt, auf die Verfluchung Hams unmittelbar der bethlehemitische Kindermord und die Flucht nach Ägypten folgt, während Mariä Heimsuchung und Christi Geburt zwischen Moses mit den Gesetzestafeln und die Geschichte Abrahams zu liegen kommen. Das war sicher nicht von Anfang an so gedacht; es legt die Vermutung nahe, die ursprüngliche sinngemäße Reihenfolge sei später irgendwann verändert worden. Jedenfalls dürfte es schwerfallen, hinter solcher Unsystematik eine symbolische Bedeutung zu entdecken.

Als Vorlage haben dem (oder den) eminent talentierten Steinmetzen offenbar die Bilder einer seither verlorengegangenen illuminierten Bibelhandschrift gedient. Obwohl sich viele der Kapitelle in ziemlich mäßigem Zustand befinden, bleibt die ungewöhnliche Feinheit ihrer Ausführung trotz der Beschädigung immer noch erkennbar oder doch erahnbar (Abb. 21). Am besten erhalten sind vielfach die gestaltenreichen Figurenfriese an den Pfeilern, deren Themen sich in den Kapitellen ihrer Ecksäulen und auch in denen der nahe gelegenen Säulenpaare im allgemeinen fortsetzen. Besonders bildkräftig wirken in der Südwestecke die Episoden aus der Schöpfungsgeschichte – die hier mit der Erschaffung des Menschen einsetzt – und jene, die mit beachtlichem Verständnis für die handwerklichen Verrichtungen den Bau von Noahs Arche nachzeichnen (s. hintere Umschlagklappe). Verwandt mit diesen letzteren Reliefs sind die anderen am zweiten Mittelpfeiler der Westgalerie, der längsten Seite im Trapezoid (Abb. 22). Nur daß hier nicht mehr an biblische Vorzeit, sondern an die Gegenwart des hohen Mittelalters selber angeknüpft wird: mit einem bei aller Stilisierung bemerkenswerten Realismus wird da die Tätigkeit zeitgenössischer Maurer und Steinmetzen bildnerisch für die Nachwelt festgehalten. Die Vermutung ist gewiß nicht abzuweisen, daß es sich bei dem Bau, an dem sie arbeiten, um eben den Kreuzgang von Girona selber handeln dürfte – um so mehr als ein Bischof gezeigt wird, wie er dem noch im Gang befindlichen Werk seinen Segen spendet (Abb. 23).

Illumination aus der Apokalypse des Beatus von Liébana. (Nach: ›Cataluña‹ I, Publicationes de la Fundacion Juan March, Madrid 1974)

Bis zuletzt sollte man sich den Besuch der *Schatzkammer* aufsparen. Das kleine, aber exquisite *Museum,* in dreien der fünf einstigen Kapitelsäle untergebracht, wäre der Aufmerksamkeit schon wegen der Kostbarkeiten frühen Kunstgewerbes, der hervorragenden mittelalterlichen Holzskulpturen und vor allem auch der gotischen Tafelmalereien allerersten Ranges wert, die es enthält. Zu seinen wertvollsten Schätzen gehört auch eine im 10. Jahrhundert gefertigte bebilderte Handschrift des berühmten Apokalypsen-Kommentars, den der Mönch Beatus im asturischen Kloster Liébana unter dem Eindruck der christlichen Abwehrkämpfe gegen die arabische Invasion und Herrschaft verfaßt hat und der zu einem Schlüsselwerk für den Geist der frühen Reconquista geworden ist. Das in Girona aufbewahrte Exemplar gilt nicht nur als eines der besterhaltenen Manuskripte dieses häufig abgeschriebenen Werkes; es fasziniert vor allem auch durch die farbige und zeichnerische Kraft seiner symbolträchtigen, unverkennbar orientalisch inspirierten Malereien.

Dem Höhepunkt der Sammlung – und zweifellos einem der Höhepunkte katalanischer Kunst überhaupt – begegnen wir schließlich im dritten der drei Ausstellungsräume. Er ist ganz allein dem berühmten *Schöpfungsteppich* gewidmet, der um die Wende des 11. Jahrhunderts sehr wahrscheinlich hier in Girona entstanden ist und in der Tat als ein Werk ohnegleichen bezeichnet werden darf (Farbt. 9, 10 u. vordere Umschlagklappe). Dies nicht nur wegen seiner Ausmaße (nach dem Verlust des unteren Randes und eines Seitenstreifens mißt er noch 4,15 mal 3,65 Meter) und der perfekten Machart dieser farbigen Seidenstickerei auf Leinwand. Mehr noch als die bewundernswerte technische Leistung zwingt die Großartigkeit von Konzeption und Komposition in den Bann. Den Mittelpunkt bildet die imposante Gestalt des Weltenherrschers – des Pantokrators – als Schöpfergott; von diesem zentralen Medaillon strahlen die acht Sektoren des äußeren Kreises aus, die vor allem in ihrem unteren Teil mit einer Fülle überaus reizvoll-naiver Details die Geschöpfe der Luft und des Meeres, die Erschaffung Evas aus der Rippe Adams und – besonders charmant – die Szene schildern, in der Adam den Tieren ihren Namen verleiht. Außerhalb dieser bildlich vergegenwärtigten, nach innen wie nach außen durch Spruchbänder mit Zitaten aus der Genesis umwundenen Kosmogonie vermitteln die symbolischen Gestalten der vier Winde den Übergang vom Kreis zum Rechteck, das seinerseits außen durch eine Reihe kleinerer, fast quadratischer Bildfelder mit liebenswürdigen Darstellungen der Monate, der Jahreszeiten und (in der Mitte des oberen Streifens) des Jahres abgeschlossen wird. Schließlich ist der unterste, nur fragmentarisch erhaltene Bildzyklus, durch den kräftig-roten Untergrund von den im übrigen vorherrschenden Pastelltönen abgehoben, der Auffindung des Heiligen Kreuzes durch die Kaiserin Helena in Jerusalem gewidmet.

Sowohl in ihrem Aufbau als auch in ihrer stilistischen Haltung scheint diese Bilderzählung auf christlich adaptierte antike Vorbilder zurückzugehen; die Vermutung, sie sei möglicherweise durch ein verlorengegangenes Mosaik aus der Spätzeit des Römischen Reiches angeregt worden, drängt sich auf. Sonst müßte man sie im Hinblick auf ihre unverkennbar antikisierende Formensprache wohl als Dokument einer Art katalanischer Proto-Renaissance ansehen. Da man aber in Katalonien sonst kaum Belege für eine solche Stiltendenz findet, liegt doch wohl die Annahme näher, es handle sich bei dem so eigentümlichen Produkt um die mehr oder weniger genaue Nachbildung einer frühchristlichen Vorlage. Aber wie es sich damit auch verhalten möge – auf jeden Fall läßt sich der Schöpfungsteppich an künstlerischer Bedeutung durchaus den vollkommensten Werken katalanischer Freskenmalerei aus seiner Entstehungszeit an die Seite stellen, auch wenn er sich nicht nur stilistisch, sondern ebenso thematisch vom üblichen, liturgisch bedingten Bildprogramm romanischer Kirchenkunst abhebt (etwa dadurch, daß hier, anders als in allen anderen zeitgenössischen Vergegenwärtigungen der Genesis, wohl die Erschaffung des Menschen und seiner Gefährtin, nicht aber der sonst überall im Zentrum der Schöpfungsgeschichte stehende Sündenfall dargestellt wird).

Wie unbedenklich sich der Mensch des Mittelalters oft ein antikes Erbe zu eigen machte, mit dem er geistig wenig gemein hatte, dafür finden sich übrigens in Girona auch weitere Belege. So haben beim Bau der einstigen *Stiftskirche Sant Feliú*, die heute dem Gemeinde-Gottesdienst zur Verfügung steht, Teile zahlreicher römischer Sarkophage Verwendung gefunden (Abb. 24). Einer davon ist neben dem Haupteingang eingemauert; andere haben ihren Platz im Chor zu seiten des Hauptaltars; um sie zu studieren, muß man freilich die Beleuchtung gleich rechts von der Eingangspforte einschalten (der Einwurf von 25 Peseten sorgt für zweieinhalb Minuten Licht). Neben Werkstücken christlicher Inspiration gibt es darunter auch einzelne, die heidnisch-mythologische Themen wie den Raub der Proserpina darstellen.

Auch Sant Feliú kann wie die Kathedrale selbst als eine Musterkarte der Baustile bezeichnet werden. Romanisch begonnen, mit gotischen Fenstern und Gewölben fortgeführt, später mit einer Renaissance-Fassade versehen, ist sie schließlich im Innern durchgreifend barockisiert worden, hat aber diese Dekoration in den Kirchenstürmen der dreißiger Jahre zum großen Teil wieder eingebüßt. Die auffällige Massigkeit des Baus erklärt sich wohl in erster Linie dadurch, daß er wegen seiner Lage auf einem beherrschenden Felsvorsprung in die Stadtbefestigung einbezogen wurde. Auch der von weitem sichtbare gotische Kirchturm diente wohl den Verteidigern der vielbelagerten Stadt als Beobachtungsposten; die frühere Spitze seines auffälligen, polygonal gemauerten Helms ist freilich nicht kriegerischer Einwirkung, sondern einem Blitzschlag im Jahre 1583 zum Opfer gefallen.

Wenden wir uns gleich hinter dem wuchtigen Torbau der *Sobreportas,* der vom Fuß der Kathedralen-Freitreppe den Zugang zu Sant Feliú vermittelt, nach rechts und steigen am Nordhang des Domhügels abwärts, so stoßen wir zur linken Hand auf einen kleinen, aber höchst merkwürdigen Bau, der zu den interessantesten Zeugnissen des hohen Mittelalters gehört: die sogenannten *Baños Árabes* (Abb. 25). Daß diese angeblichen 'arabischen Bäder' nicht auf die kurze Zeit zurückgehen, in der sich die islamischen Invasoren auch in Girona festgesetzt hatten, liegt auf der Hand; jedenfalls haben sie ihre gegenwärtige Gestalt erst im späten 12. oder im frühen 13. Jahrhundert erhalten. Höchst wahrscheinlich ist es jedoch, daß damals mudejarische Werkleute zur Errichtung dieser Anlage herangezogen wurden; darauf deutet nicht nur der charakteristische Hufeisenbogen der Zugangspforte hin, sondern auch die raffinierte Eleganz der Kuppelkonstruktion über dem oktogonalen Brunnenbecken mit ihren schlanken Säulen, ihren orientalisch anmutenden Kapitellen und den fein dekorierten Kämpfern darüber. Augenscheinlich waren auch die Gironeser des hohen Mittelalters den von den Römern entwickelten, von den Arabern fortgebildeten und weitergegebenen hygienischen Gepflogenheiten mehr zugetan, als man das in späteren Zeiten für möglich hielt; im 18. und frühen 19. Jahrhundert wollten denn auch einige antiquarisch interessierte Besucher in dem weltlichen Badehaus ein kirchliches Baptisterium erkennen.

Verfolgen wir von den Bädern weiter den Weg bergab, stets mit dem Blick auf die Flanke der Kathedrale hinter der hier vorzüglich erhaltenen (oder wiederhergestellten) Stadtmauer, so gelangen wir am Fuß des Hügels zu zwei eng beieinander gelegenen romanischen Kirchen: der des einstigen Benediktinerklosters *Sant Pere de Galligans,* das schon im 10. Jahrhundert außerhalb der Mauern bestanden hat und in der ersten Hälfte des 12. von Grund auf erneuert wurde, und der kleineren, einst mit diesem Kloster verbundenen von *Sant Nicolau* (Abb. 27). Beide sind nanch der Säkularisierung wie so viele kirchliche Gebäude zweckentfremdet worden, und erst in jüngster Zeit hat sie eine sorgsamere Restauration nach langer Vernachlässigung gerettet (in Sant Nicolau hatte sich zeitweise ein Sägewerk eingerichtet). Sant Pere, dreischiffig, weist durch die merkwürdig asymmetrische Ausgestaltung seines Chorhaupts – zwei kleine Apsidiolen rechts von der Hauptapsis, eine einzige größere und dafür eine das Querschiff links abschließende Seitenapsis – darauf hin, daß offenbar Teile der älteren, noch vor der Wende des ersten Jahrtausends fertiggestellten Kirche in den anscheinend um 1140 errichteten Neubau einbezogen worden sind. Unter den wenigen noch vorhandenen Klostergebäuden ist vor allem der charmante, mit Halbtonnen gedeckte *Kreuzgang* bemerkenswert: seine überwiegend figurativen Kapitelle scheinen die ersten erhaltenen Zeugnisse jener Bildhauer-Schule zu sein, die später im Kreuzgang der Kathedrale und in dem von Sant Cugat del Vallès (vgl. S. 216) tätig geworden ist. Heute beherbergt die frühere Ordensniederlassung das *Provinzmuseum* von Girona mit beachtlichen antiken wie mittelalterlichen Kunstbeständen. Sant Nicolau seinerseits hat durch seine jüngste, erst 1978 abgeschlossene Restauration die Reinheit seines ursprünglichen Stils zurückgewonnen, die ihm unbekümmert um seine bescheidenen Ausmaße einen ehrenvollen Platz unter den unzähligen sakralen Bauwerken seiner Zeit in Katalonien sichert.

Von hier aus kann man auf dem geschickt angelegten *Paseo Arqueológico* entlang der in diesem Teil noch wohlkonservierten Stadtwälle bergauf ins Zentrum der Altstadt zurückkehren oder, dem Tal folgend, die gleichfalls recht pittoresken Viertel der Unterstadt entlang dem Riu Onyar erkunden. Den Blick vom Südufer dieses Flusses, wo die neuen kommerziellen und Wohn-Quartiere beginnen, nach Norden hin sollte man sich nicht entgehen lassen: er erfaßt eine der anziehendsten Szenerien, die irgendeine der größeren katalanischen Städte zu bieten hat.

3. Route: Über Ripoll

Der dritte der Zugänge vom Roussillon nach Barcelona führt uns tiefer als die bisherigen ins katalanische Hinterland und höher in die Pyrenäen hinauf. Aus dem Tal des Tech gelangt man hier zum Ares-Paß (1540 m ü. M.) und ins Hochtal von Camprodon.

Während nämlich Puigcerdá von seiner gewiß bedeutenden Vergangenheit nicht mehr als spärliche Spuren bewahrt hat, hält das Hochtal von Camprodón für seine Besucher zwar keine Monumente allerersten Ranges, wohl aber eine Reihe besonders reizvoller Landkirchen bereit. Die erste von ihnen ist zugleich die nächste zur Durchgangsstraße und die prächtigste nicht nur der nahen Umgebung. Schon von weitem erkennt man SANTA CECILIA DE MOLLÓ auf seiner beherrschenden Anhöhe über dem Riu Ritort, von der aus man weit in die Gegend hinausschauen kann. Zumal der fast quadratische Turm – wohl der vollkommenste aller romanischen *Campanares* im Pyrenäengebiet überhaupt – zieht den Blick auf sich (Abb. 28). Dem Bau, dessen vier Geschosse von lombardischen Blendarkaden abgesetzt sind, sieht man es kaum an, daß er ursprünglich offenbar auch – wie die jetzt beseitigten Dachzinnen andeuteten – Befestigungszwecken diente: Die Zwillingsfenster der beiden mittleren Geschosse, denen in der niedriger gehaltenen obersten Etage jeweils zwei große, bullaugen-ähnliche Rundfenster entsprechen, verleihen ihm eine für diese Gegend frappante Eleganz. Auch das seitlich angebrachte Portal bestärkt diesen Eindruck: Die Staffelung seiner vier hintereinander angeordneten Bogenwölbungen unter dem darüber verlaufenden Schmuckfries zeugt von so viel Raffinement der Proportionen, daß einem zunächst die Nacktheit des schmucklosen Tympanons kaum bewußt wird; einzig

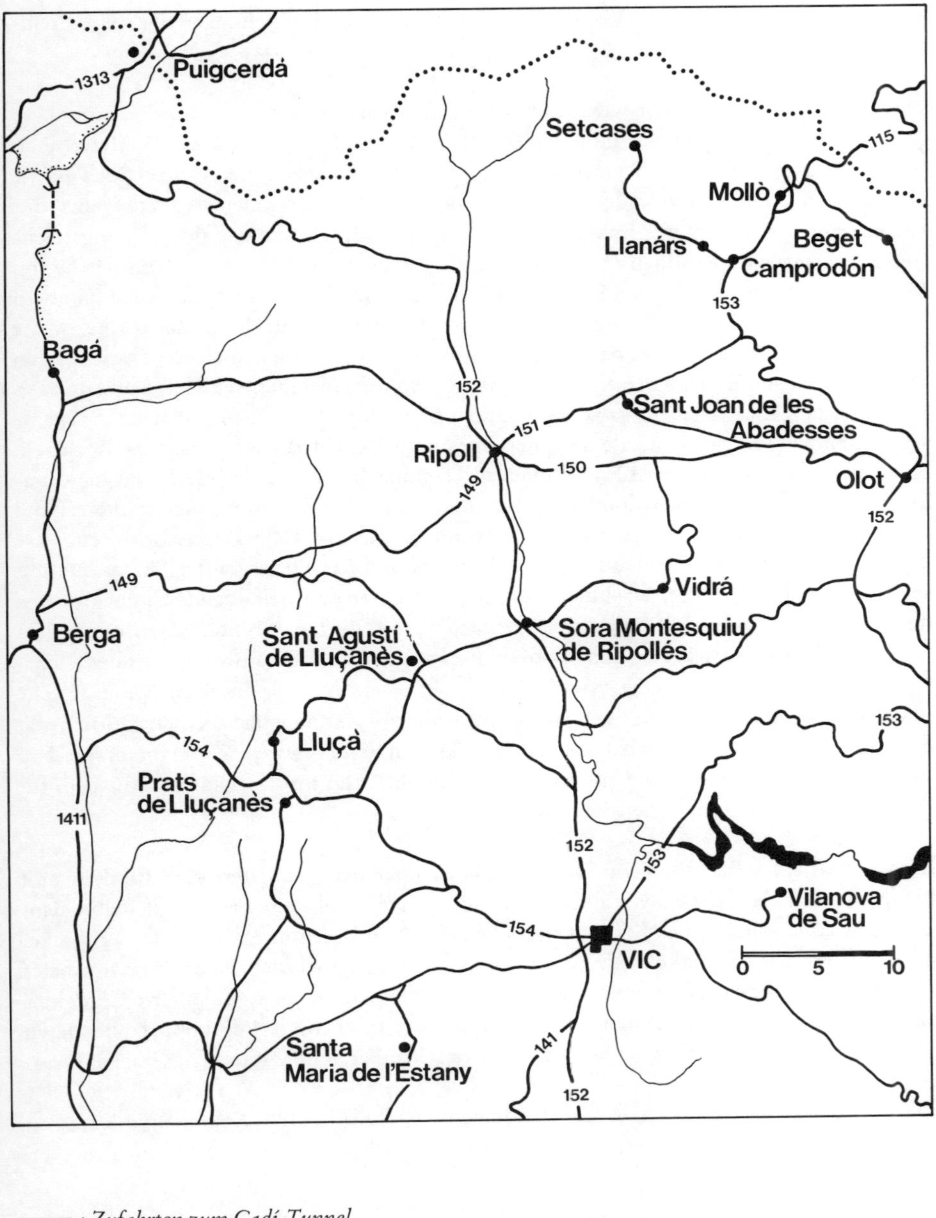

.... : *Zufahrten zum Cadí-Tunnel*
------ : *Cadí-Tunnel*

die Kragsteine zu Füßen der Arkaturen sind zu plastischen Darstellungen der sieben Todsünden ausgestaltet.

Wesentlich mehr Zeit werden wir schon für einen Besuch in BEGET (span. Baget) veranschlagen müssen, das jenseits des 1100 Meter hohen Col de la Boixeda nur 540 Meter über Meereshöhe im Llierca-Tal liegt. Aber der Ausflug in den abgelegenen Ort sei doch jedem Touristen ans Herz gelegt, der es nicht sonderlich eilig hat. Denn erstens führt die Seitenstraße, die kurz vor Camprodón links abzweigt, durch eine der abwechslungsreichsten Berglandschaften südlich des Pyrenäenkamms. Und zweitens lohnt auch die *Kirche* von Beget die aufgewendete Mühe. Sie mag auf den ersten Blick nicht so spektakulär anmuten wie die von Molló. Aber seit sie durch die jüngste Restauration, nach den Zerstörungen, die sie 1936 erlitten hatte, von störenden späteren Anbauten wie von mancherlei fragwürdigen architektonischen Zutaten befreit worden ist, kommt der Adel ihrer schlichten und doch so harmonischen Linie wieder zur vollen Geltung (Abb. 32); nicht umsonst hat sie die spanische Fremdenverkehrs-Behörde als Sujet eines besonders attraktiven Plakats ausersehen. Aus der zweiten Hälfte des 12. Jahrhunderts stammend, vereinigt sie gleichsam die ornamentalen Qualitäten früher 'lombardischer' Bauweise mit Elementen einer reicheren und doch architektonisch streng gebundenen Spätromanik, als deren charakteristische Zeugnisse die fein ausgearbeiteten Säulen des Apsis-Fensters und das Portal an der Südfassade mit seinen leider sehr verwitterten skulptierten Kapitellen und den vielfältigen Schmuckformen der von ihnen getragenen Rundbogen angesehen werden dürfen. Größter Schatz dieses dem Heiligen Christophorus geweihten Gotteshauses aber ist die darin aufbewahrte überlebensgroße Holzfigur Christi: eine ursprünglich wohl in erster Linie für Prozessionszwecke bestimmte Darstellung des mit der Tunika bekleideten Gekreuzigten, die sich an Intensität des zugleich leidenden und erhabenen Ausdrucks dem berühmtesten Werk von diesem Typ der sogenannten *Majestat* – dem aus der Sammlung Batlló im Barceloneser Museum für katalanische Kunst – an die Seite stellen läßt.

In CAMPRODÓN selber verdient *Sant Pere,* hoch über dem lebhaften Marktflecken und Hauptort des Tales gelegen, vor allem wegen seiner eigentümlichen, ursprünglich über dem Grundriß eines griechischen Kreuzes errichteten Struktur Beachtung. Durch die zwei Joche, die dem westlichen Schenkel des Kreuzes später hinzugefügt wurden, ist zwar ein normales Langhaus entstanden. Noch immer aber läßt sich deutlich der einst intendierte Charakter eines Zentralbaus erkennen, vor allem an der charakteristischen Vierungskuppel, über deren achteckigem Tambour die zwei Stockwerke des schlankeren quadratischen Glockenturms emporwachsen.

Zwei Kilometer westlich von Camprodón lohnt schließlich die *Kirche Sant Esteve* in LLANARS einen Besuch – weniger wegen ihrer recht einfach gehaltenen Architektur als wegen

(Ist die Kirche geschlossen, so kann man den Schlüssel in dem Laden erhalten, den man vom Portal aus rechts unterhalb der zur Straße führenden Stufen sehen kann).

der hier aufbewahrten Bildtafel aus dem 12. Jahrhundert. Wenn dieser einstige Altarvorsatz heute auch nicht mehr seinem ursprünglichen liturgischen Zweck dient, so ist es doch ein seltener Glücksfall, daß er wenigstens an Ort und Stelle erhalten geblieben und nicht in eines der Museen geschafft oder einem privaten Sammler verkauft worden ist. Die verhältnismäßig wohlkonservierte, heute hinter Glas vor Beschädigung geschützte Malerei schildert in einem rustikalen, aber der expressiven Kraft nicht entbehrenden Stil unverkennbar byzantinischer Herkunft zu beiden Seiten der beherrschenden Zentralfigur – des Pantokrators in der Mandorla – Szenen aus dem Leben des Patronatsheiligen St. Stephan.

Ungleich bedeutender als diese Zeugnisse ländlicher Romanik ist das einstige von Wilfried dem Behaarten begründete Nonnenkloster und spätere Augustiner-Stift SANT JOAN DE LES ABADESSES (span. San Juan de las Abadesas) im Tal des Ter kurz vor Ripoll (Abb. 29). Der jetzt vorhandene Bau entstammt in seinen Hauptteilen zweifellos noch der ersten Hälfte des 12. Jahrhunderts. Er fasziniert vor allem durch die eigentümliche Durchdringung unterschiedlicher Stileinflüsse. Französischer Herkunft ist jedenfalls der Chorumgang – in der romanischen Architektur Kataloniens ein sehr selten auftretendes Bau-Element –, wahrscheinlich überhaupt die Gestalt des Chorhaupts mit seiner längsgestreckten Hauptapsis und den beiden schräg dazu stehenden, apsidenförmigen Nebenkapellen, zu denen dann noch zwei weitere Apsidiolen treten, die zu beiden Seiten des Chores die weit ausladenden Arme des Querschiffes nach Osten hin abschließen. Im Verhältnis zu dieser auffällig reich ausgebildeten Chorpartie wirkt das nur einschiffige Langhaus absonderlich kurz geraten. Weist schon dies kaum auf französische Vorbilder hin, so scheinen die durchaus beachtlichen Skulpturen an den äußeren Apsiswänden schon thematisch (Elefanten!), aber auch stilistisch eher orientalische, vielleicht auch südspanisch-islamische Muster aufzugreifen (Abb. 30); Schriftzeichen unverkennbar arabischer Inspiration bestätigen diese Vermutung.

Einen großen Teil der Anziehungskraft, die das Kloster auf fromme Pilger wie auf künstlerisch Interessierte ausübt, verdankt es der als *Santissim Misteri* – als 'allerheiligstes Geheimnis' – verehrten Darstellung der Kreuzabnahme im Chor (Abb. 31). Die holzgeschnitzte Gruppe, um die Mitte des 13. Jahrhunderts von einem Laienbruder Dulcetus in Sant Joan selbst gearbeitet, kann wohl als der späte Höhepunkt einer Werkgattung betrachtet werden, die damals schon seit langem in den östlichen Pyrenäen besonders gepflegt wurde; in der durch Strenge der Haltung gebändigten und doch so eindringlichen Dramatik scheint sie einem für ihre Entstehungszeit bereits archaisch anmutenden Empfinden Ausdruck zu verleihen. Einem ganz anderen Geiste – dem einer italienischen Gotik – verpflichtet ist der Alabaster-Retabel der *Verge Blanca*, der 'weißen Jungfrau', deren edle Statue zu beiden Seiten durch eine Folge von je dreimal drei meisterhaft gearbeiteten Bas-Reliefs flankiert wird (Mitte 14. Jh.). Schließlich sei auf den hübschen kleinen Kreuzgang im Innenhof des Abtshauses aufmerksam gemacht, dem man auf der Nordseite des Platzes vor der Westfront der Klosterkirche begegnet.

(Da die Kirche außer an Sonntagen meist geschlossen ist, erkundige man sich über die Möglichkeiten einer Besichtigung in dem nebenan gelegenen kleinen *Museum*, das freilich seine Pforten erst um 11 Uhr vormittags öffnet).

Gefährdetes Wunder Ripoll

Zehn Kilometer hinter Sant Joan de les Abadesses fließt der Ter, dessen Lauf wir von Camprodón aus gefolgt sind, mit dem von Norden kommenden Riu Freser zusammen und wendet sich in einer brüsken Biegung nach Süden. Hier treffen die beiden von Frankreich kommenden Straßenstränge ebenso aufeinander wie die beiden sekundären Routen, die den Verbindungen am Südfuß der Pyrenäen entlang von Olot im Osten und Berga im Westen dienen.

Diese Lage hat das am Ter-Knie erwachsene Städtchen Ripoll schon früh zu einem Knotenpunkt des Verkehrs prädestiniert. Sicher war sie auch bestimmend für den Entschluß Wilfrieds des Behaarten, auch hier, wie in Sant Joan, ein Kloster als religiös-politischen Stützpunkt bei der Neubesiedlung des verheerten Landes nach den Stürmen der arabischen Invasion und des karolingischen Gegenstoßes zu stiften. Am 20. April 888 wurde die erste Kirche geweiht. Schon wenige Jahrzehnte später (935) trat ein Neubau an ihre Stelle; auch dieser jedoch wurde sehr schnell als ungenügend empfunden und mußte einer ungleich größer angelegten fünfschiffigen Basilika weichen, die 977 ihrer Bestimmung übergeben wurde. Und erst nach Beginn des zweiten christlichen Jahrtausends führte Abt Oliba das einmal ums andere grandioser entworfene Werk zu Ende, indem er das Langhaus verlängerte, über dem neuen Anbau die beiden Glockentürme aufführen ließ und vor allem das monumentale Querschiff mit seinen sieben Apsiden hinzufügte (Weihe 1032). In einer letzten Bauphase schließlich, die schon der Mitte des 12. Jahrhunderts angehört, wurden nicht nur die hölzernen Decken im Kircheninnern durch gemauerte Gewölbe ersetzt; auch die Fassade erhielt eine völlig neue Gestalt durch die Errichtung jenes prachtvollen Portals (Abb. 33), das mit seiner fast unübersehbar reichen und symbolhaltigen Figurenwelt neben die so ganz anders gearbeitete, aber gleich großartige Puerta de la Gloria im galicischen Santiago de Compostela gestellt werden darf.

In Glanz und Größe dieses durch Jahrhunderte entstandenen, stets veränderten und erweiterten Bauwerks spiegelte sich die geistige Bedeutung des Klosters, dem es diente: im 10. und 11. Jahrhundert zumal (und nach einer Periode der Wirren und des zeitweisen Niedergangs aufs neue gegen das Ende der romanischen Epoche hin) gehörte *Santa Maria de Ripoll* neben dem roussillonesischen Cuxa und Sant Pere de Roda zu den intellektuellen Zentren Kataloniens: aus seiner Schreibstube kamen nicht nur prachtvoll illuminierte Handschriften der Bibel; neben Werken der Kirchenväter und anderer theologischer Literatur wurden hier auch juristische, wissenschaftliche, historische und literarische *Codices* des Altertums und der frühchristlichen Zeit abgeschrieben und der berühmten Klosterbibliothek einverleibt. Schon im späten Mittelalter freilich begann der allmähliche Niedergang. Noch konnte zwar der um die Wende des 12. Jahrhunderts in Angriff genommene *Kreuzgang* vollendet werden (die Arbeiten daran dauerten, mit mancherlei Unterbrechungen, bis in die ersten Jahrzehnte des 16. Jahrhunderts). Aber mittlerweile hatte das große Erdbeben von 1428 schwere Schäden angerichtet. Auch kriegerische Ereignisse setzten dem Kloster zu; eine fortschreitende Barockisierung und später eine

71 BARCELONA Plaça Reial ▷

BANDERA
ROJA

73 BARCELONA Sagrada Familia, Detail

72 BARCELONA Antonio Gaudís Kirche 'Sagrada Familia'

74 BARCELONA Gaudís Bank an der Esplanade des Parc Güell

75, 76 BARCELONA Drassanes (Atarazanas Reales) und Nachbildung der Santa Maria, des Flaggschiffes von Kolumbus, im Hafen

77 BARCELONA Kreuzgang im Kloster Pedralbes

78, 79 BARCELONA
Museu Arqueològic:
Mosaiken

81 BARCELONA Museu d'Art de Catalunya: Fresko aus Boí, Detail der Steinigung des Stephanus

◁ 80 BARCELONA Museu d'Art de Catalunya: Fresko aus Burgal

82 BARCELONA Museu d'Art de Catalunya: Fresko aus Sorpe, Petri Fischzug

ANDREAS PETRV

83 BARCELONA Museu d'Art de Catalunya: Christus und Joseph von Arimathia, Fragmente einer Kreuzigungsgruppe aus dem Tal von Boí

84 SANT CUGAT DEL VALLÈS Kapitell aus dem Kreuzgang

87 TERRASSA Sant Miquel

85, 86 SANT BENET DE BAGES Kreuzgangkapitelle: Monstrum umklammert Menschen und Verkündigung (das älteste Kapitell)

88 Blick auf TALAMANCA

89 MANRESA Kathedrale Santa Maria de la Seu

90 CARDONA Blick auf romanische Kirche und Parador

91 CARDONA Alte Brücke über den Riu Cardener

93 MONTSERRAT La Moreneta

92 CARDONA Inneres der Kirche

94 MONTSERRAT von El Bruc aus gesehen

95 MONTSERRAT Benediktinerkloster Santa Maria

96 SOLSONA Virgen del Claustro

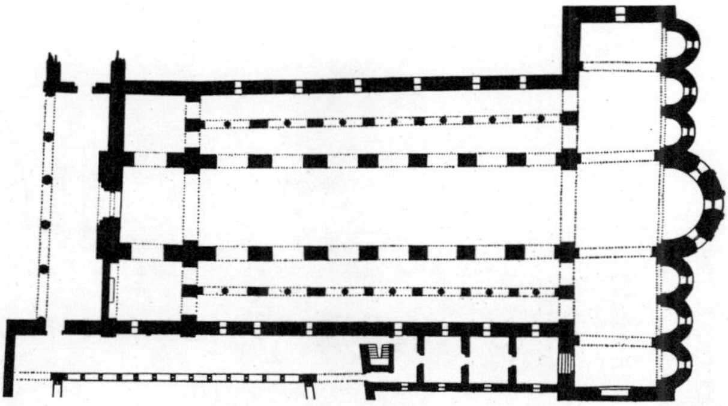

Grundriß der Kathedrale von Ripoll, nach dem letzten Umbau von 1032. (Nach Pedro de Palol/ Max Hirmer, ›Spanien‹, München 1965)

durchgreifende Erneuerung der Basilika im Stile jenes Neoklassizismus, dem vorher schon die alte Kathedrale von Vic zum Opfer gefallen war, führten erst recht zum Verlust des ursprünglichen Baucharakters. Die Tumulte von 1835 vollends, in deren Verlauf eine erregte Volksmenge das ganze Kloster samt seiner Kirche radikal ausplünderte und schließlich in Brand steckte, ließen nur noch eine traurige, in der Folge immer weiter dem Zerfall anheimgegebene Ruine übrig. Und auch die in den achtziger Jahren einsetzende Restaurierung, obwohl anders als die vorangegangene um Stilreinheit bemüht, konnte von der einstigen Weihe und Würde nur noch einen fernen Abglanz vermitteln: die dabei angestrebte Rückkehr zur frühen Monumentalität wird mit einer abweisenden, ja geradezu erschreckkend wirkenden Kälte des Kircheninnern bezahlt. Nur von außen kann das gewaltige Chorhaupt mit seiner fein durch Lisenen gegliederten Mittelapsis und den fast schmucklosen sechs Seitenapsiden wenigstens eine entfernte Vorstellung von dem vermitteln, was dieser so stolze, ungemein großzügig entworfene Bau der Vergangenheit an Ausstrahlungskraft besessen haben muß (Abb. 37).

Am unberührtesten von diesen schweren Eingriffen war noch das *Portal* geblieben, das nach all den anderen unwiederbringlichen Verlusten zu recht den Stolz und den Ruhm von Ripoll ausmachte. Aber auch ihm drohen heute ernste Gefahren. Schon jetzt ist ein großer Teil seiner Skulpturen durch den ständig fortschreitenden Steinfraß so weit zerstört, daß sich ihre ursprüngliche Gestalt höchstens noch erahnen läßt (Abb. 34–36). Noch ist kein Mittel gegen diese schwere Materialerkrankung gefunden worden. Bestenfalls mag es bei sorgfältiger Pflege gelingen, den nicht mehr aufzuhaltenden Zerfall einigermaßen zu verzögern. Früher oder später jedoch – und eher früher als später – dürften von diesem Wunderwerk mittelalterlicher Bildhauerei höchstens noch vage Umrisse erkennbar bleiben; selbst sie sind heute bereits an einer ganzen Reihe von Reliefs im Schwinden begriffen.

Immerhin ist vorderhand noch genug übrig, um wenigstens etwas von der Ausdrucksgewalt dieser steingewordenen Bilderbibel zu bezeugen. Und an einzelnen noch ganz oder beinahe intakten Partien – etwa an Haupt und Gliedmaßen des thronenden Christus über dem Scheitel des Torbogens – läßt sich auch jetzt noch die sorgfältige Arbeit der Steinmetzen

Die Basilika von Ripoll vor Beginn der Restaurierung. (Nach: Eduard Junyent, ›El Monestir Romanic de Santa Maria de Ripoll‹, Barcelona 1975)

beurteilen; die anonymen, aber ohne Zweifel hervorragenden Meister sind wohl, wie man annimmt, aus dem benachbarten Roussillon mit seiner früh ausgebildeten Tradition sakraler Plastik herangezogen worden. Vor allem aber zwingt nach wie vor die Geschlossenheit des imposanten Aufbaus in den Bann. So sehr man den Verlust vieler einst gewiß köstlicher und liebevoll verlebendigter Details beklagen muß, die heute höchstens noch vermutet werden können, so machtvoll wirkt noch immer der große Atem des Ganzen auf den Betrachter ein, zumal dann, wenn er sich die Mühe nimmt, den vielfältigen theologischen Bezügen nachzugehen, die dem Bildprogramm zugrundeliegen.

Nicht zu Unrecht hat man das Portal als einen 'Triumphbogen der Christenheit' bezeichnet. In seiner gesamten Anlage schließt es sich in der Tat eng an antike Monumente dieser Art an. Eine ähnliche Übernahme klassischer Kompositionsprinzipien ist uns schon beim Gironeser Schöpfungsteppich begegnet, der in der Anordnung seiner verschiedenen Szenen ganz augenscheinlich auf hellenistische oder römische Mosaiken verweist. Anders als dort kann in Ripoll freilich von einer direkten Inspiration auch einzelner Formen und Motive durch solche Vorbilder kaum die Rede sein. Die Welt, die sich hier auftut, ist durchaus eigenständig-mittelalterlich. Wohl aber haben Kunsthistoriker auf die enge und gewiß nicht zufällige Verwandtschaft mancher Reliefszenen mit Miniaturen aus frühromanischen Handschriften aufmerksam gemacht. Sie sind allerdings keineswegs sklavisch in dem anderen Material nachgeahmt, sondern auf durchaus selbständige und souveräne Weise abgewandelt worden.

Das ganze Werk wird beherrscht von der Siebenzahl. Sieben hintereinander gestaffelte, nach innen zu kleiner werdende, teils auf Pfeilern, teils auf Säulen ruhende Bögen bilden und rahmen die Pforte selbst; die mächtige Schauwand, die sie umgibt – ein Viereck mit 11,60 Meter Breite und 7,65 Meter Höhe – ist ihrerseits in sieben horizontale Streifen unterschiedlicher Höhe gegliedert. Bis auf eines werden alle diese Bildbänder durch die Türöffnung in zwei Teile auseinandergeschnitten und zudem noch einmal in zahlreiche Einzelszenen oder gar Einzelfiguren aufgelöst. Nur die oberste, das himmliche Reich verkörpernde Zone erstreckt sich bezeichnenderweise über die ganze Breite des Portals und stellt damit die Einheit der Komposition her. Sie wird beherrscht von der kräftig herausgearbeiteten, sitzenden Gestalt des Pantokrators in seiner Mandorla, um die sich die Engel, die Evangelisten-Symbole und die vierundzwanzig Ältesten der Apokalypse gruppieren. Apokalyptische Vorstellungen durchwalten überhaupt das ganze Werk – weniger freilich im Hinblick auf die Erwartung des Jüngsten Gerichtes, das sonst in der Kunst des Mittelalters eine vielfach so zentrale Stelle einnimmt, als vielmehr unter Betonung der positiven christlichen Heilsgewißheit. Auf sie hin sind auch die Geschehnisse des Alten Testaments ausgerichtet, die überwiegend in den unteren Relieffriesen heraufbeschworen werden – von der Errettung der Israeliten aus Ägypten und ihrem Zug durch die Wüste bis zu der Heimführung der Bundeslade nach Jerusalem durch David und zu den Visionen der Propheten. Auch die auffällig großformatigen Figuren der Musikanten in jener Reihe einzelner Gestalten, die den thronenden Psalmisten König David umgeben, tragen zu diesem Gesamteindruck einer Lobpreisung bei, die mehr dem gnädigen als dem strafenden Gotte erwiesen wird.

Diese ganze Haltung des Werkes muß wohl im Zusammenhang mit den geschichtlichen Ereignissen seiner Entstehungszeit gesehen werden. Kurz bevor es in Angriff genommen wurde, war es den Grafen von Barcelona und Königen von Aragon gelungen, die Mohammedaner für immer aus dem Bereich zwischen den Flüssen Llobregat und Ebro zu vertreiben, sich der islamischen Bastionen Lleida und Tortosa zu bemächtigen und damit ihre Herrschaft über den so lange beschränkten Bereich Alt-Kataloniens hinaus zu erweitern. So dürfte der Konservator des bischöflichen Museums von Vic mit seiner Vermutung auf dem rechten Wege sein, daß man es bei dem Portal auch im weltlichen Sinne mit einem Triumphbogen zu tun habe: mit einer steinernen Danksagung für die Güte des Herrn, der die endgültige Befreiung katalanischen Bodens aus der islamischen Sklaverei ebenso ermöglicht habe wie einst den Auszug seines erwählten Volkes aus der ägyptischen Knechtschaft.

Auf den gleichen Gedanken lassen sich auch die figurativen Verzierungen der Torbogen und der sie tragenden Bauglieder zurückführen. So greifen die Reliefs in der Laibung der sechsten Arkade, indem sie in ihren beiden Teilen die Geschichte der Propheten Jonas (Abb. 36) und Daniel schildern, auf die alttestamentlichen Szenen des Frontispizes zurück, schlagen aber zugleich, der traditionellen kirchlichen Bibel-Interpretation gemäß, die Brücke zu jener christlichen Zeit, in der die Apostel Petrus und Paulus – als einzige Vollplastiken neben Pfeilern und Säulen den dritten Türbogen tragend – für den Sieg der evangelischen Botschaft über das Heidentum stehen; wenn in der Wölbung Episoden vom Leben und Tod dieser Apostel dargestellt werden, so bilden sie die christliche Parallele zu denen, die dem Wirken der israelischen Gotteskünder gewidmet sind. Die beiden innersten der sieben Pfeiler aber und die aus ihnen entspringende Bogenöffnung führen mit der Darstellung der ländlichen Arbeiten im Jahreskreis aus diesen theologischen Bezügen unmittelbar in den Alltag des Gläubigen zurück (Abb. 34, 35), der damit gleichsam ins Zeichen des überall sonst verkündeten göttlichen Waltens in der Heilsgeschichte gestellt wird.

Besser als das Portal hat der *Kreuzgang* – der ihm freilich an künstlerischem Wert nicht ganz gleichkommt – die Unbilden der Zeit überstanden. Außerdem ist ihm seine lange Bauzeit erstaunlicherweise kaum anzumerken: die drei später im Laufe mehrerer Jahrhunderte errichten Bogengänge folgen ungeachtet der sonst üblichen stilistischen Wandlungen ganz den Formen der zuerst (Ende des 12. Jahrhunderts) fertiggestellten, der Kirche am nächsten liegenden romanischen Westgalerie – ein frühes und seltenes Zeugnis für eine bewußt 'historisierende' Bauweise, die der ganzen Anlage bei allen Abweichungen der Einzelformen doch eine unerwartete Homogenität sichert und damit einen durchaus harmonischen Gesamteindruck erzeugt. Auch der obere Kreuzgang fügt sich, obwohl erst nach Beginn des 16. Jahrhunderts und damit in der Spätzeit der Gotik vollendet, diesem Ensemble bruchlos ein – wohl deshalb, weil dabei das im 14. Jahrhundert bei der ersten Galerie des Oberstocks gegebene Beispiel bewußter Stil-Imitation auch bei den spätesten Hinzufügungen respektiert wurde. Nichtsdestoweniger ist der ursprüngliche, noch ganz im originalen romanischen Geiste errichtete Teil auch der offenkundig bedeutendste: Wenn figurative Darstellungen *('chapiteaux historiés')* hier auch nur eine untergeordnete Rolle spielen, so bekundet doch die ungewöhnlich qualitätvolle Arbeit an den mehr ornamentalen, durch menschliche Köpfe oder Tierfiguren aufgelockerten Partien den Rang der anonymen Meister, die hier am Werke waren.

Durchs Lluçanès nach Vic

Auf der direkten Route von Ripoll nach Barcelona liegt Vic ganze 38 Kilometer entfernt, und da die N 152 dem meist engen, vielfach malerischen Tal des Ter entlangführt, ist diese Strecke interessant und kurzweilig genug. Wer sich aber etwas mehr Zeit nehmen mag und schmale, gewundene, sonst freilich durchaus angängige Landsträßchen nicht scheut, dem sei der überaus lohnende Umweg durch die Hügelregion des sogenannten Lluçanès angelegentlich empfohlen (Abb. 49). Um den Zugang zu finden, muß man etwa 1 km hinter Montesquíu rechts auf dem Carrer de Berga dem Wegweiser nach Sant Agustí del Lluçanès folgen. Wenden wir uns von diesem Ort nach links gegen Prats de Lluçanès und folgen bei der ersten Abzweigung nach rechts dem Wegweiser nach Lluçà, so gelangen wir über Santa Eulalia de Puigoriol zu dem kleinen Ort, der dem ganzen Gebiet den Namen gegeben hat: nach SANTA MARIA DE LLUÇÀ (auch Llussa geschrieben) mit seinem früheren Augustiner-Chorherrenstift. Haben wir Glück, dann treffen wir den liebenswürdigen Pfarrer an, der den noch erhaltenen Teil der ehemaligen Konventsgebäude bewohnt (am Wochenende, versicherte er uns, sei er so gut wie immer da, und in den Monaten Juli und August auch während der ganzen Woche). Das kleine Kloster – eines der hübschesten, die wir in Katalonien kennengelernt haben – schaut auf eine lange Geschichte zurück: Schon bei dem ersten urkundlich erwähnten, am 22. Mai 905 an dieser Stelle geweihten Gotteshaus handelte es sich nach dem Ausweis der archäologischen Befunde um die Restauration einer früheren, wenn auch zweifellos sehr primitiven Kapelle. Wann genau die Kanoniker des Heiligen Augustin hier ihr Priorat errichteten, läßt sich nicht mehr feststellen; es dürfte etwa um die Mitte des 12. Jahrhunderts gewesen sein. Zweifellos handelte es sich immer um eine eher bescheidene geistliche Niederlassung; rund hundert Jahre nach ihrer Gründung beherbergte sie neben dem Prior nur vier Chorherren, und auf der Höhe seiner Entwicklung, gegen Ende des 13. Jahrhunderts, sind im Stift immer noch nur deren sechs – neben einer Reihe von Brüdern minderen Ranges – bezeugt; 300 Jahre später wurde es als Filiale dem Domkapitel von Barcelona angegliedert, und seit 1850 dient es schließlich als Pfarrkirche der Kirchengemeinde von Lluça.

Dem eher grobschlächtigen als attraktiven Äußeren des Komplexes sieht man nicht an, welche Kostbarkeiten er birgt. Auch das Innere der Kirche selbst, das im Laufe der Zeit mancherlei Umbauten erleiden mußte, wäre selbst nach der geschickten letzten Restauration von 1967 kaum sonderlicher Aufmerksamkeit wert. Um so erstaunter ist man, wenn man durch die Tür in ihrer Südwand in den winzigen, aber gerade dank seiner Intimität entzückenden *Kreuzgang* hinaustritt (Abb. 38). Seine längste Galerie, die östliche, mißt nicht mehr als 7,40 Meter, die kürzeste im Westen gar nur 5,60 Meter. Aber die zweiundzwanzig Kapitelle, die die einfachen Rundbogen tragen, entfalten in der Verschiedenheit ihrer pflanzlichen, abstrakt ornamentalen und von Tierfiguren belebten Gestaltung einen unerwarteten Reichtum spätromanischer skulpturaler Phantasie (Abb. 39, 40). Ihre enge Verwandtschaft mit der Kapitellplastik in der ältesten Partie des Kreuzgangs von Ripoll ist auffällig; die teilweise geradezu filigranartige Feinheit der Arbeit deutet wohl auf einen der Meister von Ripoll als ihren Urheber hin.

Seit einiger Zeit hat Santa Maria de Lluça noch mit einem zweiten künstlerischen Schatz aufzuwarten. Bei den Restaurationsarbeiten an der Kirche wurde im Chor ein ganzer Zyklus bisher verborgener, unter ihrem späteren Verputz vergessener *Fresken* entdeckt und um der besseren Konservierung willen abgelöst, dankenswerterweise aber in zwei eigens hergerichteten Räumen des Pfarrhauses wieder ausgestellt. Immerhin kann man aus dem Vorhandenen nicht nur den gesamten Aufbau erschließen, sondern auch eine Vorstellung von Persönlichkeit und individuellem Stil des unbekannten Malers aus der ersten Hälfte des 14. Jahrhunderts gewinnen. Er gehört offenbar wenn nicht unbedingt zeitlich, so doch stilistisch einer frühen, noch von romanischen Erinnerungen durchwirkten und doch schon von einem neuen, 'moderneren' Empfinden bestimmten Epoche der Gotik an – wobei einige Unbeholfenheiten der Zeichnung wohl auf einen ländlichen Meister schließen lassen, der aber die traditionellen Bildformen in einer durchaus persönlichen Weise abzuwandeln weiß und sich vor allem durch die Gabe der treffenden Charakterisierung auszeichnet. Davon zeugt insbesondere die liebenswürdige Wiedergabe der Szene von Christi Geburt, aber auch die Anbetung der Heiligen Drei Könige; hier wie dort werden die biblischen Gestalten aus der früheren hieratischen Unnahbarkeit in eine Atmosphäre warmer Menschlichkeit gerückt. Und das gilt sogar für die erhabene Gestalt des Pantokrators, die das Zentrum der ganzen Komposition zwischen den Szenen aus dem Leben Jesu und jenen aus dem Wirken St. Augustins bildete.

VIC oder (span.) Vich, das man von Lluçà aus in wenig mehr als halbstündiger Fahrt über eine sehr verlockende Straße erreicht, gehört zu den ältesten und traditionsreichsten Inlands-Zentren Kataloniens. Schon vor dem Eintreffen der Römer besaß hier der iberische Stamm der Ausetaner inmitten der verhältnismäßig breiten Ebene sein quasi-städtisches Zentrum. In römischer Zeit gewann Ausa, wie die Stadt nun hieß, an Bedeutung zuerst als Endpunkt der 120 v. Chr. angelegten Straße über den Ares-Paß, später als namhafter Etappenort an der mittlerweile in der Kaiserzeit erschlossenen Verkehrsader nach Barcelona. Schon aus frühchristlicher Zeit ist in der von jetzt an als Ausona bekannten Stadt ein offenbar wichtiges christliches Bistum bezeugt, das auch unter der Herrschaft der Westgoten weiter bestand und nach der fränkischen Wiedereroberung aufs neue am Sitz der nunmehrigen Grafen von Ausona errichtet wurde, auch wenn es seine frühere Ausdehnung nicht mehr erlangte. Um die beiden Kerne der Kathedrale und des gräflichen Kastells entstanden allmählich wieder zwei beachtliche städtische Siedlungen, die freilich erst im 15. Jahrhundert ihren Zusammenschluß zu einem einheitlich organisierten, dem König direkt unterstellten Gemeinwesen erreichten.

Dem Besucher, der sich dieser langen und brillanten Vergangenheit erinnert, mag das heutige Vic einige Enttäuschung bereiten. Zwar ist noch das eine oder andere von den Denkmälern seiner Geschichte übrig: die schön gerundete *Brücke* über den Medér-Fluß aus dem 11. Jahrhundert etwa oder ein nicht geringer Teil der einstigen *Stadtmauer.* Insgesamt aber steht es mit den Resten einstiger Größe nicht allzu gut. Der *römische Tempel* an der Plaça Vella nordwestlich der Kathedrale, dessen Mauern in den Innenhof des früheren Grafenschlosses hineingebaut und erst 1882 bei dessen Abbruch identifiziert worden waren, ist im wesentlichen eine nachträgliche Restauration; von dem *Schloß* selber – dem Castell de Montcada – sind nur ein paar wenig ergiebige Reste sichtbar, und der einst von Bischof Oliba an der Stelle der zunächst vorhandenen drei Kirchen erbaute romanische Kathedralen-Komplex mußte Ende des 18. Jahrhunderts einem zwar gewiß imposanten, aber doch herzlich seelenlosen neuklassizistischen Prunkgebilde weichen.

Mehr als die kalt-prächtige Architektur beeindruckt im hallenförmigen *Kircheninnern* die moderne Ausmalung durch José Maria Sert, das Hauptwerk dieses letzten der großen katalanischen Muralisten. Nicht weniger als dreimal hat Sert diese Aufgabe neu in Angriff genommen: die erste Lösung, die er fand, befriedigte ihn selber nicht; der zweite Versuch wurde beim Kirchensturm von 1936 ein Opfer der Flammen; der dritte, beim Tode des Malers noch nicht abgeschlossene und erst von seinen Schülern im gleichen Geiste vollendete, fasziniert gleichermaßen durch die Intensität des religiösen Empfindens wie durch die Monumentalität einer Darstellungsweise, die barocke Stilmittel wie das des malerisch produzierten Schein-Reliefs mit einer durchaus expressionistisch anmutenden Formensprache vereint.

Von dem früheren Kirchenbau zeugt nur noch der ganz im lombardischen Geschmack gehaltene *Glockenturm* und die *Krypta* von 1038 mit ihren arabisch-andalusisch beeinflußten Säulenkapitellen. Auf die Erweiterungen in der gotischen Zeit geht insbesondere der Kreuzgang zurück, der allerdings auch seinerseits schon, bei aller Kunstfertigkeit seiner großen Maßwerkfenster, einen merkwürdig kühlen Eindruck hinterläßt. Am eindringlichsten spricht uns das Mittelalter noch in dem polychromen *Alabaster-Altar* des Pere Oller von 1420 an (Abb. 41). Das Werk, der Zerstörung glücklich entgangen und jetzt in dem erst neuerdings angelegten Chorumgang aufgestellt, überzeugt vor allem durch seine prachtvoll durchgearbeiteten Reliefszenen; sie sichern ihm einen ehrenvollen Platz unter den plastischen Schöpfungen des frühen 15. Jahrhunderts.

Welchen künstlerischen Reichtum die Diözese von Vic im Mittelalter hervorgebracht und bis in die jüngste Zeit hinein bewahrt hat, davon gibt allerdings erst das *Museu Episcopal* eine Vorstellung. Die Sammlung, im schönen alten Bischofspalast gleich neben der Kathedrale mit viel Geschmack präsentiert, ist neben der des Museums für katalanische Kunst in Barcelona die umfangreichste überhaupt: was hier an romanischen und gotischen Fresken, Tafelbildern und Skulpturen zum geruhsamen Betrachten einlädt, würde allein schon Grund genug abgeben, in Vic Station zu machen (Farbt. 14; Abb. 43). Besonderen Reiz mag dabei ein Vergleich zwischen Werken einer bestimmten Epoche über das gleiche Thema bieten – etwa die Darstellung des Sündenfalls aus Osormort, die dem gleichen Meister zugeschriebene aus Sescorts und die aus den unteren Apsis-Nischen von Sant Martí in El Brull. Alle drei, dem 12. Jahrhundert angehörig, belegen auf interessante Weise, wie ein naiv erzählfreudiger Charme sich mit der strengen, noch byzantinisch bestimmten ikonographischen Überlieferung auseinanderzusetzen sucht. Mit hervorragenden Beispielen repräsentiert sind hier auch jene Altarvorsätze, die den Ausgangspunkt für die spätere Entwicklung der Tafelmalerei abgegeben haben, und vor allem die Meister der Gotik von Ferrer Bassa über Ramon de Mur und Luis Borrassá bis hin zu Jaume Huguet.

Estany: Zwischen Theologie und Galanterie

Auch der eilige Tourist, der sich nicht gern auf Abstecher von der Hauptroute verlocken läßt, sollte sich auf unserer Inlandsstrecke allermindestens einen Seitensprung nicht versagen: den nach Estany. Denn für die kleine Mühe der 24 Kilometer Anfahrt von Vic zu dem ehemaligen Augustinerkloster von SANTA MARIA DE L'ESTANY wird er durch die Bekanntschaft mit einem der überraschendsten Zeugnisse katalanischer Romanik entschädigt. Die *Klosterkirche* selber zwar bietet kaum Ungewöhnliches: Ihr Grundriß in Form eines lateinischen Kreuzes, mit einschiffigem Langhaus, kräftig ausladendem Querschiff, massiv wirkendem rechteckigem Glockenturm über der Vierungskuppel und dem Chorabschluß in Form von drei Apsiden folgt einem gängigen Typus augustinischer Ordensarchitektur. Und wenn die jüngste, sehr gelungene Restauration den Bau von vielen späteren Zutaten befreit und ihm die ursprüngliche Gestalt wenigstens annäherungsweise zurückgegeben hat, so macht er insgesamt doch den Eindruck einer gewissen Kargheit; nur die Zierfenster an den Apsen verleihen seiner Strenge ein leichtes Air von Noblesse.

Aber wer nach Estany kommt, der tut das ja auch im allgemeinen nicht der Kirche wegen. Seine Anziehungskraft verdankt das ehemalige Kloster so gut wie ausschließlich seinem

Kreuzgang. Und der fällt nun allerdings in mehr als einer Hinsicht aus dem Rahmen des Üblichen weit heraus. Selbst jene Kunsthistoriker, bei denen er eher Verlegenheit als Enthusiasmus auslöst, billigen ihm just in jenen Teilen, denen ihr kritisches Stirnrunzeln gilt, wenigstens Kuriositätswert zu.

Ihre Vorbehalte sind gewiß nicht unbegründet. Sieht man von der Nordgalerie ab, der man eine gewisse Einheitlichkeit nicht absprechen kann, so wird man zugestehen müssen, daß in Estany die artistischen Manieren recht verwirrend durcheinanderpurzeln. Ein auch nur einigermaßen klares Bild von der Baugeschichte des ganzen Werkes ist überhaupt nicht zu gewinnen. Der Kreuzgang von Ripoll, an dem doch mehrere Jahrhunderte hindurch gearbeitet wurde, bietet ein Bild ungemeiner Geschlossenheit, weil die späteren Meister offenbar bewußt den Stil der früheren kopierten. In Girona und anderswo, wo auch eine lange Bauzeit ihre Spuren hinterlassen hat, läßt sich ohne besondere Mühe verfolgen, wie im Laufe dieser Zeit der Stil der Anfänge einer allmählichen und organischen Fortbildung und Veränderung unterliegt. In Estany aber kann man die Betroffenheit über das, was dem auf Systematik bedachten Experten als schiere Unordentlichkeit erscheint, durchaus verstehen. Und sein Unbehagen wird nicht geringer dadurch, daß ausgerechnet die Einzelstücke, die man als die jüngsten ansehen muß, ganz besonders archaische Züge aufweisen.

Diese Merkwürdigkeiten hängen wohl damit zusammen, daß auch ein beträchtlicher Teil des Kreuzganges 1428 in Mitleidenschaft gezogen wurde, als der Glockenturm infolge eines Erdbebens einstürzte und die Gewölbe des Langhauses mit sich riß. Anscheinend wurden die zerstörten Teile bald darauf mehr oder weniger hastig und unsystematisch aus den vorhandenen Bruchstücken wiedererrichtet und dabei neu zusammengesetzt. Noch heute kann man an den unbehauenen Seiten mancher Kapitelle erkennen, daß die Säulen, zu denen sie gehörten, früher offenbar vor einer Wand standen, so daß die damals nicht sichtbaren Seiten im Rohzustand belassen werden konnten. Veränderungen erlitt die Anlage auch dadurch, daß man nach dem Erdbeben, um die Festigkeit und Tragfähigkeit der Struktur zu erhöhen, die Fünfergruppe von Säulen an jeder Ecke des Vierecks ummauerte, so daß massive Pfeiler entstanden; erst die Restaurierungsarbeiten der letzten Jahrzehnte haben diesen Eingriff wieder rückgängig gemacht.

Um so frappanter wirkt angesichts solcher Mißgeschicke der hervorragende Zustand, in dem sich die Kapitelle mit ganz wenigen Ausnahmen befinden. Nur wenige andere Kreuzgänge haben so viel von ihrem plastischen Schmuck so unbeschädigt in die Gegenwart hinübergerettet. Schon allein aus diesem Grund lohnt es sich, des längeren vor ihnen zu verweilen. Und hinzu kommt, daß es sich bei manchen dieser so wohlerhaltenen Skulpturen um recht außergewöhnliche Darstellungen handelt, wie man sie eigentlich an dieser Stelle nicht erwartet hätte.

Am wenigsten gilt das für den Zyklus der Nordgalerie. Hier ist offenbar der ursprüngliche Bestand, der in Stein Szenen aus dem Leben Jesu von der Geburt bis zur Passion und dem Jüngsten Gericht nacherzählt, im wesentlichen erhalten geblieben (Abb. 44). Und die sichere Behandlung der Figuren auch in so gestaltenreichen Szenen wie dem Abendmahl (Abb. 42), das bemerkenswerte Verständnis für die rhythmische Gliederung der behauenen

Fläche, das sich allenthalben offenbart, deutet auf einen Meister aus der großen Tradition der katalanischen Plastik im 12. Jahrhundert hin.

Schon in dieser Partie wird die Folge der figürlichen Szenen allerdings da und dort durch Kapitelle unterbrochen, die entweder rein ornamental gestaltet oder mit den vielfach üblichen mehr oder minder phantastischen Tiergestalten der Romanik verziert sind; wahrscheinlich nehmen diese Einsprengsel die Stelle von Vorgängern ein, die nach dem Erdbeben nicht mehr verwendbar waren. Weit mehr Beispiele dieses Typus treten in den anderen Galerien auf: Variationen über das Thema des korinthischen Kapitells; mit filigranhafter Feinheit gearbeitete Flechtmuster, die unverkennbar auf fortwirkende karolingische oder westgotische Inspiration zurückgehen, und andere eher maurischer Herkunft; dazu arabeskenhaft stilisierte Pflanzenformen, Vögel, Löwen, Pferde, Greifen – und unvermittelt dazwischen ein Bildfeld mit dem thronenden Christus in der Mandorla, umgeben von den Evangelistensymbolen.

Die wahrhafte Originalität von Estany aber beruht weder auf den künstlerisch gewiß perfekten Evokationen biblischer Geschichten noch auf den abstrakten oder realitätsfern-konventionellen Reliefs, die letztlich doch gängigen Typen entsprechen. Sehr viel interessanter wirken einige mehr oder weniger zufällig dazwischengestreute Figurenkapitelle mit unverkennbar weltlichen Sujets. Wenn sie an künstlerischer Meisterschaft hinter denen der Nordgalerie und teilweise an rein handwerklichem Können auch hinter denen mit gebräuchlicheren ornamentalen und symbolischen Vorbildern zurückbleiben, so verblüffen sie dafür durch thematische wie durch stilistische Kühnheit. Dabei bilden auch sie untereinander keine Einheit: Es gibt höchst volkstümliche, ja derbe Episoden aus dem bäuerlichen Alltag, die vom Schweinsschlachten oder vom Dreschen berichten, und solche aus unverkennbar adlig-höfischem Umkreis, auf die gleich noch zurückzukommen sein wird; man stößt auf witzig-abstruse Einfälle wie den des violinspielenden Ochsen (Abb. 47) und auf augenscheinlich rein heraldisch empfundene Medaillons, zu denen neben mancherlei Wappentieren auch das Bildnis jenes gepanzerten Reiters gehört, den sein Schild als Angehörigen des Hauses von Cardona ausweist (und da ein Abt aus dieser Familie um 1372 als Vorsteher des Klosters bezeugt ist, liegt der Schluß nahe, daß mindestens dieses Kapitell und doch wohl auch manche ähnlichen Stils auf die zweite Hälfte des 14. Jahrhunderts zu datieren seien, obwohl sie so gut wie gar nichts vom damals bereits herrschenden gotischen Geiste verraten). Gemeinsam ist diesen und anderen Bildwerken höchstens die durchgängig flächig anmutende Faktur, die Abneigung vor einer eigentlich plastischen Arbeit und eine primitiv anmutende Freude am Spiel der Linien, das die Körperlichkeit der Gestalten eher ins Dekorative stilisiert als eigentlich wiedergibt; eben dies trägt auch zu dem eigentümlich archaischen Effekt bei, der frühere Forscher zu der mittlerweile als falsch erwiesenen Annahme verleitete, es handle sich dabei um Werke einer sehr frühen Epoche.

Das Erstaunlichste aber sind zwei Gruppen von Relief-Arbeiten an diesen Kapitellen, die in einem Wandelgang für Ordensbrüder völlig deplaziert – und eben darum besonders rätselhaft – erscheinen. Da sind einmal jene, die wir vorhin 'höfisch' genannt haben, die aber besser und ohne Umschweife als 'galant' zu bezeichnen wären: etwa die Gruppe mit dem

Santa Maria de l'Estany: Kapitell mit gepanzertem Reiter

Santa Maria de l'Estany: Hirsch im Medaillon

Fiedler und der tanzenden Frau neben ihm (Abb. 48); die andere, in der sich eine adlig gewandete Dame zur Linken ihr Haar kämmt, während zur Rechten eine ihr ähnliche weibliche Gestalt liebevoll einen Mann umschlingt; schließlich jene, die man als Darstellung eines adligen Verlöbnisses gedeutet hat. Natürlich kann man solchen Szenen mit einiger Phantasie auch symbolische Bedeutung unterlegen, etwa mit Berufung auf die beliebte allegorische Auslegung des Hohen Liedes. Aber sie wirken so ganz und gar irdisch-lebensfreudig, daß es offen gestanden schwer fällt, in Interpretationen dieser Art mehr als einen Versuch zu sehen, mit dem handgreiflich-erotischen Skandalon im Klosterhof fertigzuwerden.

Aus anderen Gründen nicht minder kurios erscheint schließlich eine letzte Gruppe von Kapitellen. Bei ihnen macht nicht die Kühnheit des Gegenstandes stutzig, sondern die zugleich primitive und raffinierte Machart: Die zum Äußersten gesteigerte Stilisierung der Figuren in ihren larvenhaften, geradezu karikaturistischen Köpfen und den aus einfachsten Linien gebildeten Gewändern könnte fast Assoziationen mit moderner Plakatkunst wachrufen. Da sind etwa die beiden Männer, die angesichts des erlegten Hasen, den sie zwischen sich halten, wohl als Jäger gedeutet werden müssen, obwohl sie keine Jagdwaffen mit sich führen; da ist, nun unversehens wieder in den klösterlichen Bereich hinüberweisend, auf einer anderen Seite des gleichen Kapitells die ähnlich naiv gestaltete Trias geistlicher Herren, mit dem Abt zwischen Diakon und Subdiakon (Abb. 45), oder die noch völlig unerklärte Gestalt einer Frau zwischen zwei Männern, von denen der eine sie an den Haaren reißt: Unbeholfene Zeugnisse einer ländlichen, von den großen künstlerischen Tendenzen der Zeit unberührten Werkstatt, und doch auf einen eminent individuellen, in anderen Werken der Zeit nirgendwo aufklingenden Ton gestimmt. Täglich geöffnet 9–13 u. 15–17 Uhr. Bei geschlossener Pforte zum Kreuzgang die Klingel zur Linken des Eingangs drücken!

Wie denn überhaupt Santa Maria de l'Estany seinen eigenen und unvergleichlichen Zauber ausübt, wenn man einmal die kunsthistorischen Fragen resolut beiseite schiebt, die es aufwirft, und sich von der ikonographischen Konfusion nicht stören läßt. Den Autoren dieses Führers jedenfalls ist es schon bei der ersten Begegnung ans Herz gewachsen, und sie sind einmal ums andere mit stets wachsendem Vergnügen dorthin zurückgekehrt. Gern möchten wir annehmen, daß es auch einigen unserer Leser ähnlich ergehen werde.

4. Route: Über Berga

Mit der Eröffnung des Straßentunnels durch das Bergmassiv der Serra del Cadí ist im Sommer 1984 zu den drei bisher dargestellten Zugängen vom Roussillon nach Barcelona noch ein weiterer hinzugekommen. Wer den weiten, aber landschaftlich anziehenden und an kunsthistorischen Monumenten so überreichen Weg über das Têt-Tal nach Puigcerdá nicht scheute, der hatte, wenn er an diesem spanischen Grenzort nicht noch weiter landeinwärts die Richtung nach Seu d'Urgell einschlagen wollte, nur die Möglichkeit, über den 1800 Meter hohen Col de Toses nach Ripoll zu fahren und von dort unserer Route Nr. 3 zu folgen. Aber so gut diese Straße auch ausgebaut ist und so weite, großartige Ausblicke sie eröffnet, so sehr mochten manche Autotouristen die endlose Folge der Kurven beim Aufstieg auf den Paß wie bei der Abfahrt in den Talgrund des Riu Ter als beschwerlich empfinden: die 65 Kilometer bis Ripoll zogen sich viel mehr in die Länge, als man das beim Blick auf die Karte annehmen wollte.

Der Notwendigkeit dieses Umwegs ist der Reisende nun enthoben, seit – durch private Initiative und vor allem mit Mitteln, die von den katalanischen Sparkassen zur Verfügung gestellt wurden – die Serra del Cadí südlich Puigcerdás durch einen mehr als fünf Kilometer langen Tunnel durchstochen und damit eine direkte Route nach Süden eröffnet worden ist. Wer sie benützen will, der wird freilich zunächst einmal eine Tunnelgebühr von derzeit 410 Peseten entrichten müssen. Das sind zwar (Frühjahr 1985) mehr als sieben D-Mark, aber der Betrag muß ja nicht nur die hohen Kosten des eigentlichen Tunnelbaus decken, sondern auch jene für die (sehr großzügigen) Verbesserungen am Straßenstrang jenseits des südlichen Tunnelausgangs. Wenn im Augenblick noch an einzelnen Teilstrecken dieser Route gearbeitet wird und der Automobilist daher zwischendurch noch kurz auf kleine Seitensträßchen ausweichen muß, so erlaubt die Straße hier insgesamt doch ein fast so zügiges Fahren wie eine Autobahn. Und sie führt zudem durch eine wahrhaft großartige Gebirgslandschaft zwischen mächtigen, urtümlich anmutenden Felsmauern: der Widerspruch zwischen dieser rauhen Wildheit der Umgebung und dem mühelosen Gleiten auf dem glatten, alle übermäßigen Steigungen und engen Kurven vermeidenden Asphaltband gewinnt seinen eigenen Reiz.

Der Kunstfreund freilich wird gut daran tun, der geradewegs nach Süden verlaufenden, die meisten Ortschaften vermeidenden Straße nicht auf dem ganzen Weg und nicht einmal bis Manresa zu folgen. Ihn verlocken, wenn er es nicht sehr eilig hat, eher die lohnenden Seitenpfade, die von ihr abzweigen (und der Eilige dürfte ja ohnedies den weiten Bogen landeinwärts vermeiden, den unsere vierte Route beschreibt). PUIGCERDÁ zwar, die einstige Hauptstadt der später auseinandergerissenen, im Pyrenäenfrieden zwischen Frankreich und Spanien geteilten Grafschaft Cerdanya, hat von seiner gewiß bedeutenden Vergangenheit so wenig bewahrt, daß man sich dort kaum lange aufzuhalten braucht. Ähnliches gilt von dem ersten namhaften Städtchen am Wege, dem beachtlichen Straßenknotenpunkt BERGA. Das interessanteste Monument seiner Umgebung, die vorromanische Kirche von *Sant Quirze de Pedret,* ist leider so mühsam aufzufinden und so schwer zugänglich, daß wir nach verschiedenen vergeblichen Anläufen auf den Versuch verzichtet haben; dies umso mehr, als ja ihre faszinierenden Wandmalereien längst abgelöst und in die Museen von Barcelona und Solsona verbracht worden sind.

Eben die alte Bischofstadt SOLSONA mit ihrer stilistisch so vielfältigen Kathedrale und ihrem neuerdings blitzmodern umgestalteten, prachtvoll präsentierenden Diözesanmuseum ist von Berga in wenig mehr als 50 km erreichbar, und da man auf dem Weg dorthin auch nahe an OLIUS mit seiner ungewöhnlichen vorromanischen Krypta vorbeikommt und dann über CARDONA nach MANRESA weiterfahren kann, bietet sich dieser Umweg als besonders lohnende Variante unserer Route an (von den Sehenswürdigkeiten, die dadurch erschlossen werden, wird bei der Darstellung der Exkursionen ins Hinterland von Barcelona aus im einzelnen zu sprechen sein, vgl. S. 213 ff.). Von Manresa aus, wo die direkte Straße vom Cadí-Tunnel und der zuletzt erwähnte Seitenstrang wieder zusammentreffen, liegen zudem SANT BENET DE BAGES (s. S. 222) und TERRASSA (S. 218) einerseits, der MONTSERRAT andererseits so nahe, daß man je nach Lust und Zeit auch diese bedeutenden Kunstdenkmäler bereits auf der Anreise zur katalanischen Metropole besichtigen kann.

Von Berga aus eröffnet sich allerdings auch ein alternativer Zugang zu unserer im vorigen Kapitel behandelten Route 3, der in diesem Fall über das Lluçanès nach Ripoll und Vic führt, länger zwar, aber weniger mühsam zu fahren als die direkte Straße von Puigcerdá aus. Folgen wir kurz vor dem Straßenknotenpunkt der links abzweigenden C 149 am Stausee von La Baëlla vorbei und dem Tal des Riu Mardançol entlang, dann stoßen wir nach etwa 20 km bei dem Dorf Borredá auf eine Seitenstraße, die uns in weiteren acht Kilometern durch eine kaum besiedelte Berglandschaft nach dem winzigen Weiler SANT JAUME DE FRONTANYÁ (1080 m ü. M.) führt. Obwohl erst vor einigen Jahren eröffnet, weist diese neue, erstmals für normale Autos befahrbare Straße bereits wieder deutliche Spuren der Vernachlässigung auf – begreiflicherweise vielleicht, wenn man bedenkt, daß Sant Jaume ja kaum mehr als ein Dutzend Einwohner zählt und sonst weit und breit keine Ortschaft zu erblicken ist. Aber das abgelegene Bergnest am Fuße des steil aufragenden Puig de les Forques birgt einen Schatz, an dem man nicht vorbeigehen sollte: das heute als Pfarrkirche dienende Gotteshaus, das seit dem 11. Jahrhundert zu einem *Augustiner-Chorherrenstift* gehörte und das zu den besterhaltenen, stilistisch reinsten und anziehendsten unter den hunderten romanischer Landkirchen Kataloniens gehört. Während die übrigen Stiftsgebäude und mit ihnen auch der dokumentarisch bezeugte Kreuzgang nach der Aufhebung des Priorats im 17. Jahrhundert nach und nach völlig verschwunden sind, hat diese dem spanischen Nationalheiligen Santiago (dem Apostel Jakobus dem Älteren) gewidmete Kirche wohl gerade wegen ihrer Isolierung die Zeiten ohne nennenswerte Veränderungen und daher auch ohne Entstellungen überdauert.

Obwohl in den Ausmaßen eher bescheiden – mit einer Gesamtlänge von 30 Metern, einem nur zweijochigen Längs- und einem freilich bemerkenswert massigen Querschiff, das sich über 16,6 Meter erstreckt –, fasziniert die Kirche durch die gleichsam kristalline Vollkommenheit der Raumgliederung und Raumbewältigung. Während die überaus einfach wirkende Front mit dem schlichten Hauptportal, die unter dem (später hinzugefügten) Glokkenstuhl nur durch wenige Lisenen und zwei Friese von Blendarkaden gegliedert wird, fast enttäuschend nüchtern wirkt, gewinnt der Bau beim Anblick von der Seite und vor allem von hinten her eine dramatische Bewegtheit, zu der gleichermaßen das Spiel der großen Mittelapsis mit den beiden Nebenapsiden wie auch das Zwölfeck der Vierungskuppel beiträgt: von Osten, Süd- oder Nordosten her gesehen erweckt er fast den Eindruck eines raffiniert über einer Vielzahl von ideal ausgewogenen Elementen aufsteigenden Zentralbaus. Nicht minder eindrucksvoll mutet der karge, aber gerade in seiner Kargheit majestätisch erscheinende, nur durch die fünf Rundbogen-Nischen der Hauptapsis aufgelockerte Innenraum an.

(Der Schlüssel zur Kirche kann im nahen *Hostal* rechts unterhalb des Eingangs bezogen werden).

Die Metropole: Barcelona

Barcelona ist die unbestrittene Hauptstadt Kataloniens, das demographische, ökonomische, geistige und zweifellos auch das politische Zentrum eines Landes, dessen Bevölkerung sich durchaus als eine Nation *sui generis* fühlt. In seinen Gemeindegrenzen leben nahezu zwei Millionen Menschen; mit der Agglomeration, die um den urbanen Kern erwachsen und mit ihm zur Einheit zusammengewachsen ist, sind es weit über drei Millionen. So muß es schon nach rein numerischen Kriterien als Weltstadt eingestuft werden. Und wenn es in Spanien an Menschenzahl von Madrid übertroffen wird, so zählt es anderseits mehr Einwohner als jeder andere Hafenplatz im weiten Bereich des Mittelmeers, mehr als Marseille, Genua, Neapel, Beirut, Alexandria oder Algier. Schon das allein deutet darauf hin, wie weit es an Bedeutung über den iberischen Raum hinausgreift.

Barcelona. (Libreria Porter und Biblioteca de Catalunya, Barcelona)

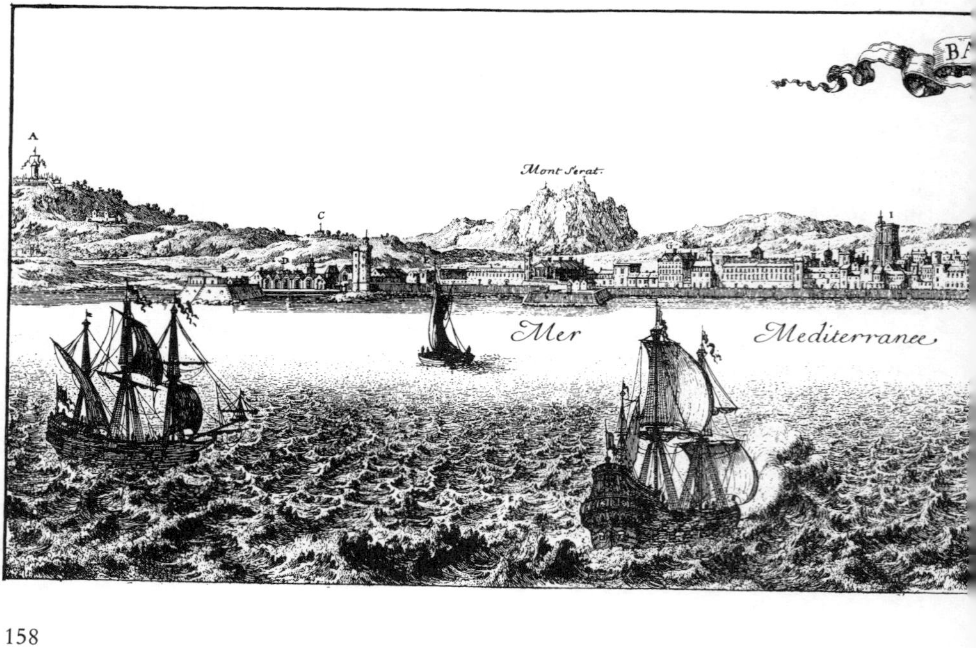

Für uns jedoch ermißt sich der Rang der Stadt weniger an ihrer absoluten Größe als an ihrer Funktion als Metropole Kataloniens – und in diesem Zusammenhang bezeichnet der Begriff 'Metropole' mehr als eine bloß quantitative Kategorie. Das Bemerkenswerte an Barcelona ist, daß es den Katalanen – einer 'nationalen Minderheit' also, der die Ausbildung eines eigenen Nationalstaates in der jüngsten Geschichte versagt geblieben ist – einen Mittelpunkt bietet, wie ihn keine andere europäische Volksgruppe in einer ähnlichen Situation ihr eigen nennt. Wenn Katalonien in seiner Geschichte nur ausnahmsweise zur bloßen spanischen Provinz abgesunken ist und selbst die Unterdrückung unter Franco ohne viel Mühe überstanden hat, dann verdankt es diese erstaunliche Vitalität gewiß auch seiner hochentwickelten wirtschaftlichen Struktur, die dem übrigen Spanien immer weit voraus war. Aber wesentlich dazu beigetragen hat eben doch auch die Existenz einer Kapitale, die einfach zu groß, ihrer Bedeutung zu sicher und daher zu widerstandsfähig war, um sich dem Diktat aus Madrid ohne stete (zum mindestens passive) Gegenwehr zu fügen.

Diese Leistung Barcelonas ist nicht zuletzt aus dem immer lebendig gebliebenen Bewußtsein einer großen Geschichte und einer sich darin manifestierenden Aufgabe erwachsen. Über fast ein Jahrtausend hinweg, von Wilfried dem Behaarten bis zur Einnahme der Stadt durch die Truppen Philipps V., hatte die Regierung Kataloniens oder doch seiner Kerngebiete hier ihren Sitz, und dies noch lange über die Angliederung an die kastilische Monarchie hinaus. Die Erinnerung an solche Eigenständigkeit mochte wohl

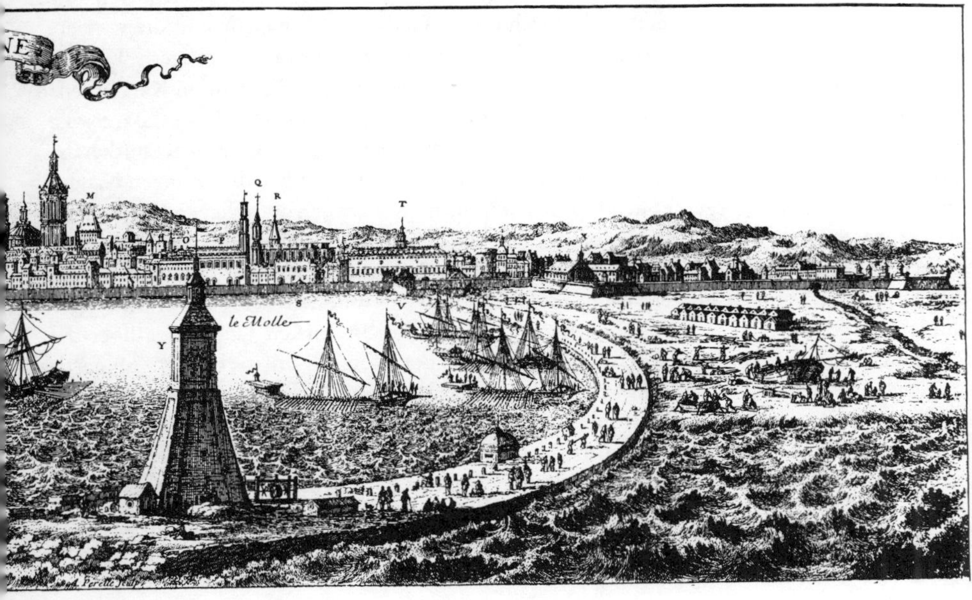

zeitweise überlagert und verdrängt, aber nie völlig ausgetilgt werden. An den zugleich eigenwilligen und weltläufigen Barceloneser Bürgern fanden Volkstum, Sprache und Kultur Kataloniens fast immer ihren solidesten Rückhalt. Selbst wenn diese Ober- und Mittelschicht zeitweise fremden Einflüssen zu erliegen drohte, entfremdete sie sich ihren Ursprüngen nie so weit, wie das etwa die Spitzen der baskischen Gesellschaft taten. Eben deshalb brauchte der Wille zur nationalen Selbstbehauptung auch im größeren Staatsverband hier nie die gewalttätigen Formen anzunehmen, in denen er sich derzeit im Baskenland manifestiert.

Obwohl sich auch Barcelona antiker Herkunft rühmen kann, reichen seine Wurzeln weniger tief in die Vergangenheit zurück als die anderer bedeutender katalanischer Städte. Zwar haben archäologische Forschungen gezeigt, daß schon vor dem Eintreffen der Römer auf dem heutigen Stadtgebiet – am Montjuic eine iberische Siedlung bestanden hat. Aber von ihr zur heutigen Weltstadt führt kein direkter Weg. Und die heute noch vielfach auch in Reiseführern anzutreffende Version, die Stadt sei von dem Karthager Hamilkar Barkas gegründet worden und habe von ihm ihren einstigen Namen Barcino erhalten, wird von der Wissenschaft als eine schlichte, aus pseudo-etymologischen Spekulationen entstandene Legende betrachtet. Die wirklichen Gründer Barcelonas sind die Römer – und selbst unter ihnen hat Barcino augenscheinlich eine viel bescheidenere Rolle gespielt als etwa Ampurias oder gar Tarragona.

Erst mit der Schaffung der Spanischen Mark tritt es als Residenz der karolingischen Grafen wirklich ins volle Licht der Historie. Selbst zeitweilige Rückschläge wie die nochmalige Rückeroberung der Stadt durch die Araber unter Almansor und die schwere Zerstörung, die sie dabei zu erleiden hatte, konnten ihren Aufstieg nur verzögern. Daß die Grafen von hier aus nun nach und nach alle zersplitterten feudalen Territorien Kataloniens vereinigten, kam zwangsläufig auch ihrer *Ciutat Comtal* zugute (noch heute wird Barcelona oft mit diesem Titel 'Grafenstadt' bezeichnet). Vollends aber erwuchs diese zu gesamtkatalanischer und schließlich auch gesamtmediterraner Bedeutung, nachdem die Grenzen Kataloniens bis zum Ebro vorgeschoben worden waren. Nun war ihr vorzüglicher Hafen nicht länger ein potentiell immer wieder bedrohter Außenposten; er konnte vielmehr die Gunst seiner Lage in der Mitte eines geschlossenen Herrschaftsgebietes vom Roussillon bis zur Ebro-Mündung voll ausnützen. Da er auch über die weitaus besten Verkehrsverbindungen landeinwärts verfügte, weil sich in seinem Umkreis die einfachsten Übergänge über das Küstengebirge finden, entwickelte sich der Sitz der mächtig aufstrebenden Dynastie zugleich zum wichtigsten kommerziellen Umschlagplatz einer ausgedehnten Region – erst recht als seinen Grafen auch die Königskrone von Aragon zugefallen war und als das katalanisch-aragonesische Reich mit dem Ausgriff zuerst nach Valencia und den Balearen, dann nach Sizilien und Süditalien die unbestrittene Vormacht im westlichen Mittelmeer errungen hatte.

Von dem Optimismus, mit dem die Barcelonesen und ihre Herrscher damals in die Zukunft blickten, zeugt vor allem der Verlauf des neuen Mauerrings aus dem 14. Jahrhundert: Erst in den Jahrzehnten nach der großen Französischen Revolution und den napoleonischen Kriegen konnte die Stadt den damals umgrenzten Raum wirklich ausfüllen. Dann wuchs sie allerdings im frühen Industriezeitalter so stürmisch an, daß die Wälle 1868 schließlich niedergelegt werden mußten; heute sind von ihnen nur noch wenige Stücke übriggeblieben. Das Spätmittelalter war für das damals immer noch glanzvolle Barcelona eine Zeit des Stillstands, bedingt durch die Verheerungen der Pest wie durch den Verlust der überseeischen Besitzungen in Italien und der ägäischen Vorposten, aber auch dadurch, daß die neue, kastilische Dynastie der Trastámaras weniger als die einheimischen Monarchen mit Katalonien und seiner Kapitale verbunden war. Mit den Bürgerkriegen des 15. Jahrhunderts setzte dann ein langsamer Niedergang ein, beschleunigt durch die Vereinigung der Kronen Aragons und Kastiliens unter den Katholischen Königen Ferdinand und Isabella wie durch die Verlagerung der spanischen Interessen aus dem Mittelmeer in den Atlantik nach der Entdeckung Amerikas. Selbst in seiner eigensten mediterranen Interessensphäre trat das Zentrum Kataloniens zeitweise – unter den Habsburgern wie den Bourbonen – in den Schatten der aufblühenden Rivalin Valencia. Erst dadurch, daß die Industrialisierung im Umkreis Barcelonas weit früher als im übrigen Spanien einsetzte, wurde diese lang andauernde Dekadenz endlich überwunden und jene unaufhaltsame Expansion der modernen Metropole eingeleitet, in deren monoton gradlinige, einander rechtwinklig kreuzende Straßenzüge nur die großzügig angelegte *Diagonal* ein Element der Abwechslung bringt.

Der römische Kern

Wer will, der kann die lange Geschichte Barcelonas – oder doch jedenfalls einen guten Teil davon – heute nacherleben, wenn er seinen Gang durch die Innenstadt bewußt chronologisch anlegt. Noch immer läßt sich der Bereich der einstigen – offenbar ziemlich bescheidenen – römischen Siedlung an jenem Oval der Straßen ablesen, die das sogenannte Barri Gòtic umschließen und deren annähernden Mittelpunkt die Plaça de Sant Jaume zwischen den Palästen der GENERALITAT und des AJUNTAMENT – also zwischen dem Sitz der katalanischen Regionalregierung und dem Rathaus – bildet. Teile der einstigen Stadtmauer aus dem 4. nachchristlichen Jahrhundert sind immer noch an verschiedenen Stellen erkennbar (Abb. 51), am besten von der Plaça Berenguer el Gran aus. Und im Innenhof des CENTRO EXCURSIONISTA DE CATALUNYA, am Carrer Paradis unmittelbar hinter der Apsis der Kathedrale, stehen noch vier mächtige kannellierte korinthische Säulen des einstigen Augustus-Tempels aufrecht, der hier, auf dem höchsten Punkt des Mons Tabor, das Zentrum der römischen Stadt mit dem großartigen amtlichen Namen Julia Faventia Augusta Pia Barcino bezeichnete (Abb. 50).

Wer aber wirklich eine Vorstellung vom Barcelona des klassischen Altertums gewinnen möchte, das sich hier um den niedrigen, jetzt kaum noch erkennbaren Stadthügel gruppierte, der muß unter die heutige Stadt hinabsteigen. Gleich hinter dem erwähnten Mauerzug, am

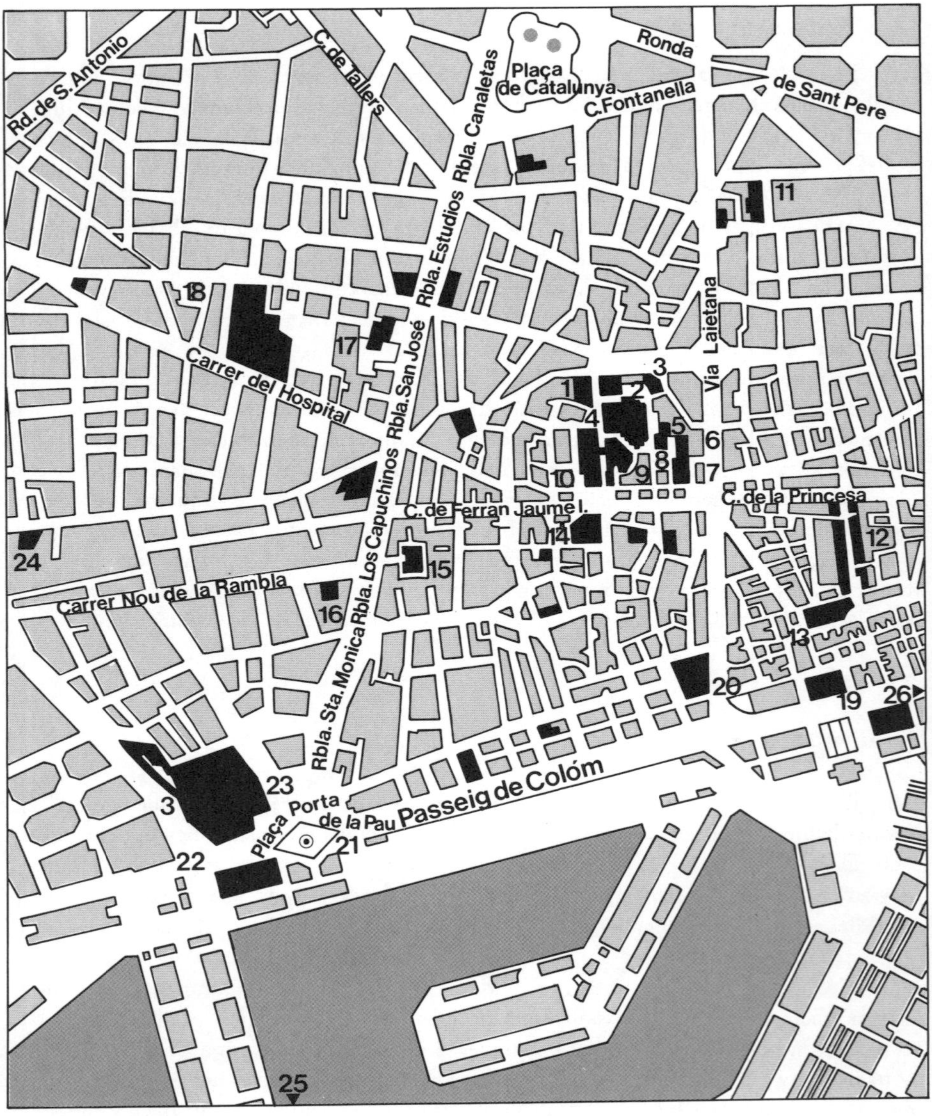

Barcelona: Plan der Innenstadt

1 Bischöflicher Palast 2 Casa l'Ardiaca 3 Stadtmauern 4 Kathedrale 5 Königliche Kapelle Santa Agata 6 Königlicher Palast 7 Museu d'História de la Ciutat 8 Archiv der Krone von Aragon 9 Kanonikerhäuser 10 Palau de la Generalitat 11 Palau de la Música Catalana 12 Picasso-Museum 13 Santa Maria del Mar 14 Ajuntament (Rathaus) 15 Plaça Reial 16 Palau Güell 17 Palast der Vizekönigin 18 Ehem. Hospital de la Santa Cruz 19 Llotja (Börse) 20 Hauptpost 21 Kolumbusdenkmal 22 Zollamt 23 Atarazanas Reales (Schiffahrtsmuseum) 24 Sant Pau del Camp 25 Estació Marítima (Schiffsanlegestelle) 26 Hauptbahnhof

Westgotische Altarplatte im Museu d'História de la Ciutat, Barcelona

Eingang zur Plaça del Rei, steht der Palau Padellàs, der an seinem ursprünglichen Standort abgetragen und hier im Herzen des alten Viertels bald nach dem Bürgerkrieg Stein für Stein wieder aufgebaut wurde, um dem MUSEU D'HISTORIA DE LA CIUTAT als Unterkunft zu dienen. Bei den Ausschachtungsarbeiten für die neuen Kellerräume des alten Adelspalais stellte es sich nun heraus, daß das Museum für Stadtgeschichte seinen Platz sinnigerweise genau über den Resten der Barceloneser Anfänge gefunden hatte: ausgedehnte römische Fundamente und eine große Zahl von teilweise noch gut erhaltenen Skulpturen kamen ans Licht, und bei den weiteren Grabungen stießen die Archäologen darüber hinaus auch auf eine Nekropole aus westgotischer Zeit und schließlich noch auf Fragmente, die zu den verschwundenen Vorgänger-Bauten der gotischen Kathedrale gehört hatten: der frühchristlichen Basilika aus dem 4. und dem romanischen Dom aus dem 11. Jahrhundert.

Die Funde sind zum größten Teil an Ort und Stelle belassen worden, auch wenn man sich natürlich bemüht hat, die wertvollsten Kunstwerke ästhetisch befriedigend zu präsentieren und ins (buchstäblich) beste Licht zu rücken. Niemand, der sich einen Sinn für geschichtliche Kontinuität bewahrt hat, sollte eine Wanderung durch die Gänge und Säle des ausgedehnten Museums-Untergeschosses versäumen, das inzwischen weit über das Grundstück des wiederhergestellten Herrensitzes hinausgewachsen ist. Im allgemeinen machen die Touristen leider nur wenig Gebrauch von dieser Möglichkeit, den Ursprüngen Barcelonas in der Tiefe unterhalb der mittelalterlichen und der gegenwärtigen Stadt im wahrsten Sinne des Wortes nachzugehen.

Romanische Spuren

Merkwürdigerweise ist der Zugang zur römischen Vergangenheit einfacher zu finden als der zu den Spuren des romanischen Mittelalters. Fast alles, was hier aus der Zeit bis zur Mitte des 13. Jahrhunderts bestand, ist in der Ära der intensiven Bautätigkeit verlorengegangen, die auf dem Höhepunkt des kommerziellen Wohlstandes einsetzte und noch bis in die Epoche hinein anhielt, da die Basis dieses Reichtums bereits erschüttert war. In der eigentlichen Altstadt wird man kaum mehr Zeugnissen jenes Stils begegnen, der doch sonst die Glanzperiode katalanischer Kunst bezeichnet. Eine winzige *Kapelle* im weitläufigen Kathedralen-Komplex, die der Heiligen Lucia schräg gegenüber dem Haus des Erzdiakons (s. S. 168), hat sich noch eine unverfälschte, wenngleich gewiß nicht bedeutende romanische Fassade bewahrt. Auch das Verbindungstor zwischen dem gotischen Kreuzgang der Kathedrale und dem Kircheninnern, die *Porta de Sant Severo,* stammt noch aus jener Epoche.

Von den beiden einzigen nennenswerten Kirchen der vor-gotischen Zeit können wir die älteste, SANT PERE DE LES PUELLES, ruhig beiseite lassen; sie ist durch spätere Umbauten und zuletzt durch wohlgemeinte, aber stilistisch eher fragwürdige Rekonstruktionen bis zur Unkenntlichkeit verändert worden. Mit ungleich größerem Stilgefühl wurde einige Jahrzehnte nach Sant Pere das andere der im wesentlichen Bestand noch erhaltenen romanischen Baudenkmäler wieder hergestellt: SANT PAU DEL CAMP (span. San Pablo del Campo) am Carrer Sant Pau, der von den Ramblas nach Westen verläuft (Abb. 52). Der Name bedeutet 'Sankt Paul im Felde'. Tatsächlich lag das Kloster außerhalb des früh- und hochmittelalterlichen Mauerrings und wurde erst im 14. Jahrhundert in den damals viel weiter gespannten Befestigungswall einbezogen. Dokumentarisch wird es erstmals 1098 als Besitz der Abtei von Sant Cugat del Vallès erwähnt. Daß möglicherweise schon viel früher, vor dem Einbruch der Sarazenen, hier ein geistliches Gebäude gestanden haben könnte, läßt sich nur aus den beiden Kapitellen des Portals mit ihren auffällig westgotischen Formen schließen; die Vermutung, es könnte sich dabei um wiederverwendete Werkstücke der ursprünglichen Anlage handeln, ist nicht von der Hand zu weisen. Im übrigen aber ist Sant Pau, wie es sich heute darstellt, ganz gewiß eher ein Werk des späten 12., vielleicht auch des frühen 13. Jahrhunderts – allerdings trotz dem späten Datum noch ohne jede Spur des Übergangsstils (bei den paar wenigen gotischen Einzelheiten handelt es sich eindeutig um spätere Zutaten).

Am plastischen Schmuck des *Portals* fällt zumal die anziehende Verbindung einer teilweise rustikal oder archaisch anmutenden Einfachheit mit der Freude am dekorativen Detail auf: im Tympanon mit dem Relief des thronenden Christus zwischen den Aposteln Petrus und Paulus, mit den kraftvoll gemeißelten Hochreliefs der Evangelisten-Symbole und den stilisierten Rosetten, die Türsturz und Kämpfer überziehen. Ihren besonderen Reiz verdankt die *Fassade* darüber hinaus dem höchst geschickt ausgenützten, gleichsam malerischen Kontrast zwischen den sorgsam behauenen Quadern der akzentuierten Bauteile und den simplen Bruchsteinen, aus denen die übrigen Mauerstücke aufgeführt sind. Schlichtheit und Würde strahlt auch das Innere aus mit seinem einschiffigen Langhaus unter überhöhtem Tonnengewölbe, dem wuchtigen Querschiff, den drei Apsiden und der Kuppel über der Vierung.

Anders als in Sant Pere ist hier von den Klostergebäuden, die nach der Säkularisierung in der ersten Hälfte des 19. Jahrhunderts als Kaserne verwendet und durch zahlreiche (inzwischen wieder verschwundene) Anbauten für ihren neuen Zweck brauchbar gemacht wurden, wenigstens der überaus stimmungsvolle *Kreuzgang* erhalten (Abb. 53). Er gewinnt seinen eigenen Charakter besonders durch seine eigentümlich orientalisch anmutenden Drei- und Fünfpaßbögen; ihre gar nicht zu verleugnende maurische Herkunft mutet an dieser Stelle und zumal in der Entstehungszeit von Sant Pau recht verwunderlich an. Aus einer allerdings unvollständigen und in ihrer Deutung umstrittenen Inschrift hat man in der Tat geschlossen, daß mozarabische Handwerker am Bau der Kirche beteiligt gewesen sein könnten. Wie immer es sich damit verhalten möge – auf jeden Fall ist dieser Kreuzgang, der im christlichen Iberien nicht seinesgleichen findet, ein beachtliches Zeugnis für die kulturellen Querverbindungen mit dem sarazenischen Teil der Halbinsel.

Von diesen wenigen Überresten eines einst gewiß auch in Barcelona bedeutenden Zeitalters abgesehen, wird man den hiesigen Denkmälern der Romanik hier so gut wie ausnahmslos in den Museen begegnen. Vom wichtigsten davon – dem für katalanische Kunst – wird noch zu sprechen sein. Niemand, der sich für die künstlerische Hinterlassenschaft des Mittelalters interessiert, wird aber auch einen Besuch des MUSEU MARÉS im Carrer dels Comtes de Barcelona – gegenüber dem Sant-Ivo-Portal der Kathedrale – unterlassen dürfen. Daß der Sammler, der diese bedeutende Kollektion zusammengebracht und später der Stadt geschenkt hat, ein Bildhauer war, zeigt sich an dem unfehlbaren Sinn für Qualität, den er vor allem im Bereich der romanischen und gotischen Skulptur bewiesen hat; zu den kostbarsten Stücken gehört das früher schon erwähnte Relief des Meisters von Cabestany aus Sant Pere de Roda, das den Fischzug Petri darstellt und dabei eine unvergleichliche Sicherheit der Linienführung und der Komposition erreicht (Abb. 54).

Im Barri Gótic

Muß man die Spuren der Romanik in Barcelona mühsam aufsuchen, so ist die Gotik in den alten Teilen der Stadt allenthalben gegenwärtig. Nicht umsonst wird der älteste, einst in den Grenzen des römischen Barcino erwachsene Stadtbezirk als das 'gotische Viertel' schlechthin bezeichnet. Tatsächlich hat in diesem *Barri Gótic* die Baukunst aus der Zeit des 13. Jahrhunderts bis ins 16. hinein alles Erbe früherer Epochen überlagert. Und wenn sie ihrerseits zeitweise in Gefahr stand, von späteren Stilen – Renaissance, Barock, Neoklassi-

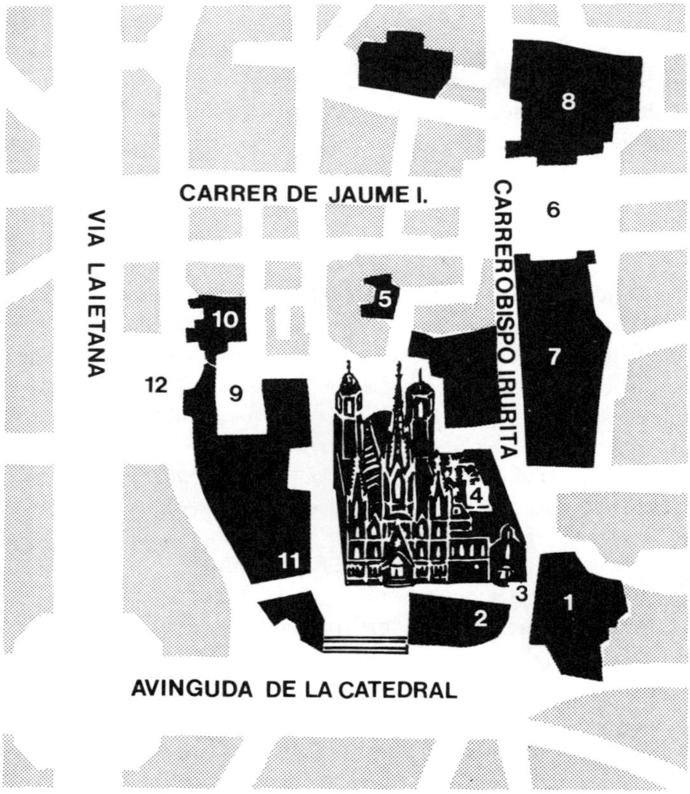

Barcelona: Umgebung der Kathedrale

1 Erzbischöfl. Palais 2 Haus der Erzdiakons 3 Romanische Kapelle der Hl. Lucia 4 Kreuzgang 5 Römischer, Kaiser Augustus geweihter Tempel 6 Plaça de Sant Jaume 7 Palau de la Generalitat 8 Ajuntament (Rathaus) 9 Plaça del Rei 10 Eingang zum Historischen Museum; Zugang zu den Ausgrabungen der Römerstadt 11 Museu Frederic Marés 12 Plaça Berenguer el Gran, mit unteren Teilen der Römermauern. (Nach: Angel Fabrega-Grau, ›Die Kathedrale von Barcelona‹, Barcelona 1977)

zismus – überlagert zu werden, so hat man sich seit dem 19. Jahrhundert um so nachdrücklicher bemüht, den ursprünglichen gotischen Zustand wiederherzustellen – oder doch vorzutäuschen – und neue architektonische Zutaten dieser Überlieferung anzupassen. Ein Beispiel dafür – und gewiß nicht ein unattraktives – liefert das hübsche, unverkennbar venezianisch inspirierte Brücklein, das von der GENERALITAT aus über den Carrer del Obispo Irurita führt (Abb. 61). Der Historiker Carlos Soldevila bezeichnet dieses Werk aus den zwanziger Jahren unseres Jahrhunderts mit feiner Ironie als »ein fast allzu gelehrtes Kompendium der ganzen gotischen Kunst«.

Neugotisch ist übrigens auch die recht imposante Westfront der KATHEDRALE (kat. LA SEU) an der Plaça de la Seu (Abb. 56): Erst in den Jahren nach 1890 wurde mit ihrer Errichtung der bereits 1298 begonnene Kirchenbau vollendet – allerdings nach einem Entwurf des französischen Baumeisters Carli aus dem Jahre 1408, den der Stadtrat damals in

Auftrag gegeben hatte, der aber fast ein halbes Jahrtausend auf seine Ausführung warten mußte. Wenn die Fassade der imposanten Züge nicht entbehrt, so läßt sich doch erst im Innern wirklich verstehen, warum die *Seu* von Barcelona den Gipfelleistungen katalanischer Gotik zugerechnet wird. Der Raum beeindruckt durch Mächtigkeit und Leichtigkeit zugleich. Zwar wird der Blick durch das vierjochige Langhaus unter den kraftvollen Gewölbebogen in die etwas erhöhte *Capilla Major* hinter dem Hauptaltar leider behindert, weil der Chor nach spanischer Sitte ins Mittelschiff hineingestellt ist (Abb. 60); die Galerien aber, von denen aus man einen wirklich befriedigenden Gesamteindruck gewinnen könnte, bleiben den Besuchern im allgemeinen unzugänglich. Trotzdem wird man die perfekten Proportionen einer Architektur bewundern, die bezeichnenderweise mit einem Minimum dekorativen Schmuckes auskommt: die Eleganz des Presbyteriums mit seinem geradezu graziös wirkenden Chorumgang, in dem sich die sehr schmalen und hohen Seitenschiffe fortsetzen, die Feingliedrigkeit der Triforien im Obergeschoß und die raffinierte Art und Weise, wie die mächtigen Strebepfeiler zu ebener Erde durch die zwischen sie gelegten Seitenkapellen, darüber durch die umlaufende Galerie so maskiert werden, daß man ihrer kaum inne wird.

Unterhalb des Hauptaltars führt eine breite, offene Treppe in die auffallend flach gewölbte *Krypta der Heiligen Eulalia* hinunter, wo ein prunkvoller Marmorsarkophag – Werk zweier wahrscheinlich pisanischer Meister – die Reliquien der Schutzheiligen von Barcelona birgt (Abb. 57, 58). Schade nur, daß ein Gitter die nähere Betrachtung der bedeutenden, teilweise

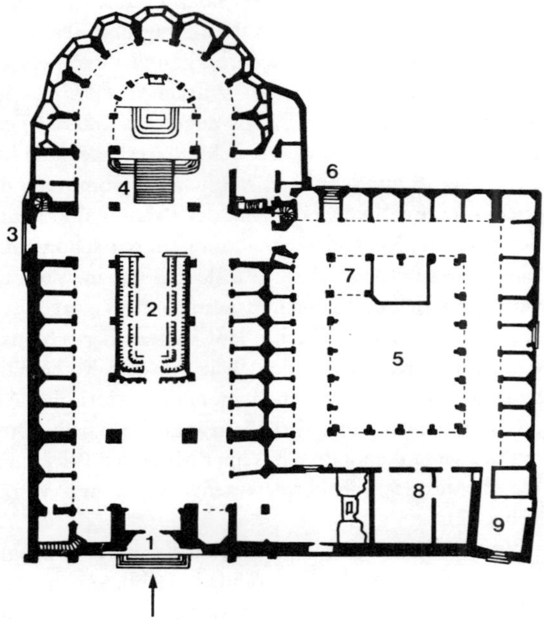

Grundriß der Kathedrale von Barcelona

1 Eingang 2 Chor 3 Portal des Hl. Ivo 4 Krypta der Hl. Eulalia 5 Kreuzgang 6 Portal der Pietà von Michael Lochner 7 Gänse-Brunnen 8 Museum 9 Kapelle der Hl. Lucia. (Nach: Angel Fabrega-Grau, ›Die Kathedrale von Barcelona‹, Barcelona 1977)

noch farbig gefaßten Reliefs mit Szenen aus dem Leben der Heiligen erschwert. Dem Innenraum an Qualität ebenbürtig ist der *Kreuzgang*: Obwohl an ihm gut hundert Jahre lang – mit ausgedehnten Unterbrechungen – gearbeitet wurde, erscheint er als bemerkenswert einheitlich, und auch seine spätesten, 1448 vollendeten Teile sind noch von allem flamboyanten Überschwang frei. Eine der Pforten, die von der Straße – in diesem Falle: dem Carrer de la Pietat – zu ihm führen, zeichnet sich durch eine Eigentümlichkeit aus: das großangelegte Tympanon mit der Pietà ist aus Holz geschnitzt (Abb. 59). Man schreibt es dem Kölner Michael Lochner zu, den die Katalanen Miquel Lluch nannten und von dem auch ein großer Teil des prachtvollen Gestühls im Chor stammt; er war nur einer jener vielen deutschen (und flämischen) Meister, die im 15. Jahrhundert aus Mitteleuropa nach Katalonien kamen und hier wesentlich auf die Entwicklung insbesondere der Skulptur eingewirkt haben.

Zu den liebenswerten Eigentümlichkeiten des Kreuzgangs sind auch die Gänse zu zählen, die hier seit Jahrhunderten gehalten werden und einen Teil der Gartenanlage rund um ein kleines Wasserbecken mit munterem Leben erfüllen (Abb. 55). Leider haben wir nicht in Erfahrung bringen können, worauf diese so lange schon bezeugte Tradition eigentlich zurückgeht.

Weltliches Gegenstück zur Kathedrale war im Mittelalter wohl der wichtigste unter den Stadtpalästen der zuerst gräflichen und dann königlichen Herrscher. Im Laufe von Jahrhunderten ist dieser PALAU REIAL MAJOR aus vielen Teilstücken entstanden, zu einem großen Teil über römischen, mancherorts noch deutlich erkennbaren Grundmauern. Nach weiteren Jahrhunderten der Zweckentfremdung und der störenden Umbauten ist nur noch wenig davon vorhanden oder wiederhergestellt: der siebenstöckige, als *Mirador del Rei Martin* (Abb. 63) bekannte Turm, die gotische *Schloßkirche Santa Agueda* und vor allem der dahinterliegende, überaus großzügig angelegte *Saló del Tinell* (Abb. 66), der zwischen 1359 und 1370 unter Verwendung älterer Mauerreste gebaute Festsaal: eine der imposantesten mittelalterlichen Räumlichkeiten weltlicher Bestimmung überhaupt. Alle diese erhaltenen oder wiederhergestellten Fragmente des Palastes sind heute ins Museum für Stadtgeschichte an der Plaça del Rei einbezogen, mit dem wir schon auf der Suche nach den antiken Wurzeln Barcelonas Bekanntschaft geschlossen haben. Vom einstigen Glanz dieser Anlage freilich vermitteln sie nur noch eine schattenhafte Vorstellung.

Eine lange Baugeschichte läßt sich auch noch aus dem heutigen Bestand der CASA DE L'ARDIACA ablesen, die den Platz vor der Kathedrale zur rechten Hand abschließt. Das einstige Haus des Erzdechanten, heute historisches Archiv der Stadt, geht in einigen Teilen noch auf die Romanik zurück, in andern auf frühe Gotik. Sein charmanter Patio jedoch, der mit der schlanken Palme in seiner Mitte den Blick zu allererst auf sich zieht, ist erst um die Wende des 15. Jahrhunderts entstanden und verrät schon die Nähe der Renaissance (Abb. 62).

Von bedeutender geschichtlicher Kontinuität zeugt auch der PALAU DE LA GENERALITAT (span. Palacio de la Generalidad) (Abb. 67), heute wieder, wie vom 14. bis zum 18. Jahrhundert, Sitz einer katalanischen Regionalregierung, für die er einst gebaut wurde (und die wie im Mittelalter auch jetzt wieder als *Generalitat de Catalunya* bezeichnet wird). Das Nacheinander und Ineinander der Stile hat hier allerdings ein weniger harmonisches Ergebnis geliefert. Nach außen hin bewahrt nur die Front zum Carrer del Obispo Irurita etwas vom ursprünglichen gotischen Charakter (das prächtige Medaillon des Heiligen Georg, des Patrons von Katalonien, über dem nunmehrigen Seiteneingang – ein Werk von Pere Johan aus dem Jahre 1418 – gilt als Symbol katalanischer Eigenständigkeit). Die Hauptfassade zur Plaça de Sant Jaume hin, aus dem Ende des 16. Jh., präsentiert sich dagegen im Gewand einer (wohltuend schlicht gehaltenen) reifen Renaissance. Durchschreitet man aber das Tor und den hinter ihm liegenden Korridor, so tritt man in einen zauberhaften Hof hinaus, in dem den Betrachter ganz und gar die Atmosphäre späten Mittelalters umfängt: die feingliedrige *Loggia* im ersten Stock, die schmucke, reich ornamentierte *Treppe,* die zu ihr hinaufführt, und die vielgestaltigen Fabelwesen der Wasserspeier an der Dachtraufe sind allesamt im ersten Viertel des 15. Jh. entstanden und tragen noch durchaus den Stempel eines hohen und reinen gotischen Stilwillens (Abb. 64). Auf eine schon weniger zuchtvolle, mehr zur dekorativen Ausschweifung neigende Epoche weist das Portal zur Sankt-Georgs-Kapelle im Obergeschoß hin; fast unglaublich scheint es, daß zwischen der noblen Einfachheit der Loggia und dem hemmungslos sich entfaltenden Rankenwerk, mit dem der Meister Marc Cafont die Kapellenwand überzogen hat, nur ein Zeitraum von nicht ganz anderthalb Jahrzehnten liegt.

Auch der zweite Hof, in den man auf der Höhe der ersten Etage durch ein Tor neben der Georgskapelle hinaustritt, bietet ein kaum erwartetes Bild: zwischen den unten glatten, in der Höhe plastisch reich ausgestatteten Mauern sind hier Orangenbäume angepflanzt, und sie finden in dieser steinernen Umgebung genug Erde, um zu blühen und Früchte zu tragen. Ihnen verdankt der *Patio de las Taronjas* seinen Namen: ein Idyll aus dem Zusammenklang von Architektur und Skulptur mit einem kleinen Stück (zugegebenermaßen hier ein bißchen künstlich wirkender) Natur.

Auf der gegenüberliegenden Seite der Generalitat liegt an der Plaça de Sant Jaume noch ein weiteres von den großen öffentlichen Gebäuden Barcelonas: das AJUNTAMENT. Auch dieses städtische Rathaus verbirgt seine ehrwürdige Herkunft hinter einer reichlich schwerfälligen neoklassizistischen Schauseite. Man muß zur Linken um sie herumgehen, um am Carrer de la Ciutat die gotische Front der Stadthalle zu entdecken. Um die Wende des 14. Jahrhunderts errichtet, übertrifft sie an künstlerischem Wert entschieden das, was von der früheren Fassade der Generalitat übriggeblieben ist. Nicht das Gleiche kann man von den Innenräumen sagen – bei aller Pracht des *Saló dels Cents,* in dem der große Stadtrat zu tagen pflegte und der wiederum die für seine Entstehungszeit (16. Jahrhundert) typische Mischung später gotischer Züge mit solchen der hier freilich bereits weit entwickelten Renaissance aufweist.

Gotische Streifzüge

Gotische Hinterlassenschaft beschränkt sich in Barcelona nicht auf den *Barri Gótic* im engeren Sinne. Auch in anderen Teilen der Altstadt und selbst außerhalb des historischen Zentrums ist sie lebendig geblieben. Ganz besonders gilt das für jenes Quartier, das sich östlich an den römisch-mittelalterlichen Kern anschließt: den *Barri de Santa Maria.*

Hier liegt auch die Perle unter den Barceloneser Straßenzügen: der *Carrer Montcada.* Einst, noch in romanischen Zeiten, als Teil einer ungeschützten Vorstadt entstanden, später in den Mauerring des 14. Jahrhunderts einbezogen und bis ins 19. hinein eine der belebtesten und zugleich vornehmsten Arterien der gesamten Innenstadt, hat der Montcada in der Gründerzeit diese Funktion an die soviel breiteren und doch nicht halb so interessanten modernen Aveniden abgeben müssen. Anders als im Umkreis der Kathedrale bestimmen hier nicht kirchliche, fürstliche oder städtisch-offizielle Monumente das Bild, sondern die Wohnhäuser adliger Geschlechter und jener Patrizier, die ihren im Fernhandel erworbenen Reichtum in Adelspatenten angelegt haben. Inzwischen freilich sind die Nachkommen der Erbauer so gut wie alle ausgezogen und haben ihre gotischen Privatpalais überwiegend öffentlichen Institutionen überlassen – teils weil die Gegend nun nicht mehr als chic galt, teils auch, weil ihnen die Kosten für die Erhaltung und Restauration ihrer Behausungen über den Kopf zu wachsen drohten. Da mußten eben die Stadt, die Provinz oder auch die eine oder andere große Firma einspringen. Und die neuen Besitzer haben sich dieser Aufgabe im Laufe der Zeit mit viel Sorgfalt und Verständnis unterzogen.

Glücklicherweise ist bei der Erneuerung, die dem einstigen Nobelviertel wieder etwas von seiner ehemaligen Ansehnlichkeit zurückgegeben hat, auch der Beitrag von Renaissance und Barock angemessen respektiert worden; das schönste Beispiel dafür bietet der PALAU DELS DALMASES (Nr. 20), dessen schlichte Fassade gerade die rechte Folie für die üppig skulptierte gedeckte Außentreppe im Patio und die barock gedrechselten Säulen abgibt. Aber auch von der gotischen Substanz ist hier noch genug vorhanden – etwa im PALAU DEL MARQUÉS DE LLIÓ (Nr. 12), wo heute das Kostümmuseum der Sammlung Rocamora untergebracht ist, im älteren PALAU MONTCADA (Nr. 22) und vor allem im gründlich wiederhergestellten PALAU BERENGUER DE AGUILAR (Nr. 15). Dieses heute gewiß wieder schönste aller aristokratischen Herrschaftshäuser an dieser Straße schlägt auf eine zunächst verblüffende und doch völlig überzeugende Weise die Brücke zwischen der Kunst des Mittelalters und der des 20. Jahrhunderts. Hier hat das MUSEU PICASSO seine Heimstatt gefunden: eine wahrhaft einzigartige Übersicht über die Frühzeit eines modernen Klassikers der bildenden Kunst, von den ersten tastenden Kinderzeichnungen über die vielfältigen realistischen oder symbolistisch gefärbten Gemälde und graphischen Blätter der Anfänge bis hin zur früh errungenen und dann über alle stilistischen Wandlungen hinweg behaupteten Meisterschaft. Der Künstler, obwohl andalusischer Herkunft, hat seine entscheidenden Werdejahre in Barcelona verbracht und in dieser Stadt die stärksten Eindrücke seiner Jugend empfangen. Sein lebenslanger katalanischer Freund Jaime Sabartés stiftete den Grundstock der nunmehr öffentlichen Sammlung, und Picasso selbst erweiterte sie nach dem Tode von Sabartés durch die Schenkung jener vielen Werke, die bis dahin in der Obhut seiner Barceloneser Verwandten geblieben waren. Daß Barcelona auf diese Weise dem Schaffen des Emigranten und leidenschaftlichen Franco-Gegners schon zu Lebzeiten des Caudillos huldigen konnte, wäre ohne die Liberalisierung des diktatorischen Regimes wohl unmöglich gewesen. Erst mit dem Übergang Spaniens zu einer solider als ehemals begründeten Demokratie aber hat dieses Museum sein angemessenes Ambiente gefunden.

Verfolgen wir den Carrer Montcada hafenwärts bis zur Plaça del Borne, dann gelangen wir zu der Kirche aus dem 14. Jahrhundert, die dem ganzen Viertel seinen Namen gegeben hat und die neben der Kathedrale als das bedeutendste sakrale Werk aus der gotischen Epoche Barcelonas gelten darf: zu SANTA MARIA DEL MAR. Nicht umsonst sprechen die Barcelonesen von diesem Gotteshaus aus der zweiten Hälfte des 14. Jahrhunderts gerne als von ihrer 'zweiten Kathedrale'. Schon nach seinen Ausmaßen, aber auch angesichts seiner künstlerischen Qualität hält es durchaus den Vergleich mit dem erzbischöflichen Dom aus. Obwohl durch den anarchistischen Kirchensturm nach der Niederwerfung des Militärputsches von 1936 schwer mitgenommen und vieler seiner Kunstschätze beraubt, ist Santa Maria schließlich wieder so hergerichtet worden, daß man auch heute noch eine Vorstellung von seinem hohen architektonischen Rang gewinnen kann. Auch hier ist es, trotz den vier teilweise recht bedeutenden Portalen, vor allem das majestätisch über oktogonalen Pfeilern aufragende *Innere* mit seinem Kreuzrippengewölbe, das in den Bann schlägt (Abb. 70): Auch hier, wie in der Kathedrale, ist die basilikale Anlage (ohne Querschiff) durch die außerordentliche Höhe der Seitenschiffe (sieben Achtel des Mittelschiffs) zugunsten eines saalartigen Eindrucks verschleiert: so kann das Tageslicht den Raum von allen Seiten durch die farbig verglasten Fenster erhellen. Nur die *Glasmalereien* in der Rosette stammen aus der Ursprungszeit der Kirche; bei den meisten handelt es sich um barocke Scheiben – und selbst in diesem Fall vielfach nur um nachträglich nach den Zerstörungen angefertigte Kopien. Unter den noch vorhandenen gotischen Skulpturen am *Altar* oder an den *Kapitellen der Portale* verdienen vor allem jene unsere Aufmerksamkeit, die nicht etwa den üblichen Heiligen gewidmet sind, sondern die Figuren jener Lastenträger festhalten, die zur Bauzeit im Hafen beschäftigt waren und die anscheinend auch an der Errichtung der Kirche entscheidenden Anteil genommen haben: Hier ist ein Stück mittelalterlichen Alltags der Zukunft künstlerisch überliefert worden. Zum großen Komplex des alten Hafens gehörte auch ein Bauwerk, das seinesgleichen nirgends sonst findet: das der königlichen Schiffswerften oder DRASSANES (span. ATARAZANAS REALES), die in ihrer gegenwärtigen Gestalt wohl in die Zeit Peters des Zeremoniösen, also ins 14. Jahrhundert datiert werden können (Abb. 75). Die vielschiffigen, gewaltigen Hallen, die heute den sinnvollen Rahmen für das hochinteressante *Schiffsmuseum* abgeben, aber von dessen reichhaltigen Sammlungen nur zum Teil beansprucht werden, vermitteln noch immer einen Begriff von der frühindustriellen Regsamkeit und der fortgeschrittenen Technik, auf denen die maritime Vorherrschaft der katalanisch-aragonesischen Föderation im westlichen Mittelmeer beruhte. Hier wurden die Flotten von Galeeren und Seglern gezimmert, die von Barcelona aus die kommerzielle wie die kriegerische Verbindung mit den Außenposten des Imperiums von den Balearen bis Sizilien und Süditalien aufrechterhielten und sicherten (vgl. a. Abb. 76). Zugleich eröffnet das mächtig in die Breite und Tiefe ausladende Gebäude mit seinen übereinandergestellten Reihen von Längs- und Querbögen aber auch den Ausblick auf einen sonst kaum bekannten Aspekt gotischer Architektur: auf die Monumentalität, mit der zu jener Zeit selbst profane, ja strikt utilitäre Bauaufgaben gelöst wurden.

Diese paar Hinweise erschöpfen den reichen gotischen Bestand der Barceloneser Altstadt und des daran anschließenden Hafenviertels keineswegs. Aber hier soll nur noch auf ein Denkmal des 14. Jahrhunderts aufmerksam gemacht werden, das wegen seiner Lage weit außerhalb des Stadtzentrums von Touristen nur selten aufgesucht wird (und zudem nur sonntags zwischen 12 und 14 Uhr als Ganzes zur Besichtigung geöffnet wird): das Kloster von Pedralbes, das katalanisch mit seinem vollen Namen REIAL MONASTIR DE SANTA MARIA DE PEDRALBES heißt. Hier, in der früheren Ortschaft und nunmehrigen Vorstadt Sarriá, haben Jaume II., der Gerechte, und seine fromme Gemahlin Elisenda de Montcada (span. Moncada) an der Stelle einer vormaligen römischen Villa und eines mittelalterlichen Landgutes im Jahre 1326 eine Niederlassung für Nonnen des Clarissinnen-Ordens – also für Franziskanerinnen – gestiftet, die sich die Königin schon zu ihren Lebzeiten als Begräbnisstätte ausersehen hatte; hier hat sie nach dem Tode ihres Gatten die langen 37 Jahre ihrer Witwenschaft verbracht, ehe sie im Chor der Klosterkirche zur letzten Ruhe gebettet wurde.

Auch diese einschiffige Kirche, von einem sehr charakteristischen oktogonalen Turm überragt, zeichnet sich wie die meisten Werke hoher katalanischer Gotik durch eine Schlichtheit aus, die an die Strenge zisterziensischer Baukunst gemahnt. Auf jede Form der Ausschmückung verzichtet auch der zweistöckige *Kreuzgang*, der größtenteils dem 15. Jahrhundert angehört, aber erst nach der Wende zum 16. mit der Fertigstellung seiner oberen Galerie vollendet wurde (Abb. 77). Er beeindruckt weniger durch seinen ganz ungewöhnlichen Umfang – angeblich ist er der größte aller klösterlichen Wandelgänge, die aus gotischer Zeit erhalten sind – als durch die Atmosphäre der Ruhe und des vollkommenen Friedens, die er ausstrahlt. Vielleicht hat gerade diese gewollte und betonte Einfachheit der Anlage Le Corbusier dazu bewogen, das Kloster von Pedralbes als das ausgewogenste und perfekteste Werk der europäischen Gotik überhaupt zu bezeichnen – ein Urteil, das gewiß nicht jedermann einleuchten wird, das aber aus der Sicht des modernen Architekten jedenfalls durchaus verständlich scheint. Wie wenig der Verzicht auf dekorativen Prunk freilich mit Kunstfeindlichkeit zu tun hatte, das offenbaren die Kunstwerke in dem früheren, jetzt als kleines, aber exquisites *Museum* dienenden Kapitelsaal und vor allem die bedeutenden Fresken des katalanischen, aber sichtlich an italienischen Vorbildern geschulten Meisters Ferrer Bassa aus den Frühjahren des Klosters in der Sankt-Michaels-Kapelle.

Nicht übersehen sollte man schließlich auch das Wohnhaus gegenüber dem Eingang zum Kloster. Hier befand sich früher das CONVENTET, die Wohnstatt jener Minoriten-Patres, denen der geistliche Beistand für die Nonnen von Pedralbes oblag. Beim Ausbau des Gebäudes zu einer privaten Villa in den vergangenen zwanziger Jahren wurden in die Fassade zahlreiche romanische Skulpturen aus der verlassenen und zerfallenen Kirche Santa Maria in Besalú (vgl. S. 113) eingelassen.

Sprung über die Jahrhunderte

Natürlich sind auch nach dem Ausgang des Mittelalters in Barcelona noch manche interessanten und sehenswerten Gebäude entstanden. Für die hier spät einsetzende, noch lange von gotischen Nacherinnerungen durchwirkte Renaissance mag etwa der frühere vizekönigliche Palast (PALAU DEL LLOCTENENT) in der nächsten Umgebung der Kathedrale zeugen, der jetzt das Archiv der Krone von Aragon beherbergt. Das Barock hat neben manchen Kirchen und Palästen im wesentlichen auch den großen Komplex des HOSPITAL DE LA SANTA CRUZ abseits der Ramblas geprägt. Den Klassizismus des 18. Jahrhunderts repräsentieren neben dem Neubau der LLOTJA um den Kern des noch erhaltenen gotischen Börsensaales so noble Palais wie das der VIRREINA (mit der bedeutenden Gemäldegalerie der *Collecció Cambó*) am Carrer del Carmen im Bereich der Ramblas, vor allem aber die imposante städtebauliche Schöpfung der PLAÇA REIAL (Abb. 71), die an zwingender Geschlossenheit der weit berühmteren Madrider Plaza Mayor nahekommt.

Und doch ändert all das – und so manches andere hier nicht einmal Erwähnte – wenig daran, daß die katalanische Metropole von der Mitte des 16. Jahrhunderts bis tief ins 19. hinein alles in allem eben doch nicht mehr über provinziellen Zuschnitt hinausgelangte. Erst mit dem Anbruch dessen, was man noch immer, mit einem zugegebenermaßen höchst unbestimmten Begriff, als 'die Moderne' zu bezeichnen pflegt, gewann die Stadt künstlerisch aufs Neue überregionalen und internationalen Rang. Das war in erster Linie das Werk einer Schule architektonischer Pioniere, die in engem Zusammenhang mit der deutschen Strömung des 'Jugendstils', mit der französischen des 'Art Nouveau' ihre neue, in Spanien kurzerhand unter dem Begriff des 'Modernismo' zusammengefaßte Ästhetik entwickelten und denen sich in Barcelona mehr Möglichkeiten zur Verwirklichung ihrer kühnen Ideen boten als irgendwo sonst: José Puig i Cadafalch, Luis Domènech i Montaner und, vor allen anderen, der eigenwillig-geniale Antonio Gaudí haben mit ihren vorbildlosen Bauten nicht nur das neuzeitliche Gesicht der Stadt mitgestaltet, sondern auch Anlaß zu leidenschaftlichen Diskussionen gegeben – und zwar bis in die jüngste Zeit hinein.

Man wird die Kunst dieser Männer vor allem als leidenschaftliche Reaktion auf jenen Historismus und Eklektizismus verstehen müssen, der sich mehr als ein Jahrhundert hindurch mit der Aneignung und mehr oder weniger geglückten Abwandlung früherer 'Stilmodelle' begnügte. Der Beliebigkeit, mit der Neoklassizismus, Neorenaissance, Neogotik, Neoromanik und Neobarock die Mittel der Vergangenheit übernahmen (und allzu oft vergröberten), setzten Gaudí und seine Mitstreiter die Suche nach einer völlig neuen, nicht aus dem vorhandenen Fundus der Formen schöpfenden Sprache der Architektur, der Ornamentik, des Kunsthandwerks gegenüber, die ihrer eigenen Zeit angemessen sein sollte. Das führte sie einerseits zum Rückgriff auf die organischen Formen der Natur, andererseits zum Streben nach der Ausnützung neuer technisch-konstruktiver Möglichkeiten. Die spielerisch, vielleicht auch willkürlich anmutende Vorliebe für die geschwungene Linie, für die überraschende Auflösung starrer Wandflächen und für heftige farbige oder plastische Effekte verband sich dabei mit dem unverkennbaren Willen, die Gestalt des Baus und seiner

Einzelheiten aus einer Besinnung auf seine tatsächliche Funktion und die seiner Teile heraus zu entwickeln.

Wohl das berühmteste, sicher das größtangelegte Werk dieses 'Modernismo' nicht nur in Barcelona und in Spanien, sondern auf der ganzen Welt ist Gaudís unvollendete Kirche der Heiligen Familie. Die SAGRADA FAMILIA, von der Geistlichen Gesellschaft der Verehrer des Heiligen Joseph in Auftrag gegeben und ausschließlich durch private Spenden finanziert, war ursprünglich von Gaudís Vorgänger als ein Bau im damals üblichen neogotischen Stil konzipiert. Gaudí veränderte diesen Ansatz von Grund auf. Der gewaltige Tempel, der ihm vorschwebte, sollte gleichsam als Gegenstück zur Kathedrale – und wie sie als 'Predigt in Stein' – zum großartigen Beispiel für die Möglichkeiten einer nicht-historisierenden Monumental-Architektur werden. Die Planung des Architekten griff aber weit über das einzelne Bauwerk hinaus: es sollte nach seinem Willen mit den dazugehörigen Gebäuden – Schulen, Kindergärten, Gemeindehäusern und Lehrwerkstätten – als Mittelpunkt eines ganzen auf das Gotteshaus hin ausgerichteten neuen Quartiers in einen großen städtebaulichen Zusammenhang hineingerückt werden.

Das Vorhaben war wohl zu ehrgeizig angelegt, als daß es unter den Verhältnissen der Barceloneser Gründerjahre in seinem ganzen Umfang hätte ausgeführt werden können. Auch die Kirche selbst ist bisher Fragment geblieben: Gaudí selber konnte, nach Krypta und Apsis, nur die gewaltige, von Figuren barock überquellende Westfassade und die vier Türme darüber vollenden: merkwürdige konische Gebilde, die einerseits von den erstaunlichen Felsgestalten des Montserrat inspiriert scheinen, anderseits aber den Gesetzen einer streng rational ausgedachten Statik gehorchen (Abb. 72, 73).

Diese erste Front steht thematisch ganz im Zeichen von Christi Geburt; die zweite, an der die Mitarbeiter, Schüler und Nachfolger des Meisters seit 1925 arbeiten, ohne daß sich bereits ein Ende ihrer Bemühungen absehen läßt, soll demgegenüber der Passion des

Säulenfuß an der Sagrada Familia, Barcelona

Erlösers gewidmet sein. Mag das Ergebnis in der einen oder anderen Hinsicht den heutigen Betrachter einigermaßen bizarr anmuten, können ihm manche Teile des allzu üppigen plastischen Fassadenschmucks gar als kitschig erscheinen, so ist die Sagrada Familia doch ungleich mehr als eine zum Wahrzeichen der Stadt erhobene Kuriosität: sie fesselt durch die eindringliche Leidenschaft, mit der hier eine originale, nur noch entfernt von gotischen Erinnerungen durchwirkte Formenwelt in den Dienst einer leidenschaftlichen religiösen Empfindung, ja geradezu eines missionarischen Willens gestellt wird – auch wenn aus der 'Kathedrale der Armen', die dem Schöpfer des Werkes vorschwebte, mittlerweile eine teils bestaunte, teils mit Kopfschütteln zur Kenntnis genommene Touristen-Attraktion geworden ist.

Uns selber liegt ein anderes Beispiel von Gaudís Erfindungsreichtum näher: der PARC GÜELL im Nordosten der Stadt. Hier, angesichts der Aufgabe, seine Kunst unmittelbar mit der als Lehrmeisterin verehrten Natur zu konfrontieren und zugleich zu verschwistern, konnte der Architekt seiner Phantasie die Zügel schießen lassen, ohne sich von einem Programm theologischer oder auch ideologischer Natur einschnüren zu lassen. Eine Idee wie die wellenförmige, über und über mit bunten Keramik-Fragmenten in einer Vorausnahme abstrakter Collage-Kunst verzierte Steinbank, die sich um die zentrale Plattform des Parkes zieht, zeugt von einer heiteren und dabei so überaus raffinierten Freude des Spiels mit Farben, Formen und Materialien, die ihre euphorische Wirkung auf den Benützer schwerlich verfehlt (Abb. 74). Nicht umsonst hat die *Unesco* diese Anlage in ihr Verzeichnis besonders wertvoller Kulturgüter der Menschheit aufgenommen – als jüngstes der darin vertretenen Objekte.

Für den Initianten des Parks, seinen Mäzen und Freund Graf Güell, hat Gaudí auch weitere bedeutende Bauten entworfen – so den PALAU GÜELL am Carrer Nou de la Rambla, die Pavillons beim Palau Reial de Pedralbes, dem damaligen Landhaus der Familie, und die *Kirche* der COLONIA GÜELL, einer Arbeitersiedlung im Barceloneser Vorort Santa Coloma de Cervelló, die manchen Kritikern als sein Meisterstück gilt. Eine Reihe von Wohnhäusern – darunter die vielumstrittene sog. PEDRERA am Passeig de Gracià Nr. 92 aus seiner späten Periode, die sich wiederum der Wellenform als Grundmotiv bedient, ist für andere Auftraggeber entworfen worden. An der gleichen Straße haben auch Puig (Nr. 41) und Domènech (Nr. 35) Beispiele ihres Schaffens hinterlassen. Das bekannteste (und umstrittenste) Werk des Letztgenannten ist freilich Barcelonas üppig ausgestattete Konzerthalle: der PALAU DE LA MÚSICA CATALANA am Carrer Alto de Sant Pere, einer Seitenstraße der Via Laietana wenig nördlich der Kathedrale. Konstruktiv ist sie eine bahnbrechende Tat, die wesentliche Elemente des späteren Neuen Bauens vorausgenommen hat; durch die überschwengliche und vielfach bizarre Dekoration von Fassade und Innenräumen aber gehört sie noch ganz der vorangegangenen Strömung des 'Modernismo' und jener gründerzeitlich anmutenden Prunksucht an, gegen die der spartanische Funktionalismus einer neuen Generation dann so entschieden aufbegehren sollte.

Die Museen auf dem Montjuic

Auf dem Hügel des *Montjuic,* der sich am Rande der Altstadt zwischen dem Häusermeer und dem Hafen auf eine Höhe von mehr als 170 Metern erhebt, ist man auf die Spuren der ältesten Siedlung im heutigen Bereich Barcelonas gestoßen. Stadt und See gleichermaßen überblickend und beherrschend, hat die Anhöhe früh zur Befestigung eingeladen, als Ergänzung zum dritten und letzten Mauerring, der bis an ihren Fuß vorgeschoben wurde. Hier errangen die Katalanen 1641 in ihrem Aufstand gegen die kastilische Krone ihren größten Sieg; 1714 andererseits wurde der Fall von Barcelona unvermeidlich, nachdem die Belagerer sich dieser Bastion bemächtigt hatten, und von da an galt der Montjuic als die Zwingburg, von der aus die Spanier die stets widerspenstige Stadt fest im Griff hielten.

Heute hat der Berg seine einstige militärische Funktion eingebüßt. Anläßlich der 'Exposición Internacional' von 1929 wurde er in einer gewaltigen Anstrengung von Grund auf umgestaltet und in ein großangelegtes Erholungsgelände mit zugleich betont repräsentativem Anspruch verwandelt. Das Bemühen erbrachte mehr permanente Ergebnisse, als das sonst bei solchen Weltausstellungen der Fall ist: Die lange Reihe der Messehallen zu beiden Seiten der breiten Avenuen von der Plaça d'Espanya hügelan, die raffiniert angelegten Springbrunnen, die groß konzipierte doppelte Freitreppe zum PALAU NACIONAL hinauf, das 'spanische Dorf' (*Poble Espanyol*) mit seinen Repliken charakteristischer Bauten, Straßenzüge und Plätze aus allen Teilen des Landes – eine touristische Attraktion erster Ordnung –, aber auch der Rummelplatz mit seinem lärmigen Betrieb gehen auf diesen Anlaß zurück.

Das Gleiche gilt für die Vielzahl der Museen, die seit damals auf dem Montjuich ihren endgültigen Platz gefunden haben. Nicht alle von ihnen sind für den Kunstfreund gleich attraktiv, auch wenn es ihnen – wie etwa dem MILITÄRMUSEUM in der Zitadelle – nicht an kulturhistorischem Interesse fehlt. Das ARCHÄOLOGISCHE MUSEUM dagegen bietet neben einer Unzahl vorgeschichtlicher Funde von mehr wissenschaftlichem als artistischem Interesse einen umfassenden Überblick über die Hinterlassenschaft des klassischen Altertums in Katalonien (Abb. 78, 79); hier finden sich auch die meisten der bedeutenden Originale aus Ampurias, mit deren Reproduktionen wir uns an Ort und Stelle zu begnügen hatten. Sehenswert, vor allem wegen der prachtvollen Beispiele älterer Fliesenkunst, ist auf jeden Fall auch das KERAMIK-MUSEUM im ersten Stock des bereits erwähnten Nationalpalastes.

Bei weitem die eindrucksvollste der Sammlungen auf dem Montjuic und ohne Zweifel die bedeutendste aller katalanischen Kollektionen überhaupt befindet sich allerdings im Erdgeschoß desselben PALAU NACIONAL: das MUSEU D'ART DE CATALUNYA. Im Prinzip soll es die gesamte Entwicklung der Kunst in Katalonien vom Ende der antiken Welt bis ins

1 SAINT-MICHEL-DE-CUXA Kapitell außen ▷

2 SERRABONE Empore aus rosa Marmor

3 SAINT-MARTIN-DU-CANIGOU Kreuzgang

4 VILABERTRÁN Kreuzgang

5 FENOLLAR Fresko: Ein Ältester der Apokalypse

6 CASTELLÓ D'EMPÚRIES Apostelfiguren vom Portal

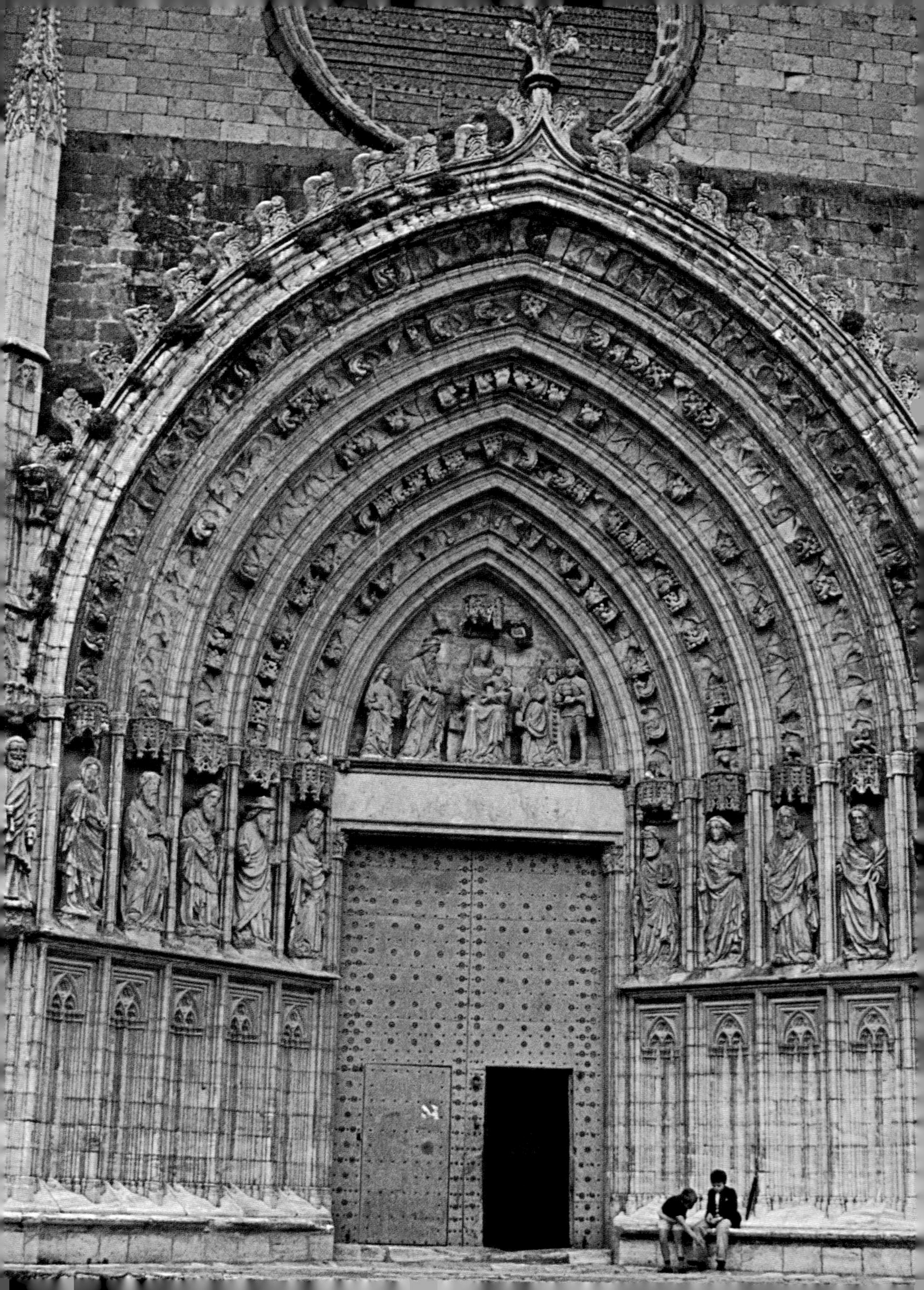

8 BESALÚ Geknickte Brücke mit Falltür und Türmen

7 CASTELLÓ D'EMPÚRIES Portal der Kirche Santa Maria

9 GIRONA Schöpfungsteppich: Erschaffung der Meerestiere

NS SOPORĒ
TVLIT VNĀ
COSTIS EIVS
ACTA E LVX + DIXIT QVO
REX
LIGNV̄
POMIFERV̄
VOLA
CE

ADAM
EBATVR
FORTIS

11 TOSSA DE MAR Das Kastell

◁ 10 GIRONA Mittelteil des Schöpfungsteppichs im Diözesan-Museum

12 Der Stausee von Vic

14 VIC Madonna im Diözesan-Museum

◁ 13 Bootsstrand bei Tossa de Mar

15, 16 BARCELONA Museu d'Art de Catalunya: Muttergottes aus Sant Climent de Taúll und Katalanische Ritter bei der Belagerung von Mallorca aus dem Palau de Montcada

17, 18 BARBERÁ DEL VALLES Die Kirche und Kreuzigung des Petrus

EGO SVM
LVX MVDI

20 BARCELONA Museu d'Art de Catalunya: Majestat Batlló

21 TERRASSA Kirche Santa Maria: Thronender Christus; darunter die Ermordung des Thomas Becket

◁ 19 BARCELONA Museu d'Art de Catalunya: Fresko aus Sant Climent de Taúll

23 Bauernhaus bei Talamanca; im Hintergrund der Montserrat

22 SANT BENET DE BAGES   Kreuzgang-Garten

24 Landschaft westlich Solsona

26 SOLSONA Diözesan-Museum: Engel aus Sant Pau de Casseres

27 EL BRUC Sankt Petrus in der Kirche Santa Maria

25 SOLSONA Diözesan-Museum: Frühes Fresko aus Sant Quirze de Pedret

28 OLIUS Die Krypta von Sant Esteve

29 Die Sierra de Finestres in der Nähe von Santa Pau ▷

30 Más (typischer Bauernhof) bei Vallfogona

31 Der Riu Brugent in der Serra de Montseny

32 TARRAGONA Die Kathedrale

33, 34 TARRAGONA Archäologisches Museum: Mosaik mit Medusenkopf und Meeresmosaik (Detail)

35 TARRAGONA Grabmosaik im Frühchristlichen Museum

36 CENTCELLES Teil des Kuppelmosaiks

37 SANTES CREUS Doppelkapitell

39 POBLET Die barocke Front der Hauptkirche ▷

38 SANTES CREUS Sarkophag König Peters III. des Großen von Aragon

40 SANTES CREUS Blick in den Kreuzgang

41 TAÚLL Kirche Sant Climent; im Hintergrund Santa Maria

42 SANT SADURNI Die Apsiden der Kirche

43 Der Riu Nogueira Pallaresa

44 DAS ARAN-TAL mit dem Ort Salardú

45 ANDORRA-LA-VELLA, Casa de la Vall (ANDORRA)

46 CANILLO Siebenarmiges Kreuz (ANDORRA)

47 SANT JOAN DE CASELLES Fresko mit Stuckrelief (ANDORRA)

48 Pont de Sant Antoni, mittelalterliche Brücke (ANDORRA)

18. Jahrhundert vergegenwärtigen. Bis vor kurzem war für das Publikum allerdings nur die romanische Abteilung geöffnet; erst seit 1981 sind auch die reichen gotischen Bestände zugänglich. Das Schwergewicht liegt hier ganz auf dem Bereich der Tafelmalerei, vor allem der nun beherrschenden mächtigen *Retablos,* beginnend mit den frühen, ganz linear bestimmten und an die französische Tradition anknüpfenden Schöpfungen einer italianisierenden Schule, die vor allem durch die Malerdynastie der Serra repräsentiert ist. Fast überreich dann die Prunkentfaltung in den Altarbildern des 15. Jahrhunderts (Borrassà, Martorell); der Realismus eines Jaume Huguet andererseits läßt schon mehr als einen Hauch vom Geist der Frührenaissance verspüren. Dabei wird der Rahmen der katalanischen Kunst bei der Vergegenwärtigung des Spätmittelalters mit guten Gründen weiter gezogen als für die vorangegangene Epoche: neben die Künstler des Principats, des Roussillons und Andorras treten hier auch solche der valencianischen, balearischen und aragonesischen Schulen. Die gleiche Weite des Gesichtskreises läßt sich in den Sälen beobachten, die anhand charakteristischer und qualitätsvoller Beispiele ein Bild von der Entwicklung gotischer Plastik im großkatalanischen Kulturkreis vermitteln (vgl. Abb. 68 und 69).

Wenn der Rahmen in der romanischen Abteilung enger gezogen ist, dann ergibt sich das ganz einfach daraus, daß Katalonien vom 11. bis zum 13. Jahrhundert noch auf das ursprüngliche, »altkatalanische« Gebiet beschränkt war, daß seine geographische Ausweitung daher zeitlich ziemlich genau mit dem stilistischen Übergang von der Romanik zur Gotik zusammenfiel. Nichtsdestoweniger – und unbeschadet der Tatsache, daß es sich bei den hier zusammengetragenen Schätzen nur um relativ bescheidene Reste eines einst unabsehbar reicheren Fundus handelt – verdankt das Museum seinen weltweiten Ruf auch weiterhin vor allem der wahrhaft einzigartigen Sammlung romanischer *Fresken,* die hier ausgestellt sind.

Als nach dem Ersten Weltkrieg findige Händler auf die frühen Wandmalereien in meist entlegenen Dorfkirchen zumal des Pyrenäengebiets aufmerksam wurden und eine ganze Reihe dieser Werke mit Hilfe italienischer Spezialisten abzulösen und ins Ausland zu verfrachten gedachten, da schlugen ein paar Kunsthistoriker und Museumsfachleute Alarm – und mit Hilfe des Museumsrats von Barcelona gelang es ihnen gerade noch rechtzeitig, fast alle der vom Ausverkauf bedrohten Fresken zu erstehen und sie damit für Katalonien zu retten. Dabei legten es die praktischen Probleme der Konservierung und Restaurierung, aber auch Rücksichten auf die sonst schwere Zugänglichkeit dieser Monumente nahe, wenigstens die bedeutsamsten dieser künstlerischen Zeugnisse in Barcelona unter einem Dach zu vereinen, auch wenn eine religiöse und kirchlich gebundene Kunst eigentlich besser in die Räume gepaßt hätte, für die sie ursprünglich bestimmt war. Immerhin hat man wenigstens einige der Fresken in ihren Kirchen durch Kopien ersetzt und an Ort und Stelle damit etwas vom ursprünglichen Eindruck bewahrt (vgl. Abb. 139).

◁ 49 Das Dorf PAL (ANDORRA)

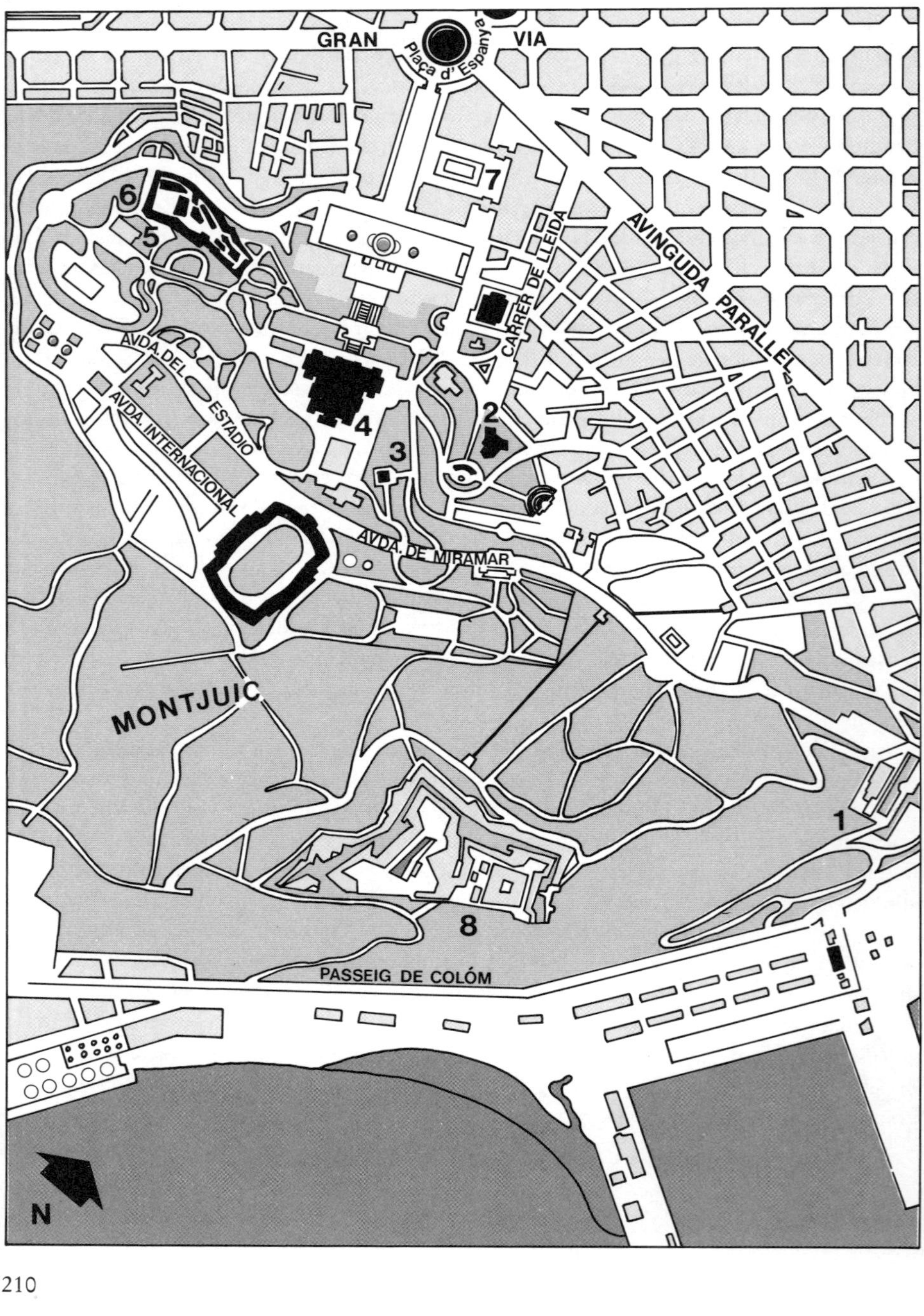
GRAN
Plaça d' Espanya
VIA
7
6
5
AVINGUDA PARALLEL
CARRER DE LLEIDA
AVDA. DEL ESTADIO
AVDA. INTERNACIONAL
4
2
3
AVDA. DE MIRAMAR
MONTJUIC
1
8
PASSEIG DE COLÓM
N

Im *Museum* andererseits sind die originalen Raumverhältnisse, in denen jedes einzelne Werk sich darbot, mit minuziöser Sorgfalt nachgebildet worden; wenn sich schon die sakrale Weihe der früheren Umgebung solchermaßen nicht auf den neuen Standort übertragen ließ, so ist doch dafür gesorgt, daß die ganzen Fresken oder Freskenzyklen wie die einzelnen vorhandenen Bruchstücke einen Platz finden, der ihrer eigentlich gemeinten gottesdienstlichen Funktion wie ihrer Beziehung zueinander exakt entspricht. Andererseits aber sorgen die hellen Wände, von denen sich die farbige Bilderwelt abhebt, und die ausgezeichnete Beleuchtung dafür, daß der Besucher jede Einzelheit der Werke studieren kann, die er in den meist düsteren Kirchenräumen nur schwer erkennen könnte. Insofern ist die Verpflanzung in die neue Umgebung, so problematisch sie grundsätzlich erscheinen mag, alles in allem vorbildlich gelungen.

Mit großem Geschick ist auch bei der sehr komplizierten Anordnung der einzelnen Säle zueinander verfahren worden. Sie folgt alles in allem chronologischen Prinzipien, um so die Entwicklung der romanischen Kunst zu verdeutlichen, verzichtet dabei aber auf jedes starre Schema. Anderseits sind jene Werke, die auf gleiche Autorschaft oder doch Werkstatt schließen lassen, zu einzelnen Gruppen zusammengefaßt. Damit treten die individuellen Unterschiede bei der Behandlung der meist vorgegebenen Bildprogramme plastischer hervor, hebt sich aus der Fülle der verwandten Arbeiten das Schaffen einzelner starker und prägender Persönlichkeiten und ihr Einfluß auf ihr Umfeld hervor – und zwar ohne daß der Beschauer mit dem didaktischen Zeigefinger darauf hingewiesen werden muß. Zu diesen Gestaltern hohen Ranges gehört etwa im 11. Jahrhundert der Meister von Pedret, dem u. a. die Fresken aus Sant Quirze de Pedret (vgl. Farbt. 25), aus Burgal (Abb. 80) und aus Santa Maria d'Aneu zugeschrieben werden (Säle 7 bis 10) oder etwas später in der ersten Hälfte des 12. Jahrhunderts der Schöpfer der großartigen Apsismalerei aus Sant Climent de Taúll (Saal 14; Farbt. 15, 19; Abb. 141). Aus der gleichzeitig mit Sant Climent erbauten Kirche Santa Maria in Taúll anderseits (Saal 16; Fig. S. 298) und aus Sorpe in der Grafschaft des Oberen Pallars (Saal 18; Abb. 82) stammen zwei Bilderzyklen, die zwar nicht die gleiche hohe Meisterschaft verraten, die aber schon dadurch besonderer Beachtung wert sind, weil hier außer den meist allein erhaltenen Freskenteilen aus Apsen und Chorhaupt auch bedeutende Stücke von der Ausmalung der übrigen Kirche gerettet werden konnten.

Neben den Fresken (s. a. Abb. 81 und Farbt. 16), die den gewiß umfangreichsten Teil der Sammlung ausmachen, gewinnt auch schon in der Romanik zunehmend die *Tafelmalerei* – vor allem durch die gemalten Altarvorsätze – und die Holzplastik (Abb. 83) an Bedeutung. Neben hieratisch-strengen oder bäuerlich-volkstümlichen Statuen der Muttergottes verdienen unter den Skulpturen die Darstellungen der sogenannten *Majestat* besondere Beach-

◁ Barcelona: Plan des Montjuic

1 Balcon de Miramar 2 Archäologisches Museum 3 Ethnologisches und Kolonialmuseum 4 Museu d'Art de Catalunya und Keramik-Museum 5 Spanisches Dorf 6 Volkskunst-Museum 7 Mustermesse und Kongreßpalast 8 Zitadelle mit Militärmuseum und Vergnügungspark

tung: Skulpturen des bekleideten Christus am Kreuz, die in ihrer Art denen des Pantokrator in der Kirchenmalerei gleichrangig sind. Zumal die Gestalt aus einem unbekannten Ort der Gegend von Olot, die unter dem Namen ihres ersten privaten Besitzers Batlló bekannt ist, gehört zu den schlechterdings großartigsten Hervorbringungen nicht nur der katalanischen Romanik (Farbt. 20).

Noch einmal wenden wir uns, bevor wir dem Montjuic den Rücken kehren, der so ganz anders gearteten Kunst der Gegenwart zu. Die FUNDACIÓ JOAN MIRÒ, von dem Namenspatron zu Beginn der siebziger Jahre gestiftet, ist allerdings im Gegensatz zum Picasso-Museum nicht allein dem Schaffen eines einzigen Meisters gewidmet. Zwar bietet der sehr moderne und doch nicht traditionsfremde Bau, den der Architekt Josep Lluis Sert hier in herrlicher Umgebung errichtet hat, eine einzigartige Schau vom Werk des Stifters.

Zugleich will das Haus aber Gelegenheit für die Begegnung zwischen den Künsten – nicht nur den bildenden – unserer Gegenwart und dem Publikum schaffen: wechselnde Ausstellungen auch jüngerer Talente, Vorträge, Diskussionen und Konzerte können hier im Schatten von Mirós Ruhm stattfinden. Zwischen der Welt, die sich hier öffnet, und der des Mittelalters mit seiner strengen kirchlichen Bindung mag der Abstand fast unüberbrückbar erscheinen. Trotzdem hat Miró selber erkannt, wie viel er in seinem Werdegang der steten Vertrautheit mit dem scheinbar so diametral entgegengesetzten Schaffen der romanischen Freskenmalerei in seiner engeren Heimat verdankt.

Wege von Barcelona

5. Route: Das katalanische Kernland

Eigentlich ist es nicht ganz gerechtfertigt, den folgenden Abschnitt als eine 'Route' im gleichen Sinne wie die verschiedenen Wege von Frankreich nach Barcelona zu bezeichnen. Für den Zugang zur katalanischen Metropole drängten sich die vier von uns behandelten Varianten geradezu auf. Wenn es aber darum geht, das mittelkatalanische Umfeld Barcelonas zu erkunden, bleibt es durchaus dem Belieben des Touristen überlassen, in welcher Reihenfolge und welcher Kombination er die Ziele ansteuern will, die sich in diesem Bereich dem Kunstfreund anbieten. Sicher ist nur, daß er mehr als einen Tag benötigen wird, wenn er von der Weltstadt aus auch nur die bemerkenswertesten dieser Kunstdenkmäler in Augenschein nehmen möchte – und dies, obwohl jeder einzelne der Orte, von denen in diesem Kapitel die Rede sein wird, in höchstens zwei Stunden Autofahrt erreicht werden kann. Einige davon – wie Sant Cugat, Barberà oder Terrassa – eignen sich durchaus auch für kurze halb- und vierteltägige Abstecher vom Barceloneser Standquartier aus. Will man sich aber an einem Tag mit allen dreien vertraut machen, vielleicht gar von Terrassa aus noch die herrliche Gebirgsstraße zum Pla de Bages und Sant Benet einschlagen, dann wird die Zeit schwerlich auch noch für Manresa oder gar für Cardona und Solsona ausreichen, wenn man nicht eine Übernachtung unterwegs ins Auge faßt. Anderseits wären das landschaftlich so großartige Massiv des Montserrat und seine nähere Umgebung bis hin nach Tossa de Montbui sehr wohl eine eigene Tagestour wert.

Kloster am Weltstadtrand: Sant Cugat del Vallès

Eines der künstlerisch lohnendsten Ziele liegt Barcelona ganz besonders nahe. Biegt man in der Innenstadt von der Diagonal nach rechts in die Via Augusta ein, so gelangt man über den nördlichen Abschnitt des Carrer Balmes auf die Straße, die am Hang des vielbesuchten Aussichtsberges *Tibidabo* entlang nach dem 10 km entfernten SANT CUGAT DEL VALLÈS führt; auf längerer und weniger hübscher, aber bequemerer Route ist der Ort, zumal von den westlichen Außenquartieren der Metropole aus, auch über das Verbindungsstück zwischen den Autobahnen nach Girona und Tarragona-Madrid und die Ausfahrt Rubí zugänglich.

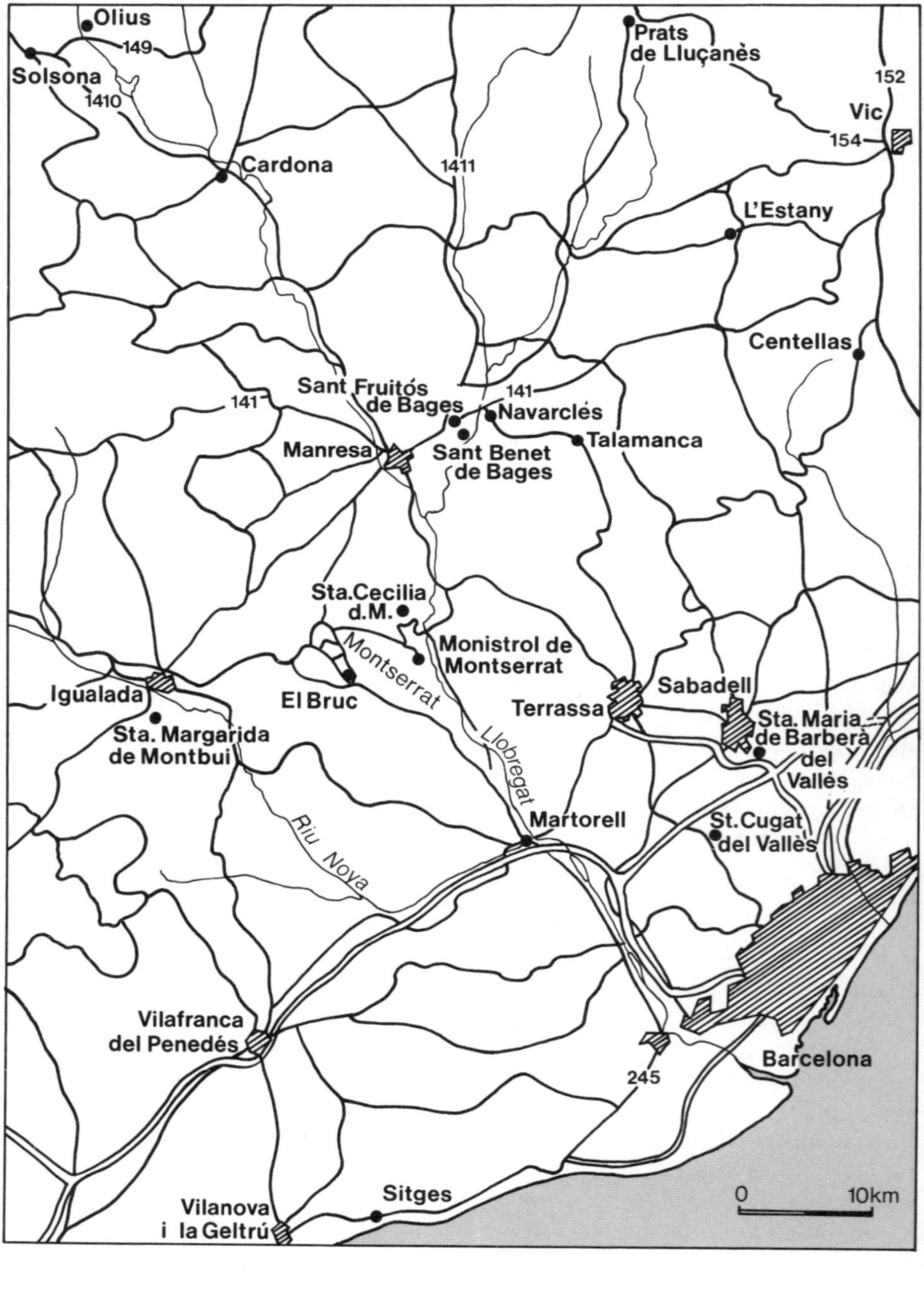
Olius
Solsona
149
1410
Prats de Lluçanès
152
Vic
154
Cardona
1411
L'Estany
Centellas
Sant Fruitós de Bages
141
Navarclés
141
Manresa
Sant Benet de Bages
Talamanca
Sta.Cecilia d.M.
Monistrol de Montserrat
Montserrat
Igualada
El Bruc
Terrassa
Sabadell
Sta. Maria de Barberà del Vallès
Sta. Margarida de Montbui
Llobregat
Martorell
St.Cugat del Vallès
Riu Nova
Vilafranca del Penedés
245
Barcelona
Sitges
Vilanova i la Geltrú
0
10km

In der römischen Festung Octaviani Augusti Castrum, die sich an der Stelle des heutigen Barceloneser Vororts erhob, soll der aus Afrika stammende Bischof Cucuphas, Cucofate oder eben Cugat zur Zeit der Christenverfolgung unter Diokletian im Jahre 304 den Märtyrertod erlitten haben. Früh entstand über seinem Grab eine kleine Kirche, vielleicht auch eine klösterliche Niederlassung, die nach den Zerstörungen durch die Araber wiederhergestellt wurde, aber der Invasion Almansors erneut zum Opfer fiel. Auch von einem ersten, zweifellos sehr einfachen Kreuzgang, den die Benediktinermönche um 1013 errichteten (und der durch ein Dokument aus jenem Jahre bezeugt ist), sind wie von der dazugehörigen Kirche nur wenige Spuren vorhanden: die roh gefügte Wand mit ihren auffälligen Nischen in der heutigen Nordgalerie, dazu der Unterbau des Glockenturms. Die große Zeit des Klosters setzte erst mit dem Neubau ein, der – auffälligerweise wiederum mit dem Kreuzgang – im letzten Jahrzehnt des 12. Jahrhunderts begonnen und bis in die Mitte des 14. fortgeführt wurde; die recht schmucklos gehaltene obere Galerie des Kreuzgangs ist sogar erst einige Zeit nach 1500 hinzugekommen.

Steht man auf dem großen, baumbestandenen Platz vor dem ehemaligen, 1835 aufgehobenen *Kloster*, so gewinnt man zunächst den Eindruck, einem rein gotischen Bau gegenüberzutreten. Tatsächlich gehört die Hauptfassade zu den jüngsten Elementen der Kirche (Mitte 14. Jhr.). Sie wird ganz und gar beherrscht von der mächtigen Rosette des Hauptschiffes, die ganz an die der Kathedrale von Tarragona aus der gleichen Zeit erinnert (und deren gemalte Glasfüllungen durch ihre für diese Zeit seltenen arabisierenden Formen auffallen). Auch das *Kircheninnere* empfängt seinen Stempel schon dank den spitzbogigen Kreuzgewölben durchaus von der Gotik. Erst nach und nach wird man der Tatsache inne, wie sehr sein basilikaler Grundriß – mit dem dreischiffigen, aus fünf Jochen bestehenden Langhaus, dem nur bis an die Seitenmauern geführten Querschiff und der nachträglich von einem Netzgewölbe überspannten Apsis – noch dem romanischen Schema folgt. Völlig der vorgotischen Epoche aber gehört jener Teil des Klosters an, dem Sant Cugat seinen Ruhm verdankt: der *Kreuzgang*.

Er ist offenbar innerhalb recht kurzer Zeit aufgeführt worden, in Gestalt eines fast regelmäßigen, nur in der Nordwestecke durch einen etwas spitzen Winkel aus der regulären Form gebrachten Quadrats (offenbar hat hier die Verwendung der vorher schon bestehenden Nordmauer die Abweichung von der sichtlich angestrebten strikten Symmetrie verursacht). Jede der durchgängig 4,60 Meter breiten, von schlichten Tonnen überwölbten Galerien wird von zwei gemauerten, durch wenig ausladende Stützen befestigten Pfeilern in drei annähernd gleich große Abschnitte mit je vier auf Zwillingssäulen ruhenden Rundbogen gegliedert; der dadurch vermittelte rhythmische Wechsel zwischen den schlanken Säulen und den massigen Pfeilern trägt wesentlich zur Harmonie des Gesamtbildes bei.

Unser Hauptinteresse aber wird von den insgesamt 144 *Kapitellen* in Anspruch genommen – und unter ihnen wiederum von den verhältnismäßig wenigen, aber besonders kostbaren achtzehn Exemplaren mit der Darstellung biblischer Szenen (den größeren Teil machen, neben abgewandelten Akanthus-Blättern antik-korinthischer Herkunft und ornamentalen Flechtwerken, die nicht-sakralen figurativen Motive aus, unter denen sich neben den typischen Vogelgestalten und Fabeltieren auch einzelne Darstellungen aus dem klösterlichen oder auch bäuerlichen Alltagsleben finden). Alle diese Skulpturen verraten ihre Herkunft aus einem jener Bildhauer-Ateliers, die kurz vor der Wende des 12. Jahrhunderts den Höhepunkt ihres künstlerischen Vermögens erklommen hatten. Wahrscheinlich handelt es sich um die gleiche Werkstatt, die auch an der Schaffung der Kreuzgänge in der Kathedrale von Girona und insbesondere in der dortigen Kirche von Sant Pere de Galligans beteiligt war.

Zum mindesten einer der hier tätigen Künstler hat sich nicht nur selber bei der Arbeit porträtiert – wie wir das auch aus Girona kennen –, sondern überdies am benachbarten nördlichen Eckpfeiler der Ostgalerie durch eine kleine Inschrifttafel ausdrücklich darauf aufmerksam gemacht, daß er, Arnald Cadell, als Schöpfer dieses Kreuzgangs seine Gestalt festgehalten habe. Ob ihm wirklich das ganze überreiche Werk zuzuschreiben ist, darf trotzdem bezweifelt werden. Wenn aber mehrere Meister an den Kapitellen beteiligt waren, so sind sie doch sicher aus der gleichen Schule hervorgegangen. Ein Streben nach formaler Vereinheitlichung und Geschlossenheit ist unverkennbar. So werden die Figuren der biblischen Episoden allesamt in den fast gleichen, wenn auch im Detail immer wieder leicht variierten Rahmen hineingestellt, in eine muschelartige Form, die ihrerseits von zwei seitlichen stilisierten Türmen flankiert wird und hinter der sich der Oberteil eines dritten, ähnlichen Turmes erhebt (Abb. 84). Die Figuren selber sind demgegenüber durch eine sehr raffinierte, gelegentlich vielleicht auch ein bißchen gesuchte Bewegtheit ausgezeichnet, die alle hieratische Strenge weit hinter sich läßt und in der man schon eine Ahnung vom zugleich freieren und preziösen Geist der Gotik zu verspüren meint. Romanik-Puristen mag das womöglich bereits als Hauch von Dekadenz erscheinen; wir aber dürfen uns der liebenswürdig-anziehenden Züge dieser Kunst ohne Bedenken erfreuen.

Eine Landkirche in Suburbia: Santa Maria de Barberá

Wenige Kilometer ostwärts von Sant Cugat treffen wir in Cerdanyola (span. Sardañola) auf die Nationalstraße 150 Barcelona–Terrassa. Die nächste Ortschaft Richtung Sabadell ist BARBERÁ DEL VALLÈS, längst nur noch ein Vorort der nahen und großen Industriestadt, dessen suburban-charakterlosem Gesicht man nichts mehr von seiner langen, noch hinter die Römerzeit zurückreichenden Geschichte ansieht. Von dieser Vergangenheit ist als einziges beachtenswertes Zeugnis die *Kirche Santa Maria* übriggeblieben, die ihren Namen früher auch dem einstigen Dorf Barberá mitgeteilt hatte.

Man sieht sie nicht schon von weitem. Um sie zu finden, müssen wir, von Süden kommend, zuerst den Ortskern hinter uns lassen und dann, etwa 200 Meter nach dem Kilometerstein 8, wo die Häuser wieder zu einer größeren Gruppe zusammentreten, rechts in den Carrer de Sant Oleguer einbiegen. Wo die Reihe der Mietskasernen endet, die diese nach einem heiligen Bischof von Barcelona genannte Straße säumen, begegnen wir unvermittelt der kleinen, ganz unaufdringlichen und doch kostbaren Landkirche (Farbt.

17). Völlig frei steht sie hier am Rand des besiedelten Terrains, inmitten einer hübschen kleinen Grünanlage und hoch über einer steil zum Riu Ripoll abfallenden Böschung. Seit sie gründlich, aber unter sorgsamer Bewahrung ihres originalen Charakters restauriert und von späteren entstellenden Anbauten befreit worden ist, kommt die schöne plastische Ausgewogenheit eines Ganzen wieder zur Geltung, dem Eduard Carbonell und Jordi Vigué in ihrer Monographie mit Recht bescheinigen, wie kunstvoll und ästhetisch perfekt es aus einzelnen Elementen von äußerster Schlichtheit, ja Armseligkeit zusammengefügt sei. Man kann sich nichts einfacheres denken als das hohe Langhaus, dessen Mauern unter dem unscheinbaren Satteldach auf jeder Seite nur durch zwei schmale Fensterschlitze, an der Front durch ein karges zweistufiges Portal unterbrochen werden. Auch das aus vorspringendem niedrigerem Querschiff und drei ungleich hohen Apsiden gebildete Chorhaupt wird nur sehr sparsam durch 'lombardische' Pilaster und einen Fries von Blendarkaden gegliedert. Und schließlich weist auch der Glockenturm, der eher gedrungen, über rechteckigem Grundriß, aus dem Nordarm des Querschiffes aufsteigt, nur den bescheidensten dekorativen Schmuck auf, wenn man von den großen Klangöffnungen unmittelbar unter der simplen Pyramidenhaube absieht: über den Blendarkaden des Unterbaus und einer schmalen Sägezahn-Leiste bildet nur die zurückgestufte Mauer zwischen den kräftiger ausgebildeten Eckpartien eine flache, die Vertikale betonende Nische. Und doch entsteht aus diesem Minimum an Aufwand ein überaus anziehendes Bauwerk. Auch die eigentümliche Sprenkelung des Mauerwerks durch die ganz zufällig wirkende Verwendung polychromen – rötlichen, weißlichen, gräulichen und schwärzlichen – Baugesteins wird durchaus nicht als störend empfunden; der dominierende rote Farbton verleiht dem Material vielmehr, zumal bei Sonnenschein, eine sympathische Wärme.

Trotzdem wäre Barberá vielleicht kaum einen Umweg wert, wenn Santa Maria nicht zu den wenigen romanischen Kirchen Kataloniens gehörte, die noch mehr als einen geringfügigen Bruchteil ihres ursprünglichen Freskenschmucks bewahrt haben. Zwar ist von der einstigen Ausmalung des gesamten Chorhauptes, die 1919 unter dem späteren Putz entdeckt und schrittweise freigelegt wurde, inzwischen vieles verschwunden; so läßt sich z. B. von der Darstellung des Christus Pantokrator im Kreis der vierundzwanzig Ältesten der Apokalypse, die das Gewölbe der Vierung einnahm, keine Spur mehr entdecken. Auch die noch vorhandenen Gemälde in den drei Apsiden und am Triumphbogen haben, wie Kenner versichern, viel von der farbigen Leuchtkraft eingebüßt, die ihnen noch vor einem halben Jahrhundert innewohnte. Mindestens partiell müssen diese Verluste wohl darauf zurückgeführt werden, daß die langwierigen Arbeiten zur Erhaltung und Renovation dieser Bilder während des Bürgerkriegs – und auch noch einige Zeit über sein Ende hinaus – unterbrochen worden waren. Von dem, was sich heute darbietet, sind einige Partien außerdem das Produkt nachträglicher und zwangsläufig spekulativer Ergänzungen. Das gilt etwa für drei Viertel des Freskos in der Halbkuppel über der Hauptapsis, wo man Christus inmitten des Tetramorphs (der vier Evangelisten-Symbole) erkennen kann; dankenswerterweise sind die Zusätze allerdings durch ihre zarten, nur gerade andeutungsweise angebrachten Pastelltöne von dem gesicherten alten Bestand mit seinem sehr viel dunkleren Kolorit abgehoben.

So sehr man um das Verschwundene trauern mag, so sicher handelt es sich in Barberá um das umfangreichste (und nächst St.-Martin de Fenollar im Roussillon wohl auch um das bedeutendste) Ensemble malerischen Kirchenschmucks aus romanischer Zeit, das in Katalonien noch an Ort und Stelle besichtigt werden kann. Die Kunsthistoriker sind sich mittlerweile darüber einig geworden, daß es sich dabei um das Werk zweier Meister handeln müsse. Während die Ausmalung der Nebenapsiden mutmaßlich dem ersten Drittel des 12. Jahrhunderts angehört, deuten die Szenen aus dem Leben Jesu in der Hauptapsis auf eine wesentlich spätere Entstehung hin, die vielleicht schon in die Anfänge des 13. Jhr. datiert werden muß. Zu diesem Schluß führt vor allem die deutlich freiere und weichere Behandlung der menschlichen Figur; einzelne Autoren sehen darin bereits eine erste Vorwegnahme 'proto-gotischer' Elemente. Anderseits kann die strikte Aufteilung der Wand in einzelne Bildstreifen an dieser zentralen Stelle fast schon als etwas archaisch empfunden werden, wenn man bedenkt, daß sich dieses Prinzip ja letztlich auf die vor-romanische Buchmalerei zurückführen läßt. In den seitlichen Apsidiolen dagegen werden die verschiedenen Szenen – rechts solche aus der Geschichte der Apostel Petrus (Farbt. 18) und Paulus, links die (in Katalonien sehr seltenen) von der Auffindung und Verehrung des Heiligen Kreuzes durch Kaiser Konstantin und seine Mutter Helena – nicht in gleicher Weise sorgfältig gegeneinander abgegrenzt, sondern auf eine zugleich primitive und raffiniert anmutende Weise ineinander verschachtelt. Gemeinsam ist allen diesen Teilen dagegen neben ihrem unverkennbaren Bemühen um Realismus auch das ausgesprochene Vorwalten der linearen Zeichnung gegenüber der (eher zurückhaltend verwendeten und nicht sonderlich reichen) Farbe.

(Da die Kirche fast immer geschlossen ist, empfiehlt sich vorherige telefonische Anmeldung der Besucher beim Pfarrer: Tel. Barberá del Vallès 7180150. Eventuell kann man auch versuchen, den Pfarrer in seiner Wohnung – unmittelbar neben der Stadtkirche, im Ortszentrum links von der N 150 – zu erreichen. Das Pfarrhaus, gegenüber dem Rathaus, liegt an der Avinguda de la Generalitat Nr. 78. Wenn alle Stricke reißen, wird man den Besuch vorzugsweise auf die letzte Vormittagsstunde des Sonntags legen; im Anschluß an die Messe ergibt sich dann eine Gelegenheit zur ausgiebigen Betrachtung der Malereien).

Rätselhaftes Egara

Noch um Jahrhunderte weiter zurück als Santa Maria de Barberà, in Spätantike und Frühmittelalter, versetzt uns ein anderes Monument in einem weiteren Zentrum des mittelkatalanischen Industriereviers: in TERRASSA (span. Tarrasa), oder vielmehr seinem 1904 eingemeindeten ehemaligen Vorort SANT PERE (San Pedro), dem früheren Egara. Diese einst iberische, später römische Siedlung wurde um die Mitte des 5. Jahrhunderts zum Sitz eines recht bedeutenden Bistums erhoben und blieb es bis zum Einbruch der Araber; von einem wichtigen Konzil, das hier anno 616 stattfand und die Spitzen der kirchlichen Hierarchie Hispaniens vereinigte, sind die Akten noch vorhanden. Und etwa auf diese Zeit–

die der westgotischen Herrschaft über Katalonien wie über die ganze iberische Halbinsel – dürfte auch der erhaltene Grundbestand der drei nebeneinanderstehenden *Kirchen* zurückgehen, die auf ihrem Felsplateau über dem Zusammenfluß zweier tief eingeschnittener Wasserläufe viel mehr als tausend Jahre überdauert haben.

Sie sind nicht leicht zu finden. Kommt man auf der Autobahn von Barcelona her, so muß man dort, wo neuerdings die direkte Weiterfahrt ins Stadtinnere gesperrt ist, nach rechts der Richtung nach Sabadell folgen, dann die vierte Straße nach links einschlagen. Durchfährt man jenseits eines kleinen Platzes, auf den man dann gelangt, die auf den ersten Blick schwer zu erkennende Toröffnung rechts in der gegenüberliegenden Häuserreihe und wendet man sich bei der ersten Ampel wieder nach links, so gelangt man über eine schmale einspurige Brücke direkt auf den Platz vor der Kirchengruppe (mit Parkgelegenheit).

Solche Ensembles dreier zusammengehöriger Gotteshäuser – bischöfliche Basilika, Pfarr- oder Grabkirche und Baptisterium – hat es im frühen Mittelalter mancherorts gegeben, auch im katalanischen Bereich. Nirgends sonst aber stellt sich diese traditionelle Anlage in so idealtypischer Reinheit dar. Und vollends ist nirgends so viel von der vorromanischen

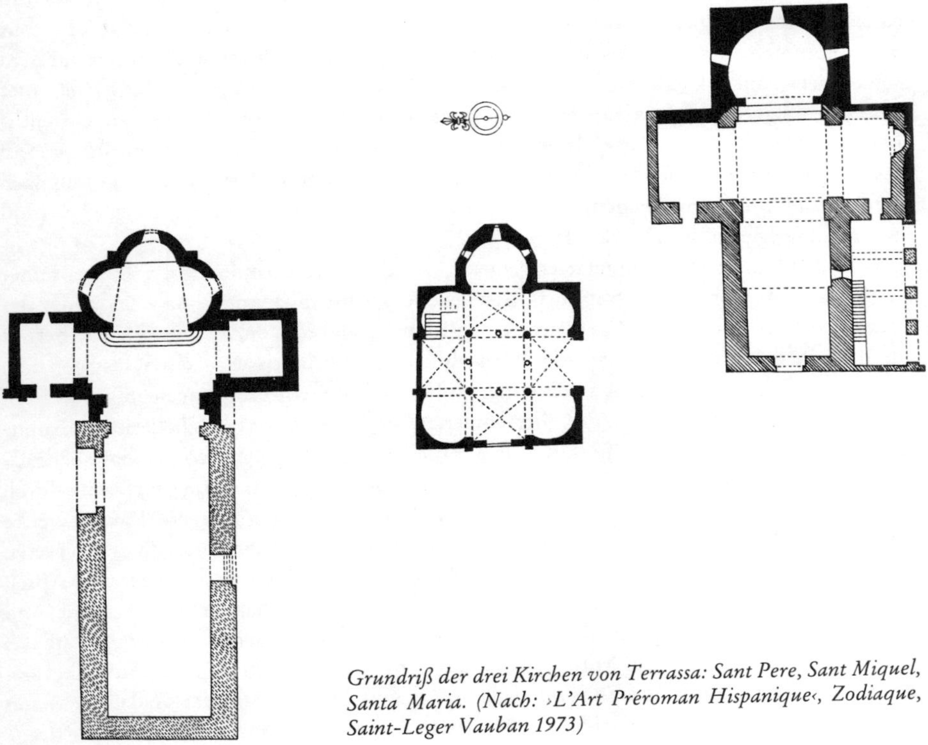

Grundriß der drei Kirchen von Terrassa: Sant Pere, Sant Miquel, Santa Maria. (Nach: ›L'Art Préroman Hispanique‹, Zodiaque, Saint-Leger Vauban 1973)

Substanz erhalten geblieben. Obwohl *Santa Maria* (rechts vom Zugang zum Areal) auf den ersten Blick einen typisch 'lombardischen' Eindruck macht und das Langhaus von *Sant Pere* zur Linken sogar erst dem 12. Jahrhundert angehört, weisen die Chorhäupter beider Kirchen auf eine weit frühere Entstehungszeit hin. Und vollends das kleinere *Baptisterium Sant Miquel* weist Züge auf, die sogar eher in die Spätantike als ins westgotische Mittelalter zurückverweisen (Abb. 87).

Allerdings gibt die Baugeschichte der ganzen Gruppe viele Rätsel auf. Sicher ist zwar, daß von einer mutmaßlich ersten Kirche und der dazugehörigen Taufkapelle außer den ausgegrabenen Fundamenten nichts als möglicherweise einige Reste urtümlicher Mosaikböden übriggeblieben ist. Festzustehen scheint auch, daß die Trias der späteren, wohl im 5. Jahrhundert errichteten Kirchen beim Arabersturm schwere Zerstörungen erlitten hat und erst nach der fränkischen Wiedereroberung aufs neue errichtet wurde (obwohl nichts darauf hinweist, daß das untergegangene Bistum Egara damals seinerseits erneuert worden sei). Ob dieser Wiederaufbau aber tatsächlich im 9. Jahrhundert geschah und auf wieviel damals noch erhaltene ältere Bauglieder dabei zurückgegriffen werden konnte, darüber gehen die Meinungen der Experten weit auseinander.

Immerhin scheint wenigstens *Sant Miquel* in seinem Grundriß, wahrscheinlich auch in seiner äußeren Erscheinungsform der Taufkirche des 5. Jahrhunderts noch immer sehr nahezukommen. Joan Ainaud de Lasarte, zweifellos eine maßgebende Autorität auf dem Gebiet der frühen katalanischen Kunst, verweist überdies darauf, wie genau das hier verwendete Baumaterial – kleine, regelmäßig behauene, fast kubische Steine mit gelegentlichen Schichten schmaler Ziegel dazwischen – der römischen Tradition entspreche. Was zu diesem spätantik-frühchristlichen Fundus später hinzugekommen ist, beschränkt sich nach seiner Ansicht im wesentlichen auf dekorative Elemente vorwiegend karolingischer (und eben nicht westgotischer) Herkunft.

Auf jeden Fall ist Sant Miquel nach seiner gesamten Struktur eindeutig der älteste, seiner Ursprungsgestalt immer noch nächste Kirchenbau der Gruppe von Egara – und einer der ältesten, interessantesten und zugleich reizvollsten Kataloniens dazu. Sein Charme beruht auf dem Widerspruch zwischen der Einfachheit des Grundrisses – eines fast genauen Gevierts, aus dem nur die außen polygone, im Innern hufeisenförmig angelegte Apsis nach Osten hin herausspringt – und der differenzierten dreistufigen Vertikalgliederung. Grundschema des Baus ist ein griechisches Kreuz mit einer überkuppelten, von einem quadratischen Ciborium umfangenen Vierung. Da die Schenkel des Kreuzes aber ihrerseits durch Außenmauern miteinander verbunden sind, die vier weitere, niedrigere Raumvierecke bilden, entstehen neun durch verschiedene Höhen voneinander abgesetzte Würfel. Treten wir ins Innere, dann wird dieser strikt kubische Eindruck freilich modifiziert, weil Apsis, Kuppel und abgerundete Ecken einen kräftigen sphärischen Gegenakzent dazu schaffen und neun Säulen – Spolien aus offenbar sehr unterschiedlichen römischen Tempeln –, die das achteckige Taufbecken in der Mitte des Raumes umrahmen, noch weiter zur Auflockerung der Strenge beitragen. Erinnerungen an das sogenannte Mausoleum der Galla Placidia in Ravenna oder auch an die (gleichfalls recht rätselhafte) Kapelle von São Frutuoso bei Braga

(Portugal) drängen sich auf, dürfen aber den Blick für die Originalität dieses ebenso ehrwürdigen wie ästhetisch wohlgefälligen, ja insgesamt geradezu heiter wirkenden Werkes nicht beeinträchtigen. Kostbar sind schließlich auch die offenbar karolingischen, vom Geist der 'ersten europäischen Renaissance' durchwalteten, leider nur bruchstückhaft erhaltenen Apsis-Malereien. Zu den ältesten Teilen dürfte die winzige Krypta gehören.

Der (bei bescheidenen Dimensionen doch großartigen) Geschlossenheit von Sant Miquel haben die zwei großen Nachbarkirchen nichts Vergleichbares gegenüberzustellen. Beide tragen vorwiegend romanisches Gepräge: in Santa Maria gehört nur die überkuppelte, außen viereckig abgeschlossene, im Innern über der Basis eines übermäßigen Halbkreises entwickelte Apsis einer früheren Bauperiode an, in Sant Pere scheint neben der hier kleeblattförmigen Apsis auch noch das Querschiff auf die Zeit der karolingischen Restauration, teilweise womöglich noch auf die vor dem Einbruch des Islams zurückzugehen. *Santa Maria* ist besonders reich an malerischem Schmuck aus den verschiedensten Epochen. Die ältesten seiner Malereien kamen vor Jahrzehnten in der Apsis-Kuppel unter den späteren gotischen Fresken zum Vorschein, die dann abgelöst wurden und jetzt in wesentlichen Teilen das Langhaus zieren. Leider erschwert es der sehr zerstörte Zustand dieser frühen, anscheinend ebenfalls karolingisch inspirierten Werke, eine klare Vorstellung von Bildprogramm und Stil zu gewinnen oder gar zu einem gültigen Urteil über sein Verhältnis zu den Bildresten in den beiden anderen Kirchen zu gelangen.

Sicher um einige Jahrhunderte jünger, aber nicht nur dank ihrer ausgezeichneten Erhaltung wichtiger ist gewiß die Ausmalung einer Seitenapsis im rechten Querschiff. Ihre Bedeutung erwächst schon aus dem ungewöhnlichen Gegenstand: sie schildert, unter einer Halbkuppel mit dem thronenden Christus und zwei Bischöfen, die von ihm die Mitra empfangen, die Ermordung des Thomas Becket in der Kathedrale von Canterbury, seine Beisetzung und die Aufnahme seiner von Engeln emporgetragenen Seele in die ewige Seligkeit (Farbt. 21). Da der Prälat Ende 1170 den Tod erlitt und 1173 von Papst Alexander III. heilig gesprochen wurde, liefert dieses wohl eindeutig noch dem 12. Jahrhundert zuzuordnende Fresko einen frappanten Beleg – wenn auch keineswegs den einzigen bekannten – für die überraschend schnelle Ausbreitung des Kults, der dem erzbischöflichen Märtyrer gewidmet wurde, über ganz Europa (andere Beispiele seiner Verehrung wenige Jahre nach seinem Tod finden sich bis nach Schweden hin). Symbolische Bedeutung gewinnt in der kraftvollen Schilderung das Farbschema: während es sich im allgemeinen auf ein dumpfes Rot und Schwarz vor einem hellen, in Beige-Tönen gehaltenen Hintergrund beschränkt, wird der Heilige durch das Vorherrschen hellen Grüns in seiner Kleidung von der Umgebung abgehoben und gewissermaßen dem ebenfalls grün gewandeten Christus koloristisch gleichgestellt.

In einem ungleich schlechteren Zustand befinden sich die Reste der Ausmalung im Innern von *Sant Pere*. Es ist so wenig von ihnen übrig, daß man versucht sein könnte, über sie hinwegzusehen. Aber während uns die reichlich zerstörten Passionsfresken im Langhaus nicht weiter zu beschäftigen brauchen, steht es anders mit den verblaßten, kaum mehr identifizierbaren Heiligengestalten, die wir in den Bogenfeldern der merkwürdigen

Nischenwand vor der Dreipaß-Apsis eher ahnen als erkennen. Dieser kuriose Abschluß des eigentlichen Kirchenraums, der den Zugang zur Apsis völlig verschließt, gehört zu den bisher am wenigsten deutbaren Elementen des ganzen Komplexes. Man hat darin so etwas wie einen gemauerten Retabel sehen wollen. Aber da sich ein ähnliches Gebilde weit und breit nirgends findet, tappt man über seine liturgische Funktion und vollends über die Zeit seiner Entstehung völlig im Dunkeln. Mit einiger Sicherheit anzunehmen ist nur, daß dieser Quasi-Altaraufbau erst einige Zeit nach der Apsis an dieser Stelle eingezogen worden ist, weil er ja offensichtlich dem ursprünglichen architektonischen Plan des Chorhauptes zuwiderläuft. Wann aber diese Modifikation erfolgte, dafür fehlt jeder Anhaltspunkt; wir sind also auch hier wieder mit einem der Rätsel konfrontiert, die uns die Hinterlassenschaft von Egara aufgibt.

Unter den Kunstwerken der späteren Zeit, aus der vor allem einige hervorragende Altäre der Hoch- und Spätgotik an Ort und Stelle erhalten geblieben sind, fesselt besonders der für Sant Pere geschaffene *Peters-Altar* des Lluis Borrassà; vor allem die Tafel, auf der er die Berufung des Fischers Petrus durch Christus schildert, nimmt durch die monumentale Kühnheit ihres Aufbaus gefangen. Für Sant Miquel war der figurenreiche *Michaels-Retabel* von Jaume Cirera und Guillem Talarn bestimmt, auch er ein Werk höchst respektablen Ranges. Und der letzte der großen katalanischen Maler der Gotik, Jaume Huguet, hat in seinem vier Heiligen gewidmeten *Altar für Santa Maria*, auf dessen Mittelstück St.Cosmas und St. Damian gleichsam als adlig-höfische Kavaliere des späten 15. Jahrhunderts erscheinen, eine geradezu preziös anmutende Arbeit geschaffen, in der die fast schon selbstzweckhafte Prunkentfaltung über die religiöse Ergriffenheit zu triumphieren scheint.

Diese drei großen Altarwerke sind zweifellos repräsentativ für die raffinierte Kunst des ausgehenden Mittelalters. Aber in Egara-Terrassa rührt uns doch noch mehr der Blick an, der uns hier in die formative Periode Kataloniens oder sogar in eine Zeit davor gestattet ist – auch wenn das Bild dieser Vergangenheit uns nur gebrochen und verschleiert entgegentritt.

(Die drei Kirchen sind, wenn nicht eine Hochzeits-Zeremonie dort gefeiert wird, im Prinzip von 10.30 bis 13.30 und von 16.30 bis 19.30 Uhr zugänglich, von Okt. bis April nachm. 15–18 Uhr, montags u. sonntags nachmittags geschlossen. Da nach unseren mehrfachen Erfahrungen auf diese angegebenen Öffnungstermine wenig Verlaß ist, empfiehlt es sich, den Besuch lieber auf eine Zeit nach 11 Uhr oder 17 Uhr anzusetzen.)

Ein versteckter Schatz: Sant Benet de Bages

Von Terrassa ist es gar nicht mehr so weit zum Montserrat, dessen Zacken und Türme schon auf dem Wege hierher unseren Blick auf sich gezogen haben (Abb. 94). Aber der Heilige Berg der Katalanen ist auf anderen Wegen mindestens so leicht zu erreichen. So mag es sich empfehlen, den Besuch dort noch ein wenig hinauszuschieben. Dies um so mehr, als die Route nordwärts nach Navarclés zu den lohnendsten Strecken gehört, die wir auf unseren Katalonien-Fahrten kennenlernen können: eine schmale, wenig befahrene Gebirgsstraße,

Kapitell am Klosterportal von Sant Benet de Bages

die auf eine Höhe von mehr als tausend Meter ü.M. ansteigt, vorbei an mächtigen Felsgebilden und durch eine fast unberührte Landschaft. Hier ist nichts mehr von der Nähe der industriellen Ballungsräume zu verspüren, die wir in Sabadell und Terrassa hinter uns gelassen haben. Nur eine einzige kleine Ortschaft – das herrlich gelegene Bergnest TALAMANCA (Abb. 88; vgl. a. Farbt. 23) – berühren wir, ehe wir nach langer Serpentinenfahrt mit vielen berückenden Ausblicken bei Navarclés die kleine Talebene des Llobregat oberhalb von Manresa erreichen: den Pla de Bages.

Folgen wir im Tal der von Vic herkommenden Durchgangsstraße N 141 nach Manresa, so entdecken wir nach der zweiten Brücke, über die sie führt, und nach einer kleinen Häusergruppe mit Restaurant zur Linken einen unbezeichneten Fahrweg, der in einer Rechtskurve nach links abbiegt. Er führt uns zu einem roten Fabrikgebäude und an diesem rechts vorbei; wo er sich schließlich gabelt, können wir bereits am Ende des rechten Teilstücks ein altes Gemäuer erkennen. Lassen wir uns von dem mäßigen Zustand des Natursträßchens nicht abschrecken. Denn die Mauern, vor denen wir den Wagen abstellen, bergen einen versteckten Schatz: eines der liebenswertesten aller einstigen katalanischen Klöster, die tausendjährige Abtei des heiligen Benedikt.

Die Ursprünge dieser CASA DE SANT BENET sind verhältnismäßig gut dokumentiert: eine Urkunde von 960 erwähnt eine Stiftung der adligen Dame Ricarda an die damals offenbar schon bestehende Benediktiner-Niederlassung auf einem Terrain, das ihr Ehemann, Baron Sala, zehn Jahre zuvor durch Tausch erworben hatte. Erhalten sind auch die vollständigen Akten über die Weihe der neuerrichteten Klosterkirche am 3. Dezember 972. Und von der Bedeutung, die das Kloster ein Jahrhundert nach seiner Gründung erlangt hatte, zeugt die Tatsache, daß 1045 ein Sohn des regierenden Grafen Berenguer Ramon I., Miró, als Abt an seine Spitze trat. Zerstörungen, die seine Baulichkeiten 1125 bei dem letzten islamischen Einfall in die altkatalanischen Gebiete über sich ergehen lassen mußten, gaben schließlich den Anstoß zu ihrer durchgreifenden Erneuerung; aus dem 12. Jahrhundert stammen denn auch die wichtigsten heute noch vorhandenen Teile, zumal die Kirche und der Kreuzgang. Nach Jahrhunderten der Dekadenz und nach dem Verlust der so lange bewahrten Unabhängigkeit durch die Unterstellung unter den Abt von Montserrat durch Philipp II. wurden die letzten Mönche schließlich 1835 durch die Zwangssäkularisierung endgültig vertrieben. Wie so manche andere in private Hände übergegangene geistliche Stiftungen sah sich auch Sant Benet viele Jahrzehnte lang der Vernachlässigung und dem fortschreitenden Verfall anheimgegeben; Abtswohnung und Mönchszellen dienten zeitweise als improvisierte Behausungen für die Arbeiter einer nahegelegenen Fabrik. Erst als 1907 die kunstsinnige Familie des Malers Ramon Casas den Besitz erwarb und (im Rahmen ihrer finanziellen Möglichkeiten) Maßnahmen zur Erhaltung wie zur mindestens teilweisen Restaurierung des noch Vorhandenen traf, konnte dem Fortgang der Zerstörung wenigstens Einhalt geboten werden.

Da die Mittel der privaten Eigentümer für die Wiederherstellung der *Kirche* nicht ausreichen und auch der Staat bisher nicht eingesprungen ist, bleibt dieses bedeutende Gebäude wegen notorischer Baufälligkeit den Besuchern seit langem verschlossen. Immerhin können sie das schöne *Stufenportal* bewundern, dessen Rundbogen sich abwechselnd über gemauerten Pfeilern und schlanken Säulen mit figurierten Kapitellen erheben. Um so erfreulicher ist es, daß der zweifellos von jeher bemerkenswerteste Teil der romanischen Baulichkeiten im wesentlichen erhalten geblieben ist: der zauberhafte *Kreuzgang*.

Das eher kleine, nicht ganz regelmäßige Geviert mit Seitenlängen zwischen 12,5 und 14 Metern verdankt seinen einzigartigen Charme wohl nicht zuletzt der Tatsache, daß es von Eingriffen der Restauratoren alles in allem ziemlich verschont geblieben ist. Zwar ist der Garten neuerdings von dem Wildwuchs gesäubert worden, der ihm noch vor wenigen Jahren etwas vom Reiz eines verwunschenen Märchenschlosses verlieh (Farbt. 22). Unangetastet blieben aber die archaisch-schweren und trotzdem durchaus als harmonisch empfundenen Proportionen: In keinem anderen der bedeutenden Kreuzgänge Kataloniens finden wir so gedrungene Säulenpaare wie jene, die in Sant Benet die massiven Rundbogen tragen. Mit nur 64 cm Höhe sind sie wenig höher als Basis (21 cm) und Kapitell (34 cm) zusammen.

Dieses ungewöhnliche Größenverhältnis hebt die Wirkung der *Kapitelle* hervor. Auch sie erwecken vielfach einen ausgesprochen altertümlichen Eindruck, der es nicht ohne weiteres nahelegt, sie dem 13. Jahrhundert zuzuschreiben. Eine Anzahl von ihnen – zumal die in der Ostgalerie – scheinen in der Tat älter zu sein. Von zweien, einem Blattkapitell, das auf Einflüsse aus dem Kalifat hindeutet, und einem sichtlich byzantinisch-orientalisch inspirierten figürlichen Werk, nimmt man sogar an, daß sie ins 10. Jahrhundert zurückgehen und somit wohl dem ursprünglichen Klosterbau angehören. Unklar ist freilich, ob sie in der Tat, wie ursprünglich angenommen, Reste aus einem zuvor schon vorhandenen Kreuzgang oder doch einer einzelnen Galerie darstellen; es könnte sich auch um Einzelstücke etwa aus der zerstörten ersten Kirche handeln, die beim Neubau vorgefunden und wiederverwendet wurden. Das interessanteste dieser Relikte ist zweifellos das 'byzantinische': seine drei figurierten Szenen, in einem Flachrelief gehalten, das Erinnerungen an Elfenbein-Schnitzereien wecken könnte, zeigen einen segnenden und bemerkenswerterweise bartlosen Christus, einen wohl als Priester zu verstehenden Oranten mit einer kleineren knienden Figur zu seinen Füßen, in der man die Stifterin Ricarda vermutet hat, und schließlich eine Verkündigung (Abb. 86).

Der Steinmetz des 13. Jahrhunderts, der den Kreuzgang – nach einer noch vorhandenen Inschrift zu schließen – im Auftrag eines Abtes Bernat (wohl des um 1225 bezeugten Bernat

Adler, der einen Hasen geschlagen hat. Kapitell im Kreuzgang von Sant Benet de Bages

de Nespleda) errichtet hat, scheint allerdings nicht nur vorgefundene Teile wiederverwendet zu haben. Manches deutet darauf hin, daß er seinerseits auf ältere Vorbilder zurückgriff und daß eben dies für den archaischen Eindruck verantwortlich ist, den manche seiner Schöpfungen hervorrufen. Dabei fällt es schwer, auch in den unzweifelhaft zu seiner Zeit neu gemeißelten Kapitellen eine stilistische Einheitlichkeit zu entdecken, und ebensowenig entsprechen sie einem einsichtigen, theologisch begründeten Programm. Neben den vorherrschenden ornamentalen Formen, die meist entweder auf Blätter oder auf verschlungene Bänder zurückgehen, gibt es verhältnismäßig wenige mit figürlichen Darstellungen: mit stark, teilweise fast vollplastisch aus der Fläche herausgearbeiteten Tieren, zumal bemerkenswert realistisch gestalteten Vögeln, und sehr viel primitiver anmutenden, aber ausdrucksgewaltigen menschlichen Gestalten – darunter einer, deren Hals von einem halb frosch-, halb katzenartigen Monstrum beängstigend umklammert wird (Abb. 85). Wer sich Zeit genug für diese fremdartige und doch unmittelbar anrührende Bilderwelt nimmt, wird dem Zauber nicht leicht wieder entrinnen, der von ihr ausgeht.

Geöffnet täglich 10–14 u. 16–20 Uhr.

Abstecher ins Hinterland: Von Manresa ins Solsonès

Kehren wir von Sant Benet auf die N141 zurück, so brauchen wir nur noch ein paar Minuten, um auf dieser Straße nach MANRESA zu gelangen. Auch diese lebhafte Industriestadt gehört durchaus noch zum weiteren Einzugsgebiet von Barcelona: die 65 Kilometer dorthin legt man ohne Mühe in einer Stunde Autofahrt zurück. Zugleich aber bildet Manresa ein wichtiges Zentrum eigenen Rechtes – zweifellos das wichtigste in dem weiten Landstrich zwischen Girona im Osten und Lleida im Westen. Seine Lage nahe dem Zusammenfluß des Riu Cardener mit dem Llobregat prädestiniert es zum Hauptort nicht allein des Pla de Bages, sondern auch des Cardener-Tals und der *Comarca* des sogenannten Solsonès. Wenn es trotz seiner wirtschaftlichen Aktivität und seiner weiten regionalen Ausstrahlungskraft nur etwa halb so viel Einwohner zählt wie Sabadell oder Terrassa, so ist es andererseits weit stärker von der Urbanität vieler Jahrhunderte geprägt als diese insgesamt doch recht gesichtslosen Agglomerationen am unmittelbaren Rande der katalanischen Metropole. Man hat von Manresa gesagt, daß sich hier die Klöster unter die Fabriken und die Fabriken unter die Klöster mengten; wenn der Ausspruch ein wenig zugespitzt anmutet, so trifft er doch etwas sehr Charakteristisches.

Tatsächlich reicht die Geschichte der Stadt bis in die Römerzeit zurück, in der sie bereits unter dem Namen Minoresa ein eigenes Munizip bildete. Im Rahmen der Spanischen Mark kam ihr eine wichtige Funktion als Grenzfestung Alt-Kataloniens gegen die noch islamischen Gebiete jenseits des Llobregat zu. Aus dieser heroischen Epoche ist wenig mehr übrig. Heute wird Manresa beherrscht von den mächtigen gotischen Baumassen der *Stiftskirche Santa Maria de la Seu*, so genannt, weil sie vorübergehend auch einmal als Kathedrale eines ephemeren Bistums diente. Kathedralenhaft wirkt sie in der Tat, nicht nur wegen ihrer beträchtlichen Ausmaße, sondern auch im Hinblick auf ihre dominierende Lage auf der Höhe des Plateaus über dem Cardener (Abb. 89).

Dieser Dom – ursprünglich unter dem Namen Santa Maria de l'Aurora bekannt – wird mit Recht zu den wahrhaft beachtlichen Denkmälern katalanischer Gotik gezählt. Obwohl bis zu seiner Fertigstellung volle 220 Jahre vergingen, von 1328 bis 1548, entspricht der Gesamteindruck offenbar ganz den Plänen des ursprünglichen Architekten Berenguer de Montagut: des Baumeisters, dessen Stempel auch die Kirche von Santa Maria del Mar in Barcelona trägt und der zweifellos einer der großen Repräsentanten reifen gotischen Stilwillens war. Auf ihn geht auch die besonders originelle Lösung zurück, die hier für das *Kircheninnere* gefunden wurde. Obwohl einschiffig entworfen, wirkt der Raum dreischiffig, weil Berenguer die Wand zu den seitlich ans Langhaus anschließenden, untereinander verbundenen Kapellen in eine Reihe hoher, von achteckigen Pfeilern getragener Bogen aufgelöst hat, die sich im Chor fortsetzen und dort eine Art Ambulatorium bilden. Andererseits wird in dem ganzen Bau – viel mehr als in den anderen bekannten Werken des gleichen Meisters – ein Drang in die Höhe und eine Betonung der Vertikale spürbar, der im Gegensatz zu der vorherrschenden katalanischen Tendenz jener Zeit steht und an französische oder kastilische Vorbilder denken läßt. Daß früher an der gleichen Stelle eine offenbar ebenfalls schon recht imposante romanische Kirche stand, daran erinnern außer der edlen Pforte zu dem sehr schlichten Kreuzgang nur noch einige neuerdings ausgegrabene, tieferliegende Mauerzüge. Von der reichen Ausstattung schließlich ist vor allem der großangelegte *Markus-Retabel* des Pere Serra in einer der rechten Seitenkapellen hervorzuheben, den die Gerber-Innung der Stadt 1395 in Auftrag gegeben hat.

Das Tal des Cardener, der sich wenig südlich von Manresa mit dem Llobregat vereinigt, mag strikt genommen nicht mehr dem Umkreis Barcelonas zuzurechnen sein. Seine beachtlichen Sehenswürdigkeiten sind denn auch von Lleida aus annähernd so leicht zu erreichen wie von der katalanischen Hauptstadt, und seit der Eröffnung des Tunnels durch den Cadí bietet sich vollends der Zugang vom nahen Berga aus als Variante des Weges vom Roussillon nach Barcelona an. Aber da die Gegend, ganz auf Manresa orientiert, historisch wie kunstgeschichtlich dem altkatalanischen Herzland angehört, mag sie doch im Zusammenhang mit unserer Route behandelt werden.

Zumal CARDONA hat von früh an eine Schlüsselstellung in der politischen wie in der Kunstgeschichte Kataloniens eingenommen. Seine gewaltige *Burg*, 32 km nordwestlich von Manresa auf einem steilen Felskegel gelegen (Abb. 90), gehörte dank ihrer einzigartigen strategischen Lage zu den stärksten Pfeilern in jener Reihe befestigter Stützpunkte, die seit der Karolingerzeit zur Verteidigung der fränkischen Grafschaften errichtet worden waren. Besondere Bedeutung kam ihr zudem durch die Nähe der Salzbergwerke zu, auf die man von der Anhöhe hinunter- und hinüberblickt. Ihren ausgezeichneten, seit der Römerzeit fast kontinuierlich abgebauten und auch heute noch keineswegs erschöpften Lagerstätten wurde zumal im Mittelalter ein so hoher Wert beigemessen, daß ungewöhnliche Vorkehrungen zu ihrem militärischen Schutz gerechtfertigt schienen. Dem diente der immer weitere und sorgfältigere Ausbau der bald als uneinnehmbar geltenden Burg zur Abwehr islamischer Einfälle, und nicht zuletzt dieser Funktion verdankten die Vizegrafen (später Grafen und schließlich Herzöge) von Cardona ihren raschen Aufstieg in die Reihen der vornehmsten aristokratischen Geschlechter. Schon Ludwig der Fromme hatte hier eine erste Veste angelegt und versucht, Kolonisten durch Privilegien zur Niederlassung an ihrem Fuße zu bewegen; Wilfried der Behaarte griff dieses Bemühen wieder auf. Wirkliche Sicherheit und Dauer aber waren der Burg wie der Stadt erst nach ihrer Zerstörung durch die Scharen Almansors im Jahre 985 beschieden, als Wilfrieds Enkel, Graf Borrell, sie stärker als je zuvor wieder aufbaute. Von den Wehr- und Wohnanlagen seiner Zeit ist freilich so gut wie nichts mehr erhalten. Denn im Laufe der Jahrhunderte wurde die Bergfestung nicht nur ständig erweitert und im 18. Jahrhundert mit einem Kranz neuzeitlicher Forts umgeben, sondern schließlich auch ohne viel Rücksicht auf ihren originalen Bestand in eine Kaserne verwandelt. Die letzte Transformation machte sie anläßlich einer durchgreifenden Erneuerung durch, die es schließlich ermöglichte, in ihren Räumlichkeiten ein besonders prachtvolles staatliches Hotel – einen *Parador* – unterzubringen.

Schon von weitem her zieht der hoch über das Tal emporgehobene Gebäudekomplex den Blick auf sich. Beim Näherkommen imponieren die mächtigen Stützmauern, auf denen er ruht. Wehrhaftigkeit bestimmt auch das Bild der *Burgkirche*: trotzige Kraft bei gleichzeitiger vollkommener Durchgliederung der Baumassen und ebenso sparsamer wie subtiler 'lombardischer' Dekoration der Außenwände. Sie vermittelt noch am ehesten einen Eindruck vom Geist wenn nicht des 10. Jahrhunderts so doch jedenfalls der Epoche kurz nach der Jahrtausendwende. Von dem ersten Vizegrafen Bremond 1019 geplant, bei seinem Tode eben erst begonnen, konnte sie 1040 geweiht werden. Und nachdem ihr die jüngste, in

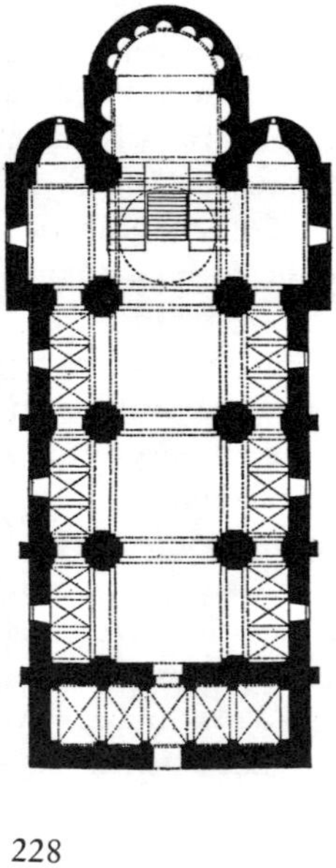

Grundriß der Burgkirche von Cardona. (Nach: Pedro de Palol/Max Hirmer, ›Spanien‹, München 1965)

jeder Hinsicht vorbildliche Restauration wieder ihr ursprüngliches Antlitz zurückgegeben hat, erkennen wir sie als das schlechthin vollkommene Beispiel für das architektonische Wollen und Können der unbekannten Meister, die den 'ersten romanischen Stil' schufen: kein zweites Gotteshaus in Katalonien und weit darüber hinaus offenbart das Wesen ihrer Kunst in so exemplarischer Reinheit.

Erst recht zeigt sich das, wenn wir, am Innenhof der Burg und an den pittoresken Ruinen des gotischen Kreuzgangs vorbei, durch den schmalen und schlichten, eine Empore tragenden Narthex ins *Innere* treten (Abb. 92). Der strenge und so gut wie schmucklose Raum, über basilikalem Grundriß errichtet, abgeschlossen von einer weit vorspringenden Hauptapsis und den zwei kleineren Nebenapsiden, nimmt allein schon durch die Großartigkeit seiner Proportionen gefangen. So erstreckt sich das dreischiffige Langhaus genau über die halbe Längenausdehnung der ganzen Kirche. Das Mittelschiff, annähernd dreimal so breit wie die auffallend engen Seitenschiffe, wächst um ein Drittel höher als diese und erlaubt damit die direkte Beleuchtung durch das Licht, das durch die Obergaden eintritt. Obwohl die sechs Langhauspfeiler mit einem Durchmesser von jeweils über zweieinhalb Metern ungewöhnlich massiv angelegt sind, erweckt der Raum den Eindruck einer für die frühe Romanik geradezu erstaunlichen Schlankheit; fast möchte man von Leichtigkeit sprechen, wenn dieses Wort nicht der feierlichen Größe und Würde des Ganzen unangemessen schiene. Das ergibt sich vor allem daraus, daß der Scheitel des gurtenverstärkten Tonnengewölbes über dem Hauptschiff in einer Höhe von 18,80m liegt und auch die niedrigeren Seitenschiffe wegen ihrer extremen Schmalheit geradezu überhöht erscheinen. Ihre Kreuzgewölbe, jeweils drei auf eines der mittleren Joche, bezeugen durch die Art und Weise, wie sie den Druck des zentralen Gewölbes nach außen hin ableiten, eine reife konstruktive Meisterschaft. Das Querschiff greift nur ganz wenig über die Seitenwände des Langhauses hinaus und trägt über der Vierung eine aus acht Zwickeln aufspringende, außen durch einen niedrigen achteckigen Turm markierte Kuppel; unter dem erhöhten rechteckigen Chorraum, der die Verbindung zwischen Querschiff und Mittelapsis schafft, erstreckt sich eine dreischiffige Krypta, die im Vergleich zur raffinierten Ausgewogenheit der Oberkirche einen eigentümlichen archaischen Zuschnitt verrät. Obwohl der Baumeister in allen Teilen seines Werkes so gut wie völlig auf jede Form plastischer Ausschmückung resolut verzichtet hat, sorgen allein schon die Pfeiler und Pilaster und die hohen, wenig vertieften Nischen in den Apsen in ihrer sorgfältig berechneten Abstufung dafür, daß der Raum bei aller strikt durchgehaltenen Funktionalität beileibe nicht als abweisend-nüchtern, sondern als lebendig bewegt empfunden wird.

(Wer die Kirche besichtigen will, tut gut daran, sich nicht auf die am Eingang angezeigten Führungen zu verlassen, die oft ohne Angabe von Gründen einfach ausfallen; ein Schlüssel kann im Parador beim Empfang verlangt werden, wobei sich bei der Nachfrage danach ein Wink mit nicht zu karg bemessenem Trinkgeld empfiehlt.)

Einen Besuch verdient auch die *Stadt Cardona* am Fuße des Burghügels, vor allem wegen ihres altertümlichen Gesamtcharakters hinter dem wenigstens teilweise erhaltenen Mauerring. Sehenswert sind neben der ansehnlichen gotischen *Stadtkirche* vor allem die wenigen übriggebliebenen Bogen der ehemaligen kühn geschwungenen *Brücke* über den Riu Cardener (Abb. 91).

Noch unverfälschter als Cardona erscheint der 20 km talaufwärts gelegene Bischofssitz SOLSONA. Malerisch baut sich seine Altstadt über dem kleinen Cardener-Nebenflüßchen Rio Negre auf. Ihren stärksten Akzent erhält sie, von außen betrachtet, durch das monumentale Chorhaupt der *Kathedrale*, das freilich mit seinem durch starke Streben gekennzeichneten gotischen Polygon über den schlicht-kraftvollen Rundungen der romanischen Apsiden wie durch die hineingeschachtelten Reste der Stadtmauer einen etwas uneinheitlichen, ja verwirrenden Eindruck macht. Wir tun gut daran, den Wagen hier draußen stehen zu lassen und den Stadtkern mit seinen schmalen, hügelan steigenden Gassen und ansprechenden kleinen Plätzen zu Fuß zu erkunden und vor allem auch einen Blick in den Dom zu werfen.

Dies weniger wegen seiner architektonischen Meriten; wenn man gerade noch die großartige Einheitlichkeit der Burgkirche von Cardona frisch in der Erinnerung hat, dann wird man das Gemisch seiner Stile von der Romanik bis zum Barock nicht mehr recht goutieren. Aber die Kathedrale birgt eine Kostbarkeit: das berühmte Gnadenbild der sogenannten *Virgen del Claustro* (Abb. 96). Der romanische Kreuzgang zwar, aus dem diese Skulptur stammt und dem sie ihren Namen verdankt, ist bis auf wenige Fragmente abgebrochen worden. Und man kann kaum sagen, daß die steinerne Madonnenstatue des 12. Jahrhunderts in dem barocken Rahmen des Hochaltars, in dem sie nun ihren Platz gefunden hat, besonders zur verdienten Geltung kommt. Aber wenn man sie so genau ins Auge faßt, wie das bei der Entfernung möglich ist, dann erkennt man doch ihre außerordentlichen plastischen Qualitäten: die Vermählung von Strenge und Zartheit im Ausdruck der Muttergottes etwa oder die rhythmische Bewegtheit, die sich aus der meisterlichen und so gar nicht schematischen Behandlung des Faltenwurfs ergibt. Die meisten Experten neigen dazu, dieses Werk nicht einem katalanischen Künstler, sondern einem Bildhauer der Schule von Toulouse – wahrscheinlich dem von dort namentlich bekannten Gilabertus – zuzuschreiben.

Gleich neben der Kathedrale, in dem breiten, ganz italienisch anmutenden Barockbau des Bischofspalais, ist das *Diözesanmuseum* untergebracht. Bis vor einigen Jahren hatte die Präsentation seines Inhalts der außerordentlichen Qualität dieser Sammlung wenig entsprochen. Nach einer gründlichen Neuordnung sind zwar in den erweiterten Räumen weniger Objekte als früher ausgestellt, aber dies jetzt in einer wahrhaft vorbildlichen, jedem einzelnen Exponat ideal gerecht werdenden Weise. Zu der beträchtlichen Zahl wichtiger Werke aus den Jahrhunderten von der Vor-Romanik bis zur Gotik gehören etwa die (freilich nur in Bruchstücken erhaltenen) *Fresken* aus Sant Pau de Casseres (Farbt. 26) und vor allem die aus den verschiedenen Epochen von Sant Quirze de Pedret (Farbt. 25). Die aus dem 12. Jahrhundert stammenden, nach denen man den 'Meister von Pedret' benannt hat, stehen durchaus gleichwertig neben denen aus der gleichen Kirche, die im Museum von Barcelona aufbewahrt werden. Als völlig einzigartig aber müssen die wohl um gut 200 Jahre älteren *Gemälde*

Adam und Eva auf einem Relief des 10. Jh. Solsona, Diözesan-Museum

bezeichnet werden, die im Chor dieser sehr alten Kirche aus der Umgebung von Berga zutagegetreten sind, als man die spätere Übermalung der Mittelapsis ablöste. Auf ganz wenige Farben reduziert, in den Formen von einer an Kinderzeichnungen erinnernden Primitivität, fesseln diese paar Teile der ältesten bisher aufgedeckten christlichen Fresken Kataloniens nicht zuletzt durch ihre bezugsreiche Symbolik – so vor allem das Bild jenes bärtigen Mannes, der (in Anspielung auf den Kreuzestod Christi) mit ausgebreiteten Armen inmitten eines wohl den Kosmos versinnbildlichenden Kreises steht; in dem prachtvoll gefiederten, pfauenartigen Vogel über dem Kreis sieht man eine Darstellung des Phönix als Allegorie der Auferstehung. Unter den frühen Tafelmalereien seien vor allem die *Altarflügel* aus Sagàs hervorgehoben, die in der extremen Vereinfachung der Linien und Farbflächen trotz der Verschiedenheit des Mediums fast Erinnerungen an populäre Holzschnitte späterer Jahrhunderte wecken könnten. Neben den mittelalterlichen Beständen verdienen aber auch die Ausgrabungen aus vor- und frühgeschichtlichen Epochen des Solsonès Beachtung. Während sie seinerzeit noch kunterbunt nach der Art eines hinterwäldlerischen Heimatmuseums durcheinander die verstaubten Glasschränke füllten, vermitteln sie jetzt, in hellen Vitrinen hervorragend ausgestellt und instruktiv beschriftet, ein anschauliches Bild von den historischen Wurzeln, aus denen die Kunst der christlichen Ära erwachsen ist.

Auch in der Umgebung von Solsona (Farbt. 24) gibt es manches Besichtigenswerte, so die Burg CASTELLVELL, deren Ursprünge sich bis ins 9. Jahrhundert zurückverfolgen lassen (und von der aus man einen herrlichen Blick bis hin zu den Pyrenäen und zum Montserrat genießt), und selbstverständlich zahlreiche ländliche Gotteshäuser der romanischen Epoche. Wenigstens auf eines von ihnen, das mit dem Wagen in wenigen Minuten zu erreichen ist, sei hier besonders aufmerksam gemacht. Schlagen wir von Solsona wieder die Straße nach Cardona ein, biegen aber bei der Abzweigung kurz hinter der Stadt nach Berga ab, dann stoßen wir nach ein paar Kilometern auf einen kleinen, leicht zu übersehenden Wegweiser, der uns nach links den unbefestigten und etwas holprigen Fahrweg nach dem nahen Dörfchen OLIUS anzeigt. Für die kleine Unbequemlichkeit entschädigt uns reichlich die Bekanntschaft mit der dortigen, dem Hl. Stephan gewidmeten *Pfarrkirche*. Äußerlich zwar präsentiert sie sich recht bescheiden, sogar ein wenig vernachlässigt: weder der massige, völlig schmucklose Glockenturm noch die gewiß edel geformte, aber eben doch im ganz gewohnten lombardischen Stil des 11. Jahrhunderts sparsam dekorierte Apsis fallen aus dem üblichen Rahmen. Erst wenn wir das *Innere* betreten, erkennen wir überrascht, daß wir es hier mit einem der wahrhaft interessanten Monumente katalanischer Frühzeit zu tun haben. Zwischen den beiden Treppen, die links und rechts aus dem einschiffigen und sehr schlicht gehaltenen Langhaus in den unerwartet hochgelegenen Chor hinaufführen, öffnet sich durch einen niedrigen Bogen der Blick in die erstaunlich geräumige und erstaunlich leicht anmutende dreischiffige *Krypta* hinunter (Farbt. 28). Die Überraschung wächst, wenn wir in diese Unterkirche hinabsteigen. Sie verblüfft durch eine ungewöhnliche Mischung von Urwüchsigkeit und Raffinement. Die zwei Reihen von je drei untereinander recht ungleichen schlanken Säulen mit meist ziemlich rohen Würfelkapitellen ohne Kämpfer tragen gemeinsam mit den an die Seitenwände angelehnten Säulen ein auffallend hohes, mit simpelsten Mitteln geschaffenes und aus grob behauenem Gestein dennoch kunstvoll gefügtes Kreuzgewölbe. Trotz der Primitivität des verwendeten Materials und einer gewissen Unbeholfenheit in Einzelheiten der Konstruktion ist diesem Raum ein Air von ungezwungen-ländlicher Eleganz eigen, ja auf eine sehr merkwürdige Weise steigert gerade die offenkundige Rustikalität der Faktur diesen Effekt.

Obwohl die Krypta in ihrer gegenwärtigen Form sicher der 1079 geweihten romanischen Kirche angehört, dürfte sie zum Teil auf wesentlich ältere Strukturen zurückgehen, vielleicht sogar, nach Ansicht einiger Experten, ins 5. oder doch ins 6. Jahrhundert. Möglicherweise hat hier schon in westgotischer Zeit ein Klösterchen bestanden, das später vielleicht, wie einige Quellen vermuten lassen, von einer kleinen Gemeinschaft von Chorherren übernommen wurde; für sie haben die Grafen von Urgel wohl den gegenwärtig noch vorhandenen Bau herrichten lassen. Schon wenige Jahrzehnte später ging er allerdings mit dem mittlerweile verschwundenen Schloß von Olius in den Besitz zuerst des Stifts und dann des neugeschaffenen Bistums von Solsona über; die dortigen Bischöfe trugen noch lange Zeit neben ihren geistlichen Würden den weltlichen Titel Marquès de Olius.

(*Sant Esteve* ist üblicherweise geschlossen. Zwar kann der Schlüssel in dem unterhalb der Kirche am Hang gelegenen Bauernhaus geholt werden. Will man das Risiko nicht laufen, dort niemanden anzutreffen, dann bleibt nur übrig, den Besuch auf Sonntagvormittag zu verlegen; zwischen der ersten und der zweiten Messe, d. h. von 8.45 bis 11.00 Uhr, bleibt die Kirchentüre nach Auskunft des Pfarrers immer geöffnet.)

Im Banne des Montserrat

In Solsona und Olius haben wir bereits auf unserer Tour die Grenzen der Provinz Barcelona überschritten; beide Orte gehören administrativ zu Lleida. So mag es an der Zeit sein, von hier aus wieder ins eigentliche Herzland Kataloniens zurückzukehren. Denn noch ist dort ein Bereich zu erkunden, dem nicht nur geographisch, sondern auch und vor allem geistig eine ganz außerordentliche Bedeutung für die Menschen dieses Landstrichs und für ihr Selbstbewußtsein zukommt: der MONTSERRAT und sein engerer Umkreis.

Montserrat heißt 'zersägter Berg'. Das gewaltige Massiv aus eozänen und oligozänen Sandsteinen und Nagelfluh-Felsen erhebt sich weit – bis auf 1236 m. ü. M. – und daher von überall her schon aus der Ferne sichtbar über den begrünten Sockel der Hügel zu seinen Füßen: ein kühnes Nebeneinander und Hintereinander mächtig aufstrebender, nackter (oder doch fast nackter) Zylinder, Kegel, Türme und Zacken – ganz gewiß unter den vielen großartigen Landschaften unserer Region die kühnste und unwahrscheinlichste (Abb. 94). »Das Wunder von Katalonien« nennt sie der große katalanische Lyriker Joan Maragall: sie erscheint ihm als ein Phänomen, das gleichsam völlig außerhalb der Naturgesetze steht, und er vergleicht sie abwechselnd mit einem überdimensionierten, einem Geschlecht von Riesen zugedachten Kastell oder mit einem unermeßlichen Tempel. Und der Dichter-Priester Jacint Verdaguer (s. S. 22) faßt seine Vision von der Entstehung dieses einzigartigen Gebildes in die Verse:

> Amb serra d'or els angelets serrarem
> eixos turons per fer-vos un palau

(»mit goldener Säge zersägten die Engel diese Anhöhen, um Euch einen Palast zu errichten«).

Für die Katalanen jedoch ist der einzigartige Gebirgsstock mehr als eine geologische Merkwürdigkeit und ein Naturschauspiel ohnegleichen. Der Montserrat gilt ihnen auch als ihr 'Montsagrat': als der Heilige Berg. Schon früh hatten sich fromme Einsiedler in den schwer zugänglichen Klüften angesiedelt. Um vier der von ihnen errichteten und nach ihrem

Tod von Nachfolgern übernommenen Klausen kam es im 11. Jahrhundert zu einem Prozeß zwischen dem großen Abt Oliba von Ripoll, der Anspruch auf sie erhob, und dem Klösterchen von Santa Cecilia am Hang des Montserrat selber. Als Oliba nach zwölfjähriger Dauer diesen Rechtsstreit gewonnen hatte, entsandte er Mönche, um an der Stelle einer dieser Eremitagen eine Filialniederlassung Ripolls unter einem von ihm designierten Prior zu gründen. Schon die Einsiedelei hatte den Namen Santa Maria getragen. Das neue *Kloster* (Abb. 95), unter das gleiche Patronat gestellt, entwickelte sich bald zu einer bedeutenden Stätte der Marienverehrung. Die hier aufgestellte hölzerne Statue der schwarzen Muttergottes, zu der die Gläubigen aus ganz Katalonien und bald auch aus vielen anderen Ländern Europas pilgerten – ein romanisches Werk des 12. oder frühen 13. Jahrhunderts (Abb. 93) – soll nach der Legende vom Apostel Lukas eigenhändig geschnitzt und später unter geheimnisvollen Umständen aufgefunden worden sein. Schon lange bevor Papst Leo XIII. Unsere Liebe Frau vom Montserrat formell zur Patronin Kataloniens erhob, wurde sie vom Volk, das sie liebevoll *Moreneta* – die kleine Braune – nennt, als solche betrachtet; die mediterrane Expansion des aragonesischen Königreichs im späten Mittelalter trug ihren Kult auch in andere Anrainerländer des Mittelmeers, vor allem nach Sizilien und Süditalien.

Nicht die geringste unter den zahlreichen Wundertaten, die der *Moreneta* zugeschrieben werden, war wohl die Rettung der Skulptur aus den Zerstörungen, die das Kloster über sich ergehen lassen mußte. In den napoleonischen Kriegen wurde es fast völlig ruiniert; den gewaltsamen innerspanischen Auseinandersetzungen fielen in den Jahrzehnten darauf auch seine kärglichen Reste bis auf die Grundmauern zum Opfer. Von der großartigen spätgotischen Anlage, die im 16. Jahrhundert an die Stelle der ursprünglichen romanischen Bauten getreten war, blieben nur ein paar Fundamente erhalten; die später ausgeführten Neubauten, teils zurückhaltend historisierend, teils nüchtern funktional gehalten, können in ihrer Massivität und Undistinguiertheit den Kunst- und Geschichtsfreund nur enttäuschen, der mit romantisch hochgespannten Erwartungen das legendenumwobene Bergheiligtum aufsucht, vielleicht gar hier dem angeblichen Urbild des Montsalvatsch aus der Gralssage zu begegnen hofft. Die zarte und doch hoheitsvolle Schwarze Madonna ist in der Tat das einzige noch vorhandene Zeugnis aus der großen Vergangenheit der Benediktiner-Abtei. Viel eher mögen die Reste des bescheidenen *Klosters Santa Cecilia* am Osthang des Bergmassivs noch eine Ahnung von den fernen Ursprüngen des religiösen Zentrums heraufbeschwören: eine kleine dreischiffige Drei-Apsiden-Kirche mit den verkürzten Seitenschiffen, die in ihrer gegenwärtigen Gestalt sicher dem 11. Jahrhundert angehört, in Teilen aber noch auf einen älteren vor-romanischen Bau zurückgeht.

Und doch ist auch *Santa Maria* nicht nur wegen seiner unvergleichlich dramatischen Naturkulisse eines Besuches wert. Wenn seine Architektur ästhetisch als durchaus belanglos erscheint, so bietet es den Freunden der Tonkunst um so mehr: seine berühmte, seit dem 13. Jahrhundert bezeugte Musikschule, die *Escolania*, ist wohl das älteste aller noch heute bestehenden Konservatorien überhaupt. Die Zöglinge dieser Institution, von erfahrenen Mönchen im Gesang und an Instrumenten ebenso wie in der Komposition ausgebildet, haben sich als Ensemble durch die Darbietung geistlicher Werke aller Zeiten, von der

Gregorianik bis zur Gegenwart, internationalen Ruf erworben. So ist es kein Wunder, wenn zumal die feierlichen Mittagsmessen, an denen sie mitwirken, auch manche Nichtkatholiken anziehen.

Besonders gern nimmt sich die *Escolania* – auch auf vielen Schallplatten – dabei der katalanischen Komponisten aus Barock und Vorklassik an, von denen einige (wie Joan Cererols und Narcis Casanovas) selber als Angehörige des Benediktiner-Ordens hier gewirkt, unterrichtet und komponiert haben. Und das ist mehr als nur eine fromme Pflege lokaler Tradition. Denn seit der *Renaixença* des 19. Jahrhunderts ist der Montserrat ein Hort nicht allein des Glaubens, sondern auch des katalanischen Volkstums und seines Selbstbewußtseins gewesen. Das hat ihn zumal in den schwierigen Zeiten der Franco-Diktatur und der nationalen Unterdrückung zum geistigen Zentrum Kataloniens auch in den Augen vieler gemacht, die der Kirche sonst völlig entfremdet waren. Schon als jeder öffentliche Gebrauch der katalanischen Sprache verfemt war und sich auch die offizielle katholische Hierarchie unter nicht-katalanischen Würdenträgern dem autoritären Regime in seinem Willen zur kulturellen Gleichschaltung dienstbar zeigte, wurde hier nicht nur die Messe auf katalanisch gelesen und gesungen; auch die Zeitschrift der Patres, *›Serra d'Or‹*, bot dem mißliebigen Idiom eine sichere Heimstatt und dem Dialog unter Katalanen verschiedener Weltanschauung eine Plattform. Ja das Kloster gab auch Zusammenkünften der illegalen Opposition ein Obdach. Und als der Abt schließlich wegen seines mutigen Auftretens gegen die Methoden des autoritären Regimes ins Exil gehen mußte, hinderte das seinen Nachfolger keineswegs daran, die gleichen Ideen mit der gleichen Entschiedenheit unbekümmert um die drohenden Konsequenzen zu verfechten. Tatsächlich wagte sich auch der sonst allmächtige Caudillo nicht noch einmal an diese Bastion des Widerstandes heran. Was das für Katalonien in den Jahrzehnten der Bedrängnis bedeutete, hat bis heute niemand im Lande vergessen. Und wenn derzeit in der ganzen Region kaum mehr Spuren von jener früher so virulenten Kirchenfeindschaft zu entdecken sind, die noch zu Beginn des Bürgerkrieges mehr als zwanzig der damaligen Mönche das Leben gekostet und die Überlebenden ins Ausland vertrieben hatte, so ist das ganz gewiß in erster Linie dem unermüdlichen Wirken der später Heimgekehrten zuzuschreiben.

Es hängt mit der wahrhaft zentralen Lage des Montserrat zusammen, daß man Berg und Kloster praktisch von allen Seiten her auf vielen Wegen erreichen kann. Von Barcelona aus benützt man zunächst am besten die Autobahn nach Lleida bzw. Tarragona, verläßt diese bei Martorell, um der vorzüglich ausgebauten, allerdings auch immer noch stark befahrenen N II Richtung Madrid zu folgen, und gelangt von ihr aus entweder über Olesa de Montserrat und Monistrol oder über die Abzweigung unmittelbar nach der Ausfahrt beim Dorf El Bruc (span. El Bruch, s. u.) auf die landschaftlich herrliche Bergstraße. Eine besonders reizvolle Rundtour ergibt sich, wenn man diese beiden Routen miteinander verbindet und damit praktisch das ganze Massiv teils an seiner Basis, teils auf halber Höhe umfährt.

Zum mindesten auf zwei Denkmäler der romanischen Kunst im näheren und weiteren Umkreis des Montserrat sei hier noch kurz hingewiesen: auf die Fresken von El Bruc und die frühe Kirche von Tossa de Montbui. Das dreigeteilte Dorf EL BRUC, unmittelbar am Fuße des Gebirges gleich neben der N II gelegen, ist von Süden her über deren letzte Abfahrt vor der Abzweigung zum gleichnamigen Paß, von Norden unmittelbar nach der Wiedereinmündung dieses Seitenstrangs in die Hauptstraße erreichbar. Am südöstlichen Rande seines unteren Dorfteils liegt die *Pfarrkirche Santa Maria,* architektonisch nach mehreren Umbauten wenig bedeutend, aber beachtlich durch die Wandmalereien in der erhaltenen, rechts vom nunmehrigen Langhaus gelegenen Apsis des früheren, sonst fast völlig verschwundenen romanischen Baus. Zwar handelt es sich dabei um späte Nachzügler der großen Ära hochmittelalterlicher Freskenkunst: wenn die Experten mit der Annahme recht haben, daß sie dem späten 13. Jahrhundert oder womöglich gar den Anfängen des 14. zuzuschreiben seien, dann sind sie zu einer Zeit entstanden, da sich anderswo in Katalonien die verspätet übernommenen Formen der Gotik voll entfalteten. Relativ gut erhalten sind zum mindesten die oberen Teile: der Pantokrator inmitten der Evangelistensymbole in der Halbkuppel, darunter die Krönung Mariä und eine Gruppe von vier Heiligen, unter denen die Gestalt Sankt Peters die Aufmerksamkeit auf sich zieht (Farbt. 27). Die sparsame Verwendung der Farben betont noch die ausgesprochene Vorherrschaft der Linie, die dieses Werk eines wohl ländlichen Meisters charakterisiert.

(Den Schlüssel zu Santa Maria verwahrt Frau Rosa Ollé in Bruc del Mig, dem mittleren der drei Dorfteile; sonst ist die Kirche nur samstagsnachmittags zwischen 17 und 19 Uhr geöffnet, wenn der auswärts wohnende Pfarrer Sprechstunde für seine Gemeinde abhält).

Wie das Kloster auf dem Montserrat selber und wie die kleine Landkirche von El Bruc, so ist auch das dritte Heiligtum, das wir in dieser Gegend aufsuchen wollen, der Heiligen Jungfrau geweiht: SANTA MARIA DE MONTBUI, auch als Tossa de Montbui bekannt (Tossa heißt katalanisch 'Stirn' – gewiß kein schlechter Name für den kräftigen Felsbuckel, der einst die feste Burg der Barone von Montbui trug). Um dieses Ziel zu erreichen, müssen wir zunächst der N II nordwestwärts bis Igualada folgen, uns bei dieser lebhaften, seit Jahrhunderten zumal durch ihre Gerbereien berühmten Mittelstadt hinter der Gruppe von Hotels und Tankstellen nach links stadtwärts wenden. In der Stadt ist jetzt – anders als früher – der Weg nach Tossa bzw. nach der näheren, vorstädtisch-charakterlosen Häuser-Agglomeration Santa Margarida de Montbui ausgeschildert. Hinter Santa Margarida erkennen wir zur Rechten, weit über das Tal emporgehoben, die Tossa mit der charakteristischen Silhouette ihrer Kirche. Nach ein paar hundert Metern treffen wir dann auf die reizvoll angelegte asphaltierte Straße, die auf die Felskuppe hinaufführt.

Seit es diesen bequemen Zugang gibt, ist Santa Maria de Montbui zu einem gern besuchten Ausflugsort geworden. Die romantische Lage des kleinen Plateaus, das am Ostrand von der Kirche, am westlichen Ende von dem übriggebliebenen massiven Bergfried als letztem Rest der sonst verschwundenen Burg gesäumt wird, der herrliche Ausblick nach allen Seiten hin, den dieser äußerste Sporn der Serra de Queralt gewährt, und nicht zuletzt die Existenz eines Gasthauses auf der Höhe – das alles zieht zumal an den Wochenenden viele Automobilisten aus der weiteren Umgebung bis Barcelona hierher. Aber auch das ehrwürdige Gotteshaus selber ist sorgfältiger Beachtung wert: nach seiner jüngsten vorzüglichen Wiederherstellung, die die Mißgriffe einer früheren, kurz vor der Jahrhundertwende erfolgten 'Ausbesserung' rückgängig machte und dem Gebäude sein originales Gesicht zurückgab, gehört es zu den anziehendsten und in seiner urtümlichen Schlichtheit eindrucksvollsten Monumenten der Zeit um das Jahr 1000 (s. Umschlagvorderseite).

Tatsächlich geht ein großer Teil des erhaltenen Bestandes noch ins 10. Jahrhundert zurück. Dieser frühen Epoche gehört im wesentlichen das dreischiffige Langhaus an (nur die seitliche Pforte ist erst ein halbes Jahrtausend später hinzugekommen). Auf die frühe, vorromanische Bauzeit deuten neben dem unregelmäßigen Mauerwerk die massig gedrungenen Säulen und vor allem die noch auf westgotische Tradition verweisenden leichten Hufeisen-Profile von Bogen und Gewölben hin. Ob der Bau zunächst unvollendet geblieben ist oder ob (und wenn ja, warum) ein ursprünglich vorhandenes Chorhaupt rund fünfzig Jahre später einem neuen Ost-Abschluß weichen mußte, läßt sich nicht mehr feststellen. Jedenfalls sind die drei Apsiden, auf deren Fertigstellung die dokumentarisch belegte Weihe der Kirche im Jahre 1032 zurückgeht, mit ihren Lisenen und ihrem schmalen Rundbogenfries bereits eindeutig frühromanisch-lombardisch geprägt. Aus der gleichen Zeit stammt augenscheinlich auch die gegenwärtige Form des hintersten Joches im Langhaus, dessen Bogen und Tonnengewölbe, von rechteckig aufgemauerten Pfeilern statt von Säulen getragen, durch ihre klassisch-romanische Halbkreisgestalt von den anderen abstechen. Noch jüngeren, wenn auch unbestimmbaren Datums ist sicher der charakteristische Glockenstuhl mit seinen beiden schlanken Bogenöffnungen und dem kleinen Giebelfenster darüber, und die Kapelle an der Nordseite ist erst im 16. Jahrhundert dazugekommen. Und doch beeinträchtigen all diese nachträglichen Veränderungen und Zutaten den archaischen Gesamteindruck eines Bauwerks kaum, das trotz seiner äußeren Bescheidenheit neben den unvergleichlich ehrgeizigeren Klosterkomplex von Sant Pere de Roda gestellt werden darf: beide, die großartig-prunkvolle Ruine über dem Mittelmeer und das unscheinbare Kirchlein bei Igualada, dokumentieren in ihrer grundverschiedenen Weise am besten jene Epoche, in der Katalonien politisch wie kulturell zur Selbständigkeit erwachsen ist.

6. Route: Von Barcelona zum Ebro

Bisher haben wir uns auf unseren Fahrten – sowohl denen von der spanischen Grenze nach Barcelona als auch denen im Umkreis der Hauptstadt – ganz in dem altkatalanischen Bereich bewegt, der im 9. Jahrhundert durch die fränkische *Reconquista* dem karolingischen Reich eingegliedert und bald darauf durch die Grafen von Barcelona politisch organisiert wurde. Wenden wir uns nun von der Metropole nach Westen und Süden, so erschließt sich eine historische Landschaft anderen Gepräges: jenes Neu-Katalonien, das erst um die Mitte des 12. Jahrhunderts, nach dem Erwerb der aragonesischen Krone durch die Nachkommen

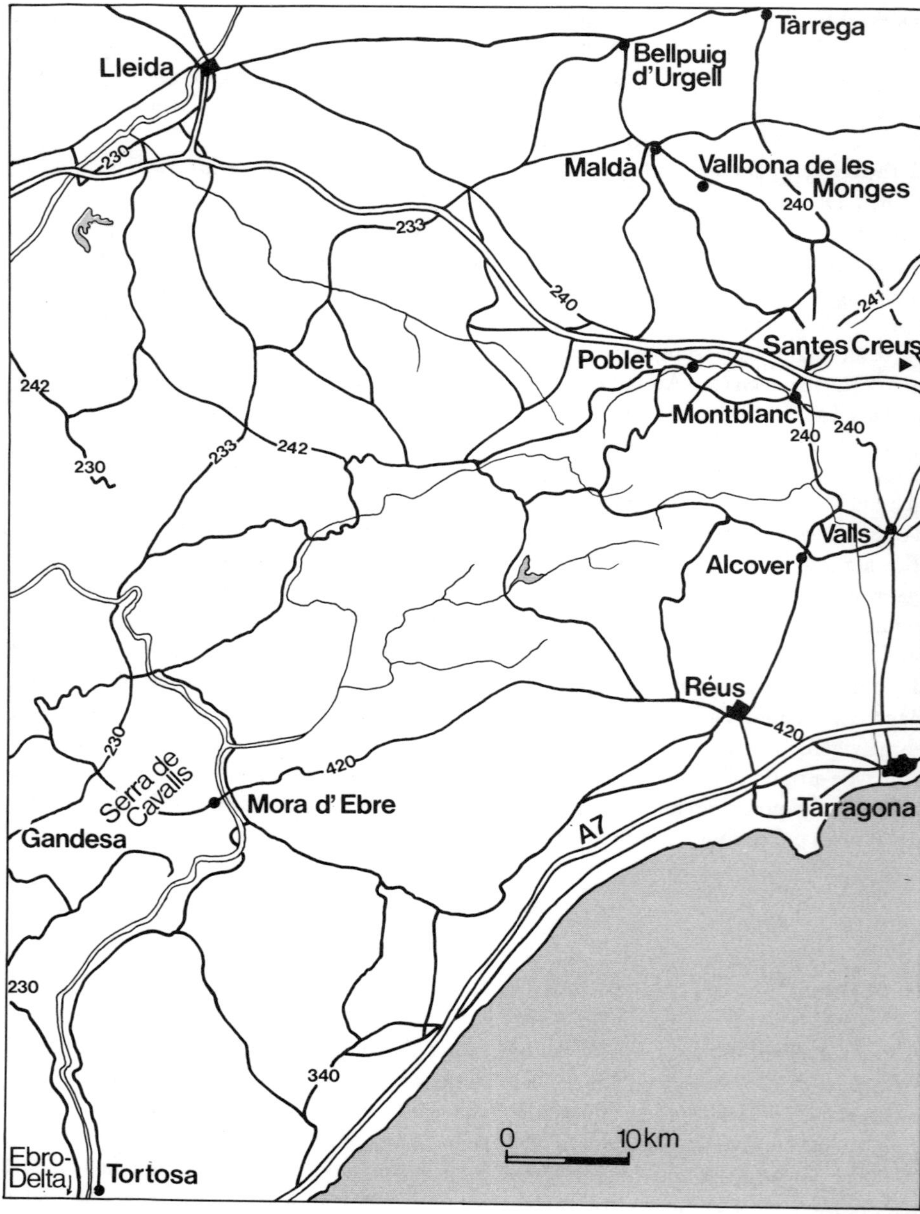
Lleida
Tàrrega
Bellpuig d'Urgell
Maldà
Vallbona de les Monges
Poblet
Santes Creus
Montblanc
Valls
Alcover
Réus
Tarragona
Mora d' Ebre
Serra de Cavalls
Gandesa
Ebro-Delta
Tortosa
A7
230
233
240
241
242
420
340
0
10km

Wilfrieds des Behaarten, dem Islam endgültig entrissen wurde und damit im Vergleich zum ursprünglichen Kern der Spanischen Mark so etwas wie ein Kolonialland darstellt. Tragen die heutigen Provinzen Girona und Barcelona zum mindesten in ihren ländlichen Gebieten noch vorwiegend den Stempel der Romanik, den sie seit der Zeit des großen Abtes und Bischofs Oliba empfangen haben, so ist die mittelalterliche Erbschaft im Einzugsbereich Tarragonas und Lleidas weitgehend von der Gotik bestimmt, die bald nach der Eroberung dieser Gebiete ihren Siegeszug antrat.

Wir können uns Tarragona auf zwei Wegen nähern. Die schnellste und bequemste Zufahrt bietet uns die Autobahn nach Valencia, die nördlich Vendrells von der nach Lleida-Saragossa abzweigt und in einiger Entfernung dem Verlauf der Mittelmeer-Küste folgt. Die zweite, bis zum beliebten Badeort Castelldefels ebenfalls vierspurig ausgebaute, dann aber engere und reichlich gewundene verläuft viel näher am Ufer der *Costa Daurada*; allerdings wird man vom Meer, außer auf der besonders kurvenreichen Strecke zwischen Castelldefels und Sitges am steilen Südhang des Garraf-Massivs, auch hier nicht allzuviel zu sehen bekommen. Man wird diese Variante nur wählen, wenn man sich Zeit lassen kann – und dann sollte man auch die Gelegenheit nicht auslassen, SITGES ein wenig zu erkunden. Denn die kleine Hauptstadt der Region am Fuß des Garraf kann nicht nur mit einer reizenden Lage und mit vortrefflichen weiten Badestränden aufwarten. Anders als die meisten Fremdenorte und Urlaubszentren hat sie sich trotz der Überschwemmung mit Touristen noch immer etwas von einer eigenen und unverwechselbaren Physiognomie zu erhalten verstanden. Zumal die *Altstadt* um das Felsenkap, das sich zwischen die beiden Strände – die Platja d'Oro und die Platja Sant Sebastià – schiebt und auf dem sich die barocke weiße *Pfarrkirche* erhebt, übt mit ihren verwinkelten Straßen und diskreten Plätzen einen Charme aus, von dem man sich gerne verführen läßt.

Ihm paßt sich auch trefflich jener *Museums-Komplex* gleich hinter der Kirche an, der wohl die Haupt-Sehenswürdigkeit von Sitges darstellt – weniger wegen der durchaus ansehnlichen, wenngleich etwas disparaten Sammlungen von Kunst und Kunstgewerbe der Antike, des Mittelalters und des 19. Jahrhunderts als wegen ihres eigenwilligen architektonischen Rahmens. Eine Gruppe alter Häuser gleich hinter der Kirche, darunter die des früheren Hospitals Sant Joan, wurde von dem Maler Santiago Russinyol und einer Gruppe seiner wohlhabenden Freunde um die Jahrhundertwende erworben und interessant-phantasievoll restauriert, teils mit zusammengekauften mittelalterlichen Bauteilen und Dekorationen, teils aber auch mit zeitgenössischen Elementen mehr oder weniger historisierenden Zuschnitts. So entdeckt man auf den Kapitellen an der Fassade des *Cau Ferrat* (was wörtlich 'eiserne Höhle' bedeutet), die beim flüchtigen Hinsehen romanisch oder gotisch wirken, bei näherer Betrachtung Figuren in der Kleidung der Zeit vor dem Ersten Weltkrieg: der historisierende Stil versucht hier nicht, wie meist, die Vergangenheit einfach nachzuahmen, sondern in ihren Formen Szenen der Gegenwart festzuhalten – ein gewiß fragwürdiges Unterfangen, das man hier doch nicht *nur* als Kuriosum zu akzeptieren geneigt ist.

Man kann Sitges auch auf einer anderen Route erreichen, indem man die beiden Zugänge von Barcelona nach Tarragona miteinander kombiniert: wenn man auf der Autobahn bis

Vilafranca del Penedès fährt, dort die zweite Ausfahrt benützt und der Straße folgt, die über den Westteil der Serra von Garraf entweder nach Sitges oder, dieses beiseite lassend, über das industriell rege Vilanova i la Geltrú nach dem großen Zentrum Südkataloniens führt. Von dieser Gebirgsstraße aus bietet sich, wenige Kilometer nach dem Verlassen der Autobahn, Gelegenheit zu einem besonders instruktiven kleinen Abstecher: in ein paar Minuten gelangen wir nach OLÉRDOLA und können dort Bekanntschaft mit einem der merkwürdigsten Monumente katalanischer Vergangenheit machen. Im ausgedehnten und immer wieder umkämpften Grenzgebiet zwischen der Spanischen Mark und den islamisch beherrschten Landstrichen zum Ebro hin dürfte hier im 9. Jahrhundert eine stark befestigte Militärkolonie – die *urbs Olerdulae* – angelegt worden sein, die Anno 911 erstmals in einem Dokument erwähnt wird. Was diesen ausgedehnten Festungsbezirk aber von den zahllosen anderen Burgen und festen Plätzen im Glacis westlich des Llobregat unterscheidet, das ist die Tatsache, daß sich der christliche Vorposten hier in einer rund tausend Jahre älteren Fortifikation einnisten konnte. Sorgfältige archäologische Untersuchungen haben nämlich eindeutig erwiesen, daß die Mauer, hinter der die mittelalterliche Siedlung erwuchs (Abb. 97), schon rund tausend Jahre vorher von den Römern erbaut worden war, sei es als Stützpunkt in den Punischen Kriegen kurz nach der Landung Scipios, sei es als Bastion im Kampf gegen die aufrührerischen einheimischen Stämme in den Anfängen des 2. vorchristlichen Jahrhunderts. Frühere Spekulationen hatten dem massigen, turmbewehrten Verteidigungswerk sogar ein noch weit größeres Alter und je nachdem eine karthagische, tyrrhenische oder ligurische Herkunft zugeschrieben. Anscheinend haben jedoch die Römer dieses Fort schon bald nach der endgültigen Befriedung Nordost-Spaniens wieder seinem Schicksal überlassen; das geht daraus hervor, daß unter den antiken Fundstücken in den Ruinen keine aus kaiserlicher Zeit identifiziert werden konnten. Wohl aber hatte der solid gebaute Wall den Jahrhunderten so wirksam getrotzt, daß sich die katalanischen Karolinger-Vasallen mit ein paar Ausbesserungen die Ruinen des Römerkastells zunutze machen und hinter dessen Mauer, unter Hinzufügung des einen oder anderen neuen Turms, Sicherheit vor den Streifzügen des nahen Gegners finden konnten.

Der Wall, rund 150 Meter lang, verriegelt bis heute den einzigen halbwegs bequemen Zugang zu der sonst allseits steil abfallenden Höhe, die immer noch durch die teils vorromanische, hauptsächlich aber dem 12. Jahrhundert zugehörige *Kirche* markiert wird (Abb. 98). Sie hat als einziges Gebäude von Olérdola den Niedergang der Festung und der mit ihr verbundenen Siedlung überdauert, der nach der Unterwerfung der nahen islamischen Emirate zugunsten des nunmehr aufblühenden Vilafranca einsetzte und schließlich dazu führte, daß das Gelände seit Jahrhunderten völlig von Menschen verlassen war. Allerdings entging sie selbst in ihrer Abgeschiedenheit dem antiklerikalen Furor zu Beginn des Bürgerkrieges nicht. Fotos von 1936 bezeugen die damals angerichteten Verwüstungen. Inzwischen ist der Bau unter Verzicht auf die arg mitgenommenen barocken Zutaten in einer Form wiederhergestellt, die seine einstige schlichte Schönheit wieder zur Geltung kommen läßt, mit einer Fassade, die über dem Rundbogen des Portals nur durch ein einziges, von einer kleinen Säule getragenes romanisches Doppelfenster gegliedert ist, und mit der

97 Rund 2000 Jahre alte Mauern um OLÉRDOLA

98 OLÉRDOLA Romanische Kirche

99 Der Arc de Barà vor TARRAGONA

100 Der sog. Scipionenturm vor TARRAGONA

101, 102 TARRAGONA Der Minervaturm, ein Teil der Stadtmauer. Rechts: Alte Stadtmauer

103, 104 TARRAGONA Carrer de la Victoria: in die Stadtmauer gebaute Wohnungen. Römisches Forum

105 TARRAGONA Lateinische und hebräische Inschriften am selben Haus

106 TARRAGONA Kreuzgang der Kathedrale

107, 108 TARRAGONA Kathedrale: Marmorrelief der Hl. Thekla zu Füßen Christi und Grabmal des Erzbischofs Juan de Aragon († 1334)

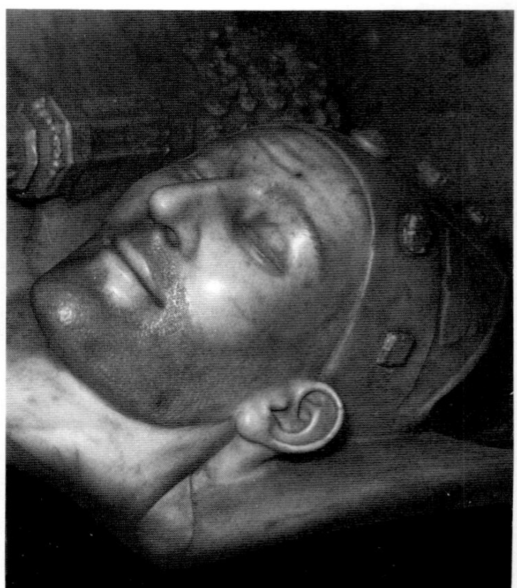

109 TARRAGONA Kathedrale: Fries aus dem 4. oder 5. Jh. rechts vom Hauptportal

111 TARRAGONA Frauengestalt in durchsichtigem Gewand, von einem Sarkophag

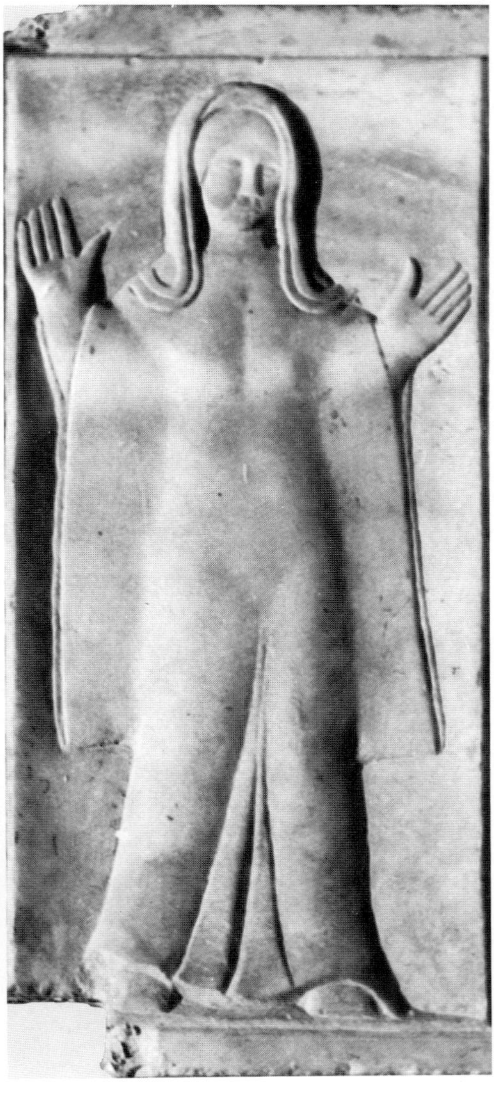

110 TARRAGONA Museu Paleo-Cristiano: 'Philosophen-Sarkophag'

112 TORTOSA Blick auf die Kathedrale

113 TORTOSA Llotja (Börse)

114 TORTOSA Kathedrale: die Pfeilerbündel setzen sich im Sterngewölbe fort

115 SANTES CREUS Treppe im Innenhof des königlichen Palastes

116 SANTES CREUS Fassade des Mittelschiffs

117 SANTES CREUS Kreuzgang im Brunnenhaus und Teil des Gartens

118 SANTES CREUS Kapitell im Kreuzgang: Hexe oder Narr (?)

119, 120 SANTES CREUS Kapitelle im Kreuzgang: Dudelsackspieler und Ritter; unten: ein Handwerker

121 SANTES CREUS Tier-Kapitell im Kreuzgang

122 POBLET Kapitelsaal

123 POBLET Kreuzgang im Kloster

124 POBLET Kragstein im Dormitorium

125 POBLET Kapitell im Kreuzgang

126, 127 POBLET Dekorative Kapitelle im Kreuzgang

129 POBLET Sarkophag in der Kirche

128 POBLET Inneres der Kirche

130 POBLET Detail eines anderen Sarkophags: Grabmal des Pere IV. 'el Cerimoniós' und seiner Gemahlin Maria von Navarra

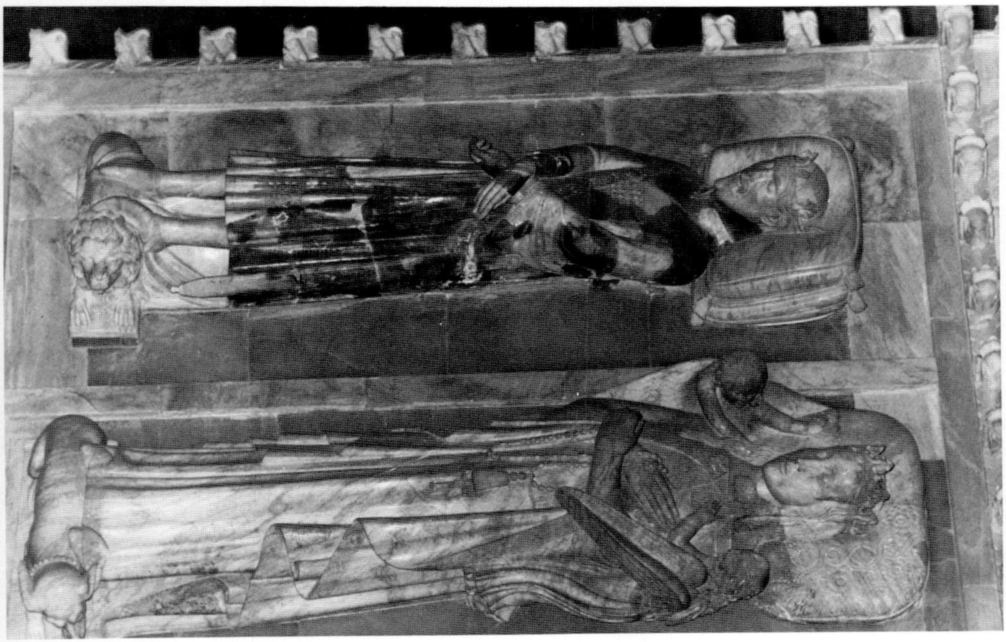

132 LLEIDA Seu Vella: Schlußstein in der äußeren Seitenapsis rechts

131 LLEIDA Vom Kreuzgang aus blickt man weit über das Land

133 LLEIDA Apostel-Kapitell im Chor der Seu Vella: Der ungläubige Thomas

134 LLEIDA Fries im Kreuzgang der Kathedrale

135 LLEIDA Porta dels Fillols: Reiter im Kampf mit Löwen

winzigen mozarabischen Kapelle links vom Chorhaupt, die noch als der letzte Rest der ersten Kirche aus dem 9. Jahrhundert angesehen werden darf. Noch mehr jedoch als der ungezierte Adel ihrer Architektur, mehr auch als die liebevoll zusammengetragenen Fundstücke aus Antike und Mittelalter in dem kleinen 'monographischen Museum' gleich neben dem Eingang zum Festungsbereich, dürfte manchen Gast die Einsamkeit dieser halbvergessenen Stätte in Bann schlagen, wo zwischen sorgsam aufgeräumten und konservierten Grundmauern wilde Blumen blühen und von wo man weit über die Terrassenhänge in die Hügel des Penedès und in das kulissenartig sich aufbauende Bergland des Garraf hinausblickt.

Antike und Mittelalter – die beiden Epochen, die in Olérdola ihre Spuren hinterlassen haben – begleiten uns auch auf unserem weiteren Weg. Bis in die Nähe Tarragonas hatten die christlichen Ritter in den mehr als zwei Jahrhunderten der wechselvollen Kämpfe mit dem Islam ihre festen Plätze vorgeschoben: das *Castell de la Geltrú* über Vilanova, das von *Altafulla* und, als äußerste Speerspitze, die pittoreske Burg von *Tamarit* auf dem felsigen Vorgebirge, das neben der Mündung des Riu Gaiá ins Meer vorstößt – sie alle dienten zugleich der Sicherheit gegen neue Araber-Einbrüche und der zähen Vorbereitung für den offensiven Ausgriff der Grafen von Barcelona nach Westen und Süden.

Aber auf dergleichen Fortifikationen stößt man ja auch sonst allenthalben in der lange umstrittenen Zwischenzone von Alt- zu Neukatalonien. So wird unsere Aufmerksamkeit bei der Annäherung an die einstige *urbs opulentissima* vor allem durch die Monumente der römischen Herrschaft gefesselt. Zwei von ihnen zählen unter die besterhaltenen und imposantesten Überreste der Kaiserzeit auf dem Boden Kataloniens. Etwa 20 km vor Tarragona treten die beiden Fahrbahnen der Straße auf einmal auseinander, und auf der Insel, die sie damit bilden, erkennen wir einen Triumphbogen von vornehm-einfachen Formen: den *Arc de Barà* (Abb. 99). Ein Feldherr Trajans, Lucius Licinus Sura, hat ihn laut der Inschrift durch testamentarische Verfügung errichten lassen, über der *Via Augusta*, der imperialen Heerstraße von Gallien bis in den äußersten Süden Hispaniens, deren Trasse hier noch heute die moderne N 340 folgt. Und schon nahe am Stadtrand erhebt sich zu unserer Rechten der sogenannte *Scipionenturm* (Abb. 100).

Die Überlieferung interpretiert dieses Bauwerk als ein Denkmal für die Brüder Publius und Gnaeus Scipio, die im Zweiten Punischen Krieg als Führer der römischen Expeditionsstreitmacht in Ampurias gelandet waren, das befestigte iberische Tarragona erobert und zur wichtigsten Bastion gegen die Karthager ausgebaut hatten und schließlich 211 v. Chr. ihr Leben im Kampf lassen mußten. Die plastisch aus der Front des Sockels hervortretenden beiden Soldaten-Gestalten haben dieser Deutung Vorschub geleistet. Trotzdem ist sie wohl irrig. Denn das Monument ist keinesfalls ein Werk der republikanischen Ära; es kann frühestens im 1., wahrscheinlich aber erst im 2. nachchristlichen Jahrhundert entstanden sein. Wie weit sich seine Bezeichnung als 'Turm' rechtfertigt, muß ebenfalls offen bleiben, weil der Oberteil des Baus längst eingestürzt ist. Sicher ist nur, daß es sich um ein Grabmal handelt, um einen Teil jenes Gräberfeldes also, das nach römischem Brauch außerhalb des geweihten Stadtbezirks angelegt werden mußte und sich daher der *Via Augusta* entlang zog. Leider sind die mächtigen, hervorragend behauenen Quadern, aus denen die drei ganz oder teilweise erhaltenen 'Etagen' gefügt sind und die fast zwei Jahrtausenden zu trotzen vermochten, und vollends die beiden Figuren neuerdings (wohl vor allem durch die Autoabgase) so in Mitleidenschaft gezogen worden, daß sich jetzt eine gründliche Erneuerung aufdrängte; sie ist inzwischen mit gutem Ergebnis abgeschlossen worden.

Glanz und Niedergang von Tarraco

Die antiken Relikte, denen wir auf dem Weg nach Tarragona begegnen, stimmen uns schon auf die große Vergangenheit dieser bedeutenden Hafenstadt ein. Tatsächlich ist sie von allen Städten Kataloniens nicht nur die vermutlich älteste, sondern auch jene, die die meisten Zeugnisse einer langen Geschichte in die Gegenwart herübergerettet hat – und die diese lebendigen Erinnerungen denn auch mit unvergleichlicher Sorgfalt pflegt. Vereinzelte Nachrichten griechischer und römischer Historiker und ein paar wenige Funde lassen den Schluß zu, daß hier schon vor der iberischen Stadt, die von den Scipionen erstürmt wurde, eine Siedlung mehr oder weniger urbanen Zuschnitts bestand; jedenfalls wurden hier im 6. Jahrhundert v. Chr. eigene Münzen geprägt. Von diesen Ursprüngen ist allerdings wenig übriggeblieben; was von den antiken Bauten in die Jahrhunderte vor unserer Zeitrechnung zurückreicht und früher den Iberern oder gar ihren Vorgängern zugeschrieben wurde, wie insbesondere die 'zyklopischen' Partien der Stadtmauer, das gehört nach neueren Untersuchungen wohl den ersten Jahrzehnten der römischen Okkupation an. Unter ihr freilich nahm die neubefestigte und bald erweiterte Stadt einen immer schnelleren Aufschwung – nun weniger wegen ihrer starken Verteidigungswerke, die praktisch kaum mehr benötigt wurden, nachdem der große Aufstand der einheimischen Stämme im ersten Jahrzehnt des zweiten vorchristlichen Jahrhunderts einmal niedergeschlagen war, wohl aber dank ihrem hervorragenden Hafen und ihrer Lage inmitten eines besonders reichen, durch die Vielzahl seiner Produkte ausgezeichneten agrarischen Distrikts.

Augustus erhob Tarraco zur Hauptstadt der *Hispania Citerior,* die wie die lusitanische Provinz der kaiserlichen Administration direkt unterstellt wurde, während der Rest der iberischen Halbinsel – die *Hispania Ulterior* – unter der Kontrolle des Senats verblieb. So ist es denn kein Wunder, wenn sich hier die frühesten mit Sicherheit identifizierbaren Zeugnisse des religiösen Kultes für den Gründer des Imperiums finden. Und als Sitz eines Gerichtsdistrikts – des *Conventus Tarraconensis* –, der im wesentlichen die später katalanischen Gebiete südlich der Pyrenäen umfaßte, übte Tarragona für ein enger umschriebenes Territorium, das als eine Art Vorentwurf des künftigen Kataloniens angesehen werden könnte, jene Funktion des Zentrums aus, die dann im Mittelalter an Barcelona übergehen sollte. Von hier ging in erster Linie die fortschreitende sprachliche und kulturelle Latinisierung der ganzen Region aus. Kein anderes der römischen Munizipien im heute spanischen

Nordosten ist dieser »überaus reichen Stadt«, wie sie der Geograph Pomponius Mela nannte, an Größe und Luxus gleichgekommen; man schätzt ihre damalige Einwohnerzahl auf rund 30000.

Der Niedergang der glanzvollen *Urbs* begann in den frühen Stürmen der Völkerwanderung. Mehrmals von germanischen Kriegerscharen erobert, gebrandschatzt und zerstört, verlor sie die Reste ihrer politischen Hauptstadt-Rolle nach der Festsetzung der Westgoten. Nur im Prestige ihres Bistums (später Erzbistums) lebte noch etwas von dieser Funktion fort, und im Zeichen der Kirche entfaltete sich auch noch über den Untergang des weströmischen Reiches hinaus eine beachtliche kulturelle und künstlerische Aktivität. Nachdem sich aber die Araber 712 Tarragonas bemächtigt hatten, blieb es über vier lange Jahrhunderte zur totalen Bedeutungslosigkeit verurteilt, von der Bevölkerung fast völlig verlassen und dem Verfall anheimgegeben. Erst die christliche *Reconquista* im 12. Jahrhundert, die ersten Ansätze einer Neubesiedlung unter dem normannischen Feudalherrn Robert Bordet und die Restauration der Erzdiözese schufen die Voraussetzungen für einen allmählichen, zunächst recht schleppend vorangehenden Wiederaufbau; seine Krönung erhielt er schließlich 1331 mit der Weihe der neuen Kathedrale, mit deren Bau bereits mehr als zwei Jahrhunderte zuvor – 1120, ein Jahr nach der Zurückeroberung durch Ramon Berenguer III. – begonnen worden war.

Tarragona. (Biblioteca de Catalunya, Barcelona)

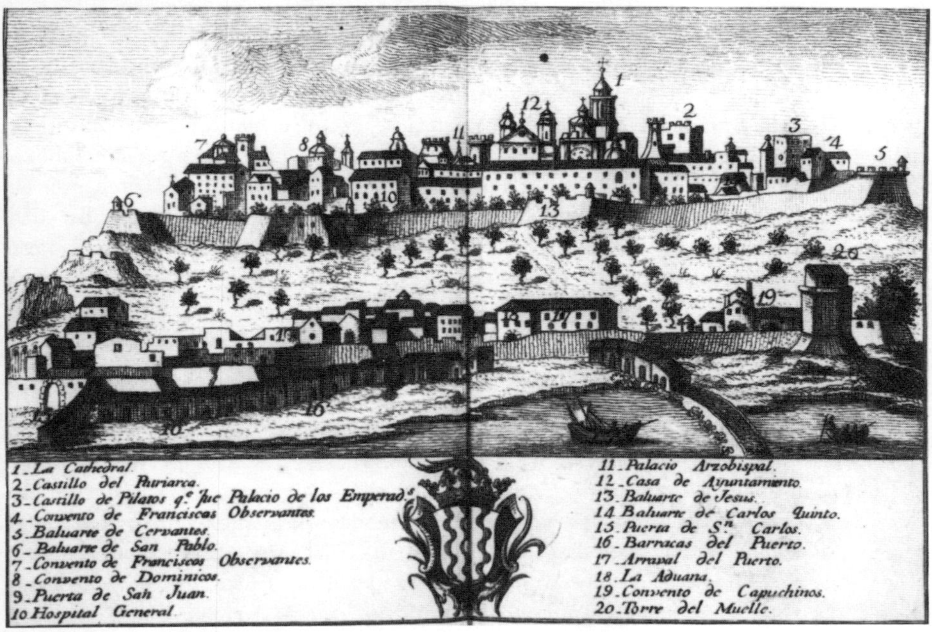

Der Rückblick auf diese wechselvolle Geschichte erklärt, warum man in Tarragona kaum eine greifbare Erinnerung an die Zeiten der islamischen Okkupation finden wird: diese vierhundert Jahre sind aus dem Bild der Stadt spurlos ausgelöscht. Die sichtbare Vergangenheit manifestiert sich einerseits in den Schöpfungen der römischen Ära und deren christlichen Nachklängen, anderseits in denen des Mittelalters und der Neuzeit vom 12. Jahrhundert bis zur Gegenwart. Um so mehr frappiert der Eindruck einer ungebrochenen Kontinuität, die den Gedanken an diesen langen Hiatus überhaupt nicht aufkommen läßt. Wenn uns Tarragona so viel mehr als andere ebenfalls in der Antike wurzelnde Städte den Jahrtausendgang der Historie ins Bewußtsein ruft, dann liegt das nicht allein an der Vielzahl und an der Ehrwürdigkeit der noch vorhandenen Zeugnisse. Das Besondere ist vielmehr die wahrhaft aufregende Art und Weise, wie sich hier die Epochen durchdringen, wie das Jüngere aus dem Älteren zu wachsen, das von weither Überkommene sich dienstbar zu machen und anzuverwandeln weiß, wie sich insbesondere das gotische Mittelalter im antiken Erbe so selbstverständlich einnistet und einwurzelt, als sei nicht zwischen dem Ende des römischen Imperiums und dem Beginn der christlichen Rekonstruktion der größere Teil eines Jahrtausends vergangen.

Nirgends wird diese Verschränkung der Kulturen so sinnfällig wie beim Spaziergang auf dem *Passeig Arqueològic*, span. *Paseo Arqueológico* (Abb. 101). Diese prächtig angelegte archäologische Promenade entlang den besterhaltenen Partien der *Stadtmauer* (Abb. 102) präsentiert mehr als zweitausend Jahre der Geschichte Tarragonas gleichsam mit dem Zeitraffer. Betrachtet man die unteren, aus ungefügen zyklopischen Blöcken bestehenden Teile dieses Walls, so fällt es schwer zu glauben, daß es sich hier, nach neuesten Forschungsergebnissen, um eine römische Arbeit aus der Wende des 3. vorchristlichen Jahrhunderts handeln soll: sie wirken in der Tat so urtümlich, daß die früher gängigen Annahmen iberischen oder gar archaisch-hellenischen Ursprungs dem Laien viel eher einleuchten möchten. Über dieser Basis schichten sich die so viel gleichmäßiger bearbeiteten Quadern der späteren republikanischen und der kaiserlichen Römerzeit auf; unvermittelt aber schiebt sich zwischen sie ein Turmbau wie die *Torre del Arquebisbe,* der unverkennbar einer viel späteren Epoche – dem 14. Jahrhundert nämlich – angehört. Und der Unterwall wiederum, über dem die soignierte moderne Parkanlage des *Passeig* verläuft – die sogenannte *Falsabraga* – ist schließlich erst zu Beginn des 18. Jahrhunderts entstanden, als die Engländer im Spanischen Erbfolgekrieg die Stadt zeitweise besetzt hielten und ihre baufälligen Verteidigungsanlagen durch neue, tiefergelegene Mauerzüge zu stützen und durch zeitgemäßere Bastionen zu ergänzen suchten.

Daran erinnern auch noch die hier placierten altertümlichen Geschütze. Zwei römische Bronzeplastiken anderseits – das schöne Standbild des Kaisers Augustus und die kapitolinische Wölfin – sind Abgüsse, die von der italienischen Regierung 1934 und 1970 der iberischen Tochterstadt Roms als Zeichen alter Verbundenheit gestiftet wurden. Und zu all diesen Anziehungspunkten gesellt sich überdies der herrliche Blick, den man von diesem Rundgang aus auf die Tarragoneser Landschaft und auf die Küste genießt: von wenig historischen Stätten urbanen Charakters aus entfaltet sich ein so reizvolles Panorama – und

Westgotische Chorschranke im Archäologischen Museum, Tarragona

auch die nach allen Seiten sich ausbreitende moderne Stadt tut dieser Landschaft merkwürdigerweise kaum Gewalt an, fügt sich ihr vielmehr ungezwungen ein.

Auch außerhalb des *Passeig Arqueològic* werden wir mancherorts auf Reste des antiken Walls stoßen, und wenn wir einmal mit dem *genius loci* Tarragonas vertraut sind, dann überrascht es uns kaum mehr, wenn wir etwa im Carrer de la Victoria beoachten, wie sich heute noch bewohnte Häuser über Grundmauern aus klotzigen, der frühesten Bauphase der Stadtmauer zugehörigen Megalithen erheben (Abb. 103). Der einstige Sitz der römischen Praetoren an der Plaça del Rei, in dem auch die westgotischen Statthalter residiert hatten, wurde zu Beginn des 14. Jahrhunderts in einen Königspalast verwandelt, diente später als

Kaserne, nachher als Zuchthaus und beherbergt heute das hervorragende *Archäologische Museum.* Aus dessen reichen Beständen sei vor allem auf zwei der *Mosaiken* aufmerksam gemacht: der ungewöhnlich fein aus winzigen Steinchen gefügte Medusenkopf ist offenbar römische Arbeit, aus der Hauptstadt des Imperiums als zentrales Medaillon für einen lokal gefertigten Bodenbelag bezogen (Farbt. 33); das großformatige Meeres-Mosaik im Treppenhaus zum zweiten Stock dagegen, auf dem sich eine vielfältige und trefflich charakterisierte maritime Fauna von Fischen und anderem Seegetier tummelt, demonstriert die hohe Qualität auch eines provinziellen – in diesem Fall wohl Tarragoneser – Ateliers (Farbt. 34). Aber auch wegen ihrer Plastiken und ihrer Sarkophag-Reliefs von hohem Rang lädt die ausgezeichnete – und trefflich präsentierte – Sammlung zum Verweilen ein.

Immer wieder stoßen wir auf unserm Rundgang durch die Stadt auf das Grundmotiv des Übereinander und Ineinanders der Zeiten. Der *Turm* gleich neben dem Museum an der Plaça del Rei ist zwar nach Karl V. benannt und in der Tat ein Bau des 16. Jahrhunderts, aber über einem Untergeschoß römischer Gewölbe. Und wenn wir durch den Milagro-Park zu dem *römischen Amphitheater* unweit des gleichnamigen Strandes hinuntersteigen, dann erkennen wir schon von oben in den recht gut erhaltenen Resten des Stadions auch die Ruinen einer *romanischen Kirche;* unter ihnen sind die Fundamente der *frühchristlichen Basilika* (5. Jahrhundert) zutage gefördert und konserviert worden; das Material für beide Bauten gab eben die Arena her, innerhalb deren sie errichtet wurden und wo einst der Tarraconeser Bischof Sankt Fructuosus mit seinen Diakonen Augurius und Eulogius den Märtyrertod erlitten hatte.

Inmitten moderner Büropaläste und Mietskasernen der Plaça Pallol im Westteil der Altstadt sind noch ein paar Überbleibsel des einstigen *Forums* zu besichtigen (Abb. 104): die eher spärlichen Fundstücke, unter denen nur die vier wiederaufgerichteten korinthischen Säulen das Auge sogleich auf sich ziehen, verraten wenig mehr von der Großzügigkeit, mit der dieser prachtvollste Markt- und Versammlungsplatz des antiken Spaniens einst angelegt war. Wenn wir den Schritt in die unzweifelhaft rein mittelalterlichen Gassen des Viertels um die Kathedrale lenken, läßt uns das Altertum nicht völlig los: da und dort entdecken wir in den Häuserwänden auch hier noch eingemauerte antike Marmorplatten mit immer noch lesbaren *Inschriften* – womöglich gar gleich neben anderen mit hebräischen Lettern (Abb. 105), die für einen Augenblick die Erinnerung an die kulturell so fruchtbare Überlieferung des spanisch-sephardischen Judentums wachrufen: jener Volksgruppe, die in Katalonien ähnlich wie in Andalusien eine wesentliche Mittlerrolle zwischen Orient und Okzident gespielt hat, ehe sie hier schon vor der Vertreibung durch die Katholischen Könige einem blutigen Pogrom zum Opfer fiel.

Kathedrale im Übergang

Noch die *Kathedrale* selber, Mittelpunkt und unbestrittener Höhepunkt des tarragonesischen Mittelalters (Farbt. 32), weist auf die Antike zurück. Sie steht an der Stelle des ehemaligen Jupiter-Tempels; das erklärt, warum die breite Freitreppe, die zu ihrer Westfront emporführt, mindestens teilweise römischen Ursprungs sein dürfte. Und der *Marmorfries* zur Rechten des monumentalen gotischen Hauptportals, über der noch romanischen Seitenpforte, erweist sich beim näheren Hinsehen als Relief des sogenannten Bethesda-Typs von einem Sarkophag des späten 4. oder frühen 5. Jahrhunderts (Abb. 109). In aufeinanderfolgenden, nicht durchweg gegeneinander deutlich abgesetzten Szenen stellt es links drei Wunder Christi dar: die Heilung des Blinden, der Blutflüssigen und (in zwei übereinandergestellten Episoden) des Gichtbrüchigen, während die rechte Hälfte dem Einzug des Heilands in Jerusalem gewidmet ist; dabei tritt Christus, wie fast durchweg in der spätantiken Plastik und Mosaikkunst, als bartloser Jüngling in Erscheinung.

Der Dom seinerseits verrät deutlich seine Bauzeit von mehr als zwei Jahrhunderten. Er ist ohne Zweifel das bedeutendste Denkmal der langen Übergangsperiode von der reifen Romanik zur frühen und hohen Gotik in Katalonien. Sein Chorhaupt und sein kräftig ausgebildetes Querschiff, zwischen 1199 und 1215 dank einem großen Legat des 1171 verstorbenen Bischofs Hugo de Cervelló errichtet, tragen noch ganz den Stempel einer romanischen Strenge, in deren festungsähnlich anmutenden Zügen wir vielleicht noch einen Nachhall der völlig verschwundenen, wohl nur als Provisorium gemeinten Kirche aus den ersten Jahren der Wiedereroberung vernehmen können (damals war ja noch nicht zu übersehen, ob sich die christlichen Reconquistadoren diesmal wirklich für dauernd in der vielumkämpften Ruinenstadt zu behaupten vermöchten). Einer frühen Bauphase gehören auch noch die *Tore* an, die von der Westfront in die Seitenschiffe führen: bescheiden gehaltene, aber mit ihren unauffällig-schlanken Säulen und den zurückhaltend gestalteten

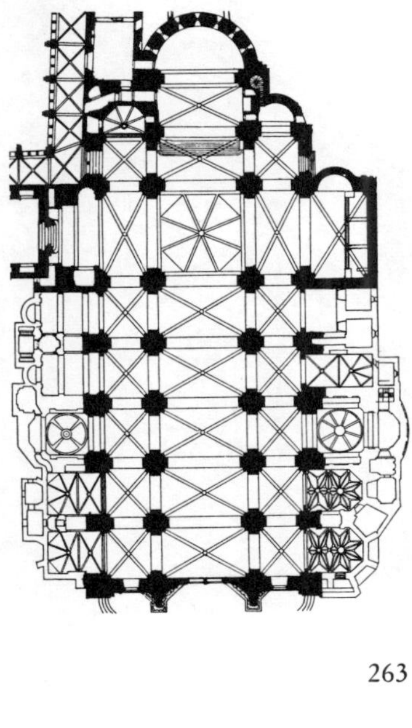

Grundriß der Kathedrale von Tarragona. (Nach: Pedro de Palol/Max Hirmer, ›Spanien‹, München 1965)

Reliefs ihrer Tympana edle Portale inmitten eng gedrängter und niedriger Baukörper. Zwischen ihnen aber entfalten sich gewaltig und gewaltsam die gotischen Massen der Hauptfassade. Mächtig schlagen sie bereits das Grundmotiv katalanischer Gotik an: die Neigung mehr zu Breite und Wucht als zu Höhe und Leichtigkeit. Das groß angelegte Stufenportal greift mit seinen fünf hintereinander gestaffelten Spitzbogen zwar weit nach oben, aber es scheint doch eher das ausladend Ruhende als das Aufstrebende zu betonen – nicht zuletzt durch den friesartigen Eindruck, den das umlaufende Band der großen Apostel- und Prophetenfiguren erweckt. Und auch die riesige Rosette – eine der größten überhaupt – lockert die Schwere der Front nicht etwa auf, sondern macht sie eher noch bewußter.

Türklopfer aus dem Jahre 1511 am Hauptportal der Kathedrale von Tarragona

Um so wohltätiger wird inmitten dieser lastend erdenschweren Umgebung die Zartheit und vornehme Eleganz jener *Muttergottes* empfunden, die der Architekt und Steinmetzmeister Bartomeu auf den Mittelpfeiler zwischen den beiden Türflügeln des Hauptportals hingestellt hat. Und eingehender Betrachtung wert sind auch die herrlichen metallenen Beschläge dieser *Holztüren* mit ihren gehämmerten Klopfern aus dem Jahre 1511.

Auch das *Innere* der Kathedrale, das der Grundform einer Pfeilerbasilika folgt, bewahrt den Gestus strenger Würde, entsprechend den hier strikt befolgten Regeln zisterziensischer Baukunst. Wenn es trotzdem durch mehr Leichtigkeit überrascht, als man sie angesichts der Außenfront erwarten möchte, dann wird man diesen Effekt wohl in erster Linie den feingliedrigen Säulenbündeln an den kreuzförmigen Pfeilern zuzuschreiben haben, die die (im Mittelschiff auf doppelte Höhe der Seitenschiffe emporgeführten) gotischen Kreuzgewölbe des Langhauses tragen. Dabei spürt man aber doch vielfach noch – nicht nur im zuerst vollendeten Chor – das Fortwirken romanischer Baugesinnung; anderseits schlagen die zahlreichen nachträglich angebauten Seitenkapellen teilweise bereits den stilistischen Bogen zum Barock und zum Klassizismus. Aus der reichen Ausstattung ragen zwei außerordentliche Stücke hervor: der alabasterne *Aufsatz auf dem Altar der Heiligen Thekla,* den Pere Johan in der ersten Hälfte des 15. Jahrhunderts geschaffen hat, und vor allem das erstaunliche *Grabmal des Juan de Aragon*: wohl das Werk eines italienischen Meisters, der dem Antlitz des 1334 verstorbenen Erzbischofs aus königlichem Geblüt einen für jene Zeit ganz ungewöhnlichen persönlichen Ausdruck verliehen hat (Abb. 108). Man wird den Kopf dieses geistlichen Prinzen nicht so bald wieder vergessen, dieses schmale Gesicht mit den asketisch anmutenden Zügen, die doch von einer inneren Heiterkeit erhellt werden. Hat der Bildhauer hier einen Abglanz des Überirdischen eingefangen oder soll man im verhaltenen Lächeln des Toten eher einen leichten Anflug souveräner Skepsis sehen, die sich über das menschliche Treiben und Streben erhaben fühlt? Man kann lang darüber nachsinnen. Jedenfalls gibt es in Katalonien keine zweite Porträt-Skulptur aus dem Mittelalter, die man diesem Meisterstück der Charakterisierung an die Seite rücken könnte.

Am vollkommensten stellt sich der tarragonesische Übergangsstil sicherlich im weiträumigen *Kreuzgang* der Kathedrale dar (Abb. 106). Die je sechs Spitzbogen zwischen den Pfeilern jeder Galerie umrahmen jeweils drei Rundbogen auf Zwillingssäulen; die doppelten Oculi in den größeren Bogenfeldern anderseits verraten mit dem arabeskenförmigen steinernem Gitterwerk, das sie ausfüllt, eindeutig mozarabische Inspiration (sogar eine der seltenen Erinnerungen an die islamische Zeit Tarragonas hat im Kreuzgang Platz gefunden: in eine seiner Wände ist die Gebetsnische aus einer Moschee mit arabischen Schriftzeichen eingemauert – wohl als eine Art Siegeszeichen für den christlichen Triumph).

Von einer glücklichen Einheit künstlerischer Formenwelten, die sich erst später deutlich voneinander absetzen sollten, zeugt auch der reiche plastische Schmuck der *Kapitelle*: noch ist hier die Bindung an den romanischen Kodex der Formen und Symbole lebendig, und doch regt sich da und dort bereits sichtbar der Drang zur freieren Entfaltung eines humanistisch gefärbten Lyrismus oder gar, momentweise, eines skurrilen Humors, wie wir ihm auch in Santes Creus wieder begegnen werden. Die gleiche Tendenz, die wir ebensogut als spätromanisch wie als protogotisch auffassen können, manifestiert sich im *Verbindungsportal* zwischen Kreuzgang und Kirche mit dem marmornen Tympanon des Pantokrators und vor allem im Innern der Kathedrale selbst im Altarvorsatz des schon genannten *Thekla-Altars,* der die Heilige zu Füßen des thronenden Christus zeigt: die weichen Linien dieses Marmor-Reliefs unterstreichen noch den – trotz überkommen-hieratischer Gestik – eminent menschlich-gütigen Ausdruck des Erlösers (Abb. 107).

So verschieden das bedeutende Werk aus der Wende des 13. Jahrhunderts von dem mehr als hundert Jahre jüngeren Retabel des Pere Johan ist, so scheint es doch gewisse Züge im szenen- und figurenreichen Altaraufsatz vorwegzunehmen: gewiß weder die naturalistischen noch die manieristischen Elemente des spätgotischen, als Sohn eines griechischen Sklaven geborenen Meisters, wohl aber eine Neigung zum gleichsam musikalischen Fluß der gerundeten Formen.

Viele weitere Kunstwerke – auch solche nichtkatalanischer Herkunft wie eine ganze Reihe prächtiger flämischer Bildteppiche – sind in den beiden vom Kreuzgang aus zugänglichen Kapellen aufgestellt, die das sehenswerte *Diözesan-Museum* beherbergen; sie können allerdings normalerweise nur im Rahmen von Führungen besichtigt werden.

Späte Römer – frühe Christen

Obwohl TARRAGONA seine Blüte zuerst als römische Provinzhauptstadt und dann zum zweitenmal im Hochmittelalter enfaltete, gehören einige der ergreifendsten Zeugnisse seiner Vergangenheit der Zeit zwischen den beiden Epochen an: jenen Jahrhunderten, in denen der Niedergang der antiken Welt mit dem Aufstieg des Christentums zusammenfiel. Die kärglichen Reste der einstigen Märtyrer-Kirche im Amphitheater haben uns schon einmal an diesen Zusammenhang erinnert. Wollen wir aber ein anschauliches Bild von dem Umbruch gewinnen, der sich damals vollzog, so müssen wir das *Museu Paleo-Cristiano* am westlichen Stadtrand und das Mausoleum von Centcelles aufsuchen. Nur wenige Touristen machen sich die kleine Mühe. Dabei gibt es in Spanien schwerlich eine andere Stätte, an der diese große Wende der Zeiten und der Kulturen so lebendig wird wie hier.

Das *Frühchristliche Museum* befindet sich inmitten eines Gräberfeldes, das 1923 auf dem Gelände einer Tabak-Fabrik im Tarragoneser Industriegebiet am Francoli-Fluß entdeckt und gründlich erschlossen wurde. Um die Nekropole zu finden, müssen wir von der Stadtmitte über die Avenida Ramón i Cajal Richtung Valencia fahren und unmittelbar vor der Brücke über den Francoli nach links abbiegen. Vom 4. nachchristlichen Jahrhundert an und bis tief in die westgotische Zeit hinein haben die Einwohner von Tarragona – und mehr und mehr vor allem die Anhänger des neuen Glaubens unter ihnen – an dieser Stelle ihre Toten bestattet. Hier waren zuerst auch Sankt Fructuosus und seine Märtyrer-Genossen beigesetzt, ehe ihre Gebeine später in die Arena und damit an den Ort ihres Martyriums selber umgebettet werden konnten. Zu ihrem Gedenken entstand hier als Mittelpunkt der weiträumigen Nekropole eine Basilika, deren Fundamente bei den Grabungsarbeiten nachgewiesen werden konnten. Von dem nahegelegenen, gleichfalls zerstörten Baptisterium ist wenigstens das Taufbecken einigermaßen erhalten geblieben, ebenso wie Teile der zahlreichen hier von den vornehmen Familien der Stadt errichteten Mausoleen.

Dem Laien wird es nicht leichtfallen, sich im Gewirr der freigelegten Grabstellen zurechtzufinden. Um so unmittelbarer werden die Exponate des kleinen, aber hervorragenden Museums zu ihm sprechen. Alle die dort aufgestellten Gegenstände – Sarkophage, Skulpturen, Inschriften-Tafeln und Mosaiken – sind in der Totenstadt selber zu Tage gefördert worden, in der das Museumsgebäude steht, oder doch in ihrer unmittelbaren Umgebung. Einige der teilweise recht prunkvollen Steinsärge – so der sogenannte *'Philosophen-Sarkophag'* (Abb. 110) – deuten noch auf heidnische Herkunft hin. Weit mehr Aufmerksamkeit aber beanspruchen die späteren, eindeutig christlich inspirierten Stücke. Sie stammen fast durchwegs – anders als der in Rom gefertigte Bethesda-Sarkophag der

Grabmosaik des Optimus. Aus dem Museu Paleo-Cristiano, Tarragona

Kathedralen-Fassade – aus einer einheimischen Werkstatt, deren Produkte weniger hauptstädtisch-römischen als vielmehr ganz ausgesprochenen karthagischen Einfluß verraten.

Mindestens von einem dieser Kunstwerke nehmen die Experten sogar an, es könnte aus Karthago selber importiert worden sein: es handelt sich nicht etwa um einen eigentlichen Sarkophag, sondern um eine höchst bemerkenswert skulpierte *Marmorplatte,* die einem steinernen Sarg aus einheimisch-tarragonesischem Material vorgeblendet war. Von den drei Figuren, die ihre Front zieren und voneinander durch Ornamente aus wellenförmigen Rillen getrennt werden, verrät zwar die mittlere, die wohl den Toten selber darstellen soll, eine gewisse Unbeholfenheit. Die beiden Frauengestalten mit den betend aufgehobenen Händen aber – zumal die linke mit ihrem fließenden, erstaunlicherweise halb durchsichtig gestalteten Gewand (Abb. 111) – bekunden ein für diese Zeit schon nicht mehr gewöhnliches bildhauerisches Können, ja ein überraschendes Raffinement: Man glaubt hier geradezu einen Nachklang hellenisch-sinnlicher Freude an der körperlichen Schönheit zu vernehmen.

Zu den besonderen Kostbarkeiten des Museums gehören überdies zwei Beispiele von *Grabmosaiken,* von denen zwar einige Exemplare auch in Italien und in Nordafrika bekanntgeworden sind, aber fast keine anderen eindeutig christlicher Herkunft wie die hier ausgestellten. Das eine davon, vom Grab eines gewissen Ampelius, zeigt inmitten reicher Schmuckborten und Blumenvasen die Darstellung eines Schafes, in dem man wohl das Lamm Gottes zu sehen hat (Farbt. 35). Das andere bildet den Toten, dessen Name Optimus durch die Inschrift bezeugt ist, in einer weißen, purpurgeränderten Toga ab, wie er in der einen Hand eine Schriftrolle und die andere in einer typischen Rednergeste quer vor die Brust hält. Bei dem Bildnis, das durch die Lebendigkeit und Lebensnähe des Porträts auffällt, handelt es sich um ein wohl gleichfalls dem 5. Jahrhundert zugehöriges Werk von einer Qualität, die den Vergleich mit den späteren Mosaiken von Ravenna nicht zu scheuen braucht. Ähnliches ist bisher nirgends sonst gefunden worden (s. S. 267).

Auf ebenso einmalige Weise, aber in seiner Anlage von ungleich größerem Zuschnitt, manifestiert uns ein anderes Monument zwar nicht in Tarragona selber, aber in seiner nahen Umgebung die Verbindung spätrömisch-imperialen und frühchristlichen Weltgefühls: das *Mausoleum* von CENTCELLES. Helmut Schlunk und Theodor Hauschild, die Autoren des jüngsten und umfassendsten Überblicks über ›Die Denkmäler der frühchristlichen und der westgotischen Zeit‹*), bezeichnen es als »einen der großen Grabbauten frühchristlicher Zeit« und »die einzige christliche Mosaikkuppel der antiken Welt, die sich aus dem 4. Jahrhundert erhalten hat, und damit ein für die gesamte Geschichte der christlichen Kunst entscheidendes Denkmal«.

Das bemerkenswerte Bauwerk ist zwar nur 5 km von Tarragona entfernt, aber nicht ganz leicht aufzufinden; allerdings liest sich die nachstehende Beschreibung des Weges um einiges komplizierter, als er in Wirklichkeit ist. Wollen wir den Besuch in Centcelles direkt an den der Nekropole bei der Tabakfabrik anschließen, so müssen wir am besten die Avenida Ramon i Cajal, auf der wir aus der Stadt gekommen sind, überqueren und nicht die erste,

* In der vom Deutschen Archäologischen Institut Madrid herausgegebenen Reihe Hispania Antiqua, Verlag Philipp von Zabern, Mainz a. Rh. 1978.

sondern die zweite Brücke über den Riu Francoli benützen; kommen wir direkt aus Tarragona, so folgen wir von dem großen Verteilerkreis (Plaça Imperial Tarraco) bis zu der Brücke den Wegweisern nach Valencia, Réus oder dem Flugplatz. Jenseits des Flusses wenden wir uns sofort nach rechts und gleich darauf wieder nach rechts Richtung Constanti. Haben wir diesen Ort erreicht, so öffnet sich hinter einer der ersten Häusergruppen zur Rechten ein freier, abschüssiger und recht ungepflegter Platz. Ihn fahren wir bis zu der großen Querstraße mit Mittelstreifen hinunter; von dort ist der weitere Weg nach Centcelles, den man früher mit ziemlicher Mühe suchen mußte, neuerdings durch große Hinweistafeln angezeigt und daher nicht mehr zu verfehlen.

Das Mausoleum scheint ursprünglich als eine ausgesprochen repräsentativ gedachte Villa entworfen worden zu sein, die wohl einem der Großen des Reiches, wahrscheinlich einem Mitglied der kaiserlichen Familie oder gar dem Kaiser selber zugedacht war. Allerdings hat man so gut wie keine Spuren von den für solche Landhäuser üblichen Wirtschaftsgebäuden gefunden, wohl aber sind im Anschluß an die noch vorhandenen Hauptgebäude Grundmauern von Thermen ausgegraben worden. Bevor die Arbeiten jedoch abgeschlossen waren, wurde offenbar der Beschluß gefaßt, den zunächst wohl für festliche Empfänge bestimmten überkuppelten Saalraum in eine monumentale Grab- oder doch Gedenkstätte umzuwandeln. Der neuen Bestimmung gemäß wurde die Kuppel nun mit Mosaiken ausgelegt, die über einem breiten Fries sehr weltlicher Jagdbilder – wohl zur Erinnerung an eine besondere Liebhaberei des Verstorbenen – Szenen aus dem Alten und Neuen Testament festhielten, daneben aber auch – in einem für die Epoche des Übergangs und vor allem für die offizielle Reichskunst der konstantinischen Ära charakteristischen Synkretismus – auf unverkennbar vorchristlich-antikische Motive zurückgriffen. Schon zur Zeit seiner Entstehung konnte dem prachtvollen Werk wohl nur wenig Gleichwertiges an die Seite gestellt werden; heute vollends steht es selbst in seinen kargen Fragmenten, wie gesagt, durchaus einzig da.

In der Barockzeit war die weit mehr als tausendjährige Kuppelhalle zu gottesdienstlichen Zwecken benützt, die teilweise noch vorhandene Ausschmückung der Kuppel mit dickem Stuck überzogen worden. Erst 1877 kamen unter der abblätternden Stuckschicht erstmals wieder einzelne Teile der Mosaiken zum Vorschein. Der Versuch aber, sie mit technisch unzureichenden Mitteln freizulegen, wurde bald wieder fallengelassen, nachdem er nur zur weiteren Zerstörung des erhaltenen Bestandes beigetragen hatte. So blieb das Mausoleum sich selber und seinem fortschreitenden Zerfall überlassen, bis sich von 1959 an die Madrider Zweigstelle des Deutschen Archäologischen Instituts der Aufgabe annahm, mit modernen Methoden das Wenige zu retten, was noch zu retten war. Nachdem diese Bruchstücke in mehrjähriger Arbeit sorgsam gesichert und gesäubert worden sind, vermitteln sie heute wenigstens wieder eine Ahnung von dem, was hier verlorengegangen ist (Farbt. 36).

Von außen macht der Bau auch nach dieser Restauration nicht gerade einen sehr einladenden, geschweige denn imponierenden Eindruck. Wir stehen vor einem völlig schmucklosen rechteckigen Block, dessen Mauerwerk aus groben, durch Mörtel verbundenen Bruchsteinen keinen Vergleich mit dem anderer spät-römischer Monumente aushält (ob und wie es ursprünglich vielleicht verkleidet war, läßt sich nicht mehr feststellen); als einzige äußerst sparsame Dekoration erscheint dabei die Ziegel-Einfassung des Rundbogens über der einzigen Türe und des darüber angebrachten Fensters. Treten wir aber durch diese Pforte in den Raum ein, so nimmt uns um so stärker dessen eminente Geschlossenheit gefangen: wir haben es mit einem Zentralbau über kreisrundem, nur durch vier Ecknischen variiertem Grundriß zu tun, der den Blick des Besuchers sogleich unwiderstehlich zu der weitgespannten Halbkugel der Kuppel emporlenkt. Noch lassen sich dort die verschiedenen Zonen erkennen, in denen die Bildwerke angeordnet waren: die unterste mit den Darstellungen der Jagd, von denen noch am meisten Einzelheiten erhalten sind und eine Vorstellung vom ehemaligen Aussehen des Ganzen vermitteln; der Kreis darüber war dem biblischen, der dritte der antik inspirierten Thematik gewidmet; der Gegenstand der so gut wie völlig zerstörten Mosaiken im obersten und innersten Kuppelrund läßt sich nicht einmal mit einiger Wahrscheinlichkeit mutmaßen.

Direkt gegenüber dem Eingang lagen offenbar, überall durch Goldgrund hervorgehoben, die bedeutsamsten Partien des Kunstwerks. Im Jagdfries erkennt man in der Mitte einer Gruppe von Gestalten, von denen nur die Köpfe noch übriggeblieben sind, das hervorgehobene Gesicht eines Mannes, der sich als einziger dem Betrachter ganz unmittelbar zuwendet, während die anderen im Profil oder Halbprofil erscheinen. Es handelt sich hier wohl um den Verstorbenen, der inmitten einer von ihm veranstalteten Jagdgesellschaft gezeigt wird und in dem wir den vormaligen Bauherrn und Besitzer der Villa vermuten dürfen. Genau zu seinen Häupten, oberhalb eines breiten ornamentalen Bandes, hielt das Mosaik das Bildnis des Guten Hirten fest; noch kann man seine Gesichtszüge und gleich daneben den Kopf des Lammes erkennen, das er auf seiner Schulter getragen hat. Im darüberliegenden Fries schließlich haben die Experten aus den wenigen vorhandenen Bruchstücken geschlossen, hier sei der Verstorbene wiederum porträtiert worden, thronend, prachtvoll-feierlich gekleidet und von einem zeremoniell bemühten Gefolge umgeben. Die Annahme liegt nicht fern, es könnte sich dabei um den unglücklichen Kaiser Constans II. handeln, den sein Rivale Magentius anno 350 in Elne ermorden ließ, als sich der Sohn Konstantins des Großen vor den Nachstellungen ins getreue Hispanien zu flüchten suchte; der Name des nahen Ortes Constanti mag diese freilich bisher nicht erhärtete Mutmaßung stützen.

Was wir hier genannt haben, ist nur ein kleiner Ausschnitt aus der Fülle der rundum verlaufenden, durch Schmuckborten oder Schein-Architekturen voneinander abgegrenzten Schilderungen. Vergegenwärtigen wir uns, daß sich allein das Jagdfries über eine Gesamtlänge von 34 Metern erstreckte und daß das mittlere Band insgesamt 16 Episoden aus der Heiligen Schrift wiedergab, so wird uns vollends bewußt, wieviel wir eingebüßt haben: nicht eine einzige Figurengruppe ist uns vollständig überkommen; nur vom kleineren Teil des Erhaltenen vermögen wir uns wenigstens annähernd ein Bild zu verschaffen. Immerhin treten aus dem Fleckenteppich von Fragmenten immer wieder einzelne Gestalten oder gar ganze Partien hervor, die zwar nicht unbeschädigt geblieben sind, aber doch verständlich und ausdrucksvoll zum Betrachter sprechen: so etwa im obersten Band jener nackte Knabe mit den Weintrauben, der im Kreis der Jahreszeiten-Symbole den Herbst verkörpert, der grimme Löwe aus der Daniel-Geschichte und vor allem manche bemerkenswert lebendig erfaßten Tiere und Menschen aus dem Jagdfries. Die Restauratoren haben strikt auf jede spekulative 'Ergänzung' des originalen Mosaikbestandes verzichtet, wohl aber unserer Phantasie ein wenig nachgeholfen, indem sie dort, wo es mit einiger Sicherheit geschehen konnte, die Umrisse der fehlenden Teile mit neutral-grauer Farbe andeuteten. Und die vorhandenen Bruchstücke lohnen auf jeden Fall die Mühe sorgfältig forschender Betrachtung durch ihre außergewöhnliche Qualität; um sie genau in Augenschein nehmen zu können, empfiehlt es sich, einen Feldstecher mitzunehmen.

Geöffnet täglich außer montags 10–13.30 Uhr, sonntags bis 14 Uhr.

Alte Stadt – junges Land: Tortosa

Noch bleibt das Gebiet am Unterlauf des Ebro einigermaßen touristische *terra incognita.* Es liegt etwas abseits der üblichen Rundfahrt-Routen durch Katalonien. Die meisten Fremden wird es von Tarragona und von den Badeorten an der Costa Daurada gleich zu den großen und nahegelegenen königlichen Klöstern ziehen, von denen in unserem nächsten Kapitel die Rede sein soll. Aber wer mehr Zeit zur Verfügung hat oder wer an der Küste seinen Urlaub verbringt und sich nicht nur auf die obligatorischen Exkursionen beschränken möchte, der wird einen Abstecher nach TORTOSA ebensowenig bereuen wie der Autofahrer auf dem Weg zu den Stränden der Levante oder Andalusiens, der hier eine Etappe einlegt und sich bei der Gelegenheit ein wenig umsieht.

Bei der Ankunft mag Tortosa dem Gast, der von Tarragona aus 74 km Autobahn und 13 km Landstraße (C235) hinter sich gebracht hat, recht banal-provinziell vorkommen. Tatsächlich hat es im Bürgerkrieg schwere Schäden erlitten, als Francos italienische Hilfstruppen im April 1938 beim Durchbruch zum Mittelmeer hier lange aufgehalten wurden und die Stadt den erbitterten Widerstand mit der Zerstörung ganzer Quartiere bezahlen mußte. Inzwischen hat sie sich zwar von diesen Schlägen erholt, ja dank einem kräftigen kommerziellen und industriellen Aufschwung ihre frühere Einwohnerzahl verdreifacht. Aber wie überall in Spanien (und nicht *nur* in Spanien) ist der Wirtschaftsboom auch hier dem Wohlstand der Bürger besser bekommen als dem architektonischen Gesicht der neuen oder durch Umbauten gründlich modernisierten Quartiere.

Erst wenn man den Geschäftsstraßen den Rücken kehrt und die Gassen rund um die Kathedrale durchstreift, beginnt man etwas vom Charme und Cachet Tortosas zu entdekken. Noch mehr empfiehlt es sich vielleicht, zunächst einmal auf das *Castillo de la Zuda* hinaufzufahren: die einstige Burg, die sich über der Stadt auf einem felsigen Ausläufer der Serra del Boix erhebt (und in deren Mauern der spanische Staat einen seiner ebenso komfortablen wie geschmackvollen *Paradores* eingerichtet hat). Von der Höhe aus bietet das Altstadt-Viertel einen besonders reizvollen (und eben deshalb zur näheren Bekanntschaft verlockenden) Anblick (Abb. 112).

Auch von dieser *Altstadt* ist freilich ein beträchtlicher Teil – vor allem der nördlich und westlich der Kathedrale – den Kämpfen von 1938 zum Opfer gefallen. Und an die Zeit zwischen etwa dem 9. Jahrhundert und der Mitte des 12., in der Tortosa Hauptstadt eines eigenen islamischen Teilreiches war und seine arabischen Emire der Spanischen Mark wie später der Grafschaft Barcelona immer wieder kräftig zusetzten, erinnert auch hier, ähnlich wie in Tarragona, so gut wie gar nichts mehr. Was heute noch von der Vergangenheit zeugt, ist durchwegs erst nach der endgültigen Wiedereroberung durch Ramon Berenguer IV. – und der Abwehr maurischer Gegenangriffe, also etwa vom 13. Jahrhundert an – entstanden. Damals erwuchs die Stadt sehr schnell zu neuer Blüte. Hatte zuvor ihre Bedeutung vor allem auf ihrer hervorragenden strategischen Situation beruht, so gewann sie nun zusehends an wirtschaftlichem Gewicht dank der ungewöhnlichen Fruchtbarkeit des umliegenden, vom Ebro in Jahrtausenden angeschwemmten und im Stromdelta auch seither ständig weiter meerwärts wachsenden Landes. Früher als die altkatalanischen urbanen Zentren wie Barcelona oder Girona gelangte ihr wohlhabendes Bürgertum zu einem eigenen geschriebenen Stadtrecht: dem *Llibre dels costums de Tortosa.* Und ihre damals errichtete *Börse, (Llotja,* span. Lonja) ist das älteste erhaltene Gebäude dieser Art im ganzen ehemaligen Königreich Aragon (Abb. 113). Man hat sie freilich von ihrem früheren Standort in einen Stadtpark nahe der Ebro-Brücke verpflanzt, wo sich die nach allen Seiten offene spitzbogige Pfeilerhalle wie ein luftig-heiterer Pavillon ausnimmt.

Erst ein paar Jahrhunderte nach der Börse sind die beiden kirchlichen Bauwerke entstanden, die den künstlerischen Ruf Tortosas in erster Linie begründen: die *Kathedrale* und der *Bischofspalast.* Die Kathedrale, an der Stelle der ehemaligen Moschee erbaut (die ihrerseits wiederum den Platz eines früheren christlichen Gotteshauses eingenommen hatte), entstammt im wesentlichen der zweiten Hälfte des 14. Jahrhunderts; später, im 17. Jahrhundert, hat man ihr allerdings eine Prunkfassade im Stil der späten Renaissance angeklebt, die sich, anders als etwa die von Girona, wie die sprichwörtliche Faust aufs Auge ausnimmt. Wenn sie trotzdem den Gesamteindruck nicht übermäßig stört, dann hängt das wesentlich damit zusammen, daß der Dom nicht etwa frei steht, sondern auf allen Seiten eng von den umliegenden Häusern eingezwängt wird; die bemerkenswerte Konstruktion mit ihren drei übereinander basikal gestuften Baukörpern, den markanten seitlichen Stützpfeilern und den kraftvollen, bis zum Dachansatz im Obergaden gespannten Streben enthüllt sich deshalb erst wirklich, wenn man das ganze Gebäude von oben her betrachtet (Abb. 112). Im Verhältnis zu den Seiten des Langhauses mutet der polygonal gestaltete Chor dabei von außern her fast abweisend nüchtern an. Um so großzügiger bietet er sich im *Innern* dar: Seine hochragenden Pfeilerbündel, die sich in den Adern des schönen Sterngewölbes fortsetzen (Abb. 114), verleihen ihm ein Air eleganter Leichtigkeit, das durch die edlen Maßwerkfenster im untersten und im obersten der drei Geschosse noch unterstrichen wird. Und das *Ambulatorium,* das um die Apsis herumführt, gilt wegen seiner harmonischen Proportionen mit gutem Grund als einer der schönsten gotischen Chorumgänge Spaniens; es ist allerdings, wie das gesamte Presbyterium, erst im 15. Jahrhundert vollendet worden. Aus dieser Zeit stammt in der Hauptsache auch der nicht-barocke Teil der Ausstattung, so der ältere *Schnitzaltar* hinter dem heutigen Hochaltar, mit Bildern u. a. von der Schöpfungsgeschichte, und die reliefgeschmückte steinerne *Kanzel.* Auf eine frühere Epoche tortosanischer Gotik geht dagegen der *Kreuzgang* zurück, der vielleicht sogar schon vor der Kirche selber in Angriff genommen wurde; in den figurenreichen Szenen seiner Kapitelle wirkt noch viel romanischer Geist nach.

Etwas älter als die Kathedrale ist der südwestlich von ihr gelegene *Bischofspalast* aus der ersten Hälfte des 14. Jahrhunderts. Von außen mutet sein Stil eher massig-trotzig als elegant an. Sein Innenhof aber, aus dem eine rechtwinklig gebrochene Freitreppe zu den auf drei Seiten umlaufenden, von zartgliedrigen Säulen getragenen Arkaden der ersten Etage hinaufführt, deutet unverkennbar auf die zunehmende Verfeinerung der Lebensart in der gotischen Zeit hin. Er erinnert in mancher Hinsicht an die Palazzi in Barcelonas Carrer Montcada, ist aber im Gegensatz zu ihnen späteren Umbauten so gut wie völlig entgangen; Alexandre Cirici und Jordi Gumí Cardona, Autoren des jüngsten Buches über Kataloniens Gotische Architektur*, meinen denn auch, kein anderes privates (d. h. nicht vom Königshaus errichtetes) Palais des 14. Jahrhunderts komme diesem Bau des Bischofs Prats an Pracht und Stilreinheit gleich.

Vor allem durch seinen Patio bemerkenswert ist auch das *Collegi* oder *Convent San Luis de Gonzaga,* eine Stiftung Kaiser Karls V., der dieses Kloster 1544 in erster Linie für den Unterricht von Mädchen aus gutem Hause bestimmte; in den Arkaden, die zwei von den insgesamt drei Stockwerken gegen den Hof hin umgeben, fallen die Medaillons mit den Bildnissen der aragonesischen Könige auf, die an alle Monarchen vom Eroberer Tortosas, Ramon Berenguer IV., bis zum Stifter Karl erinnern. Das Gebäude ist vor allem bemerkenswert als eines der wenigen Zeugnisse für die Übernahme des in Kastilien entwickelten 'plateresken' Stils in die katalanische Baukunst.

Wer sich neben der Freude am künstlerischen Schaffen auch das Interesse an eigentümlichen Bildungen der Natur bewahrt hat, der wird von Tortosa aus einen Abstecher ins *Ebro-Delta* nicht versäumen. Wie die Ebene, an deren Rand die Stadt liegt, so ist auch dieses Mündungsgebiet aus Schwemmland entstanden – und dank den vom Fluß herangeführten Massen an Schlamm wächst es noch heute Jahr für Jahr ein Stück weiter ins Mittelmeer hinein und vergrößert damit auch den Gemeindebann von Tortosa weiter. Von jeher ist dessen Territorium eines der größten irgendeiner spanischen Kommune, von den Ausmaßen eines mittleren Fürstentums. Da sich das junge, auf solche Weise gewonnene Land durch seine außerordentliche Fruchtbarkeit auszeichnet, ist es fast durchweg, bis auf wenige kleine Reste von Naturlandschaft, durch den Menschen in Anspruch genommen und ausgenützt worden; nicht zuletzt den Reispflanzungen, die sich in diesem gleichsam amphibischen Bereich meilenweit dehnen, verdankt Tortosa seine ökonomische Regsamkeit und seinen Wohlstand. Allerdings bedarf es intensiver und nie aufhörender Arbeiten, wenn der gefährlichen Versalzung des niedriggelegenen Gebiets etwa durch eindringendes Meerwasser begegnet werden soll; solche ständige Anstrengung hat hier einen besonders vitalen und energischen Menschenschlag aufwachsen lassen.

* L'art gotic català, Segles XIII i XIV, Barcelona 1974

Will man von Tortosa nach Tarragona nicht auf dem gleichen Weg zurückkehren, so kann man auch die Route ebro-aufwärts bis MÓRA D'EBRE wählen; der Reisende, der es nicht eilig hat, wird dabei wohl den Umweg über die Serra de Cavalls und das frühere Templer-Städtchen GANDESA auf der rechten Seite des Stroms der näheren, aber landschaftlich nicht ganz so abwechslungsreichen Straße entlang dem linken Ufer vorziehen; schon das prachtvolle romanische Stufenportal der *Pfarrkirche* von Gandesa mit seinem (leider etwas beschädigten) Fries von Kapitell-Reliefs lohnt die längere Fahrt. Und Móra selbst bietet von der Ebro-Brücke oder von jenseits des Flusses einen malerischen Anblick. Von Gandesa bzw. Móra gelangen wir dann auf der guten, aber überaus vielbefahrenen N 420 nach RÉUS – Zentrum der Wollweberei und des Handels mit den berühmten Weinen aus dem nahen 'Priorat' – und können von dort aus ebensogut Tarragona wieder ansteuern wie über Alcover und Valls direkt nach Santes Creus bzw. über Montblanc nach Poblet fahren.

7. Route: Ins Hinterland Neukataloniens

Um von Tarragona aus nach Lleida und damit ins Zentrum des katalanischen Hinterlandes zu gelangen, braucht man wenig mehr als eine Stunde Autofahrt (vgl. Karte S. 238). Trotzdem wird der Tourist, der mit Kataloniens Geschichte und ihren künstlerischen Spuren vertraut werden möchte, für diese Route allermindestens einen Tag (und besser mehr) veranschlagen. Denn die Straße, die die beiden westlichen Provinzhauptstädte des Landes verbindet, ist so etwas wie die historische und kulturelle Achse Neukataloniens – jenes Gebietes also, das dem Islam erst um die Mitte des 12. Jahrhunderts endgültig entrissen, dem Prinzipat angegliedert und von ihm aus gewissermaßen kolonisiert worden ist. An ihr oder doch in geringer Entfernung von ihr liegen neben reizenden alten Städtchen wie VALLS und MONTBLANC, die zum Schlendern und Verweilen einladen, vor allem jene großen Klöster, denen im neugewonnenen Land und in den hier aufblühenden Formen der Gotik eine ähnliche Rolle beschieden war, wie sie im ursprünglichen Bereich der Spanischen Mark und deren klassisch-romanischen Bauten etwa Ripoll oder Cardona zukam: SANTES CREUS und POBLET.

Beides sind enorme, in Jahrhunderten weiter und weiter gewachsene Anlagen zugleich geistlichen wie staatlich-repräsentativen Charakters. Beide haben ihr Gepräge einerseits von den Zisterziensern erhalten, die aus Frankreich berufen worden waren, um in den eben erst eroberten Landstrichen der Festigung des christlichen Glaubens zu dienen und die Gegend überdies landwirtschaftlich zu kultivieren; anderseits sind sie durch königliche Gunst und als Begräbnisstätten aragonesisch-katalanischer Herrscher zu Ansehen und Reichtum durchaus weltlichen Stils gelangt. Daraus erwächst ein sehr charakteristischer, für den Betrachter in unserer Zeit freilich eher anregender als störender Widerspruch. Während sich nämlich die zisterziensische Architektur im allgemeinen, gemäß den Lehren des Bernhard von Clairvaux, durch ihre strenge Ausrichtung auf das Zweckmäßige und ihre konsequente Abstinenz von 'überflüssigem' Bildwerk auszeichnet, lag den monarchischen Protektoren dieser beiden Abteien augenscheinlich so viel an prunkvoll-luxuriöser Selbstdarstellung, daß die Mönche eben nicht umhin konnten, diesem Bedürfnis Rechnung zu tragen. Ob sie darauf nur widerwillig eingingen oder vielleicht gar den Verlockungen dekorativer und skulpturaler Schwelgerei ganz gerne nachgaben, vermögen wir heute nicht mehr zu erkennen. Auf jeden Fall aber haben sich ihre Baumeister weit von den asketischen Traditionen des Ordens entfernt und sich nicht nur dem Willen der weltlichen Großen zur üppigen Repräsentation angepaßt, sondern da und dort selbst dem vom Heiligen Bernhard so energisch verurteilten Element des Spielerischen oder gar des Grotesken Eingang in ihre Schöpfungen gestattet.

Santes Creus: Abtei, Königspalast, Mausoleum

Am allerdeutlichsten tritt uns diese Besonderheit in SANTES CREUS entgegen. Dieses Kloster zu den Heiligen Kreuzen geht zwar ursprünglich keineswegs auf eine Gründung der regierenden Dynastie zurück; es verdankt seine Existenz vielmehr einer Initiative der vornehmen Familie Montcada (spanisch Moncada), der wir schon früher begegnet sind und deren Name in der Barceloneser Straße gleichen Namens fortlebt. Die Montcadas hatten denn auch zunächst für die Zisterziensermönche, die sie aus der Abtei von Grandselve im Languedoc kommen ließen, ein Terrain im Vallès unweit der katalanischen Hauptstadt vorgesehen und ihnen später Land im Penedès zur Verfügung gestellt; 1158 aber, acht Jahre nach ihrer ersten Ansiedlung, zogen die Brüder zum zweitenmal um und ließen sich im Tal des Flüßchens Gaià nieder, unweit einer Gruppe von Kreuzen, die dort zur Erinnerung an angeblich übernatürliche Lichterscheinungen errichtet worden waren und nach denen sie ihre neue, nun für die Dauer gemeinte Heimstätte nannten.

Sehr bald begannen sich die Könige für diese Stiftung ihrer feudalen Untertanen zu interessieren und mit dem Adel in Zuwendungen an die neue Abtei zu wetteifern. Sie waren es auch, die vom Heiligen Stuhl das Privileg erwirkten, nach dem Santes Creus aus dem Erzbistum Tarragona ausgegliedert und als Abtei *nullius* – wie zuvor schon Sant Pere de Roda und später Montserrat – direkt dem Papst unterstellt wurde. Besonders intensiv gefördert wurde das Kloster durch die beiden Herrscher, die sich seine Kirche schließlich als letzte Ruhestätte erwählten: Pere 'den Großen' († 1285), den II. seines Namens von Barcelona und den III. von Aragon, und dessen jüngeren Sohn Jaume, 'den Gerechten'. Jaume war es, der bald nach seinem Regierungsantritt den Äbten von Santes Creus *ex officio* die Würde von Großkaplänen der Krone von Aragon übertrug, die sie noch unter den Habsburgern innehatten; auf sein Geheiß ist auch, in enger Verbindung mit den Mönchsbauten, der kleine, aber exquisite königliche Palast errichtet worden, in dem sich auch seine Nachfolger gerne aufhielten. Aber im 17. Jahrhundert begann der Niedergang der Abtei. 1835 fiel sie wie so viele andere Ordensniederlassungen der Säkularisierung und Profanierung anheim; ihre reichen Schätze – darunter die der berühmten Bibliothek – waren zum großen Teil schon vorher, bei einer ersten Vertreibung der Mönche im Jahre 1820, versteigert oder verschleudert worden, und die neuen privaten Besitzer kümmerten sich wenig um die historischen Gebäude. Erst die Bemühungen der provinziellen Denkmalpfleger und insbesondere die Aufnahme der gesamten klösterlichen Hinterlassenschaft in die Liste der Nationalen Monumente (1921) ermöglichten schießlich die Erhaltung und würdige Restaurierung des immer noch beträchtlichen architektonischen Bestandes.

Schon von weitem erkennen wir auf der Anhöhe über dem anderen Ufer des Gaià den ausgedehnten Gebäudekomplex, wenn wir bei Valls von der N 240 zuerst Richtung Vendrell und dann unweit der Autobahn-Auffahrt auf Igualada zu abgebogen sind. Wo die Seitenstraße zum Kloster abbiegt, steht ein fein gearbeitetes *Wegkreuz*. Sicher handelt es sich nicht um eines der ursprünglichen 'heiligen Kreuze', von denen sich der Name des Klosters ableitet. Denkbar wäre immerhin, daß es im 14. Jahrhundert an ihre Stelle getreten ist; von den Unbilden der Jahrhunderte bös mitgenommen, wurde es schließlich vor dreißig Jahren von Grund auf erneuert. Über eine *Brücke* von 1559, eine breite Auffahrt und durch zwei *Tore* gelangen wir ins Innere des ummauerten und befestigten Bezirks. Das zweite der beiden Torhäuschen, ein charmanter Rokokobau, mit der Statue der zum Himmel fahrenden Madonna, dem Klosterwappen und hübsch verspielten Sgraffito-Ornamenten geschmückt, stimmt auf die Atmosphäre des 18. Jahrhunderts ein, die den Besucher auf dem breiten Vorplatz empfängt. Aus jener Zeit, in der Santes Creus zwar viel an geistiger und religiöser Bedeutung, aber wenig von seinem alten Reichtum eingebüßt hatte, stammt der barocke *Brunnen* in der Mitte des Platzes zur Erinnerung an den heiliggesprochenen Abt Bernhard Calbò, manches von den Wirtschaftsgebäuden und im wesentlichen auch – bis auf den kleinen älteren Kreuzgang im Innenhof – die Abtswohnung.

Vor uns aber eröffnet sich der Blick auf eine ganz andere, härtere, mehr auf Wucht als auf Zartheit bedachte Welt. Mächtig baut sich über einer breiten, niedrigen Treppe die zinnenbewehrte Fassade der 1174 begonnenen, 1215 geweihten *Klosterkirche* auf; die Front des Mittelschiffs, die sich wie ein gedrungener Turm über die der niedrigeren Seitenschiffe erhebt (Abb. 116), könnte geradezu Vorstellungen von einem Bergfried erwecken, würde die burghaft-abweisende Mauer nicht durch ein breit ausladendes, fast schmuckloses romanisches Stufenportal und das riesige, beinahe bis zum Zinnenrand emporreichende Spitzbogenfenster darüber durchbrochen (das Wort 'aufgelockert' verbietet sich angesichts eines Gebildes, das jeden Gedanken an Lockerung ausschließt).

Um so größer ist nach diesem fast ein wenig düsteren Auftakt die Überraschung, die wir empfinden, wenn wir durch die offene Pforte am äußersten rechten Ende des eigentlichen Klosterbaus in den *Kreuzgang* eintreten. Denn da ist nichts mehr von der Strenge der Fassade zu verspüren, kaum mehr ein Hauch von zisterziensischer Askese. Statt einer Anlage von der feierlichen Nüchternheit, die dieser Orden pflegte, empfängt uns ein Geviert von Galerien, wie es so anmutig kaum anderswo zu finden ist. Es fällt schwer zu glauben, daß wir hier, nach dem Urteil der Kunsthistoriker, den ältesten rein gotisch inspirierten Kreuzgang Kataloniens, ja möglicherweise der ganzen Iberischen Halbinsel vor uns haben, der fast zur Gänze noch im 13. Jahrhundert angelegt worden ist (Farbt. 40, Abb. 117). Die Spitzbogen, die, mit edlem Maßwerk erfüllt, den quadratischen Garten einrahmen, aber

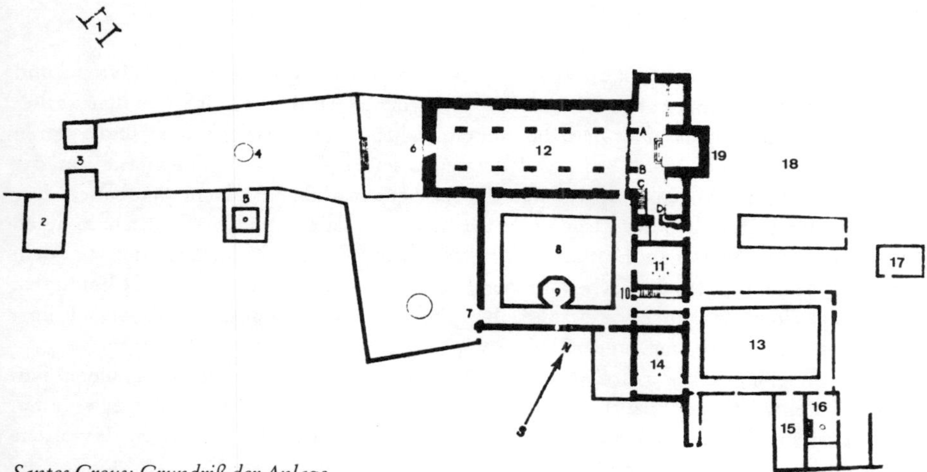

Santes Creus: Grundriß der Anlage

1 Äußeres Tor 2 Kirche Santa Lucia 3 Inneres Tor 4 Brunnen 5 Bischofspalais 6 Eingangspforte zur Kirche 7 Eingang zum Kreuzgang 8 Vorderer Kreuzgang 9 Brunnenpavillon 10 Treppe zum Dormitorium 11 Kapitelsaal 12 Kirche: A Grabmal von Pere dem Großen, B Grabmal von Jaume dem Gerechten und Blanche von Anjou, C Treppe zum Dormitorium, D Treppe zum Turm 13 Alter Kreuzgang 14 Weinkeller 15 Refektorium 16 Königlicher Palast mit Treppe 17 Erste Kapelle 18 Alter Friedhof 19 Apsis der Kirche. (Nach: ›Guide du Monastère de Santes Creus‹, Santes Creus 1974)

auch das teilweise noch auf romanische Formen zurückgreifende, pavillon-artige Brunnenhaus für die Waschungen der Mönche, selbst der herrlich proportionierte, ebenfalls quadratische und von neun Spitzbogengewölben überspannte Kapitelsaal – sie alle tragen zur Stimmung jener gar nicht überschwenglichen, eher stillen, aber doch gelösten Heiterkeit bei, die sich dem Besucher sogleich mitteilt.

Dazu passen vollends die *Figurenkapitelle* an den überschlanken, rund um die Bogenpfeiler angeordneten Säulen. Die Vielfalt von Pflanzen, Tieren, Menschen und Tiermenschen, die sich auf ihnen entfaltet (Abb. 121), könnte an die phantastische Welt der romanischen Skulpturen erinnern, würde sie nicht mit so viel ganz und gar nicht mehr symbolträchtiger Spielfreude heraufbeschworen. Da sieht man eine Hexen- oder Narrenfigur (Abb. 118); ein Handwerker lagert sich, mit übergeschlagenen Knien, lässig gleich über drei Säulen hinweg und stützt sich mit dem Ellbogen auf eine von ihnen (Abb. 120); ein großkopfiger, breitkauernder Musikant umfängt mit beiden Händen seinen Dudelsack (Abb. 119); ein Affe reitet auf einem Dromedar (Farbt. 37). Solchen Szenen und vielen anderen ihrer Art würde man mit der Frage nach ihrem tiefen theologischen Sinngehalt doch wohl kaum gerecht; viel eher scheinen sie einen bald vergnüglichen, bald ein wenig grimmen, von satirischen Zügen nicht freien Humor zu bekunden. Und auf jeden Fall laufen sie geradewegs und fast herausfordernd auf all das hinaus, was der Heilige Bernhard von Clairvaux als Greuel und Ungehörigkeit verdammte, als er gegen die »lächerlichen Monstruositäten« in den Kathedralen und Kreuzgängen seiner Zeit, die »zentaurischen Ungeheuerlichkeiten« und anderen »Halbmenschen« vom Leder zog, weil dergleichen Ausgeburten der Phantasie nur der »Begehrlichkeit der Augen« frönten, statt die Seele zur frommen Andacht anzuhalten. Der große Kirchenmann, dem der Orden von Cîteaux und Clairvaux mehr als jedem anderen seinen gesamteuropäischen Einfluß verdankte, hätte sich gewiß schaudernd von dem Treiben abgewandt, dem die nachgeborenen Brüder aus seiner Gefolgschaft hier huldigten. Wir Kinder eines weltlicheren Zeitalters aber können an dieser amüsanten Fabelwelt ohne Gewissensbisse unsern Spaß empfinden.

Viel mehr entspricht der *Schlafsaal der Mönche,* zu dem im ersten Stock neben dem Kapitelsaal eine Treppe hinaufführt, in seiner monumentalen Einfachheit den gewohnten zisterziensischen Baugedanken. Der mächtige Raum, in dem elf Spitzbogen das offene Satteldach tragen, mißt 48,50 Meter in der Länge bei einer Breite von 10 Metern; die Konstruktionsprinzipien erinnern ebenso an die des großen Empfangssaals im Königsschloß von Barcelona wie an das Dormitorium von Poblet. Er ist bereits 1173 gebaut worden und damit wesentlich älter als die unter ihm liegenden Partien des Kreuzgangs und der Kapitelsaal. Aus der gleichen Zeit stammt der sogenannte *alte oder hintere Kreuzgang*: auch er noch ein Werk des 12. Jahrhunderts und im Gegensatz zum späteren 'neuen' oder 'vorderen' in der totalen Schmucklosigkeit seiner schlichten, nahe an der Basis aus den kapitell-losen Pfeilern aufspringenden gotischen Bogen ganz dem Geist des Ordens verpflichtet. Der freieren, gelockerten Gotik der späteren Bauteile entspricht anderseits das in seinen Ausmaßen bescheiden gehaltene, in seinen Formen aber raffiniert anmutende *königliche Palais,* aus dessen charmantem Innenhof eine reich mit heraldischen und sonstigen bildhauerischen Dekorationen verzierte Treppe in die oberen Räume mit ihrer vorgelagerten Loggia hinter überschlanken Säulen hinaufführt (Abb. 115). Von dem ehemaligen Friedhof aus, der hinter den teilweise zerstörten Gebäuden des Klosters lag (und in dem noch die sehr primitive erste Kapelle der Mönche erhalten ist), eröffnet sich schließlich der Blick auf die noch romanisch gehaltene viereckige Apsis der Kirche mit ihrem einfachen, aber imposanten Radfenster.

Erst nachdem wir die klösterlichen Räumlichkeiten gemächlich durchwandert haben, wenden wir uns dem *Kircheninnern* zu. Wir haben es nicht ohne Absicht bis zum Ende unseres Rundgangs aufgespart. Denn hier lassen wir die mondänen Frivolitäten endgültig zurück, die Bernhard von Clairvaux gewiß von Herzen mißbilligt hätte, und kehren in eine reine, strenge Welt zurück, wie sie der Überlieferung des Ordens angemessen ist. Wenige von den Zisterzienserkirchen Spaniens haben sich gleich strikt an das (heute noch im burgundischen Fontenay überdauernde) Modell von Bernhards eigenem Kloster gehalten wie diese. Die meisten Filialen der französischen Mutterklöster, die auf der Iberischen Halbinsel errichtet worden sind, ändern insbesondere die Gestalt des Chorhauptes, die für den bernhardinischen Bauplan so charakteristisch ist, indem sie entweder die viereckige Apsis durch eine halbrunde oder kleeblattförmige ersetzen oder sie doch komplizierter ausgestalten. In Santes Creus aber wird die schlichte Kreuzform des Grundrisses kompromißlos beibehalten; auch die vier quadratischen Kapellen, die sich paarweise zur Seite der Apsis von der Ostwand zum Querschiff hin öffnen, modifizieren den einfachen architektonischen Grundgedanken kaum. Wenn dieser trotzdem nicht zur vollen Wirkung gelangt, dann nur deshalb, weil der üppig-barocke Aufsatz des Hochaltars den Blick auf den östlichen Raumabschluß versperrt. Das dreischiffige basilikale Langhaus erstreckt sich in sechs Jochen über eine Länge von 47 Metern; dem 9 m breiten, 21 m hohen Mittelschiff fügen sich Seitenschiffe von 5 m Breite und 10 m Höhe an, von ihm getrennt durch massige kreuzförmige Pfeiler über doppelt abgesetzter Basis, die 1,50 m im Quadrat mißt. Aus diesen wuchtigen Stützen gehen auf halber Höhe kraftvolle Pilaster hervor, denen die breiten Spitzbogengurten und seitlich die ebenfalls recht energisch ausgebildeten Grate der Kreuzrippengewölbe entspringen. Gerade aus dem Verzicht auf jeden Schmuck und aus dem unverhüllten Bekenntnis zu den simplen konstruktiven Prinzipien gewinnt der Raum eine feierliche Austerität, die in den neuen gotischen Formen an die der besten Bauten der frühen lombardischen Romanik wie etwa Cardona erinnert.

Um so auffälliger ist der Kontrast der prunkvollen *Königsgräber* zu der gewollten und konsequenten Einfachheit ihrer Umgebung. Beide Grabmäler weisen schon auf die späte Gotik voraus, obwohl das von Pere III., an dem der aus Tarragona bekannte Meister Bartomeu gearbeitet hat, noch im 13. Jahrhundert begonnen, wenn auch erst im frühen 14. vollendet wurde. Der Sarkophag des 'großen' Peter, der aus seiner Heirat mit der Enkelin des Staufenkaisers Friedrich II. den Anspruch auf die Krone Siziliens ableitete und durchsetzte, ruht auf einer Porphyr-Wanne antiker Herkunft. Er erinnert in der Anordnung seines ausgiebigen und noch farbig gefaßten Skulpturenschmucks auffällig an gotische Reliquienschreine (Farbt. 38). Am Monument für seinen Sohn Jaume und dessen Gemahlin Blanche von Anjou nehmen die edlen, porträtistische Individualität mit klassisch anmutender Idealität verbindenden Bildnisse der königlichen Toten gefangen, die dem bedeutenden, wenn auch recht rätselhaft bleibenden Meister Pere Bonull oder Bonhuyl zugeschrieben werden. Auch viele der großen aristokratischen Familien Kataloniens haben Wert darauf gelegt, in Santes Creus bestattet zu werden. Unter ihren Gräbern, auf die wir allenthalben in Kirche und Kreuzgang stoßen, sind die der ursprünglichen Stifterfamilie Montcada-Medinaceli im rechten Seitenschiff unweit von der Kirchenpforte von besonderem historischem Interesse: hier ruhen u. a. die beiden Montcadas – Ramon und Guillem –, die 1229 bei der Eroberung Mallorcas durch Jaume I. ihr Leben gelassen haben. Auch die sterblichen Reste des italienischen Admirals Roger de Lauria (kat. Lluria), der mit seinem Sieg über die Flotte Karls von Anjou einen entscheidenden Anteil am Erfolg der katalanischen Expedition ins südliche Italien hatte, sind hierhergebracht worden; er hat seine letzte, durch eine Marmortafel bezeichnete Stätte zu Füßen seines Herrn Pere III. gefunden.

Triumph aus Stein: Poblet

Am schnellsten und bequemsten gelangen wir von Santes Creus nach Poblet und damit zum größten und prächtigsten der Königsklöster auf der Route nach Lleida, wenn wir zur Autobahn zurückkehren, die wir bei der Anreise von Tarragona aus gekreuzt haben, und uns für die 22 km bis zur zweiten Ausfahrt dieser Schnellverkehrsstraße anvertrauen. Wir gewinnen damit Zeit, uns ein wenig in MONTBLANC (span. Montblanch) umzusehen. Und diese Kleinstadt, noch immer zu einem großen Teil von ihrem mittelalterlichen Mauerring aus der Zeit Peres des Großen umgeben, ist eines Aufenthalts gewiß wert.

Im 14. Jahrhundert gehörte sie zu den bedeutendsten urbanen Zentren Neu-Kataloniens. Von diesem einstigen Rang zeugt nicht nur ihre hervorragend ausgebaute *Befestigungsanlage* (von den ursprünglich 34 Türmen sind immerhin noch ein paar, von den fünf Stadttoren zwei übriggeblieben). Auch einige öffentliche Gebäude und herrschaftliche Häuser aus dem späten Mittelalter konnten dem Abbruch zugunsten banal-'moderner' Konstruktionen dankenswerterweise entgehen. Vor allem aber dokumentiert die *Kirche Santa Maria,* auf beherrschender Anhöhe über dem Zentrum des Städtchens in der zweiten Hälfte des 14. Jahrhunderts erbaut, Montblancs vergangene Größe. Sie hat leider 1651 im damaligen Ringen der Katalanen um ihre Unabhängigkeit von Kastilien ihr ursprüngliches und nach zeitgenössischen Schilderungen höchst kostbares gotisches Portal verloren, das von den erobernden spanischen Truppen unter dem Italiener Pallavicini rücksichtslos zerstört und später durch eine recht imposante barocke Eingangspforte ersetzt wurde. Reine katalanische Hochgotik aber ist im weit ausladenden einschiffigen *Innern* bewahrt, in dem man noch ganz den großen Atem der Bauzeit verspürt. Von der insgesamt beachtlichen Ausstattung sei vor allem die schöne *Muttergottes mit dem Kinde* – die Kirchenpatronin – erwähnt; Experten glauben in dieser Statue ein Werk jenes Pere Bonull zu erkennen, der als Schöpfer des Doppelgrabmals für Jaume II. und seine Gemahlin Blanche in Santes Creus gilt.

Auch in ESPLUGA DE FRANCOLÍ – so genannt nach dem nahen Fluß, dem wir bereits nahe seiner Mündung in Tarragona begegnet sind – gibt es das eine oder andere reizvolle historische Gebäude zu entdecken, das auf das Alter des heutzutage beliebten Badeorts hinweist. Vielleicht bietet sich Gelegenheit, die *romanische Kirche* oder das *gotische Hospital* zu besichtigen, wenn wir in einem der Hotels von Espluga Unterkunft suchen. Im Augenblick aber zieht es uns weiter, zu dem nur 4 km entfernten Monasterium von POBLET: der umfangreichsten und besterhaltenen (oder doch am perfektesten wiederhergestellten) aller zisterziensischen Niederlassungen nicht nur Kataloniens oder Spaniens, sondern im ganzen Bereich der abendländischen Christenheit überhaupt.

Wenn Santes Creus unter den Zisterzienserklöstern als das ingesamt liebenswerteste und – bei aller Strenge einzelner Bauteile – auch schlechterdings anmutigste erscheint, so tritt uns Poblet als das gewiß großartigste von ihnen entgegen. War die (fast) benachbarte Ansiedlung der Mönche von Cîteaux, die wir zuerst aufgesucht haben, ursprünglich eine private, erst später von den Monarchen zum eigenen Ruhme übernommene und ausgebaute Stiftung gewesen, so ist POBLET 1150 von Ramon Berenguer IV. unmittelbar gegründet und den herbeigerufenen Brüdern der Abtei Fontfroide unweit von Narbonne übergeben worden, gleichsam als Triumphzeichen und steinerne Danksagung für den langersehnten Erfolg, den die Vertreibung der muslimischen Araber aus den so lange umstrittenen Gebieten zwischen der altkatalanischen Mark und dem Ebro bedeutete.

Diese Funktion als Siegesmal hat das Kloster auch in der Folge geprägt. Hatte sich Ramon Berenguer noch wie manche seiner Vorfahren in Ripoll zur letzten Ruhe betten lassen, waren Pere der Große und Jaume I. in Santes Creus beigesetzt worden, so erwählten sich die meisten späteren Könige aus dem Geschlecht Wilfrieds des Behaarten und noch ihre ersten fremden Erben Poblet als Grabstätte. Für Prunk und Eleganz haben auch sie gewiß viel Sinn entwickelt. Anders jedoch als in Santes Creus hielt sich der Überschwang sehr weltlichen Selbstbewußtseins hier über lange Zeit hinweg in den Grenzen der zisterziensischen Tradition: weder im Kreuzgang noch im Königspalast Martins des Humanen, der schon dem frühen 15. Jahrhundert angehört, sind den Bildhauern skulpturale Ausschweifungen von der Art derer zugestanden worden, die sie in den Kreuzgang-Galerien des Klosters zu den Heiligen Kreuzen begehen durften. Die luxuriösen Kapitelle entwickeln zwar das abstrakte oder das aus pflanzlichen Formen abgeleitete Ornament zu größter Perfektion, achten aber strikt die Grenzen, die Sankt Bernhard seinen Schülern und Nachfolgern

Poblet: Grundriß der Anlage

1 *Porta Reial*
2 *Hof des Palastes von König Martin und Treppe zu den oberen Gemächern*
3 *Verbindungshalle zum Kreuzgang*
4 *Kreuzgang*
5 *Klosterkirche*
6 *Romanischer Narthex und Renaissance-Kapelle*
7 *Kapitelsaal*
8 *Skriptorium und Bibliothek*
9 *Refektorium*
10 *Küche a. d. 12. Jh.*
11 *Refektorium der Laienbrüder*
12 *Hinterer Kreuzgang.*
(Nach: ›L'Art Cistercien‹, Zodiaque, Saint-Léger Vauban, 1971)

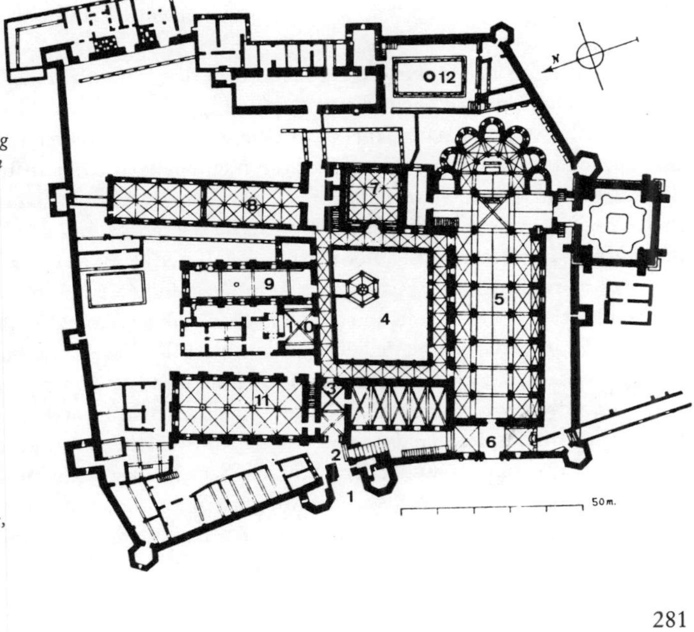

gesteckt hatte: für das figurativ Erzählerische, das Phantastische oder gar das Humorige gibt es hier keinen Platz.

Außerordentlich ist die Anlage schon durch ihre schieren Ausmaße. Fast zwei Kilometer lang zieht sich die äußere, teilweise mit Türmen bewehrte Mauer um das ganze Klosterareal. Den Zugang zum labyrinthartigen inneren Bereich gewinnt man erst durch eine ganze Folge von Torbauten und über ausgedehnte Vorplätze. Durch einen Außenhof, den die jetzt in Ruinen liegenden Werkstätten der Klosterhandwerker säumten, gelangen wir zur *Porta Daurada,* zur 'Goldenen Pforte' – so geheißen, weil die (inzwischen längst verschwundenen) Kupferplatten der Torflügel anläßlich eines Besuchs von Philipp II. zu Ehren des Herrschers mit Gold überzogen worden waren. Aber auch die absoluten Monarchen hielten es für vereinbar mit ihrer Würde, an dieser Stelle vom Pferd zu steigen und das letzte Wegstück zu Fuß zurückzulegen.

Rechts neben dem Tor hat Alfonso V., genannt 'der Großherzige', der zweite König aus dem Hause der Trastámaras, die kleine, aber exquisite *Kapelle des Heiligen Georg* zur Erinnerung an seinen triumphalen Einzug ins endlich, nach zweiundzwanzigjährigen Kämpfen, eroberte Neapel errichten lassen: bei bescheidensten Dimensionen (9 auf 5 Meter) ist hier ein Schmuckstück später Gotik entstanden. Die sehr schlichte *Katharinenkirche* dagegen, die wir zur Linken gegenüber zerstörten Wirtschaftsgebäuden und der einstigen Pilgerherberge entdecken, geht noch in die romanisch geprägten Anfangsjahrzehnte der mönchischen Niederlassung zurück – bis auf die winzige barocke Kapelle, die ihr im Osten angebaut worden ist. Hier erst erreichen wir die *Plaça Major,* den weiten, aber auffallend unregelmäßig geformten, von einem Steinkreuz des 16. Jahrhunderts gezierten Hauptplatz, der im Osten von der vielgestaltigen Fassade der eigentlichen Klostergebäude abgeschlossen wird.

Gleich vor uns haben wir die barocke Front der *Hauptkirche* (Farbt. 39): vor der sonst nackten Mauer passen sich die wenigen Figuren in ihren Nischen und die reichen Fenstereinfassungen erstaunlicherweise dem Geist einer früheren und weniger auf Ostentation bedachten Zeit viel besser ein, als das gemeinhin bei solchen später angesetzten Fassaden der Fall zu sein pflegt. Ganz und gar mittelalterlich-martialisch manifestiert sich dieser Geist in den massigen Türmen, die die *Porta Reial* flankieren. Hinter dem wehrhaften 'Königstor' möchte man eher ein herausfordernd trutziges Kastell als einen Ort religiöser Verehrung und Meditation vermuten. Tatsächlich hat Pere IV., 'der Zeremoniöse', dessen Wappen unter der Helmzier der Monarchen von Aragon neben dem des Abtes Guillem d'Agulló als einzige Dekoration in den Stein gemeißelt ist, die Mittel für diesen Bau bereitgestellt, weil er aus Poblet die stärkste Festung zwischen Tarragona und Lleida machen und von dem Kloster aus einen strategisch wichtigen Teil seines katalanischen Besitztums militärisch kontrollieren wollte. Mit dergleichen durchaus weltlichen Absichten hatte es wohl ebensoviel wie mit religiöser Ergriffenheit und Sorge um das Seelenheil zu tun, wenn die aragonesischen Herrscher die Abtei von Poblet mit einträglichen Ländereien und immer neuen Privilegien ausstatteten, ihre Äbte zu Großalmosenieren ernannten und aus deren Reihen mit Vorliebe ihre höchsten Verwaltungsbeamten erwählten. Anderseits scheinen auch die frommen Väter selber im Laufe der Zeit mehr Interesse an weltlichem Besitz und an Einfluß auf die Staatsgeschäfte entwickelt zu haben, als das mit den asketischen Idealen der Ordensgründer vereinbar war. Jedenfalls machten sie sich bei ihren bäuerlichen Untertanen durch ihr hartes, eher von Machtwillen als von Nächstenliebe diktiertes Regiment weidlich verhaßt; als sie schließlich durch die Säkularisierung gezwungen wurden, die Stätte ihres fast siebenhundertjährigen Wirkens zu verlassen, da brach sich der aufgestaute Unmut in Raub, Brandschatzung und wüst-mutwilliger Zerstörung Bahn, und auch die Grabmäler der Könige entgingen der entfesselten Volkswut nicht.

Die abweisende Gebärde, mit der uns das Königstor empfängt, trügt übrigens nicht. Anders als in Santes Creus ist es uns hier nicht vergönnt, uns nach Belieben frei in den weitläufigen klösterlichen Räumlichkeiten zu bewegen: wir müssen uns den Führungen anschließen, die einmal stündlich stattfinden. Denn seit die Zisterzienser 1940, hundertfünf Jahre nach ihrer Vertreibung, zurückgekehrt sind, ist Poblet wieder 'in Betrieb' (wie sich einmal auf unvergeßliche Weise eine staatlich bestellte Führerin in Rumänien ausdrückte, als sie uns durch ein noch von Mönchen bewohntes walachisches Kloster geleitete). Um die heutigen Insassen in ihrer Zurückgezogenheit nicht zu stören, bleiben uns auch einige Teile der weitläufigen Gebäude versperrt. Trotzdem gibt es so viel zu sehen, daß wir nach der Stunde, die die Führung dauert, kaum das Bedürfnis nach mehr empfinden.

Wenn wir Poblet mit einem Wort charakterisieren müßten, so würden wir es als 'majestätisch' bezeichnen. Es hat nichts Trauliches; man vergißt beim Gang durch die Klosterräume und Kirche keinen Augenblick, daß hier vor allem repräsentiert wird – in großem Stil und mit herrscherlicher Geste. Schon allein die Dimensionen der Baulichkeiten verdeutlichen diesen Trend ins Gigantische, wenn man sie etwa mit denen von Santes Creus vergleicht, das ja wahrhaftig auch nicht kleinlich konzipiert worden ist. Ist die *Kirche* dort respektable 60 Meter lang, so mißt sie in Poblet 85 Meter; davon entfällt allein ein Drittel auf die Vierung und die recht komplex angelegte, durch Chorumgang und fünf halbkreisförmige Kapellen ausgezeichnete Mittelapsis. Entsprechend höher ist hier das Gewölbe angebracht worden: sein Scheitel befindet sich 28 statt 21 Meter über dem Boden. Ähnlich gestalten sich die Größenverhältnisse bei den mönchischen Gemeinschaftsräumen: dem *Kapitelsaal* etwa (Abb. 122), dem *Refektorium* oder gar dem *Dormitorium* (Abb. 124), das mit seiner Länge von 87 Metern sogar die der Kirche noch übertrifft und dessen Dach auf nicht weniger als 19 Querbogen ruht.

Aber der majestätische Gesamteindruck läßt sich keineswegs bloß auf die äußeren Maße zurückführen. Er erwächst auch aus der Verbindung zuchtvoll-kühler Monumentalität mit einer selbstsicheren Eleganz, die um so spürbarer wird, weil sie jeder Aufdringlichkeit aus dem Wege geht. Das wird schon im *Kreuzgang* offenbar (Abb. 123), in den man gleich von der *Porta Reial* aus gelangt (wie in Santes Creus gibt es auch in Poblet zwei Kreuzgänge; der hintere und ältere, hier noch in rein romanischem Stil gehalten, wird allerdings von den jetzigen Klosterinsassen noch benützt und daher in die Führungen normalerweise nicht einbezogen). Das Maßwerk, das die Spitzbogen der drei gotischen Galerien erfüllt, vermeidet sorgsam jeden Überschwang. Um so üppiger aber blüht rund um die Pfeiler der

Arkaden die Vielzahl der schlanken Säulenschäfte auf. Und die geradezu preziöse Sorgfalt, mit der die meisten der bereits erwähnten *Kapitelle* gearbeitet sind (Abb. 125–127), scheint darauf hinzudeuten, die Steinmetzen hätten sich für den auferlegten Verzicht auf die übliche figurative Bilderwelt durch um so kunstvollere und subtilere Ausgestaltung der Arabesken und stilisierten Blätter schadlos gehalten, auf die sie ihr Werk reduziert sahen.

Auch hier folgt die Südgalerie, die der Kirche am nächsten liegt und offenbar als erste gebaut wurde, ebenso wie der schöne *Brunnenpavillon* im wesentlichen noch dem romanischen Schema mit den niedrigen, von Zwillingssäulen getragenen Rundbogen. Schon hier zeichnet sich aber der beginnende Formenwandel darin ab, daß nach dem Muster französischer Zisterzienser-Bauten der Frühzeit je zwei dieser Arkaden unter einem nicht mit Maßwerk verzierten, sondern schlicht ausgemauerten Spitzbogen zu einer Einheit zusammengefaßt werden. Die drei übrigen Galerien dagegen nehmen, obwohl zweifellos sehr kurz nach der südlichen in Angriff genommen, bereits ein rein gotisches Gesicht an, und schließlich sind alle Bogengänge im 13. Jahrhundert einheitlich mit einem Kreuzrippengewölbe überspannt worden.

Majestätisch eröffnet sich schließlich auch der *Innenraum der Hauptkirche* (der Leser möge die Wiederholung des immer gleichen Eigenschaftswortes verzeihen: es drängt sich nun einmal unwiderstehlich auf). Der kathedralenhafte Bau bietet in seinen Grundzügen noch ganz das Bild einer romanischen Basilika dar (Abb. 128). Selbst das Gewölbe paßt sich dem noch ein: Nur in den Seitenschiffen ist es aus gotischen Kreuzrippen gefügt; über dem hohen Mittelschiff dagegen wird es von einer gut verstärkten Spitztonne gebildet, die ganz die Vorstellung von Festigkeit, Schwere und räumlicher Geschlossenheit vermittelt, wie man sie zur Zeit der Entstehung (ab 1166) noch mit der traditionellen Architektur verband. Anderseits freilich wird dieser Eindruck wieder aufgelockert durch die Dienste, die über einfach, aber edel geformten Konsolen auf allen vier Seiten aus den kreuzförmigen Pfeilern hervortreten: zwischen den hochgezogenen, feingliedrig anmutenden, die die Gewölbegurten tragen und die sieben Joche gegeneinander abgrenzen, und den weit niedrigeren, aus denen die trennenden Arkaden zum Seitenschiff hin entspringen, entwickelt sich ein reizvolles, ja des Raffinements nicht entbehrendes Spiel der Proportionen, das die Strenge des Ganzen mildert und doch seine Würde nicht antastet. Und die reiche Ausbildung des Chorhauptes – das allerdings dem Blick durch den hervorragenden und bilderreichen alabasternen Renaissance-Retabel des Damiá Forment entzogen wird – scheint eher auf Cluny als auf Clairvaux zurückzuverweisen.

Die Vierung ist den höchst eigentümlich gestalteten *Gräbern der Könige* vorbehalten: zwischen den Pfeilern des Querschiffs erstrecken sich in der Längsrichtung über niedrigen Korbhenkelbogen zwei überlange Sarkophage, auf deren steinernen Deckeln hintereinander die Statuen der Monarchen und ihrer Gemahlinnen ruhen (Abb. 129, 130). Die Zerstörungen, denen diese Monumente ausgesetzt gewesen waren, hatten nur noch verstümmelte

Alfons der Keusche (1162–1196) und der Dekan von Barcelona, Ramon de Caldes. (Nach: ›Cataluña‹ I, Publicationes de la Fundación Juan March, Madrid 1974) ▷

Reste dieser Grabmäler übriggelassen; dem Bildhauer Frederic Marés, dem Stifter des nach ihm benannten herrlichen Museums in Barcelona, gelang die Wiederherstellung (oder eher die Nachschöpfung auf Grund der noch vorhandenen Trümmer) dank jenem ungewöhnlichen stilistischen Einfühlungsvermögen, wie es aus dem langen und intimen Umgang des passionierten Sammlers mit der Kunst des Mittelalters erwachsen war. Sollte die merkwürdige Anlage, die anscheinend auf eine Anregung von Pere IV. *('el Cerimoniós')* zurückgeht, vielleicht die unlösbare Verbundenheit der Dynastie versinnbildlichen? Denkbar wäre es. Dann freilich läge ein gewisse Ironie darin, daß in dem Mausoleum der Herrscher aus dem Hause Barcelona auch einige jener Trastámaras beigesetzt sind, mit deren Regierungsantritt sich im Grunde bereits die spätere Auslieferung der katalanisch-aragonesischen Monarchie an den kastilischen Rivalen ankündigte. So hat Pere außer sich selbst und seinen drei Frauen aus Navarra, Portugal und Sizilien zwar auch den erfolgreichsten seiner Vorgänger, Jaume den Eroberer, in dem Sarkophag zur Linken bestatten lassen (an den freilich nur eine Inschrift erinnert, weil die erhaltenen Fragmente seiner Grabfigur aus unerfindlichen Motiven in Tarragona geblieben sind); neben diesem jedoch hat auch der Halb-Usurpator Ferdinand von Antequera seinen Platz gefunden, und auf der gegenüberliegenden rechten Seite teilt Alfons der Keusche seine Ruhestätte mit den beiden Juans aus eben jener kastilischen Familie, die an die Stelle der Nachkommen Wilfrieds des Behaarten trat. Der letzte von diesen dagegen, Martin der Humane, ist aus dem Zusammenhang seiner Vorfahren und Nachfolger herausgelöst und für sich allein im Querschiff begraben worden.

Martin hat übrigens auch 1397 den Umbau des Gebäudes, das ursprünglich als Behausung der Laienbrüder diente, in einen königlichen Palast vorgesehen. Das Projekt wurde begonnen, aber nie zu Ende geführt, weil Martin ohne direkte Erben starb; sein Sohn Martin 'der Junge', eher ein ungestümer Ritter echt mittelalterlichen Zuschnitts als zum Bürgermonarchen im Stil seiner bedeutendsten Vorfahren berufen, war schon zuvor anläßlich einer tollkühnen Expedition zur Eroberung Sardiniens im Kampfe gefallen. Vom Kreuzgang aus erblickt man im Obergeschoß die beiden prachtvollen *gotischen Fenster*, die für den Palastbau bestimmt waren: melancholische Erinnerungen an das unglückliche Ende des Hauses, das Katalonien mehr als ein halbes Jahrtausend hindurch zum Staat geformt und zur Größe geführt hatte.

Kleiner Umweg nach Lleida

Lleida liegt von Poblet nur eine Autostunde entfernt. Wer es aber gemütlicher nehmen kann, dem sei der kleine Umweg über Vallbona und Bellpuig empfohlen. Er führt zum mindesten im ersten Teil durch eine sehr anziehende Hügellandschaft, und er vermittelt uns vor allem die Bekanntschaft mit der dritten der bedeutenden katalanischen Niederlassungen des Zisterzienser-Ordens: mit SANTA MARIA DE VALLBONA. Hier freilich haben wir es mit einem Nonnenkloster zu tun; noch heute – oder nach relativ kurzen Unterbrechungen heute wieder – leben hier Schwestern des gleichen Ordens, dem 1175 die Gründerinnen beigetreten sind, nachdem sie zuvor der Regel des Heiligen Benedikt gefolgt waren. Von dem früheren Reichtum der 'Baronie von Vallbona', die von den Äbtissinnen dank zahlreicher Landzuwendungen und Privilegien über zehn Dörfer und Flecken der Baixa Segarra ausgeübt wurde, ist freilich nicht gerade viel übriggeblieben; immerhin hat Vallbona nicht gar so viele Verwüstungen und Vernachlässigung durchmachen müssen wie seine berühmteren und größeren Nachbarn. Sehenswert genug ist es auf jeden Fall geblieben.

Wir erreichen es, wenn wir von Montblanc zuerst die Straße nach Tàrrega einschlagen und von ihr nach 16 Kilometern links Richtung Maldà abzweigen. Von der Kreuzung aus sind es noch 8 km zu dem kleinen Ort, der seit dem 16. Jahrhundert um das ursprünglich in menschenleerer Gegend errichtete Kloster erwachsen ist, sich bis heute ein Air von altertümlichem Charme bewahrt hat und mit seinem Namen *Vallbona de les Monges* bezeugt, daß es sich bei ihm um eine Schöpfung der Nonnen handelt (kat. Monges: Nonnen): sie folgten mit der Anlage des Dorfes einem Beschluß des tridentinischen Konzils, der den Frauenklöstern ein Verharren in allzu großer Einsamkeit untersagte.

Wie in Poblet, so ist der Besucher auch hier auf Führungen angewiesen, die ihm in einer guten halben Stunde (jeweils von 10–13 Uhr und von 16.30 Uhr bis Eintritt der Dunkelheit) erschöpfenden Aufschluß vermitteln. Am *Kloster-Eingang*, den er links der Straße bemerkt, wenn er an der Kirche vorbeifährt, kann er läuten, sollte aber dann in Ruhe die Rückkehr der vorher eingelassenen Gruppe abwarten. Findet er dann Einlaß, dann gelangt er als erstes in den *Kreuzgang*, dessen vier trapezoidal angeordnete Galerien nacheinander von dem Ende des 12. bis ins 15. Jahrhundert entstanden sind: die südliche und die östliche im wesentlichen noch romanischer Machart, die nördliche Werk einer reifen Gotik, die westliche, zuletzt fertiggestellte kurioserweise in einer Art spätmittelalterlicher Neo-Romanik gehalten. Von der Nordgalerie aus gelangt man in den *gotischen Kapitelsaal*, in dem zumal die Grabplatten der hier bestatteten Äbtissinnen der Aufmerksamkeit wert sind.

Schon von außen und dann vollends vom Kreuzgang aus zieht vor allem der prächtige achteckige Vierungsturm der *Kirche* die Blicke auf sich: ein perfekt durchgestaltetes Ciborium des 14. Jahrhunderts. Das *Innere* des Gotteshauses, das man auch vom Kirchplatz aus durch ein romanisches Portal mit einem der frühesten Marien-Tympana Kataloniens betreten kann, ist betont einfach gehalten, einschiffig, aber mit drei nach zisterziensischer Gewohnheit viereckigen Apsiden. Es birgt u. a. *Sarkophage* der Violanta von Ungarn, der zweiten Frau von Jaume dem Eroberer, und ihrer Tochter Sança (Sancha) von Aragon.

Von Vallbona aus in der gleichen Richtung weiterfahrend, in der wir gekommen sind, erreichen wir nach 17 km bei BELLPUIG D'URGELL die große Durchgangsstraße Barcelona--Lleida. Die *Kirche* dieses Ortes verdient vor allem wegen des prunkvollen *Grabmals des Ramon de Cardona* einen Besuch. Es stellt den toten Vizekönig von Sizilien geharnischt und in Lebensgröße dar, das Zepter noch in seiner linken Hand, das Haupt auf seinen von der Rechten umfangenen Helm gestützt, unter einem Tympanon der Pietà, aber auf einem

Sarkophag liegend, dessen Front ganz und gar antikisch aufgefaßte nackte Gestalten zieren. Das Epitaph gilt mit Recht als das großartigste Beispiel von Renaissance-Skulptur, mit dem Katalonien aufzuwarten hat. Bezeichnenderweise ist es allerdings nicht von einem einheimischen Bildhauer gefertigt, sondern von dem Italiener Giovanni da Nola, der fünf Jahre (von 1526 bis 1531) daran gearbeitet hat; zu dieser Zeit war wohl kein einheimischer Meister mehr imstande, ein Werk solchen Ranges zu schaffen.

Lleida: Christliche Kathedrale – islamische Erinnerungen

LLEIDA – spanisch Lérida – ist nächst Barcelona zweifellos die bedeutendste der vier katalanischen Provinzkapitalen. Zwar zählt es noch nicht ganz 100000 Einwohner und macht auch in seinem architektonischen Zuschnitt bei allem (nicht immer glücklichen) Bemühen um das, was man in Spanien unter Modernität versteht, nicht unbedingt einen großstädtischen Eindruck. Trotzdem spürt man gleich, daß hier das wirtschaftliche Leben um einiges kräftiger pulst als in den meisten anderen regionalen Zentren Kataloniens.

Seine kommerzielle, neuerdings auch industrielle Regsamkeit spiegelt die doppelte Gunst einer privilegierten geographischen Situation wider. Einmal ist es von der Natur zu einem wichtigen Knotenpunkt vorherbestimmt. Schon in der Antike kam dem Übergang über den Riu Segre, an dem das iberisch-römische Ilerda erwuchs, eine Schlüsselstellung im Straßennetz der Halbinsel zu. Auch heute noch treffen an dieser Stelle die Straßen über die Pyrenäenpässe aus dem Garonne-Becken und aus dem Roussillon mit der großen peninsularen Überlandroute zusammen, die von Barcelona nach Saragossa und weiter nach Madrid führt; an dieser wichtigsten der iberischen Verbindungslinien liegt Lleida erst noch ziemlich genau in der Mitte zwischen den Metropolen Kataloniens und Aragons. Kein Wunder, wenn es zur Zeit der katalanisch-aragonesischen Monarchie zeitweise von den Königen als Residenz erwählt wurde (hier hatte auch schon die Vermählung von Ramon Berenguer IV. mit Petronila von Aragon stattgefunden, die diese dynastische Einheit beider Reichsteile begründete). Anderseits aber durchströmt der Segre hier die ausgedehnteste Ebene im sonst so gebirgigen Katalonien: jenes Becken, das die Geographen die »katalanische Inlandsdepression« nennen und das den Einwohnern auf dem linken Flußufer als Pla d'Urgell, auf dem rechten als Pla de Lleida vertraut ist. Da hier trotz dem trocken-kontinentalen Klima dank den Pyrenäen-Zuflüssen und einem ausgebauten Kanalnetz reichlich Wasser zur Verfügung steht, ist Lleida als Mittelpunkt eines besonders intensiv genutzten, produktiven und entsprechend wohlhabenden agrarischen Distrikts stets mehr als nur Durchgangsetappe und Kommunikationsscharnier gewesen, hat es seine urbane Energie gleichermaßen aus seiner engeren Umgebung wie aus seiner Verflechtung in weitgespannte Verkehrsstränge bezogen.

Wegen ihrer hervorragenden strategischen Lage ist die Stadt allerdings auch immer wieder umkämpft, belagert und zerstört worden. Aber es liegt kaum nur an den Verheerungen, die sie durch Feinde erlitten hat, wenn von ihrer mehr als zweitausendjährigen Geschichte nicht sonderlich viele Zeugnisse bis in die Gegenwart überdauert haben – weit weniger jedenfalls

Lleida. (Llibreria Porter und Biblioteca de Catalunya, Barcelona)

als in Girona oder in Tarragona, die auch manche kriegerischen Fährnisse durchgemacht haben. Offenbar waren die Bürger hier nicht gerade eifrig auf Bewahrung des Alten bedacht. Ökonomische Interessen fielen hier wohl auch früher schon schwerer ins Gewicht als ästhetische Rücksichten. Dabei ruht die *Brücke* über den Segre, die bis zum Bau der Autobahn den ganzen riesigen Straßenverkehr von Barcelona nach Madrid bewältigen mußte, noch immer auf römischen Fundamenten, und das *Rathaus* – die *Paería,* an dem gleichnamigen Platz, zu dem man durch einen Torbau gleich jenseits der Brücke gelangt – bewahrt trotz manchen späteren Veränderungen noch etwas von seiner ursprünglichen romanischen Physiognomie aus dem frühen 13. Jahrhundert. Das ehemalige *Hospital,* heute nach einer durchgreifenden Restauration wieder einer würdigen Bestimmung zugeführt, entzückt besonders durch seinen gotischen Patio, der an die Innenhöfe von Barcelonas Carrer Montcada oder an den des Bischofspalastes von Tortosa erinnert. Der vom Rathausplatz abgehende Carrer Major, Lleidas wichtigste Geschäftsstraße, erhält durch diese beiden ehrwürdigen Gebäude seinen besonderen städtebaulichen Akzent. Er ist schon seit Jahrzehnten für den motorisierten Verkehr gesperrt und damit eine der ganz frühen Fußgängerzonen, die in einer spanischen Stadt eingerichtet worden sind. Man wird also gut daran tun, den Wagen vor dem Gang in die Innenstadt abzustellen – vorausgesetzt, man findet irgendwo in dem beängstigenden Autogewimmel einen Parkplatz ...

Das eigentliche Wahrzeichen von Lleida aber und bei weitem das eindrucksvollste Monument seiner großen Vergangenheit ist die *Seu Vella:* die 'Alte Kathedrale' auf dem Burghügel, der mitten in der Stadt, nur zwei oder drei Häuserblocks vom Segre-Ufer entfernt, aus der Ebene aufspringt (Abb. 136). Eine lange Zeit verschollene, 1895 wieder aufgefundene Marmortafel bezeugt, daß König Pere II. von Aragon gemeinsam mit dem Grafen Ermengald von Urgell im August 1203 (nach unserer Zeitrechnung am 22. Juli) den Grundstein dieses Bauwerks gelegt hat; als 'Operarius' (Bauleiter) bezeugt die Inschrift einen Berengarius von Obicio, als 'Magister et Fabricator', also wohl als planenden und ausführenden Architekten den Petrus Decumba. Lange glaubte man in diesem Namen eine latinisierte Form des katalanischen Da Como zu erkennen und daraus auf die Herkunft des Meisters oder doch seiner Vorfahren aus Como, also auf seine Zugehörigkeit zu einer Familie lombardischer Bauhandwerker schließen zu können; jüngste Forschungen deuten eher darauf hin, daß als Autor des Entwurfs für das Gotteshaus der Sohn eines einheimischen, wohl bereits im Dienst des bischöflichen Stuhls stehenden Steinmetzen Pere Çacoma zu betrachten sei. Jedenfalls verrät seine Schöpfung kaum etwas vom Fortleben lombardischer Tradition; viel eher weist das, was eindeutig der ersten Phase des Baus zuzuschreiben ist, auf stilistische Zusammenhänge mit Okzitanien hin – mit jenen Gebieten also, denen sich Pere II. politisch wie kulturell besonders eng verbunden fühlte und bei deren Verteidigung gegen die französisch-päpstlichen Kreuzfahrerheere er 1213 schließlich das Leben lassen sollte.

Einen ersten, vorläufigen Abschluß fanden die Arbeiten 75 Jahre nach ihrem Beginn mit der für 1278 bezeugten Einweihung der Kathedrale unter dem Architekten Berenguer de Pennafreyta; ein anderes Mitglied der gleichen Familie wird 1312 als Meister der Arbeiter dokumentarisch erwähnt. Um die Mitte des 14. Jahrhunderts scheint der großangelegte Dom mit dem Abschluß des Kreuzgangs und der Laterne über der Vierung im wesentlichen vollendet. Einige Jahrzehnte später wird ihm noch der achteckige *Campanile* angefügt, zu seiner Zeit der höchste Glockenturm des Landes, der offenbar nicht nur mit seinem Geläut die Gläubigen zur Messe rufen, sondern zugleich dank seiner beherrschenden Lage über dem Pla auch einen hervorragenden militärischen Beobachtungsposten abgeben sollte.

Eben dies ist der Kathedrale zum Verhängnis geworden. Als französische Truppen während des Spanischen Erbfolgekrieges Lleida belagerten und schließlich im November 1707 einnahmen, fiel nicht nur der Turm, sondern das ganze Werk des Pere Çacoma zu großen Teilen einem intensiven Bombardement zum Opfer. Und nachdem der Friede wieder eingekehrt war, wurde der Burghügel nach den damals modernsten Methoden in eine Festung verwandelt, die Kirche – oder was von ihr übriggeblieben war – zu einem Teil dieser Fortifikation gemacht und zu einer Reihe von Schlafsälen für deren Besatzung umfunktioniert. Karl III. entschädigte die Lleidaner schließlich für das verlorene bischöfliche Gotteshaus, indem er ihnen mitten in der Stadt eine neue Kathedrale im damals modernen Barock stiftete (die 1936 zu Beginn des letzten Bürgerkrieges ihrerseits in Flammen aufging und erst geraume Zeit nach dem Triumph Francos wieder dem Gottesdienst zugeführt werden konnte; so besaß die Stadt vorübergehend zwar zwei Kathedralen, konnte aber keine davon benützen!). Erst in den sechziger Jahren fand sich das Militär zur Räumung seines Quartiers bereit, begann sich die staatliche Denkmalspflege des malträtierten Bauwerks anzunehmen und sich um seine Wiederherstellung zu kümmern. Und erst seit wenigen Jahren sind die häßlichen Kasernenbauten abgerissen, die Schäden von zweieinhalb Jahrhunderten so weit ausgebessert, daß die *Seu Vella* wieder etwas von ihrem einstigen Glanz und ihrer eigenwilligen Schönheit zurückgewonnen hat.

Tatsächlich nimmt sie unter den Zeugnissen der romanisch-gotischen Übergangsarchitektur einen besonderen Platz ein. Schon ihr Grundriß wandelt das traditionelle Schema der Basilika auf ungewöhnliche Weise ab: das dreischiffige Langhaus, auf ganze drei Joche reduziert, baut sich über einer exakt quadratischen Fläche auf, setzt sich aber nach Westen in einem vergleichsweise überdimensionierten Kreuzgang, nach Osten mit dem weit ausladenden Querschiff in fünf gestaffelten, nach den Seiten hin zunehmend weniger tiefen Apsiden fort (von denen eine heute allerdings verschwunden ist). Vierung und Mittelapsis beanspruchen dabei mehr als die halbe Längenausdehnung des Innenraums. Diese extreme Verkürzung der Längsschiffe zugunsten der Chorpartie könnte zum mindesten in den Proportionen als eine Annäherung an den Zentralbau erscheinen; dem widerspricht aber klar die eindeutig west-östliche Ausrichtung der gesamten Anlage. Und vor allem wirkt die Kirche, betrachtet man sie von außen, dank dem im Westen angefügten Kreuzgang geradezu extrem

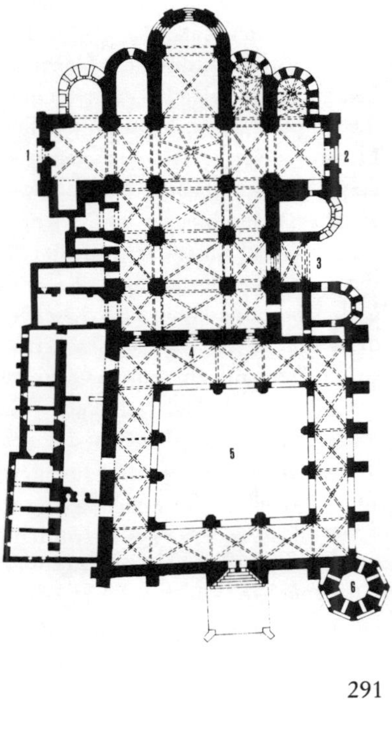

Grundriß der Seu Vella von Lleida

1 Eingang zur Kirche 2 Porta de la Anunciata 3 Porta dels Fillols 4 Zugang zum Kreuzgang 5 Kreuzgang 6 Glockenturm. (Nach Alexandre Cirici/Jordi Gumí Cardona, ›L'Art Gotic Català‹, Barcelona 1974)

langgestreckt – ein Widerspruch zwischen äußerer Gestalt und innerem Aufbau, für den es jedenfalls in Katalonien kein zweites Beispiel gibt. Daß der *Kreuzgang* das überkurze Langhaus verlängert, statt wie üblich an die Seitenfront der Kirche anzuschließen, mag sich aus den besonderen Bedingungen des Terrains erklären. Aber er weicht auch noch in einer anderen und spektakulären Weise von der Norm ab: indem er sich nicht nur zum Garten, sondern durch eine Reihe von fünf mächtigen Fenstern auch nach außen und damit nach der Landschaft hin öffnet (Abb. 131), nimmt er geradezu etwas von der Allüre eines Aussichtspavillons oder Sommerpalastes an – auch dies eine Kühnheit, zu der sich jedenfalls in der iberischen Gotik schwerlich eine Parallele finden läßt.

Und eben diese Eigentümlichkeit mag Anlaß zur Frage geben, ob sich darin womöglich ein heimliches Fortwirken islamischer Traditionen bekunde. Wir wissen zwar nicht, wie die Bauten aussahen, die Lleidas maurische Emire auf dem Schloßberg errichtet hatten und an deren Stelle später die christliche Burg, der Bischofspalast und vor allem eben die Kathedrale entstanden sind. Aber aus Resten anderer arabischer Palastanlagen aus der Zeit lange vor der Alhambra und aus der arabischen Literatur läßt sich schließen, daß sich bei den muslimischen Herren Spaniens schon zu einer Zeit ein lebhaftes Empfinden für die Schönheiten der Natur geregt hat, als davon im christlichen Abendland noch kaum die Rede sein konnte. Und warum sollte bei dem engen Kontakt, der auch nach der katalanischen *Reconquista* noch zwischen den beiden Kulturen auf der Halbinsel bestand, nicht etwas davon gerade in Lleida spürbar geblieben sein?

So spekulativ und folglich unbeweisbar diese Vermutung sein mag, so nahe liegt sie angesichts der Tatsache, daß sich dem Betrachter der Kathedrale auch sonst arabische Erinnerungen aufdrängen. Ganz besonders gilt das für die filigranartige Ornamentik der beiden Südportale: der *Verkündigungspforte* und der zu Recht berühmten *Porta dels Fillols*: die arabeskenhaft dichte Verschlingung von Tier- und Pflanzenmotiven mit abstrakten Elementen weckt Assoziationen an orientalische Teppiche und Stoffe (Abb. 135). Etwas von dieser Verwandtschaft scheint da und dort auch noch in den Figuren-Kapitellen des Langhauses greifbar, während jene (nur mit dem Fernglas gut erkennbaren), die die hohen Säulenbündel im Querschiff und im Chorhaupt abschließen, auf den zweiten wichtigen Einfluß hindeuten, dem die lleidanische Steinmetzen-Schule unterlag: den von Okzitanien und insbesondere von Toulouse her. Sie bilden in ihrer Gesamtheit ein plastisches Korpus, das wohl als der Höhepunkt der katalanischen Skulptur in der Übergangsphase von der späten Romanik zur frühen Gotik bezeichnet werden darf (Abb. 132, 133).

Ganz der voll ausgebildeten Gotik gehört dagegen der schon mehrfach erwähnte *Kreuzgang* an, der allein fast das gleiche Areal einnimmt wie die ganze Kirche. Er ist gewiß der prächtigste, am reichsten ausgeschmückte dieser Kunstepoche in unserer Region (Abb. 135). Vor allem das komplizierte Maßwerk, das in den Öffnungen der breit ausladenden Spitzbogen aus den zahlreichen feinen, aber in Umfang und Gestalt differenzierten Säulen entsprießt, gewinnt hier eine Üppigkeit und Vielfalt der Formen, wie sie sich weder in Santes Creus noch in Poblet entfalten konnte. Allerdings sind wir hier überhaupt denkbar weit von jener zisterziensischen Kargheit entfernt, die den Königsklöstern auch dort noch etwas von ihrem Stempel aufgedrückt hat, wo sie sich dem monarchischen Bedürfnis nach Repräsentation fügte. Nicht Ordensgeist, sondern eine sehr weltkirchliche – man möchte sagen: kirchenfürstliche – Freude an der prunkvollen Selbstdarstellung hat hier nach Ausdruck gesucht und den aufeinanderfolgenden Baumeistern die bauherrliche Inspiration vermittelt. Und der Gast kann nur Genugtuung beim Gedanken empfinden, daß das ebenso großartige wie unkonventionelle Denkmal dieses Willens jetzt, nach zweieinhalb Jahrhunderten der Zweckentfremdung, Erniedrigung und Verwüstung, endlich wieder in seinem ursprünglichen Glanze bewundert werden darf.

8. Route: Rückkehr in die Pyrenäen

Zu Beginn unserer Fahrten haben wir die Ost-Pyrenäen oder doch ihre letzten Ausläufer am Mittelmeer überschritten. Zu den Pyrenäen kehren wir nun am Ende der Reise wieder zurück. Diesmal allerdings liegt unser Ziel weiter landeinwärts im zentralen und höheren Abschnitt der großen Gebirgskette, die Spanien und Frankreich trennt. Auch die nordwärts von Lleida ausstrahlenden Straßen führen schließlich nach Frankreich hinüber, freilich auf längeren und noch um einiges mühsamer zu befahrenden Routen als jenen vier, zwischen denen wir auf dem Weg von Perpignan nach Barcelona wählen konnten. Hatte uns bei der Herreise das heute französische Roussillon sprachlich, historisch und kulturell bereits auf Katalonien eingestimmt, so lassen wir nun hier, wenn wir die französische Grenze erreichen, den katalanischen Bereich endgültig hinter uns, um in den verwandten und doch unterschiedlichen Okzitaniens einzutreten. Ja zum mindesten auf einer der beiden vor uns liegenden Verbindungsstrecken ins Nachbarland hinüber wird uns die Langue d'Oc bereits auf spanischem Boden ins Ohr klingen: auf jener durch das Aran-Tal nach Toulouse. Ihr zu folgen, mag schon deshalb seinen besonderen Reiz haben, weil die Bekanntschaft mit Toulouse unsere Streifzüge durchaus sinnvoll abschließen und abrunden und uns eine Vorstellung von den mannigfaltigen geschichtlichen und künstlerischen Zusammenhängen verschaffen würde, die zwischen der okzitanischen Kapitale an der Garonne und Katalonien bestanden haben.

Der andere Rückweg führt statt dessen durch die auch heute noch, trotz Modernisierung und Konsumrummel, höchst merkwürdige Miniatur-Republik Andorra nach der stets faszinierenden Burgstadt Carcassonne und bietet darüber hinaus den Vorteil, daß wir dort den Anschluß an die Autobahn ins Rhône-Tal und damit an die schnellste und direkteste Verkehrsschiene nach Hause erreichen. Und wenn es uns einerseits in die so eigenartigen Täler von Boi und Aran zieht, anderseits aber auch Andorra lockt, so läßt sich die Fahrt in den äußersten katalanischen Nordwesten auch mit der Erkundung der wunderlichen Bergrepublik kombinieren, wenn wir bereit sind, genug Zeit dafür aufzubringen. Die meisten Touristen dürften sich freilich für die eine oder die andere Möglichkeit entscheiden (oder entscheiden müssen); so werden wir uns im Anschluß an die erste von ihnen mit einem

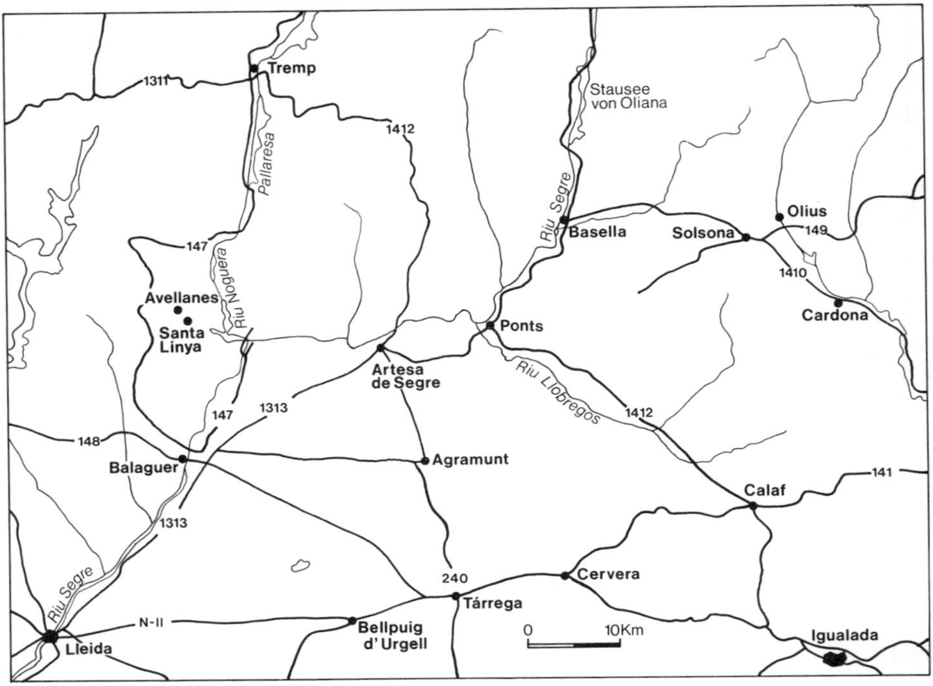

summarischen Hinweis auf jenen gebirgigen Querstrang begnügen, der sie miteinander verbindet – obwohl auch auf dieser Strecke immer wieder genug Anlaß zum betrachtenden Verweilen unterwegs zu finden wäre.

Pyrenäen-Romanik: Vall de Boí und Vall d'Aran

Um von Lleida in die Herzregion der Zentralpyrenäen zu gelangen, können wir auf der Nationalstraße 230 dem Tal der Noguera Ribagorçana folgen. Sie führt uns allerdings ein gutes Stück weit aus Katalonien hinaus, weil sie, soweit sie dem rechten Ufer des Bergflusses entlang verläuft, bereits auf dem Territorium der aragonesischen Provinz Huesca angelegt ist und über mehr als 50 Kilometer sogar noch weiter westlich nach Aragon ausbiegt. Das wäre gewiß kein Grund, dem etwas längeren und streckenweise weniger gut ausgebauten Zugang über Balaguer und Tremp den Vorzug zu geben. Aber für diesen spricht doch die anziehende Landschaft im Tal des Segre zuerst (Abb. 137), des Riu Noguera Pallaresa (Farbt. 43) danach; zumal die langgezogenen Stauseen, deren Konturen sich die Straße jeweils anpaßt,

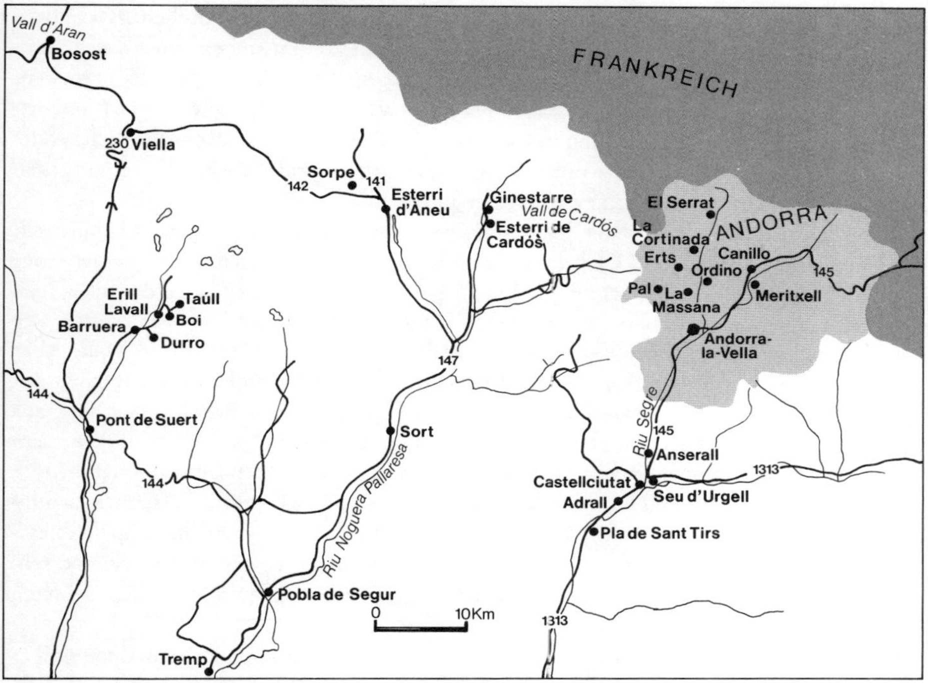

bieten hier von Zeit zu Zeit erfreuliche Abwechslung. Außerdem können wir unterwegs der gotischen *Kirche Santa Maria* in BALAGUER einen Besuch abstatten und uns im *Kloster* von AVELLANES umsehen.

Von *Santa Maria* aus, dem Werk einer fast kastellhaft massigen und trutzigen Gotik, genießen wir einen prachtvollen Ausblick über die Stadt und das Segre-Tal. Avellanes, eine Stiftung des letzten souveränen Grafen von Urgell, hat einen hübschen romanischen *Kreuzgang* (vgl. Abb. 142). Die gotische *Kirche* allerdings, die neben ihm in Angriff genommen wurde, ist nicht über Chorhaupt und Querschiff hinausgediehen, und sie hat ihren künstlerisch bedeutendsten Schmuck nach der Säkularisierung ins Ausland verloren: die monumentalen Gräber des Stifters und seiner Familie sind über Frankreich schließlich nach New York gelangt.

Bei Pobla de Segur, am Ende des Stausees von Tremp, müssen wir nach links abbiegen, um schließlich doch bei Pont de Suert die N 230 zu erreichen. Schon nach 3 km aber kehren wir ihr wieder den Rücken. Denn hier öffnet sich zu unserer Rechten das *Vall de Boí*: eines jener abgelegenen Pyrenäentäler, denen die Kunstgeschichte so wichtige Einblicke in das Schaffen der romanischen Epoche verdankt. Gewiß, hier sind keine gewaltigen Kathedralen und monumentalen Klosterbauten zu finden, sondern nur schlichte Dorfkirchen. Aber diese haben nicht nur in großer Zahl die lange Zeit seit ihrem Entstehen unverfälscht und unverstellt überstanden, sondern auch zu einem beträchtlichen Teil – meist unter barockem Putz – ihre originale Ausmalung bewahrt. Sie verschafft uns überhaupt erst eine (im wörtlichsten Sinne) farbige Anschauung davon, wie ein äußerlich bescheidenes Gotteshaus des hohen Mittelalters zur Zeit seiner Entstehung ausgesehen hat und vor welchem Hintergrund sich die gottesdienstlichen Riten zu vollziehen pflegten.

Natürlich handelt es sich dabei meist um provinzielle Schöpfungen, und um stilistisch verspätete dazu: bis über das 12. Jahrhundert hinaus baute man hier mehr oder weniger strikt nach jenem lombardischen Vorbild, das in anderen katalanischen Gegenden damals bereits durch eine freiere und reichere Formensprache abgelöst und insbesondere auch durch eine immer üppigere Verwendung der Skulptur als Bauschmuck erweitert worden war. Aber gerade wenn man sich vor Augen hält, daß man es hier doch wohl im wesentlichen mit Hervorbringungen ländlicher, vom großen Strom der künstlerischen Entwicklung nur wenig berührter Meister zu tun hat, wird man mit um so größerer Bewunderung vor dem stehen, was sie in frommem Eifer und im Dienst an kleinen dörflichen Gemeinschaften oder auch im Auftrag feudaler Herren vollbracht haben. Denn was hier an Architektur und Malerei geschaffen wurde, das erreicht insgesamt doch jedenfalls ein höchst respektables – und teilweise ein mehr als nur respektables – Niveau, wenn wir es an dem wenigen messen, was uns aus jener Zeit in anderen, geographisch weniger benachteiligten ländlichen Gebieten Europas überliefert ist.

Im Vall de Boí selber sind nun allerdings von der einstigen großartigen Ausmalung einiger Kirchen nur noch wenige Fragmente zurückgeblieben; die großen Fresken – zweifellos die bedeutendsten des ganzen pyrenäischen Kunstkreises – sind allesamt bis auf vereinzelte Reste abgelöst und nach Barcelona ins Museu d'Art de Catalunya verbracht worden. Sicher ist die Begründung nicht abwegig, diese kostbaren Schätze befänden sich dort in besserer Obhut, als wenn sie in den Bergdörfern an Ort und Stelle geblieben wären. Aber die Transplantation mag wohl auch dem Ehrgeiz entsprungen sein, einen möglichst großen Teil des überhaupt noch vorhandenen Bestandes in einer einzigen großen Schau zusammenzufassen und damit Kunstfreunden wie Kunsthistorikern leichter zugänglich zu machen. Tatsächlich verdankt das Museum seinen wohlverdienten weltweiten Ruf denn auch in erster Linie der unvergleichlichen Kollektion romanischer Wandgemälde, die es ausbreitet. Tritt man aber in eine jener Kirchen, für die diese Bildwerke eigentlich bestimmt waren, so kann man sich bei allem Verständnis für eine wohlbedachte Maßnahme doch des Bedauerns nicht erwehren. Die da und dort statt der entfernten Originale angebrachten mäßigen Kopien können bestenfalls als eine bescheidene Nachhilfe für die Phantasie betrachtet werden, die das in Barcelona Geschaute nun an seinen Ursprungsort zurückprojizieren muß.

Anscheinend beginnen sich die Denkmalpfleger und offiziellen Kunstverantwortlichen selber darüber Gedanken zu machen, ob sie auf dem bisher begangenen Wege so unbedenklich fortfahren sollten. Die erst vor kurzem entdeckten Wandmalereien in der Kirche von BOÍ (span. Bohi) jedenfalls, die eine Fläche von vollen 84 Quadratmetern bedeckt haben,

sollen nach ihrer sorgfältigen Restaurierung in Barcelona wieder an den ursprünglichen Standort zurückkehren, wenn einmal die seit Jahren im Gang befindliche gründliche Überholung des Gotteshauses beendet ist. Immerhin kann man den sehr einfachen, rustikalen Bau, der als einziger des Tales noch ins 11. Jahrhundert zurückdatiert wird, jetzt wieder besuchen und muß sich nicht länger mit einem Blick auf den gedrungen-kraftvoll quadratischen Glockenturm begnügen (Abb. 138). Er bietet ein Musterbeispiel dafür, wie mit wenigen und schlichtesten dekorativen Elementen – zwei Rundbogenfriesen und einem Sägezahnband über den Fenstern der beiden Mittelgeschosse – ein Mauerwerk aus Bruchsteinen wohlgefällig aufgegliedert und gleichsam skulptural durchgearbeitet werden kann. Während wir es betrachten, entsinnen wir uns vielleicht, daß schon lange vor dem jüngsten Freskenfund ein bedeutendes Kunstwerk aus der Kirche von Boí seinen Weg ins Barceloneser Museum gefunden hat: jene noch dem 11. Jahrhundert zugeschriebene 'Steinigung des Heiligen Stephanus' im Saal 3, die zu den frühesten und bei aller betonten Stilisierung ausdrucksvollsten der katalanischen Wandbilder gehört und deren lange Reihe dramatisch eröffnet (Abb. 81).
Der Schlüssel zur Kirche kann im Pfarrhaus – dem letzten Haus des Dorfes auf dem Weg nach Taúll – erbeten werden.

Vom Museum her vertraut sind uns auch bereits die großartigen Malereien von TAÚLL (span. Tahull), das oberhalb von Boí herrlich inmitten einer geradezu alpin anmutenden Berglandschaft liegt (Farbt. 41). Diesem Ort vor allem gilt unser Besuch. Denn von seinen beiden Kirchen, die laut einer Inschrift an zwei aufeinanderfolgenden Tagen, am 10. und 11. Dezember 1123, ihre Weihe empfingen, bezeichnet mindestens die eine auch einen Höhepunkt in der romanischen Architektur des Pyrenäengebietes. Die andere, die immer als Pfarrkirche dienende *Santa Maria*, hat im Wandel des Zeitgeschmacks tiefere Eingriffe erfahren. So waren die Säulen zwischen den drei Schiffen der ursprünglich basilikalen Anlage lange hinter Trenn- und Stützmauern verborgen, die Seitenschiffe in Kapellen verwandelt, der offene Dachstuhl durch ein nachträglich eingezogenes Gewölbe verdeckt und mit einer barocken Kuppel gekrönt worden. Erst die jüngste Gesamterneuerung zu Beginn der siebziger Jahre hat dem Innenraum auf Grund des archäologischen Befundes die Gestalt einer Säulenbasilika wiedergegeben, die der ursprünglichen zum mindesten sehr nahe kommen dürfte. Auffällig ist die Unregelmäßigkeit des Grundrisses: die drei Schiffe sind verschieden breit, die Apsiden, die sie ohne dazwischentretendes Querschiff abschließen (und von denen die rechte bis zur Rekonstruktion völlig verschwunden war) weichen in ihrer Gestalt voneinander ab, und die Hauptapsis vollends beschreibt gegenüber der Achse des Mittelschiffs einen eigentümlichen und aus den Geländebedingungen allein nicht zu erklärenden Knick. Bis heute ist es der Forschung nicht gelungen, eine überzeugende Deutung für diese Häufung der Irregularitäten zu finden; angesichts der sonstigen Qualität des Baus lassen sie sich wohl kaum auf simplen Mangel an Fertigkeiten zurückführen.

Die besondere kunstgeschichtliche Bedeutung der Kirche beruht jedoch auf ihrer einst ungewöhnlich reichen *Ausmalung*. Während sich der malerische Schmuck in den meisten

Fresko der Muttergottes mit dem Kind aus der Apsis der Pfarrkirche Santa Maria de Taüll. Museu d'Art de Catalunya, Barcelona

romanischen Kirchen Kataloniens auf die Apsiden beschränkte (oder doch jedenfalls nur im Bereich des Presbyteriums erhalten blieb), waren in Santa Maria wie in Boí alle Wände mit Fresken überzogen. Ein beträchtlicher Teil davon ist wenigstens bruchstückweise noch vorhanden: er stammt vorwiegend von den Mauern des rechten Seitenschiffs, den Laibungen der Bogen zwischen ihm und dem Mittelschiff und schließlich von der Innenwand der Westfassade. Tatsächlich hat das Barceloneser Museum kein anderes Beispiel einer so umfassenden Bebilderung aufzuweisen. Begreiflicherweise waren an dieser großen Arbeit mehrere Künstler beteiligt; mindestens zwei verschiedene Meister (oder Ateliers) lassen sich unterscheiden. Der stärkste Eindruck geht zweifellos von den Fresken der *Capella Major* und der anschließenden Hauptapsis aus, deren Halbkuppel die Muttergottes als Patronin der Kirche zwischen den Heiligen Drei Königen und über einer Reihe von Heiligen in einer gemalten Arkaden-Architektur darstellt; sie zeichnen sich durch ihre kräftige und vielfältige Farbigkeit aus. Wenn wir von all diesem Bildreichtum hier nichts mehr als die vagen Annäherungen der Kopie in der Mittelapsis wahrnehmen, so mögen beim Besuch der Kirche doch die Museums-Eindrücke helfen, das Vergangene heraufzubeschwören.

Santa Maria erhebt sich im Dorfzentrum von Taúll, inmitten schiefergedeckter Häuser aus unverputzten Bruchsteinen mit altersgrauen oder rauchgeschwärzten Balken (Abb. 144); daß mindestens einige dieser Behausungen schon standen, als die Kirche erbaut wurde, scheint durchaus glaubhaft. *Sant Climent* dagegen steht außerhalb und unterhalb der Siedlung auf freiem Felde (Farbt. 41). Die enge Verwandtschaft der beiden Bauten springt in die Augen: sie folgen nicht nur dem gleichen Grundriß der dreischiffigen, querschifflosen Basilika, sondern bedienen sich auch bis in die Anordnung der dekorativen Einzelheiten hinein der gleichen frühen, von den lombardischen Meistern hundert Jahre zuvor nach Katalonien gebrachten und hier entwickelten Formensprache. Trotzdem bleibt der Unterschied spürbar, und er läßt sich sicher nicht allein darauf zurückführen, daß die späteren Veränderungen, von denen auch Sant Climent nicht ganz verschont geblieben ist, hier unvergleichlich mehr von der ursprünglichen Bausubstanz intakt gelassen haben (die Restauration von 1972 konnte sich, abgesehen von notwendigen Ausbesserungsarbeiten, im wesentlichen darauf beschränken, die früheren, möglicherweise während des Baus durch einen Erdrutsch verschütteten Basisteile der Apsiden freizulegen und die dort erkennbaren kleinen Fenster aufs neue zu öffnen; Abb. 140).

Es sieht auch so aus, als sei hier auf die Arbeit von Anfang an eine ungewöhnliche Sorgfalt verwendet worden. Zum mindesten gilt das für das Mauerwerk des Chorbaus und des Turmes, das aus zwar unregelmäßigen, aber doch präzis auf ihren Verwendungszweck abgestimmten Hausteinen besteht, wie für die besondere Feinheit und Eleganz der ornamentalen Elemente, die zumal den hochragenden, sechsstöckig gegliederten und fast überdimensioniert anmutenden *Turm* zu einem wahren Schmuckstück ausgestalten. Die Konstruktion des Langhauses erscheint demgegenüber ungleich rustikaler; Eduard Junyent findet es sogar »so ausdruckslos wie einen Gebirgsschuppen unter einem geschieferten Satteldach«. Dazu passen im spärlich von außen erleuchteten *Innern* die urtümlichen Säulen zwischen den Schiffen, von denen einige ohne Basis unmittelbar aus dem Boden herauswachsen und statt der Kapitelle unterhalb der schlichten rechteckigen Kämpfer nur zwei Reihen von Zahnschnittkrausen aufweisen.

Andererseits stellt aber die ebenfalls in Barcelona aufbewahrte, in Taúll nur durch eine Kopie (Abb. 139) repräsentierte *Ausmalung der Hauptapsis* den unbestrittenen Gipfel romanischer Kirchenmalerei in Katalonien überhaupt dar (Farbt. 15, 19; Abb. 141). Der Meister, dem dieses großartige Werk zu verdanken ist, hat in der Kühnheit seiner Linienführung, der sicheren Wahl seiner bis heute leuchtkräftig gebliebenen Farben, der Verbindung hieratischer Würde mit individueller Kraft und Vitalität der Darstellung ganz gewiß nichts Provinzielles an sich; die Annahme liegt nahe, daß es sich um einen von auswärts – etwa aus Italien – kommenden Maler handeln könnte, der in seiner Heimat auch mit byzantinischen Traditionen vertraut geworden sei (und dem man auch Malereien im relativ nahen aragonesischen Roda zuschreibt, dessen Bischof nach der bereits erwähnten, an der Säule links von der Hauptapsis gefundenen Inschrift die Kirche geweiht hat). Auch in Sant Climent scheint übrigens noch ein zweiter Maler tätig gewesen zu sein, von dessen Werk freilich nur einige wenige, teilweise *in situ* verbliebene Reste zeugen (Abb. 143); manche Kunsthistoriker glauben ihn mit einem der Meister von Santa Maria identifizieren zu können.

Wie Künstler solchen Ranges für die Arbeit in den neuen Gotteshäusern abgelegener Bergdörfer gewonnen werden konnten, wer überhaupt hinter dem kirchlichen Baufieber stand, das im 12. Jahrhundert nicht nur das Vall de Boí, sondern einen großen Teil der Pyrenäentäler ergriff – darüber sind nur Spekulationen möglich. Die (gemalte) Inschrift in Sant Climent, an der ersten Säule links von der Hauptapsis, nennt keinen Stifter. Ob der später heiliggesprochene Raymundus von Barbastro bzw. Roda, der die Weihen in Taúll vollzog, auch als der Initiator der Bauten angesehen werden kann, ist ungewiß, ließe sich aber denken, weil er damit möglicherweise seinen Anspruch auf die geistliche Jurisdiktion über das Tal gegenüber seinem (schließlich siegreichen) Kollegen von Urgell untermauern wollte. Junyent weist auch auf den plötzlichen Reichtum hin, den die Grafschaft Pallars und die im Boí-Tal mächtige feudale Herrschaft Erill durch die Beteiligung ihrer Mannschaften an der aragonesischen Eroberung von Saragossa und anderer islamischer Stützpunkte im Ebro-Gebiet erwarben. Tatsächlich sind etwa um die gleiche Zeit wie die Kirchen von Boí und Taúll auch noch manche anderen ähnlichen Zuschnitts errichtet worden – so etwa die von ERILL LAVALL selber am Boí gegenüberliegenden Talhang, die wenigstens dank ihrem gleichfalls sehr prächtigen und hohen Turm mit Sant Climent wetteifern kann, die von DURRO mit dem für diese Gegend ungewohnten plastischen Schmuck ihres Portals und der trotz einiger Einbußen noch immer sehr harmonisch wirkende Bau, der außerhalb von BARRUERA im Talgrund inmitten herrlich grüner Wiesen steht (Abb. 151).

Kehren wir nun nach diesem Ausflug wieder zur N230 zurück und folgen ihr weiter nach Norden, so öffnet uns schließlich der 5,3 km lange Straßentunnel von Viella den Zugang zum *Vall d'Aran,* das in mancher Hinsicht wohl als das merkwürdigste und unvergleichlichste aller katalanischen Pyrenäen-Täler bezeichnet werden darf. Seine Sonderstellung liegt schon darin begründet, daß es sich am Nordhang der Pyrenäenkette erstreckt; von einem der Quellflüsse der Garonne gebildet und damit zum Atlantik statt wie alle anderen *Comarcas* Kataloniens (und Aragons) zum Mittelmeer hin entwässert, gehört es geographisch zu Frankreich; nur mit diesem Land war es von alters her durch eine Straße verbunden. Erst die 1925 eröffnete, im Winter nicht befahrbare Route über den Bonaigua-Paß ins Pallars hinüber hat ihm einen Verkehrsanschluß ans übrige Katalonien wenigstens in der größeren Zeit des Jahres gewährt, und seit am 9. September 1941 der damals längste Straßentunnel Europas eröffnet wurde, ist es nun auch während der Wintermonate von Spanien her direkt und ohne mühsame Umwege über französisches Gebiet erreichbar. Selbst jetzt aber gelangen die Talbewohner weit schneller nach Toulouse als in ihre Provinzkapitale Lleida, von Barcelona zu schweigen.

Die geographische Situation hat es denn auch mit sich gebracht, daß das Aran-Tal vom Garonne-Becken aus erschlossen und besiedelt wurde: seine Bevölkerung ist gascognischer Herkunft, dem Gascognischen – also einem Zweig des Okzitanischen – gehört auch ihre heimische Sprache, das Aranés, unverkennbar an. Der intensive Kontakt über die Grenze hinweg hat außerdem dazu geführt, daß das Französische neben dem Katalanischen und dem Spanischen als Hoch- und Verkehrssprache rangiert, ja den beiden vielleicht gar die erste Stelle streitig macht. Allerdings hat weder die physische noch die linguistische Absonderung jemals die politische Zugehörigkeit zu Katalonien in Frage gestellt – auch wenn das Tal im Laufe kriegerischer Auseinandersetzungen mehrmals von Truppen des mächtigen nördlichen Nachbarn besetzt wurde. Die letzte Invasion, die es durchmachte, war freilich anderer Natur: nach dem Ende des Zweiten Weltkrieges sickerten hier noch einmal von Frankreich her republikanische, kommunistisch geführte Partisanenverbände ein; als ihre Hoffnung, ihr Auftreten werde das Signal zu einer Erhebung ganz Spaniens gegen die Herrschaft Francos abgeben, sich als illusorisch erwies und sie fast völlig isoliert blieben, mußten sie sich schließlich unverrichteter Dinge wieder zurückziehen.

Die Loyalität der Bevölkerung zuerst zu den katalanischen Grafengeschlechtern, später zu den Königen von Aragon und schließlich zu denen Spaniens wurzelte nicht zuletzt in den alten Freiheiten, die sich die Aranesen bis tief ins 19. Jahrhundert zu bewahren wußten: ihr Talrat *(Consell del Vall)*, der sich aus den *Batlles*, den gewählten Oberhäuptern der sechs Gemeindeverbände *(Terços)*, dem Syndikus und dem königlichen Gouverneur zusammensetzte, konnte tatsächlich in allen wesentlichen Fragen nach freiem Ermessen entscheiden; er besaß damit ein Maß an Autonomie, das der Quasi-Unabhängigkeit Andorras jedenfalls sehr nahe kam. Und selbst als die Vorrechte im Zeichen fortschreitender staatlicher Zentralisierung schrittweise abgebaut, ja schließlich völlig aufgehoben wurden, sorgte die fortdauernde geographische Unzugänglichkeit vom übrigen Spanien her dafür, daß die Bevölkerung von den fernen Autoritäten nur wenig behelligt wurde.

Inzwischen ist von dieser traditionellen Isolierung freilich kaum mehr etwas übrig. Vier Straßenverbindungen – zu den bereits erwähnten nach Lleida, ins Pallars und nach Toulouse kommt noch eine weitere, die von Bosost über den Portilló-Paß ins französische Bagnères-de-Luchon und weiter nach Tarbes führt – bringen im Sommer, zwei davon auch im Winter immer zahlreichere Touristen ins Vall d'Aran, das dank seiner Nordlage in der heißen Jahreszeit zu den kühlsten, in den Wintermonaten zu den schneereichsten der spanischen Pyrenäentäler zählt und deshalb zunehmend größere Anziehungskraft auf Urlauber aus Spanien wie aus Frankreich ausübt. Schon ist der Punkt erreicht, an dem zu den rund 7000 ständigen Einwohnern in der Hochsaison wesentlich mehr Fremde kommen. Die herrliche Landschaft mit den mächtigen Zwei- und Dreitausendern, die das Tal mit seinen grünen Matten und seinen dicht aufeinanderfolgenden Dörfern umrahmen (Farbt. 44), hält für die sommerlichen Wanderer wie für den winterlichen Skifahrer in der Tat so viele verlockende

Ziele bereit, daß man sich über den wachsenden Andrang nicht zu wundern braucht. Uns scheinen freilich, wie generell in Katalonien, die Frühjahrs- und Herbstmonate auch hier die empfehlenswerteste Besuchszeit: Wenn der große Reisestrom versiegt ist, kann sich der Gast ungehemmter bewegen und freier umsehen.

Und zu sehen gibt es auch für den Kunstfreund einiges – für jenen zum mindesten, der seine Aufmerksamkeit nicht nur Werken höchsten Ranges schenkt, sondern der auch Freude an Schöpfungen volkstümlich-rustikalen Charakters empfindet. Unter diese Kategorie fallen ganz gewiß die Araneser Kirchen. Auch sie gehören in ihrer Grundsubstanz so gut wie durchwegs jener charakteristischen Pyrenäen-Romanik an, die sich ja nicht nur auf die Täler Kataloniens und Andorras beschränkt, sondern auch in den französisch-okzitanischen Gebieten des Grenzgebirges tiefe Spuren hinterlassen hat. Die Veränderungen jedoch, denen sie später unterlagen, spiegeln bemerkenswerterweise weniger den anderswo vorherrschenden barocken Einfluß wider als den einer Gotik, die bruchlos aus der vorangegangenen Ära hervorzuwachsen scheint, weil sie sich gleichfalls einer unverkennbar ländlich-derben Sprache befleißigt. Nur an der *Pfarrkirche Sant Miquel* des Tal-Hauptortes VIELLA, die in ihrem Ursprung auch auf das 12. Jahrhundert zurückgeht (Abb. 145), ist in der Neuzeit immer wieder gebaut und umgebaut worden. Unter dem Einfluß der Renaissance haben im 16. Jahrhundert auch das figurenreiche Portal aus dem 13. und der achteckige, über quadratischem Sockel sich erhebende Turm aus dem 14. mit dem spitzen, schiefergedeckten Helm eine tiefgreifende Umgestaltung erfahren.

Anders als im Vall de Boí, im Pallars oder auch in Andorra scheint hier die sonst in der Region so hochentwickelte religiöse Wandmalerei kaum eine Rolle gespielt zu haben; nur ganz vereinzelt ist man auf unbedeutende Freskenreste gestoßen. Anderseits aber haben die heimischen oder zugewanderten Bauhandwerker offenbar ein wesentlich größeres Interesse an der kirchlichen Verwendung der Skulptur bezeugt. Zum Teil mag das daran liegen, daß man hier meist erst später als in anderen Pyrenäengebieten an die Ausschmückung der Gotteshäuser gegangen ist, im Zusammenhang mit den schon gotisch bestimmten Erneuerungsarbeiten – auch wenn die Bauplastik vielfach noch romanische Züge aufweist. Nahe liegt aber auch die Vermutung, daß der Impuls für die bildnerische Bearbeitung des Steins von Toulouse und seinen aufeinanderfolgenden Steinmetzenschulen ausgegangen sein könnte.

Wohl dem frühesten Dokument dieser Neigung begegnen wir in BOSOST. Der Flecken an der Gabelung der beiden Straßen nach Frankreich – Garonne-abwärts nach Toulouse einerseits, über Portilló nach Bagnères-de-Luchon anderseits – hat trotz sehr lebhaftem Fremdenverkehr mehr von seinem ursprünglichen Gesicht bewahrt als das größere Viella. Und seine der Himmelfahrt Mariä geweihte *Pfarrkirche* ist ihrerseits den Ursprüngen aus dem 12. Jahrhundert am nächsten geblieben. Das verdeutlicht nicht zuletzt auch ihre bei aller Einfachheit beachtliche Nordpforte: über einem relief-verzierten Türsturz birgt das schon leicht zugespitzte Bogenfeld ein *Tympanon* unzweifelhaft romanischer Faktur mit dem Christus-Monogramm im Mittelpunkt.

Die prächtigste plastische Ausgestaltung hat die *Stefanskirche* in BETRÉN erfahren. Auch sie verrät ursprüngliche romanische Herkunft wenigstens in dem eigenartigen Chorhaupt mit der fünfeckigen Mittelapsis zwischen den gleichgestalteten beiden Seitenapsiden. Die darüber aufragende Giebelwand jedoch öffnet sich in einem prunkvollen Spitzbogenfenster mit reichem Maßwerk über zierlichen, kapitell-gekrönten Säulchen und läßt schon erkennen, wie sehr die späteren Erweiterungsbauten und damit fast alle sonstigen Teile des heutigen Baukörpers bereits einer hohen gotischen Stilentwicklung verpflichtet sind. Aber was für die Architektur gilt, trifft nicht unbedingt auch auf die Plastik zu. Das merkwürdige Relief neben dem erwähnten Fenster unter dem Giebel beispielsweise, das unterhalb eines Baldachins einen Reiter und neben ihm eine Frauengestalt mit erhobenem rechten Arm zeigt (Abb. 147), könnte sehr wohl aus früherer Zeit stammen, und auch die rund sechzig Figuren, die die Archivolten des üppig skulptierten Seitenportals bevölkern (Abb. 148), legen in ihrer Archaik die Vermutung nahe, es handle sich bei ihnen wenigstens teilweise um wiederverwendete Teile aus dem vormaligen Bau. Oder geht dieser Eindruck nur darauf zurück, daß wir es hier mit der Arbeit eines ländlichen Ateliers zu tun haben, das den alten Traditionen noch treu blieb, als sie anderswo bereits lange überwunden waren? Angesichts der auffälligen Ähnlichkeit zwischen den Portalen von Betrén (Abb. 146) und Viella ist diese These wohl um einiges wahrscheinlicher.

Betrén liegt bereits an der Straße, der wir von Viella nach Osten in den höheren Teil des Tals und über den Port de la Bonaigua ins Pallars folgen werden. Aber bevor wir das Vall d'Aran verlassen, sei der Leser noch auf ein außerordentliches Kunstwerk aufmerksam gemacht, das die Verfasser leider nie zu Gesicht bekommen haben: die *Kirche* in VIELLA bewahrt eine Christusfigur von einer sonst verlorengegangenen holzgeschnitzten Kreuzabnahme des 12. Jahrhunderts auf, die zu den eindrucksvollsten Werken dieses verbreiteten Typs überhaupt gehören muß. Da wir uns mehrmals vergeblich um Einlaß bemühten, müssen wir uns bei diesem Urteil auf die Literatur und die vorhandenen Fotos verlassen; hoffentlich ist den Benützern dieses Führers auf der Suche nach Zugang zum Original mehr Glück beschieden.

In SALARDÚ am obersten Ende des Tales (Farbt. 44), wo noch Reste eines Schlosses und der einstigen Ortsbefestigung vorhanden sind, beginnt der Aufstieg zum *Port de la Bonaigua.* Die Straße über den 'Paß des guten Wassers' ist eher schmal und insofern etwas mühsam zu befahren. Aber sie bietet dafür immer wieder hinreißende Ausblicke zuerst ins Vall d'Aran und auf das dahinter aufsteigende Massiv der Maladeta mit dem höchsten Berg der gesamten Pyrenäen, dem über 3000 Meter hohen Aneto, dann bei der gemächlicheren Abfahrt ins *Vall d'Aneu,* das von einem der Quellflüsse der Noguera Pallaresa durchflossen wird. Hier erschließt sich eine weniger dramatische, sanftere und idyllischere Landschaft, mit Nadelwäldern zwischen grünen Bergweiden und einer Kette kleiner Dörfer von besonders unverfälscht mittelalterlichem Ortsbild. Manche ihrer Namen sind uns von den Fresken im *Museu d'Art de Catalunya* längst vertraut: SORPE (vgl. Abb. 82) – das neben Santa Maria de Taúll (und den neuen, bisher noch unzugänglichen Funden von Boí) die umfangreichsten

Wandgemälde geliefert hat –, ESTERRI D'ANEU, SANT PERE DE BURGAL (vgl. Abb. 80) oder, abseits der Durchgangsstraße im Seitental des Riu Cardós, ESTERRI DE CARDÓS und unweit davon GINESTARRE. Auch hier mag es uns wie zuvor im Vall de Boí verlocken, wenigstens einigen der Kirchen nachzugehen, denen diese Malereien eigentlich zugedacht gewesen sind. Aber da wir vermutlich unsere Zeit ohnedies schon überschritten haben, werden wir wohl gut daran tun, wenn wir nicht allzu lange verweilen, sondern dem so liebenswerten Tal in SORT den Rücken kehren und zur Linken über die vielgewundene C 146 ins Segre-Gebiet hinüberwechseln (Achtung: die landschaftlich sehr angenehme Verbindungsstraße dorthin ist recht jungen Datums und daher auf älteren Karten überhaupt nicht angegeben!). 42 km hinter Sort erreichen wir den Riu Segre bei dem Dorf Adrall – und von hier ist es dann nur noch ein Katzensprung nach Seu d'Urgell: der Bischofsstadt, die uns noch einmal die mittelalterliche Größe Kataloniens vor Augen führen wird, ehe wir uns an der Grenze Andorras von ihm verabschieden werden.

Von Lleida nach Andorra: Das Segre-Tal

Drängt es uns in Lleida auf einen Heimweg ohne neue umwegige Entdeckungsfahrten, möchten wir aber doch die Bekanntschaft mit Andorra nicht missen, so bietet uns die C 1313 einen direkten Weg nach Seu d'Urgell, dem Schlüssel zu der Bergrepublik. Sie folgt über Balaguer fast durchwegs dem Lauf des Segre, und an landschaftlichem Reiz kann sie es durchaus mit der zuvor beschriebenen Route über Tremp ins Aran-Tal oder ins Pallars aufnehmen. Vor allem in ihrem oberen Teil, etwa von Ponts (span. Pons) an, eröffnet sie eine Fülle abwechslungsreicher Ausblicke: bald auf die beiderseits nahe herantretenden Berge, die das Tal stellenweise sogar schluchtartig zwischen enormen Felswänden einzwängen, bald auf einen etwas erweiterten grünen Talboden oder die ausgebreitete Wasserfläche der Talsperre von Oliana. Der Kunstfreund freilich wird hier insgesamt weniger auf seine Kosten kommen, als wenn er dem so viel längeren Bogen über den äußersten katalanischen Nordwesten folgt. Eine kleine, wenig zeitraubende Abschweifung von der Straße freilich sollte er sich nicht versagen: die nach AGRAMUNT.

Ein Besuch in dieser altertümlichen Kleinstadt am Rande des Pla d'Urgell kostet nicht mehr als zehn zusätzliche Kilometer, wenn wir kurz hinter Balaguer von der C 1313 nach rechts abbiegen und von Agramunt aus dann nach Artesa de Segre weiterfahren, wo wir die gleiche Straße bald wieder erreichen. Schon allein die Fassade der Agramunter *Pfarrkirche* ist diesen Umweg wert: sie präsentiert uns eines der prächtigsten Portale im romanisch-gotischen Übergangsstil, die wir in Katalonien zu sehen bekommen können. Sie wird beherrscht von einem achtfach gestaffelten *Stufenportal* mit meist reich dekorierten Archivolten, die über dicht aneinandergedrängten schlanken Säulen und aus geradezu überschwenglich üppig gearbeiteten *Kapitellen* mit Rankenwerk und Fabeltieren entspringen (Abb. 150). Das ausgeprägte Filigranwerk dieser Kapitelle, des anschließenden Frieses und des inneren Türbogens deutet unmißverständlich auf enge stilistische Verwandtschaft

136 LLEIDA Die Seu Vella auf der Höhe über der Stadt

137 Das Segre-Tal bei Camarasa

138 Boí Der Glockenturm

139 TAÚLL Hauptapsis von Sant Climent mit der Kopie der Ausmalung

141 Original der Hauptapsis von Sant Climent de Taúll im Museu d'Art de Catalunya, Barcelona

140 TAÚLL Apsiden von Sant Climent

143 TAÚLL Rest eines Originalfreskos in Sant Climent

142 AVELLANES Kapitell im Kreuzgang

145 VIELLA Kirche Sant Miquel

144 TAÚLL Alte schiefergedeckte Häuser

146 BETRÉN Tympanon der Kirche

148 BETRÉN Archaische Figuren an den Archivolten der Kirche

147 BETRÉN Relieffiguren an der Kirche

149 AGRAMUNT Vollplastik der Gottesmutter am Portal-Tympanon der Pfarrkirche

150 AGRAMUNT Reich geschmückte Kapitelle am Portal der Pfarrkirche

151 BARRUERA Die Kirche

152 SEU D'URGELL Westfassade des Doms

153–158 SEU D'URGELL Kapitelle: 153 vom Seitenportal: Frau, an deren Brüsten Schlangen saugen; 154–158 im Kreuzgang: Adler und Schlange, Mann mit Fiedel, Rustikale Männergestalt, Figur von hinten gesehen, Löwen fressen die Beine eines Mannes

159 SEU D'URGELL Kreuzgang mit archaischen Kapitellen

161 ANDORRA-LA-VELLA Blick auf die Stadt ▷

160 ANDORRA-LA-VELLA Altes Wappen von Andorra, vermutlich aus dem 14. Jh., an der Casa de la Vall

163 SANT MIQUEL D'ENGOLASTERS (Andorra) Skulptierter Kopf am Turm

164 SANTA COLOMA (Andorra) Rundturm

162 SANT MIQUEL D'ENGOLASTERS (Andorra) Kirchlein und Turm

166 SANT ROMÀ DE LES BONS (Andorra) Kapelle ▷

165 Mit Rohsteinen errichtete und gedeckte Häuser bei Meritxell (Andorra)

mit den Pforten der Kathedrale von Lleida hin. Mit der Herkunft aus der Lleidaner Schule mag auch der zunächst bei so viel ungehemmter Schmuckfreude verwunderlich erscheinende Verzicht auf ein Tympanon zusammenhängen. Statt dessen hat der Meister den breiten innersten Bogen mit einer fast vollplastischen Figur der Gottesmutter zwischen den Heiligen Drei Königen und einer Darstellung der Verkündigung gekrönt (Abb. 149). Das 1283 vollendete Werk darf wohl als das Meisterstück des Bildhauer-Ateliers von Lleida außerhalb der katalanischen Inlands-Kapitale angesehen werden. Der Beachtung wert sind aber auch die (im Halbdunkel freilich schwer zu erkennenden) Kapitelle im *Innern* der Kirche; sie sind, wie aus den darauf verzeichneten Namen der Steinmetzen hervorgeht, augenscheinlich von wandernden Künstlern aus der Provence gefertigt worden, und provençalischen Einfluß glaubt man in der Anlage des ganzen dreischiffigen, von Spitztonnen überwölbten Baus und in den Dekorationen der Apsis feststellen zu können.

Noch auf die Möglichkeit eines weiteren Seitensprungs sei hier wenigstens hingewiesen: von BASELLA an der C1313 führt eine landschaftlich höchst reizvolle Straße in 25km nach SOLSONA und nach weiteren 20km nach CARDONA. Wir haben zwar beide Orte schon bei unseren Streifzügen ins Hinterland von Barcelona aus kennengelernt (vgl. S. 227ff.); manchen Touristen aber mag der relativ kurze Zugang zu ihnen vom Segre-Tal aus eher verlocken als die lange Anfahrt von der Küste her. In diesem Fall wird ihm vielleicht der Parador im *Schloß* von Cardona als stilvolle Übernachtungsgelegenheit besonders willkommen sein. Fahren wir aber geradeaus, so beginnt hinter Basella der hübscheste Teil der Segre-Route, am Stausee von Oliana vorbei und bald darauf durch das dramatische Défilé des Congost de Tresponts. Dahinter treten die gewaltigen Naturmauern der Felsen nach und nach etwas weiter auseinander; das bisher enge Tal öffnet sich ein wenig um *Pla de Sant Tirs,* in dem sich malerisch dicht die Häuser des gleichnamigen Dorfes um die romanische Kirche drängen. Und an *Castellciutat* – dem römischen *Civitas Urgelli,* dessen Hügel neben einem empfehlenswerten Motel die Ruinen einer mittelalterlichen Festungsanlage trägt – erreichen wir schnell unsere letzte Stadt auf spanischem Boden: LA SEU D'URGELL.

Ihr sollte auch der eilige Tourist ein paar Stunden widmen. Denn hier begegnet ihm eine der Keimzellen der katalanischen Nationalität: mehr als ein halbes Jahrtausend hindurch hat das Geschlecht der Grafen von Urgell von hier aus über einen großen Teil der Zentralpyrenäen geherrscht. Während aber heute wenig mehr an diesen feudalen Ursprung erinnert, hat der ehrwürdige Bischofssitz seit dem Ausgang der Antike seine Kontinuität gewahrt. Schon der Name der Stadt (Seu = Kathedrale) bezeugt die prägende Kraft, die hier spätestens seit dem 6. Jahrhundert, wahrscheinlich aber noch länger von den Kirchenfürsten ausgeübt worden ist. Auch die hier ohnedies nur sehr episodische arabische Eroberung hat ihren Einfluß nicht erschüttert, und bruchlos konnten sie sich nach der bald darauf einsetzenden fränkischen Reconquista in das Gefüge der Spanischen Mark einpassen. Sie haben ihre maßgebende Position, ja sogar – als 'Mitfürsten' Andorras – ein Stück weltlicher Macht bis heute bewahrt.

Rundum von hohen Bergen geschützt, von Süden her nur durch die leicht zu verteidigende Tresponts-Schlucht zugänglich, war Seu d'Urgell von Natur zur Festung bestimmt.

Das hat dem Bischofssitz zwar nicht völlige Sicherheit vor islamischen Einfällen verschafft – zuletzt wurde er anno 793 von den Scharen Abdelmelichs überrannt und zerstört –, aber doch die Einwohner immer wieder zum schnellen Wiederaufbau ermutigt. Die heutige *Kathedrale* ist 1116 an der gleichen Stelle in Angriff genommen worden, an der schon die vier seit dem 4. Jahrhundert aufeinanderfolgenden Vorgänger-Kirchen gestanden hatten. Da aber die Gelder für das ehrgeizige Unternehmen zeitweise ausgingen und der unvollendete Bau 1195 im Zusammenhang mit Bürgerkriegs-Wirren neue Zerstörungen und Plünderungen über sich ergehen lassen mußte, blieben einige seiner Teile überhaupt unvollendet – so die Türme zur Seite der Fassade, die ursprünglich zweifellos nicht nur bis zur Höhe des Dachfirsts hätten reichen sollen –, und die Fertigstellung der anderen zog sich bis ins 13. Jahrhundert hinein.

Trotz diesen Komplikationen ist hier ein bedeutendes und in mehr als einer Hinsicht faszinierendes Werk entstanden. Im Rahmen der katalanischen Romanik freilich wirkt es merkwürdig fremd, fast exotisch. Hier aber ist diese Exotik nicht, wie in Sant Joan de les Abadesses, französischem Einfluß zuzuschreiben. Vielmehr hat in Urgell unverkennbar Italien Pate gestanden. In der Tat weiß man, daß für die Arbeiten, nachdem sie zum erstenmal unterbrochen worden waren, eine Gruppe von Bauleuten lombardischer Herkunft verpflichtet wurde. Ihre Schöpfung hat freilich mit dem Geist der früheren, auch schon lombardisch inspirierten Architektur südlich der Pyrenäen wenig mehr zu tun. Die einstmals übliche Wandgliederung durch zurückhaltend angebrachte, mehr flächig als räumlich empfundene dekorative Elemente wie Lisenen oder Sägezahn- und Bogenfriese ist hier einer kräftigeren plastischen Modellierung gewichen, bei der etwa unter dem Giebel der Fassade ausgearbeitete Rundsäulen aus der Fläche hervortreten und in der Apsis über den drei tiefgestaffelten Fenstern gar ein offener, von Doppelsäulen getragener Bogengang die sonst streng aus mächtigen Granitquadern gefügte Mauer reizvoll krönt und auflöst. Eine ähnliche Tendenz verrät sich im Innern: in den Galerien des Querschiffs etwa oder in den vier Nebenapsiden, die man von außen gar nicht erkennt, weil sie kapellenförmig in die dicke Mauer hineingebettet sind. Vollends charakteristisch scheint die Art und Weise, wie sich die

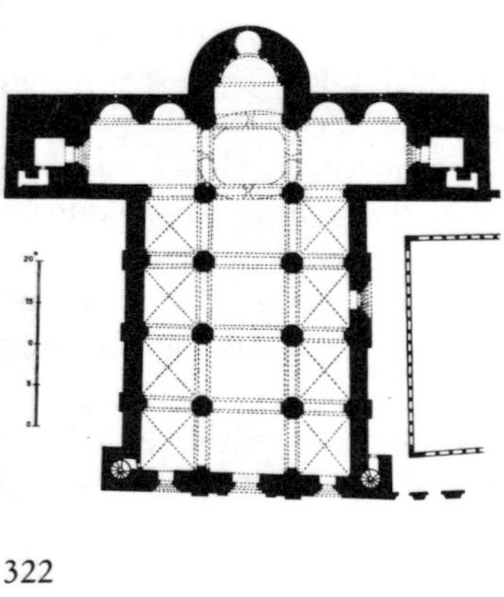

Grundriß der Seu d'Urgell. (Nach: ›Catalogne Romane‹ 2, Zodiaque, Saint-Léger Vauban, 1970)

Gestalt der ohnedies schon vielfältig mit hochgezogenen schlanken Säulen, engen Bogen und Stufenfenstern durchgebildeten Mittelapsis unterhalb der zentralen Fensteröffnung noch einmal in einer Art Apsidiole miniaturhaft wiederholt – und all das, ohne daß für einen Augenblick der Eindruck des Ostentativen, gewollt Luxuriösen aufkommt.

Bedauerlicherweise bleibt die *Seu* – außer zu Zeiten der Messe am Samstagnachmittag und Sonntagvormittag – durchwegs verschlossen. Wer es also nicht einrichten kann, sie am Wochenende aufzusuchen, wird sie nur von außen in Augenschein nehmen können. Und dabei wird der Blick auf die bemerkenswerte *Westfassade* unglücklicherweise durch die Häuser der schmalen Gasse beengt, die auf den Dom zuführt (Abb. 152). Drei sehr einfach gehaltene *Portale* – je eines für jedes der drei Schiffe – vermitteln den Zugang. Das mittlere von ihnen erhält durch einen bescheidenen Skulpturenschmuck einen stärkeren Akzent: ein schmales Figurenfries über dem Rundbogen und zu dessen beiden Seiten zwei Granitreliefs mit Löwen- und Menschengestalten: eher roh in den sehr harten Stein gehauene, aber gerade in ihrer relativen Primitivität ausdrucksstarke Darstellungen.

Sie gehen offenbar auf den gleichen Meister oder doch die gleiche wohl dem Roussillon entstammende Werkstatt zurück wie die Kapitelle des *Kreuzgangs*, der heute praktisch einen Teil des beachtenswerten *Diözesan-Museums* darstellt und den wir – wie das Museum selbst – durch eine seitliche Pforte rechts von der Kirchenfassade erreichen. Er ist offenbar erst nach dem vorläufigen Abschluß des Kirchenbaus angelegt, aber jedenfalls vor der Mitte des 13. Jahrhunderts vollendet worden. Nur noch drei seiner Galerien sind in ihrer ursprünglichen Gestalt erhalten; die letzte, im Osten des beinahe quadratischen Gevierts gelegene wurde 1603 abgebrochen und durch eine große Bogenreihe im Zeitgeschmack ersetzt.

Aber auch der Rest des ursprünglichen Claustrums ist noch eindrücklich genug: eine stimmungsvolle, mehr von Kraft und Energie als von Eleganz und Leichtigkeit zeugende Folge von Kolonnaden, deren Bogen von einfachen und eher gedrungen wirkenden Granitsäulen statt der in Kreuzgängen der Zeit üblichen feingliedrigen Säulenpaare getragen werden (Abb. 159). Dem Granit als dem einzigen hier – im Gegensatz zum sonst in Katalonien durchgehend verwendeten Kalkstein – verarbeiteten Material muß wohl auch die auffällige Rustikalität der *Kapitell-Plastik* zugeschrieben werden: Die massigen, fast durchwegs in kauernder Positur gemeißelten, oft grotesk wirkenden Männergestalten (Abb. 155, 156, 157), die Teufel, die auch hier wiederum in großer Zahl auftretenden Löwen (Abb. 158) und die grobschlächtige Flora der Blattkapitelle – das alles steht in einem kuriosen Mißverhältnis zu der deutlich von einem raffinierten Spätstil geprägten Architektur der Kathedrale: Hier ist von der italianisierenden Aura des Baus nichts, aber auch gar nichts mehr zu spüren, und statt ihrer offenbart sich eine elementare Gewalt unverkennbar magischer Inspiration (Abb. 153, 154). Thematisch wie stilistisch schließen sich diese Skulpturen augenscheinlich an die von Saint-Michel-de-Cuxa an. Nur wandeln sie die dortige Bilderwelt so ins derb Volkstümliche und Urtümliche ab, daß die Vorbilder daneben schon als Zeugnisse einer hohen Verfeinerung erscheinen mögen.

Wahrscheinlich bestand in Urgell schon im frühen Mittelalter eine Trias bischöflicher Gotteshäuser, wie wir sie aus Terrassa kennen. Sie standen hier auch unter den gleichen

Patronaten wie dort: die Kathedrale war (wie die heutige noch) der Jungfrau Maria geweiht, die Pfarrkirche dem Heiligen Petrus, das Baptisterium dem Erzengel Michael. Alle drei wurden gegen die Mitte des 11. Jahrhunderts von Grund auf erneuert. Von ihnen ist nur die damalige *Esglesia de Sant Pere* übrig geblieben, die sich an die Südgalerie des Kreuzgangs anschließt. Heute heißt sie verwirrenderweise *Sant Miquel,* nachdem die ursprüngliche Michaelskirche am Ausgang des Mittelalters abgebrochen worden war, und wie der Kreuzgang ist auch sie zu einem Teil des *Museums* umfunktioniert worden.

Die Besucher bekommen sie freilich nicht ohne weiteres zu sehen; man muß schon eigens danach fragen und die jungen Damen an der Museumskasse um die Erlaubnis zur Besichtigung bitten. Man versäume es nicht, das auf möglichst liebenswürdige Weise zu tun. Denn während die ursprüngliche Apsis-Ausmalung der Kirche nach Barcelona übergeführt und dort im *Museu d'Art de Catalunya* ausgestellt ist, birgt Sant Miquel heute eine Reihe von Fresken anderer Herkunft und teilweise hoher Qualität – so die großartige, durch ihre ungewöhnlich reiche Farbigkeit ausgezeichnete *Maiestas Mariae* aus Sorpe und die gut, aber leider nur in Einzelteilen erhaltene *Anbetung der Heiligen Drei Könige* aus Valencia d'Aneu mit ihren ungleich zarteren Pastelltönen (beide 12. Jahrhundert). Weitere bedeutende Kirchenmalereien der Romanik wie der Gotik enthalten die allgemein zugänglichen Museumsräume, dazu bemerkenswerte Reliquiare, von denen einige auf die Zeit vor der Weihe des früheren Kathedralenbaus von 1040 zurückgehen. Den größten Schatz dieser Sammlung aber stellt die *illuminierte Handschrift* jener Apokalypse des Beatus von Liébana dar, von der wir ein anderes Exemplar schon in Girona gesehen haben; das von Seu d'Urgell, etwa um 970 gefertigt, ist mit insgesamt 90 Miniaturen eines der am reichsten bebilderten Beispiele für die Verbreitung dieses Schlüsselwerks vorromanischer Religiosität und Kunst im Bereich der Iberischen Halbinsel.

(Das *Diözesanmuseum* – das derzeit (1985) umfassend erweitert wird – ist vom 15. Juni bis 15. September ganztägig zwischen 9 und 13.30 sowie 16 und 20 Uhr geöffnet, vom 16. September bis 1. November sowie zwischen Ostern und 14. Juni nur an Samstagnachmittagen von 16 bis 19 Uhr und an den Vormittagen der Sonn- und Feiertage von 10 bis 13 Uhr. Im Winter bleibt die Sammlung mangels Heizgelegenheit im Prinzip geschlossen; der Direktor Monsignore Prof. Albert Vives Mir erklärt sich aber liebenswürdigerweise bereit, auf telefonischen Anruf hin besonders interessierten Kunstfreunden nach Möglichkeit den Zugang auch außerhalb der normalen Öffnungszeiten zu ermöglichen; Tel.: Seu d'Urgell 351177).

Von Seu d'Urgell bis zur Grenze von Andorra sind es nur noch 10 km Entfernung. Aber auch auf dieser kurzen Strecke sei noch einmal ein – diesmal sehr kleiner – Abstecher empfohlen: einige hundert Meter hinter dem Dorf Anserall, zu dem links ein Seitensträßchen führt, liegen die Reste des einstigen Klosters SANT SADURNI DE TABERNOLES. Von seiner Kirche aus dem 11. Jahrhundert existieren nur noch Querschiff und Chorhaupt, durch eine neue Mauer nach außen abgeschlossen und wiederum dem gottesdienstlichen Gebrauch zugeführt; vom zerstörten Langhaus zeugen allein ein paar malerische Bruchstücke von Mauern und Bögen. Aber trotz seiner fragmentarischen Gestalt gehört dieser Bau zu den kuriosesten Dokumenten katalanischer Frühromanik vor allem durch die ganz ungewöhnlich reiche Ausgestaltung seines Chorhauptes, das nicht nur die auch anderswo anzutreffende kleeblattförmige Struktur aufweist, sondern dessen Mittelapsis sich im Innern wiederum in vier apsidiolenförmigen Nischen entfaltet; zwei weitere Apsiden bezeichnen die jeweiligen Enden des ursprünglichen Querschiffs (Farbt. 42). Die Verbindung all dieser Ausbuchtungen ruft einen Eindruck außerordentlicher räumlicher Bewegtheit hervor; ein mächtiger Triumphbogen zwischen Hauptapsis und Querschiff unterstreicht seinerseits die Monumentalität der Anlage, die des Schmucks – bis auf ein Relief an der Westwand – völlig entbehren kann.

(Der Schlüssel ist im Haus rechts gegenüber der Kirche erhältlich.)

Freistaat in den Bergen: Andorra

Ist es wirklich erst ein halbes Menschenalter her, seit Andorra in den (seltenen) Kulturfilmen, die dieser merkwürdigen Pyrenäen-Republik damals gewidmet wurden, als ein archaisch-weltabgeschiedenes Bergtal geschildert wurde, dessen Bevölkerung so gut wie ausschließlich von einer primitiven Landwirtschaft und vom Schmuggel lebte? Wer heute dorthin kommt, kann sich das kaum mehr vorstellen, daß der Hauptort ANDORRA-LA-VELLA (Abb. 161) noch in den späten dreißiger und den vierziger Jahren unseres Jahrhunderts wenig mehr als ein größeres Dorf war (und auch in den damals erschienenen Nachschlagewerken als solches verzeichnet wurde). Noch in der Zeit nach dem Zweiten Weltkrieg zählte der winzige Freistaat in den Bergen – ganze 452 Quadratkilometer groß – nur um die 6000 Einwohner, fast alle Angehörige der alteingesessenen Familien katalanischer Herkunft und Sprache. Heute ist seine Bevölkerung annähernd fünfmal so zahlreich, und die zugewanderten Ausländer stellen dabei die große Mehrheit. Andorra-la-Vella aber, obwohl mit etwas mehr als zehntausend Ansässigen inzwischen gerade in kleinstädtisches Format hineingewachsen, macht fast schon den Eindruck einer aus allen Nähten platzenden Großstadt, wenn man sich mit dem Wagen mühsam durch seine maßlos verstopften Hauptstraßen quälen muß, in denen sich Ladengeschäft an Ladengeschäft reiht.

Zwei Entwicklungen haben diese radikale und überstürzte Transformation bewirkt. Indem mit der Eröffnung des Port d'Envalira, des mehr als 2400 Meter überm Meer gelegenen höchsten Pyrenäenpasses, wenigstens von Mai bis Oktober eine durchgehende Verbindung von Spanien nach Frankreich quer durch Andorra hindurch geschaffen wurde, sind die vormals schwer zugänglichen Bergtäler aus ihrer einstigen Isolierung herausgerissen und dem Massentourismus erschlossen worden. Und der 1950 beschlossene Verzicht auf fast alle der früher erhobenen Zölle hat die Anziehungskraft der damit geschaffenen faktischen Freihandelszone erhöht und die Republik in einen riesigen Supermarkt verwandelt, wo man Weine und Spirituosen, Zigaretten jeder Marke, Fotoapparate und Radios aus aller Herren Länder und Hunderte anderer gesuchter Güter dazu billig – teilweise billiger als in den Erzeugerländern selbst – erstehen kann. Seitdem ist der Fremdenverkehr in dem Miniaturstaat zum reißenden Strom angeschwollen. Während der Saison muß man oft mit stundenlangen Verzögerungen an den Grenzen rechnen – nicht bei der Einreise zwar, wohl aber dann, wenn man das Ländchen Richtung Frankreich oder Spanien verläßt und Zöllner das Gepäck eifrig-sorgsam nach möglicherweise zollpflichtigen Mitbringseln durchmustern.

Der jähe Boom, der mit dem Einbruch der Touristenscharen ausbrach, hat nicht nur einer früher herzlich armen Bevölkerung zu unerwartet hohem Lebensstandard verholfen – auch wenn davon am meisten die kapitalkräftigen ausländischen Zuzügler profitieren –, sondern auch mancherlei Probleme aufgeworfen. Konnte die traditionelle politische Ordnung Andorras zuvor als eine putzig-liebenswürdige Kuriosität empfunden werden, so nimmt sie angesichts der neuen Bedingungen zusehends Züge eines fragwürdigen, ja anstößigen Anachronismus an.

Tatsächlich haben wir es hier mit einem Relikt geschichtlicher, gesellschaftlicher und staatlicher Strukturen zu tun, die anderswo längst versunken und vergessen sind und die sich denn auch bezeichnenderweise der eindeutigen staatsrechtlichen Definition in modernen Begriffen beharrlich entziehen. Andorra ist ein ganzes Bündel von Widersprüchen: ein altfreies und doch nur in den Kategorien des Feudalismus faßbares Gemeinwesen; unabhängig, aber nicht souverän; Republik und Fürstentum in einem; einerseits eine 'uralte Demokratie' und andererseits eingespannt ins Netz altertümlich-oligarchischer Beziehungen. Seine Existenz als quasi-selbstständiges Gebilde verdankt es der Rivalität zwischen den Grafen von Foix und den Bischöfen von Urgell, die beide Anspruch auf die andorranischen Täler erhoben und zeitweise auch recht gewaltsam durchzusetzen suchten. Da das keinem der beiden Machthaber auf die Dauer gelang, einigten sie sich durch einen Vertrag von 1278, die (mehr symbolische als reale) Oberherrschaft gemeinsam auszuüben. Dabei ist es bis heute geblieben; wenn die Rechte der ausgestorbenen Grafen von Foix jetzt vom Präsidenten der Französischen Republik wahrgenommen werden, so übt der Bischof im nahen Seu d'Urgell neben dem Herrn des Pariser Elysée immer noch die Funktion des gleichberechtigten *'Co-Princep'* aus. Jeder der abwesenden 'Mitfürsten' überträgt seine Rechte jeweils einem gleichfalls nicht im Lande selbst residierenden Delegierten: der französische Präsident – der übrigens als Person und keineswegs als Vertreter der Republik Frankreich in Andorra als Ko-Souverän fungiert – betraut damit immer den Präfekten des benachbarten Departements Pyrénées-Orientales in Perpignan, und der Bischof läßt die andorranischen Angelegenheiten normalerweise durch den Generalvikar seiner Diözese bearbeiten. Die Delegierten ihrerseits entsenden nach Andorra je einen *Veguer* (frz. Viguier), einen 'Vogt' also; dieser nimmt eine eher vage Aufsichtsfunktion über Gesetzgebung und Verwaltung des Kondominiums wahr und hat im übrigen vor allem die Aufgabe eines Verbindungsmannes mit den 'Fürsten' bzw. deren Vertretern. Die eigentliche Regierung aber wird von einem *Consell dels Valls* – einem 'Rat der Täler' – gebildet, in den jede der traditionellen sechs Gemeinden je vier in allgemeiner Wahl bestellte Abgeordnete entsendet und der seinerseits einen Generalsyndikus und dessen Vertreter als Spitze der Administration bestimmt.

In der Praxis treten die beiden Fürsten überhaupt kaum in Erscheinung; sie beziehen jedes Jahr einen Tribut von ihren Quasi-Untertanen, die sogenannte 'Questia', der mit dem

Betrag von 960 französischen Francs nur noch rein symbolische Bedeutung zukommt – und daß sie 1978, siebenhundert Jahre nach Unterzeichnung des Vertrags, erstmals wieder in Andorra zusammenkamen, illustriert den recht diffusen Charakter ihrer Gemeinherrschaft. Aber auch ihre Repräsentanten an Ort und Stelle mischen sich möglichst wenig in die Geschäfte des Staates ein; sie schreiten in aller Form nur dann ein, wenn Beschlüsse der einheimischen Regierungsorgane der andorranischen Verfassung zuwiderlaufen oder vitale Interessen der Partner verletzen – und davon abgesehen beschränken sie sich auf wohlgemeinte, informelle und nichtsdestoweniger meist befolgte Ratschläge.

Trotz solcher Zurückhaltung der offiziellen Staatsspitzen macht sich die wunderlich-komplizierte Verschränkung der Souveränitäten auch im Alltagsleben durchaus bemerkbar. Es gibt kein eigenes andorranisches Geld außer einigen Münzen, die praktisch nur für Sammler geprägt werden; der Franc und die Peseta zirkulieren nebeneinander. Auch auf eine eigene Postverwaltung haben die Andorraner verzichtet; es steht jedem frei, ob er seine Briefe und Postkarten, entsprechend frankiert, in einen spanischen oder einen französischen Briefkasten einwerfen und welcher Post er seine Pakete anvertrauen will. Insofern erscheint der kleine Freistaat gleichsam als eine Art Niemandsland zwischen seinen beiden großen Nachbarn, jedem verbunden und keinem zugehörig. Und wenn als Amtssprache das Katalanische gilt – das in der Ära Franco einzig und allein hier offizielles Heimatrecht genoß –, so haben vor allem spanische, aber auch französische Aufschriften diese Landessprache öffentlich längst weit in den Hintergrund gedrängt; in den Läden vollends gehen alle drei Idiome munter durcheinander.

Je mehr sich aber die bergbäuerliche, traditionell-patriarchalisch geordnete, im engen heimatlichen Raum sich erfüllende Gesellschaft von vorgestern in eine modern-kommerzielle, kosmopolitische mit weltweiten wirtschaftlichen Bezügen wandelt, desto mehr gerät sie in Gegensatz zu dem überkommenen Gefüge des Gemeinwesens – und desto anachronistischer muß notwendigerweise die Fortexistenz mittelalterlich geprägter Institutionen erscheinen. Schon allein die Tatsache, daß heute Ausländer runde drei Viertel der Bevölkerung stellen und die Andorraner Bürger, die doch allein über die Regelung der öffentlichen Angelegenheiten bestimmen, damit im eigenen Lande zu einer zusehends kleineren Minderheit geworden sind, muß unweigerlich Spannungen hervorrufen; sie werden noch verschärft, weil alles in allem die politisch rechtlosen Zugezogenen die ökonomisch aktivste und vom Boom daher auch am meisten profitierende Schicht ausmachen. Gewiß wird ihnen ein Status, der dem bloßer 'Hintersassen' in der vorindustriellen Gesellschaft entspricht, durch die außerordentlichen materiellen Vorteile einer Niederlassung in Andorra versüßt, zumal durch die faktische Steuerfreiheit (neun Zehntel der Staatseinnahmen erwachsen allein aus der Benzinsteuer, und dabei fällt diese so maßvoll aus, daß der Treibstoff in Andorra nach wie vor so billig ist wie nirgends sonst in Westeuropa).

Aber auf die Dauer wird sich die Majorität der Niedergelassenen mit solchen Privilegien allein wohl kaum zufrieden geben. Auch unter den Andorranern selbst wächst der Mißmut über die ungenügende Anpassung der staatlichen Strukturen an die gewandelten ökonomisch-sozialen Verhältnisse: die Bürger der rapid sich ausdehnenden Hauptstadt finden es nachgerade unzumutbar, daß sie weiterhin nur ein Sechstel der Ratsherren im *Consell* stellen und von den Vertretern der an Zahl weit geringeren, teilweise sogar demographisch rückläufigen, aber um so konservativer am Althergebrachten festhaltenden ländlichen Kommunen ständig majorisiert werden. Ein paar wenige Reformen hat die Opposition immerhin bereits durchgesetzt, so die Erhebung des hauptstädtischen Vorortes Les Escaldes zu einer neuen, siebten Gemeinde und die Wahl eines Generalsyndikus, der erstmals seit mehr als hundert Jahren nicht dem kleinen Klüngel oligarchischer Familien aus dem Dorfe Sant Julià de Lòria angehört. Von einer Demokratie modernen Zuschnitts ist in Andorra auch nach solchen partiellen Neuerungen kaum die Rede. Aber die Entwicklung dorthin dürfte wohl nicht mehr lange aufzuhalten sein.

Grund genug für den Fremden, der sich noch einigen Sinn für die Spuren der Geschichte im Gegenwärtigen bewahrt hat, gerade dem Unzeitgemäßen in dem eigentümlichen Konglomerat von Antiquiertem und Aktuellem nachzuspüren. Als eine Art Findlingsblock, der von sonst versunkenen historischen Schichten zeugt, mag ihm Andorra Interessanteres zu bieten haben als billigen Whisky, Interessanteres sogar als das, was hinter der Fassade von Allerwelts-Modernität an Sehenswürdigkeiten im üblichen Sinne verblieben ist – auch wenn es davon immer noch einiges und gar nicht so wenig zu entdecken gibt.

Als Selbstdarstellung des Gemeinwesens und Baudenkmal zugleich verdient vor allem die *Casa de la Vall* in ANDORRA-LA-VELLA unsere Aufmerksamkeit (Farbt. 45). Das schlichte, aus groben Bruchsteinen gefügte Haus zieht den Blick äußerlich nur durch seine relativ großzügigen Ausmaße, seinen festungshaft anmutenden quadratischen Turm und die kleinen runden Ecktürmchen auf sich. Nachdem es im Laufe der Zeit einigermaßen heruntergekommen war, ist ihm durch die 1956 begonnene Restauration seine frühere Gestalt zurückgegeben worden, und auch die unvermeidliche Anpassung an neue Bedürfnisse hat dem ländlichen Charme des Baus nichts anhaben können, der seit dem 16. Jahrhundert alle staatlichen Institutionen und dazu noch die Gemeindebehörden des Hauptortes beherbergt hat. Über der Eingangspforte ist in die (bewußt von ihrem Putz befreite) Mauer das Wappen Andorras aus dem Baujahr 1580 eingelassen. Weit älter ist das andere, gleichsam als Relief in Granit gearbeitete rechts daneben: es stammt vermutlich aus dem frühen 14. Jahrhundert und ist damit nur um ein paar Jahrzehnte jünger als jener Vertrag von 1278 über die sogenannte *Paratge*, dem Andorra mit Neutralisierung und Teilung der feudalen Herrschaftsgewalt zwischen den Anwärtern seinen bis heute dauernden rechtlichen Sonderstatus verdankt (Abb. 160).

Es lohnt sich, an den regelmäßig stattfindenden Führungen durch das Innere des *Rathauses* teilzunehmen: der prachtvoll wiederhergestellte Gerichtssaal im Erdgeschoß, Sitzungszimmer, früherer Eßraum und altertümliche Küche im ersten Stock, dazu die zahlreichen wieder freigelegten oder aus anderen Tälern hierher verbrachten Wandmalereien vom Mittelalter bis ins 17. Jahrhundert – das alles vermittelt eine Vorstellung von der ernsten Würde und dem kräftigen Selbstbewußtsein eines kleinen, aber altfreien Volkes. Aufschlußreich für die Art, wie dieser Staat einst regiert wurde, sind aber auch die kleinen Schlafräume im zweiten Obergeschoß: sie dienten den auswärtigen Mitgliedern des *Consell* als Übernachtungsgelegenheit, wobei sich jeweils zwei Delegierte aus der gleichen Gemeinde in eines der großen zweischläfrigen Betten zu teilen hatten.

Sonst weist Andorra-la-Vella wenig mehr an nennenswerter alter architektonischer Substanz auf. An der kürzlich von Grund auf umgebauten und erweiterten *Pfarrkirche*, die man auf dem Weg zur Casa de la Vall passiert, stammt nur noch der schmucklose Glockenturm und die große Apsis mit ihrem 'lombardischen' Bogen- und Sägezahnfries aus der Bauzeit um 1200, und auch ihre Fresken haben, wie die so vieler anderer Andorraner Kirchen und die aus der katalanischen Nachbarschaft, ihren Platz im Museum von Barcelona gefunden. Ihrem Ursprung aus dem 12. und 13. Jahrhundert viel näher geblieben sind einige der ländlichen Gotteshäuser: durchwegs recht schlichte, meist aus unregelmäßig behauenen und unverputzten Bruchsteinen errichtete Schöpfungen einer rustikalen Romanik, die sich doch bei aller Einfachheit durch eine bemerkenswerte Vielfalt der architektonischen Lösungen auszeichnen und zum mindesten mit ihren hochragenden Glockentürmen auch monumentalen Anspruch erheben.

Am ehrgeizigsten und ungewöhnlichsten dieser Campaniles sind wir schon auf dem Weg von Spanien nach Andorra-la-Vella vorbeigekommen: wenig abseits der Hauptstraße erhebt sich vier Etagen hoch, in nach oben zunehmend reicher ausgestalteten Fenstern nach allen Seiten hin geöffnet, der schlanke *Rundturm* von SANTA COLOMA (Abb. 164). Der zugehörige *Kirchenbau* gehört zu bedeutenden Teilen noch einer früheren Zeit an: Die rechteckige, durch eine kleine Giebelmauer abgeschlossene Apsis wird dem 10. Jahrhundert zugeschrieben, und im sonst vorwiegend romanischen Innern deutet der Hufeisenbogen zwischen dem flachgedeckten Schiff und der Apsis auf eine hier unerwartete mozarabische Inspiration hin, wenn es sich dabei nicht gar um einen westgotischen Nachklang handeln sollte. Über diesem Bogen ist wenigstens noch ein Fragment der einst reichen, unverständlicherweise abgerissenen und im Antiquitätenhandel verschwundenen *Ausmalung* vorhanden: das Medaillon mit dem Agnus Dei zwischen zwei nur noch andeutungsweise erkennbaren Engelsgestalten. Der Verschacherung entgangen ist die *Holzstatue* der (sehr fraulich-reifen) Jungfrau mit dem Kinde aus dem 12. Jahrhundert; in der Apsis sorgsam unter Glas verwahrt, gehört sie zu den eindrucksvollsten dieser Skulpturen, von denen den andorranischen Kirchen immerhin noch einige verblieben sind.

(Der Schlüssel zu *Santa Coloma* wird in einem nicht leicht aufzufindenden Hause in einiger Entfernung aufbewahrt; am besten wendet man sich an Bewohner der Häuser gegenüber der Kirche, die meist sehr hilfsbereit ein Kind als Führer zur Verfügung stellen.)

Ein paar bedeutende Denkmäler alter religiöser Kunst finden sich auch entlang der weiteren Route nach Frankreich. Trotzdem sei ein besonders verlockender Umweg empfohlen. Im Zentrum von Andorra-la-Vella zweigt nach rechts hin eine Straße ab, die sich in zahllosen Kurven am Berghang entlang zu der einsamen Kirche von SANT MIQUEL D'ENGOLASTERS (fast 1500 m ü. M.) und weiter zu einem noch 150 Meter höher gelegenen, von Tannenwäldern gesäumten kleinen See (Estany d'Engolasters) emporwindet. Wer diese Route wählt, vermeidet ein besonders lästiges Stück der ohnedies erschreckend banalen Durchgangsstrecke und braucht erst am Ende der quasi-städtischen Agglomeration von LES ESCALDES wieder zu ihr zurückzukehren; statt dessen genießt er immer wieder neue herrliche Ausblicke ins Tal der Valira d'Orient wie auf die lange Pyrenäen-Kette jenseits dieses tiefen Grabens. Und wenn die Kirche von Sant Miquel selbst für andorranische Begriffe geradezu armselig wirkt und ihr Innenraum seit der Ablösung ihrer Fresken kaum eines Besuches wert scheint, so entschädigt dafür nicht nur die hinreißende Lage, sondern auch der quadratische Turm, der heute wieder durch schlichte Eleganz besticht (Abb. 162), nachdem die lange vermauerten Zwillingsfenster auf jeder Seite seiner beiden unteren Stockwerke bei der Restauration in den sechziger Jahren wieder geöffnet worden sind. Der primitiv skulptierte Kopf, den wir über einer der oberen Klangarkaden erkennen, mag auf ein altes, vielleicht letztlich gar vorchristliches Motiv zurückgehen (Abb. 163). Ein ähnliches Gesicht haben wir schon auf der Höhe des Rund-Campaniles von Santa Coloma bemerken können; ob das den Schluß zuläßt, daß tatsächlich beide Türme von den gleichen (lombardischen?) Meistern errichtet worden seien, muß offen bleiben. Als eine wenigstens indirekte Bestätigung dieser Hypothese kann immerhin angeführt werden, daß auch die heute in Barcelona ausgestellten Apsis-Malereien nach übereinstimmendem Urteil der Experten als ein Werk des sogenannten Meisters von Santa Coloma oder doch seiner Werkstatt anzusehen sind.

Von diesem Atelier dürften auch die jetzt an der gleichen Stelle aufbewahrten Freskenfragmente aus der kleinen Kapelle von SANT ROMÀ DE LES BONS stammen; wir erkennen das 1163 geweihte, aber teilweise ältere Kirchlein, wenn wir nach der Rückkehr ins Tal weiter frankreichwärts fahren, kurz hinter dem Ort Encamp auf einem kühnen Felssporn zu unserer Linken neben den Ruinen des einst offenbar bedeutenden mittelalterlichen Kastells, von dem freilich nicht viel mehr als drei Mauern des Bergfrieds übriggeblieben sind (Abb. 166). Ein Stück weiter fällt uns, diesmal rechts und etwas oberhalb der Straße, ein mächtiger und unverkennbar ganz neuer Komplex ins Auge: die *Kirche* von MERITXELL, unweit des alten, jetzt völlig zerfallenen Gotteshauses errichtet, um die Statue der wundertätigen Muttergottes aufzunehmen, zu der das Volk Andorras traditionsgemäß alljährlich am 8. September seine bedeutendste Wallfahrt unternimmt. Die archaisch wirkende, 80 cm hohe *Holzfigur,* die sich von allen anderen romanischen Madonnen im Lande durch das Fehlen der üblichen Krone auf dem Kopf des Jesuskindes unterscheidet, gilt (möglicherweise zu unrecht) als das älteste Werk dieser Art, das im Bereich der Pyrenäen – und weit darüber hinaus – jemals aufgefunden worden ist. Ihre überaus farbige Fassung scheint allerdings eher der Barockzeit als der Romanik zu entstammen.

Einem weit jüngeren, schon der späten Gotik angehörenden Stück ländlich-gläubiger Plastik können wir wenig oberhalb des nächsten Dorfes CANILLO an der Straße nach Prats begegnen: einem *Wegkreuz* aus Granit, das sich von allen anderen Exemplaren dieser in Andorra verbreiteten Gattung sowohl durch seine merkwürdige Form als auch durch die Feinheit der bildhauerischen Arbeit unterscheidet (Farbt. 46). Das berühmte 'siebenarmige Kreuz' – das einen seiner Arme freilich schon vor Zeiten einmal verloren hat – trägt auf seiner Vorderseite, kräftig herausgearbeitet, das Bildnis der stehenden Madonna mit dem Kind auf ihrem Arm. Die Gesichtszüge der beiden Figuren sind allerdings bereits durch die Verwitterung verwischt; noch stärker von Wind und Wetter abgeschliffen ist die rückseitige Darstellung Christi am Kreuz. Nichtsdestoweniger imponiert auch heute noch die spürbare Sicherheit des Steinmetzen im Umgang mit dem harten Material. Schwer lesbare römische Ziffern auf dem polygonal gestalteten Kreuzesstamm nennen das Jahr 1877, beziehen sich aber zweifellos nicht auf das Datum der Errichtung, sondern vermutlich auf das einer letzten Restauration.

Kurz hinter Canillo und ehe wir noch zum Aufstieg auf den Envalira-Paß ansetzen, stoßen wir schließlich auf die letzte der romanischen Kirchen auf andorranischem Boden: SANT JOAN DE CASELLES, unmittelbar neben der Straße auf einem niedrigen Felsbuckel über dem Bett des sprudelnden Bergbaches placiert, ist nicht nur besonders reizvoll gelegen, sondern zeichnet sich auch durch das Gleichgewicht seiner verschiedenen Baumassen aus. Der seitlich vom Hauptteil der *Kirche* weggerückte und nur durch einen niedrigen Verbindungsbau mit ihr kommunizierende, gedrungen kraftvolle *Turm* harmonisiert perfekt mit dem verhältnismäßig hohen Schiff. Die zweiseitige, vor dem Seiteneingang wie vor der Westmauer angebrachte gedeckte *Vorhalle* ist zwar augenscheinlich erst im späteren Mittelalter angefügt worden, trägt aber ihrerseits zur glücklichen Gliederung des Gesamtkörpers bei. Besonders wertvoll ist die künstlerische Ausstattung des *Innern*. Schon der vielteilige gotische *Retabel* in der Apsis, Werk eines anonymen Meisters um 1525 und durch ein Gitter aus der Zeit seiner Entstehung abgeschlossen, ist in der miniaturhaften Detailfreude seiner Szenen aus der Passion und aus dem Leben des Kirchenpatrons ausgiebiger Betrachtung wert. Vor einigen Jahrzehnten hatten Diebe den ganzen kostbaren Altaraufbau gestohlen und in seine Teile zerlegt; erst nach langem Suchen gelang es, das Verschwundene fast vollständig wieder aufzufinden. Was aber zuerst das Auge auf sich zieht, ist die erstaunliche und wohl einzigartige *Kreuzigung* an der Wand gegenüber dem Eingang: Die farbige Stuckfigur des Heilands, aus zufällig aufgefundenen Bruchstücken in mühsamer Arbeit wieder zusammengefügt, tritt körperhaft vor dem Hintergrund eines romanischen Freskos hervor, flankiert von den gemalten Gestalten der Kriegsknechte mit Lanze und Essigschwamm wie von den Bildern der Sonne und des Mondes (Farbt. 47). Fast völlig erhalten geblieben ist glücklicherweise das großartig hoheitsvolle Antlitz des Erlösers. Eine derartige kühne Verbindung malerischer und plastischer Elemente scheint Züge barocker Gestaltung vorauszunehmen, ist hier aber ohne Zweifel bereits im 12. Jahrhundert erprobt worden; etwas dieser erstaunlichen Komposition Vergleichbares aus jener Zeit ist bisher nirgends sonst bekannt geworden. M. Durliat meint allerdings (in dem Band ›Pyrénées Romanes‹ der verdienstvollen Zodiaque-Reihe), das hänge möglicherweise einfach mit der leichten Zerbrechlichkeit des Stucks zusammen, und so könnte es sich hier um das letzte noch vorhandene Produkt einer langen, bis auf die karolingische Epoche zurückgehenden ikonographischen Tradition handeln. Wie es sich damit auch verhalten möge: auf jeden Fall stehen wir hier einem Kunstwerk ohnegleichen gegenüber, und sein fragmentarischer Zustand tut der Intensität der Wirkung, die von ihm ausgeht, durchaus keinen Abbruch.

Von Sant Joan de Caselles ist es nicht mehr weit nach Frankreich hinüber, und wer nur ein wenig andorranische Luft schnappen und eine Vorstellung von dem Miniaturstaat gewinnen wollte, dem wird die Fahrt auf der Transversale quer durch das Ländchen, mit dem einen oder anderen kleinen Abstecher dazu, gewiß genügen. Wer allerdings Andorra dort kennenlernen möchte, wo es noch am ursprünglichsten und vom Tourismus am wenigsten verfälscht ist, und wer überdies die Pracht der alpinen Bergnatur auszukosten strebt, der kann sich mit der hier beschriebenen Route sicherlich nicht zufrieden geben. Er wird von Andorra-la-Vella aus zum mindesten das große Seitental der Valira del Ponent (auch Valira del Nord genannt) erkunden wollen, durch das ihn eine gar nicht mühsam zu befahrende Straße mitten ins Massiv des Castellar bis auf über 2000 Meter Höhe hinaufführt. Ein erster hübscher Anziehungspunkt wird hier schon nach ein paar Kilometern Fahrt erreicht, wenn sich zur Rechten unterhalb der Fahrbahn eine gebuckelte alte *Brücke* über den selbst im Sommer stets munter dahinströmenden Wasserlauf schwingt. Es gibt mehrere dieser mittelalterlichen Steinbrücken im Lande; keine andere aber bietet ein so malerisches Bild wie dieser *Pont de Sant Antoni* (Farbt. 48). Nicht umsonst taucht sein Bild neben dem der Casa de la Vall und dem des einen oder anderen frühen Glockenturms auf praktisch jedem Reiseprospekt auf.

Ist der untere Teil des Tals, mit MASSANA und dem romantisch gelegenen ORDINO, schon vom Fremdenverkehr berührt – wenn auch nicht im gleichen Maße wie auf der Durchgangsroute –, so ändert sich das, je weiter man talaufwärts fährt: da haben die Dörfer noch ihr altes Gesicht bewahrt, drängen sich weder Hotels noch Supermärkte zwischen die herkömmlichen *Häuser* mit ihren rohen Steinmauern unter den gleichfalls steinernen Platten, die hier die Dächer noch statt der anderswo schon üblichen Ziegel bedecken (Abb. 165). In LA CORTINADA sind bei der Restauration der alten, im 17. Jahrhundert umgebauten *Kirche Sant Marti* mit ihrem auffallend breit gelagerten Schiff noch beträchtliche, wenn auch unzusammenhängende Teile der einstigen *Ausmalung* aus dem Ende des 11. oder dem Anfang des 12. Jahrhunderts zutage gekommen. Oberhalb von EL SERRAT, wo sich die bis dahin der westlichen oder nördlichen Valira entlang führende Straße über eine Reihe von Haarnadelkurven emporwindet, genießt man einen prächtigen Blick zurück auf den grünen Talboden, ehe man, nun meist weit oberhalb des Bergbachs, bald an Alpweiden und bald an jähen Abgründen vorbei, das Ende des fahrbaren Weges inmitten der allseits bedrängenden Pyrenäengipfel erreicht.

In mancher Hinsicht noch verlockender (und dabei kürzer) will uns der zweite Zugang ins Hochgebirge erscheinen. Wenn wir, von Andorra-la-Vella kommend, bei El Pui – einem Ortsteil von La Massana – geradeaus fahren, statt in großem Rechtsbogen der Richtung nach Ordino zu folgen, und dann bei dem kleinen Weiler Erts nach links einbiegen, erreichen wir in PAL, etwa 1550 Meter über Meereshöhe, eines der hübschesten und unverdorbensten aller andorranischen Dörfer (Farbt. 49). Es wird beherrscht von der hochgelegenen *Kirche Sant Climent* mit ihrem dreigeschossigen, im obersten Stockwerk nach jeder Seite hin ausnahmsweise gar durch ein doppeltes Zwillingsfenster geöffneten Turm und dem charakteristischen Portikus vor dem Seiteneingang, den man durch einen romanischen Torbogen betritt. Auch hier birgt die Apsis-Kapelle, hinter einem Gitter aus gotischer Zeit, eine der charakteristischen romanischen Pyrenäen-Madonnen, die als *Mare de Déu del Remey* – als 'helfende Muttergottes' – große Verehrung genießt (Schlüssel im Haus unmittelbar vor dem Aufgang zur Kirche).

Höhepunkt einer Andorrareise aber ist für uns die Weiterfahrt von Pal zum *Coll de la Botella* durch eine Traumlandschaft aus Matten, kleinen Wäldchen, Alpenrosen auf eine Höhe, auf der die herrlichsten Enziane verschiedener Art sich in wahren Teppichen breiten. Diese geradezu verzauberte Stelle in fast 2100 Meter Höhe hat uns so sehr gefangengenommen, daß wir es einfach nicht über uns brachten, sie zu verlassen, um dem weiterführenden (nicht mehr asphaltierten) Fahrweg zum nächsten, noch mehr als 200 Meter höheren Paß – dem Port de Cabús oder Cabris – zu folgen (ohnehin kein offizieller Übergang nach Spanien). Wir wüßten keinen schöneren Abschluß einer katalanisch-andorranischen Kunstfahrt als dieses Stück unberührter Natur – und daß es in seiner Reinheit erhalten bleiben möge, sei zum Abschied unsere Bitte an die Leser und Benützer dieses Buches, die unserer Führung bis hierher gefolgt sind.

Daten zur Geschichte Kataloniens

Ca. 600 v. Chr.	Erste griechische Kolonie an der Costa Brava (Emporion)
218 v. Chr.	Römische Truppen unter Gnaeus Scipio landen im Zweiten Punischen Krieg bei Emporion und bemächtigen sich Tarragonas
27 v. Chr.	Augustus erhebt Tarragona zur Hauptstadt der Provinz Hispania Citerior
414–418 n. Chr.	Erste Festsetzung der Westgoten
476	Endgültige Eroberung durch die Westgoten
713	Invasion der Araber, Unterwerfung Kataloniens unter muslimische Herrschaft
785	Beginn der christlichen Reconquista durch Vorstoß Karls des Großen nach Gerona
801	Ein fränkisches Heer erobert Barcelona. Altkatalonien wird zur 'Spanischen Mark' des Frankenreiches
875–895	Wilfried 'der Behaarte' (kat. Guifré el Pilós) vereinigt erstmals die katalanischen Grafschaften und begründet die Dynastie des Hauses Barcelona
985	Ein arabisches Heer unter Almansor erobert und zerstört Barcelona
ca. 971–1046	Oliba, Abt von Cuxa und Ripoll, Bischof von Vic, leitet eine Ära intensiver kirchlicher Bautätigkeit ein
1096–1131	Ramon Berenguer III. ('der Große'); Erwerb der Provence

1137	Ramon Berenguer IV. begründet durch seine Heirat mit Petronila v. Aragon die katalanisch-aragonesische Union
1148/53	Eroberung Neukataloniens; territoriale Vollendung des Prinzipats. Gründung des Klosters Poblet.
1192	Erstmalige Teilnahme von Vertretern des Bürgertums an den Stände-Versammlungen ('Cortes')
1213	Schlacht von Muret; Niederlage und Tod von Pere I. (Pedro II. von Aragon); Verlust der okzitanischen Besitzungen
1229/32	Eroberung Mallorcas durch die katalanisch-aragonesischen Heere unter Jaume I. ('dem Eroberer')
1232/35	Königreich Valencia dem Islam entrissen
1235–1316	Ramon Llull, Mystiker, Philosoph und Dichter, Klassiker der katalanischen Literatur
1276–1349	Balearen und Roussillon bilden selbständiges Königreich Mallorca
1282	Pere II. ('der Große'), als König von Aragon Pedro III., besetzt Sizilien und erwirbt dessen Krone
1283	Quasi-parlamentarische Verfassung Kataloniens mit jährlichen Cortes
1410	Mit Martin 'dem Humanen' stirbt das Königshaus von Barcelona aus
1412	'Kompromiß von Caspe': Übergang der Krone an das (kastilische) Haus Trastámara
1460/72	Bürgerkrieg: Katalanischer Aufstand gegen Juan II.
1479	Ferdinand II., Gemahl Isabellas von Kastilien, besteigt den Thron: Beginn der Union Aragons mit Kastilien und der kastilischen Hegemonie

1516	Mit Thronbesteigung Karls I. (als römischer Kaiser Karl V.) geht die Krone aller spanischen Königreiche an das Haus Habsburg über
1640/52	Erhebung Kataloniens gegen Philipp IV. und die zentralistische Politik seines Ministers Graf v. Olivares
1659	Pyrenäenfrieden: Roussillon und Teil der Cerdanya an Frankreich abgetreten
1701/14	Spanischer Erbfolgekrieg: Katalanen kämpfen für habsburgische gegen bourbonische Thronfolge
1714	Kapitulation Barcelonas vor Philipp V. beendet den Krieg
1716	'Decreto de Nueva Planta': Ende der katalanischen Selbstverwaltung
1833	Bonaventura Aribau leitet mit der Veröffentlichung seiner 'Ode an das Vaterland' die katalanische *Renaixença* ein
1873/74	Erste spanische Republik: kurzlebiger Sieg des Föderalismus unter dem Katalanen Pi i Margall
1914–25	Arbeitsgemeinschaft ('Mancomunitat') der vier katalanischen Provinzen: erster Versuch zur Schaffung eigener Institutionen im spanischen Staatsverband
1931	Zweite spanische Republik und Autonomiestatut für Katalonien
1936	Ausbruch des spanischen Bürgerkriegs
1939	Franco-Truppen überrennen Katalonien; Ende der Autonomie
1979	Neues Autonomiestatut vom Madrider Parlament verabschiedet und durch Volksabstimmung in Katalonien bestätigt.

Praktische Reisehinweise

1. Wann reisen?

Am schönsten sind Katalonien und Andorra ohne Zweifel im Frühling, sehr angenehm auch im Herbst. Wer eine dieser beiden Jahreszeiten wählen kann, hat zudem den Vorteil, daß das Land nicht überlaufen ist, daß man also auch ohne lange Vorbestellung im allgemeinen Platz in den Hotels findet. Ab April und bis Ende Oktober darf man normalerweise damit rechnen, an der Costa Brava oder der Costa Daurada bei gutem Wetter auch das Strandleben genießen zu können. Zwar wird man sich zu diesen Zeiten auf gelegentliche Regengüsse von geradezu tropischer Heftigkeit gefaßt machen müssen. Aber sie gehen meist schnell wieder vorüber. Viel regenarmer, dafür allerdings auch heißer ist es im Sommer. Aber dann wimmelt es an der Mittelmeer-Küste von Menschen, und selbst im Innern – vor allem natürlich in den kühleren Berggebieten – schwellen die Touristenströme an. Dort kann es abends oft empfindlich kühl werden, auch wenn tagsüber die Sonne noch so heiß gebrannt hat. Auf keinen Fall sollte man daher vergessen, eine Strickjacke oder ein ähnliches Kleidungsstück mitzunehmen.

Der Winter ist in Meeresnähe mild und niederschlagsreich. Je tiefer man aber ins Innere des Landes kommt, desto mehr macht sich das Kontinentalklima bemerkbar. Hier kann der Regen durchaus in Schnee übergehen. Die Pyrenäengebiete – vor allem das Aran-Tal im äußersten Nordwesten Kataloniens und Andorra – sind denn auch durchaus auf Wintersport und vor allem Skibetrieb eingestellt.

2. Wie hinkommen?

a Mit dem Auto: Die schnellste Verbindung von der Bundesrepublik aus ist die über die französischen Autobahnen durchs Rhônetal und das Languedoc (Gebühren!) ins Roussillon (Einzelheiten über die verschiedenen Routen von Perpignan nach Spanien siehe im Haupttteil des Textes).

Reisende aus dem Westen Deutschlands erreichen die *Autoroute du Soleil* (Paris–Mittelmeer) am besten, wenn sie die Autobahn Frankfurt–Basel über die Abfahrt Müllheim/

Neuenburg verlassen und auf der französischen Autoroute in Richtung Lyon weiterfahren. Nördlich von Beaune treffen sie dann auf die nach Süden führende Autoroute.

Wer aus Bayern bzw. Österreich und der Schweiz kommt, fährt am bequemsten über die Autobahn St. Gallen-Zürich-Bern-Lausanne-Genf. Die Durchfahrt durch Genf zur französischen Grenze ist so gut bezeichnet und so bequem angelegt, daß sie keine Schwierigkeiten bereitet, und kurz hinter der Grenze erreicht man dann die Autobahn über Annecy und Chambéry nach Lyon, die sich dort mit dem von Paris herkommenden Strang vereinigt. Unweit Orange zweigt dann *La Languedocienne* nach Westen Richtung Nîmes-Montpellier-Narbonne ab, und von Narbonne führt *La Catalane* nach Perpignan, zum Grenzübergang Le Perthus und, wenn man will, geradewegs nach Barcelona weiter.

b Mit dem Flugzeug: Ans internationale Liniennetz ist in Katalonien nur Barcelona angeschlossen. Über Madrid sind mit innerspanischen und Charterlinien auch Girona und Réus-Tarragona erreichbar. Nach Girona werden von Mai bis Oktober direkte Charterflüge angeboten. Über die finanziell oft recht interessanten Möglichkeiten dieser Art – vor allem auch die Kombinationsmöglichkeiten von Flug, Hotelbuchung und Automiete – erteilt jedes Reisebüro Auskunft.

c Mit der Bahn: Autoreisezüge gehen bisher nur bis Narbonne; spanische Bahnhöfe sind diesem Netz noch nicht angeschlossen. Abfahrtstermine und Verladebahnhöfe können bei der Bundesbahn erfragt werden. Von Narbonne bis zur Grenzstation Le Perthus–La Jonquera über die *Catalane* sind es nur noch 90 km. Wer erst in Katalonien einen Wagen mieten will, kann die internationalen Züge über Narbonne-Perpignan-Cerbère zur spanischen Grenzstation Port-Bou und von dort weiter nach Barcelona benützen; Mietwagen sind nicht nur in den größeren Städten, sondern auch in den meisten Orten mit nennenswertem Fremdenverkehr zu finden.

3. Reisepapiere; Winke für Autofahrer

Erforderlich: Personalausweis oder Paß, für Autofahrer Führerschein, Zulassung und grüne Versicherungskarte.

Die *Autopista del Mediterráneo,* Fortsetzung der französischen *Catalane,* verläuft über Barcelona und Tarragona nach Tortosa (und weiter nach Valencia) bzw. nach Lérida-Saragossa. Auch sie ist gebührenpflichtig. Die zulässige Höchstgeschwindigkeit auf den spanischen Autobahnen beträgt 120 km/Std., auf Landstraßen 90, innerhalb von Ortschaften 60 km. Sicherheitsgurte müssen außerhalb von Orten angelegt werden.

Wichtig ist die Benützung einer guten *Autokarte.* Es gibt zahlreiche solcher Karten für Katalonien; leider haben sich die meisten in der Praxis als recht unzuverlässig erwiesen. Auf einigen sind sogar Straßen eingezeichnet, die es überhaupt nicht gibt und nie gegeben hat, oder Abzweigungen verwirrenderweise an falschen Stellen markiert. Die besten Erfahrungen haben wir mit der Karte *Katalonien/Cataluña* von Kümmerly + Frey (Maßstab 1:500000) gemacht sowie mit der Michelinkarte 43; sie geben die Ortsnamen durchwegs in der katalanischen Schreibweise an. Für den beschränkten Bereich der Costa Brava ist die so betitelte Karte von Firestone Hispania (1:200000) besonders nützlich. Für Andorra gibt es eine ausgezeichnete Karte im Maßstab von 1:50000, herausgegeben vom Consell General. Alles Wichtige ist auch auf der Frankreichkarte von Michelin, Blatt 86, die auch das ganze Roussillon umfaßt.

Wenn Sie einen Wagen mieten, achten Sie auf ausreichenden Versicherungsschutz: Die vorgeschriebene Höchstgrenze für Personenschäden liegt bei etwa 26000 Mark, Sachschäden sind meist gar nicht versichert.

Parkieren Sie nicht unten in abschüssigen, nicht gepflasterten Nebenstraßen: die in Katalonien häufigen starken Regengüsse schwemmen mitunter Autos weg. Fahren Sie nach Regen überhaupt vorsichtig: häufig sind ganze abschüssige Straßenseiten überschwemmt.

Hinweistafeln fehlen oft. Schätzen Sie die Entfernung nach der Karte und fahren Sie langsamer, wenn Sie eine Abzweigung kommen sehen: es könnte die gesuchte sein. Spurwechsel, auch Rechtsüberholen, ist normal; der Hintermann muß aufpassen (wie in Frankreich).

Beim Linksabbiegen aufpassen: nur selten und bei neueren Ausbauten ist die Links-Einordnung so geregelt wie in der Bundesrepublik; meist muß man erst nach rechts abbiegen, dann nach einer Linkskurve senkrecht zu den beiden Fahrbahnen stoppen und sie dann erst überqueren, wenn kein Verkehr aus beiden Richtungen mehr kommt. Das dauert natürlich länger.

Es empfiehlt sich, die Innenstädte der Orte zu meiden: Parkplätze gibt es praktisch nirgends, und in den schmalen Gäßchen der Kleinstädte bleibt man häufig stecken. Bis das Gemüseauto abgeladen oder der Müll eingeladen ist, muß man warten und verliert kostbare Zeit. Meist kann man den Wagen in einer der zahlreichen Garagen abstellen: sie sind außer durch Schilder auch durch senkrechte rot-weiße Bemalung der Türpfosten gekennzeichnet (was überall – z.B. an der Trottoirkante – zugleich bedeutet, daß entlang dieser Bemalung nicht geparkt werden darf).

Liegt Ihr Hotel etwas außerhalb des Ortes, dann erkundigen Sie sich, ob man Sie von dort kostenlos mit dem Hotelwagen in die Innenstadt befördern kann: viele Hotels haben diesen Service, der aber fast nie angeschrieben ist. Von der Stadt zurück ins Hotel findet man leichter ein Taxi. Wenn der Wagen ein Taxameter hat, dieses funktioniert und der Taxifahrer trotzdem mehr verlangt als es angibt, kann das seinen Grund darin haben, daß es nach der letzten Preiserhöhung noch nicht umgestellt wurde. Die Fahrer haben dann eine amtliche Liste mit (häufig klebt sie innen an der dem Fahrgast zugewandten Scheibe), auf der Sie den alten und neuen Preis ablesen können. Bei längeren Fahrten, z.B. über Land, machen Sie vorher einen festen Preis aus.

Barcelona hat eine ausgedehnte und viel zu wenig bekannte Parkiermöglichkeit im Stadtinnern, die nicht auffällig gekennzeichnet ist: Unter dem *Paseo de Gracia* (an dem sich das

Generalkonsulat der Bundesrepublik Deutschland befindet) erstreckt sich über 1 km lang eine vierstöckige Parkfläche (gegen Gebühr).

Generalkonsulat der Bundesrepublik Deutschland: Paseo de Gracia 111, 14. Stock.
✆ 3/2184750, 2176162

Schweizerisches Generalkonsulat: Gran Via de Carlos III, 94, 7. Stock.
✆ 3/3309211, 3309297, 3309307

Österreichisches Generalkonsulat: Calle Cerdeña 492, ✆ 3/2363544

4. Auskünfte über Katalonien und Andorra

Auskünfte, auch über Andorra, erteilen die *Spanischen Fremdenverkehrsämter:*

6000 Frankfurt am Main, Bethmannstr. 50–54, ✆ 069/285760
4000 Düsseldorf, Graf-Adolf-Str. 81, ✆ 0211/370467, 370468
8000 München 2, Oberanger 6, ✆ 089/267584

In der Schweiz: 8008 Zürich, Seefeldstr. 19, ✆ 01/2527930, 2527931
1201 Genève, 40, Boulevard Helvétique, ✆ 022/359595

In Österreich: 1010 Wien 1, Rotenturmstr. 27, ✆ 0222/663191, 631425

5. Unterkünfte

Als typische Touristenländer bieten Katalonien und Andorra Hotels, Pensionen und Restaurants in großer Zahl und allen Preisklassen an. Für die Auswahl eines Standquartiers (oder für die Übernachtungen auf einer Rundreise) erweist sich die Benützung des alljährlich neu erscheinenden roten *Michelin-Führers España-Portugal* als besonders vorteilhaft; er verzeichnet auf seinen Stadtplänen dankenswerterweise nicht nur genau die Lage der empfohlenen Hotels und Gaststätten, sondern auch die Fahrtrichtung in den überaus zahlreichen Einbahnstraßen.

Während der Michelin nur eine Auswahl guter Unterkunftsgelegenheiten (freilich aller Kategorien) enthält, gibt der offizielle *Guia de Hoteles* erschöpfende Auskunft über *alle* vorhandenen Etablissements. Normalerweise wird der Tourist aber nicht auf diesen dickleibigen und entsprechend teuren Band zurückgreifen müssen.

Wer es in Barcelona vermeiden möchte, sich bei Ausflügen ständig durch hoffnungslos verstopfte Straßen quälen zu müssen, tut gut daran, wenn er als Standplatz ein Hotel in dem westlichen Außenquartier außerhalb der *Plaça de Calvo Sotelo* wählt: von dort kommt er über die Ausfallstraße schnell auf die (im engeren Stadt-Umkreis gebührenfreie) Autobahn nach Lérida bzw. Tarragona, kann aber auch bei Molins de Rei über eine kurze Verbindungsstrecke auf die Autobahn Barcelona-Gerona überwechseln und damit die nordöstlichen Distrikte Kataloniens schnell erreichen.

Wenn irgend möglich, dann sollte man es auch in Katalonien – wie allenthalben in Spanien – nicht versäumen, mindestens einmal in einem der staatseigenen *Paradores* zu übernachten. Diese meist luxuriös ausgestatteten und im Verhältnis zu ihrer Klasse ausgesprochen preiswerten, vom Generalsekretariat für Tourismus unterhaltenen Hotels finden sich häufig in um- und ausgebauten historischen Schlössern, Burgen oder Adelssitzen; sie legen Wert auf stilvolle Einrichtung und bieten neben internationaler und allgemein-spanischer Küche immer auch Spezialitäten ihrer engeren Region. Es gibt auch moderne Paradores, dann meist in landschaftlich besonders schöner Umgebung (z. B. Aiguablava, Vic, Viella).

Da die Paradores möglichst vielen Touristen zur Verfügung stehen sollen, ist der Aufenthalt in ihnen normalerweise – und insbesondere in der Saison – auf höchstens 5 Tage begrenzt. Das bedeutet zugleich, daß mindestens für die Sommermonate *sehr* frühzeitige Zimmerbestellung unerläßlich, aber auch für Frühjahr und Herbst ratsam ist. Es gibt jetzt eine Agentur in Madrid, die solche Reservationen zentral vornimmt:

Reservierungszentrale der Paradores: 28001 Madrid, Velázquez, 25, Apartado de Correos 50043, ✆ 91/4359700, 4359744. Telex: 41461 oder 44607 RRPP

Um sich gegen Absagen oder Nichteinhaltung von Bestellungen zu schützen, bestehen Paradores gelegentlich auf Vorauskasse. Ist man gewöhnt, mit Kreditkarten zu zahlen, so teile man das in einem solchen Fall dem Management mit; dies und die Erklärung, daß man im Falle kurzfristiger Absagen das Zimmer selbstverständlich bezahlen werde, genügt im allgemeinen, um die Hotelleitung von dieser Forderung abzubringen.

In dem von uns behandelten Gebiet gibt es folgende Paradores:

Aiguablava: *Parador Nacional Costa Brava.* Moderner Bau über dem Mittelmeer an einer besonders romantischen Felsenküste, 4 km südlich von Bagur, 103 km von La Jonquera, 45 km von Gerona entfernt. ✆ 72/622162–66, Telegrammadresse PARAL Bagur.

Vic: *Parador Nacional de Vich.* Ebenfalls modernes Haus, 14 km von Vic entfernt, reizvoll hoch über dem Stausee gelegen (Farbt. 12). ✆ 3/8887211, Tel.-Adr. PARAL Vic.

Cardona: *Parador Nacional Duques de Cardona.* In der prachtvoll restaurierten Burg, 97 km von Barcelona entfernt. Wegen vieler Treppenstufen auf den Stockwerken (es gibt einen Lift), die zudem bei Dunkelheit mangelhaft beleuchtet sind, ungeeignet für Gehbehinderte bzw. Rollstuhlfahrer. ✆ 3/8691275, Tel.-Adr. PARAL Cardona.

La Seu d'Urgell: *Parador Nacional de La Seu d'Urgell.* Gebaut an der Stelle des früheren Konvents von Santo Domingo aus dem 14. Jh.; Restaurant im Kreuzgang. Im Ort gelegen. ✆ 73/352000, Tel.-Adr. PARAL La Seu d'Urgell.
Tortosa: *Parador Nacional Castillo de la Zuda.* Im ehemaligen Kastell über der Stadt, 87 km von Tarragona entfernt. ✆ 77/444450, Tel.-Adr. PARAL Tortosa.
Viella: *Parador Nacional Valle de Aran.* Modernes Haus mit schönem Ausblick, 18 km von der Grenze bei Caneján/Fos, 164 km von Lérida. ✆ 73/640100, Tel.-Adr. PARAL Viella.
Arties: *Parador Nacional Don Gaspar de Portola.* Nur 6 km östlich von Viella ebenfalls im Aran-Tal gelegen, in einem alten Patrizierhaus. ✆ Viella 73/640801, Tel.-Adr. PARAL Arties.

Ferner gibt es in **Balaguer** einen sogenannten *Parador Colaborador Conde Jaime de Urgel:* ein Hotel unter Aufsicht der Generaldirektion für Tourismus, das in Preis und Qualität den Paradores entspricht, aber privat geführt wird, 28 km nordöstlich von Lérida, ✆ 73/445604, Tel.-Adr. PARADORCONDE Balaguer.

Die Zufahrtswege zu den *Paradores* sind leicht zu finden, weil sie durchwegs durch besondere Wegweiser gut bezeichnet werden.

6. Standquartiere

Als Etappenunterkünfte für Besichtigungsfahrten sind vor allem die größeren Städte gut geeignet, in erster Linie natürlich **Barcelona,** von dem aus man sowohl die Costa Brava als auch Terrassa, die Region des Montserrat, den Pla de Bages, Cardona und Solsona gut in angenehmen Tagestouren erreichen kann. Als Ausgangspunkt für Touren im Nordosten der Region empfiehlt sich auch einer der zahlreichen Badeorte an der Costa Brava zwischen **Cadaqués** oder **Roses** im Norden und **Blanes** im Süden sowie **Girona;** von jedem dieser Orte aus läßt sich die gesamte Küstenregion nördlich von Barcelona, aber auch das Hinterland bis nach Olot mühelos erkunden. Als günstige Standquartiere für das Ter-Tal, das Lluçanès, Estany, Cardona und Solsona bieten sich auch **Ripoll** oder **Vic** an. Ausflüge zu den Königsklöstern Santes Creus und Poblet, aber auch nach Lleida und Tortosa können am günstigsten von **Tarragona** oder von einem der Küstenorte an der **Costa Daurada** unternommen werden. Alle Hotels im **Aran-Tal** können auch als Standquartier für den Besuch des Vall de Boí und des Tals der Noguera Pallaresa benützt werden.

Im Haupttal von **Andorra** gibt es kaum einen Ort ohne eine Vielzahl von Hotels aller Kategorien; Parkplatzmangel und verstopfte Hauptstraßen machen die Hotelsuche dort allerdings oft zur Mühsal – ganz besonders natürlich in der sommerlichen Saison. Eben deswegen fanden wir es manchmal praktischer, in **Seu d'Urgell** zu übernachten; von hier liegt **Andorra-la-Vella** nur 21 km entfernt. Wer sich freilich ein wenig länger in dem kleinen Freistaat umsehen will, für den lohnt sich eine Einquartierung im Hauptort oder in **Les Escaldes** durchaus; man achte aber auf ein Hotel abseits der Durchgangsstraße.

7. Essen und Trinken

Mitteleuropäer, die mit Spanien noch nicht vertraut sind, müssen sich auf die hierzulande erheblich späteren Essenszeiten einrichten: nur in wenigen Hotels und Restaurants gibt es vor 20 Uhr, vielfach erst um 20.30 oder gar 21.00 Uhr Abendessen. Die Bräuche sind meist sehr streng: vor der Zeit wird der Speisesaal überhaupt nicht geöffnet; man kann also auch keine kalte Mahlzeit erhalten. In einer einheimischen 'Bar' – einer Steh-Theke, an der Aperitifs und Spirituosen, Bier und Wein glasweise ausgeschenkt werden und auch alkoholfreie Getränke (etwa Limonaden und Coca-Cola) erhältlich sind – gibt es oft *Tapas* – kleine Häppchen z. B. von Fisch, süß-sauer eingelegtem Gemüse, Würstchen usw. – oder *Bocadillos* (belegte Brote). Mitnahme von Keksen oder ähnlicher leichter Zwischenverpflegung ist ratsam, besonders wenn Kinder mitreisen.

Wärmeplatten oder auch nur gewärmte Teller sind in Spanien so gut wie unbekannt, ebenso ein zweimaliges Auflegen der Speisen. Das bestellte Essen wird, alles auf einmal, auf Ihren Teller geladen; was Sie zurückweisen, geht in die Küche zurück und ist dann endgültig weg.

In manchen Restaurants gibt es nur stumpfe Messer. Andere sind offenbar nach mannigfacher Erfahrung auch gar nicht vorhanden. Ein Tip daher: Besorgen Sie sich vor der Abfahrt eine Anzahl kleinerer Steakmesser oder solche mit Wellenschliff und nehmen Sie diese in einer Plastiktüte oder kleinen Bestecktasche mit; dann sind Sie gegen zähes Fleisch und abendlichen Ärger einigermaßen gewappnet. Hin und wieder trifft man hier wie überall auch auf unfreundliche Bedienung – lassen Sie sich in Ihrer Urlaubsfreude nicht stören.

Die katalanische Küche ist durchaus kennenswert. Wie fast überall im Süden wird man sich freilich darauf einstellen müssen, daß vorwiegend mit Öl und nur ganz ausnahmsweise mit Butter gebraten wird. Ausgezeichnet sind vor allem die Fischgerichte: die vom Grill *(Parellada)* wie die gemischten Meerestiere in einer raffinierten Sauce ('*Zarzuela*' – was eigentlich eine spanische Sonderform des Singspiels oder der Operette bedeutet; besonders üppige, mit Languste oder Hummer angereicherte *Zarzuelas* werden daher auch etwa als 'Opera' – Oper – angepriesen). Eine Spezialität des Ampurdán ist *Suquets,* ein köstliches Fischgericht mit Gemüsen.

Die *Ensalada Catalana,* eine einheimische Abart der französischen Salade Niçoise, ist als Vorspeise wie als kaltes Hauptgericht empfehlenswert. Bei den Katalanen besonders geschätzt ist ihre Wurstspezialität – die *Butifarra* –, entweder mit weißen Bohnen oder im Eintopf zusammen mit Fleisch und Klößen als *Carn d'Olla* serviert. Auch die ursprünglich aus Valencia stammende *Paella* hat hier längst in verschiedenen Formen und Zubereitungen Heimatrecht gewonnen – wie überhaupt Reis hier die beliebteste Zugabe zu Fisch- und Fleischgerichten darstellt. Wer vor Knoblauch keine Angst hat, der muß auf jeden Fall die Meereskrebse *(Gambas)* oder das Huhn *(Pollo) 'al ajillo'* probieren – in ganz Spanien verbreitete Köstlichkeiten. Zu den berühmten katalanischen Gerichten gehört auch das Hähnchen vom Spieß *(Pollo al ast)* und als Nachtisch die (gebrannte) *Crema Catalana.*

Die vielfach ausgezeichneten (und auch jetzt noch im Vergleich zu Deutschland oder Frankreich bemerkenswert billigen) spanischen *Weine* werden im allgemeinen nicht nach Herkunft oder gar Lage bezeichnet, sondern unter dem Namen der Produzenten bzw. großer Handelsfirmen angeboten. Bei den meisten bekannten Marken handelt es sich um Produkte des klassischen spanischen Rebbaugebietes: der *Rioja* (Provinzen Logroño und Alava). Aber auch Katalonien selber kann mit beachtlichen Gewächsen aufwarten: den leichten Tischweinen aus dem Ampurdán (z.B. *Perelada*), aus der Provinz Barcelona (etwa *Alella*) oder aus dem Penedès (z.B. *Kraliner* oder *Viña Sol*), den schwereren aus der Gegend um Tarragona und vor allem aus dem Priorato.

8. Feste

Mindestens *ein* Fest im Jahr feiert jeder Ort: das des Schutzheiligen oder der Ortspatronin. Fast durchwegs werden aber auch die hohen kirchlichen Feiertage – die der Karwoche, Ostern, Pfingsten, Fronleichnam – mit vielfach farbenprächtigen Prozessionen begangen. Der Katalane feiert sicher nicht weniger gern als sein andalusischer Landsmann, nur vielleicht nicht ganz so ausgelassen.

Unentbehrlicher Bestandteil jedes Festes ist der Tanz der *Sardana.* Aber auch bei vielen anderen Gelegenheiten finden sich die Katalanen zu diesem ihrem Nationaltanz zusammen (der unter Franco lange Zeit verboten war, weil er als kulturelle Äußerung des katalanischen 'Separatismus' galt), so etwa in Barcelona in den Mittagsstunden jedes Sonntags vor der Kathedrale (Abb. 66). Wer es will, kann sich an dem altertümlichen Reigen auch beteiligen; die Katalanen nehmen Fremde gern in ihren Kreis auf. Die Sardana korrekt zu tanzen, ist allerdings nicht leicht: dem steten Wechsel von Dreiviertel- und Sechsachteltakt entsprechen recht komplizierte, bald kurze, bald lange Schritte. Die Musik dazu wird vor allem von Blasinstrumenten ausgeführt; unentbehrlich ist dabei als Instrument das *Flabiol* (Flageolett), das nur mit der linken Hand gespielt wird, während die Rechte eine kleine, auf dem linken Arm ruhende Trommel bedient. Die Tänzer halten sich an den Händen und bewegen sich im Kreis (oder in mehreren Kreisen nebeneinander) auf eine eher feierlich als fröhlich wirkende Weise vor und zurück. Selbst in der Großstadt ist die Sardana noch ein ganz und gar lebendiger Brauch, der nichts mit einer künstlich gepflegten Folklore zu tun hat, sondern dem elementaren Bedürfnis nach Selbstdarstellung des Katalanentums entspringt.

Eine zweite Besonderheit katalanischer Feste sind die sogenannten '*Menschentürme*': Pyramiden, wie wir sie bei uns höchstens anläßlich von turnerischen oder akrobatischen Darbietungen kennen. In bis zu fünf 'Rängen' stellen sich die Ausführenden übereinander, die höheren jeweils auf die Schultern der unteren, bis dann zuletzt ein kleiner Junge die Spitze der Pyramide bildet. Der Brauch, ursprünglich aus der Provinz Tarragona stammend und dort seit dem 16. Jahrhundert bekannt, hat sich auch in andere Teile Kataloniens ausgebreitet und soll nicht nur der Schaustellung körperlicher Geschicklichkeit dienen, sondern gilt ähnlich wie die Sardana als eine Demonstration katalanischer Eigenart und nationalen Eigenwillens.

Wie überall in Spanien, so gibt es auch in Katalonien *Stierkämpfe;* sie finden von März bis Oktober statt.

Übersicht über einige Festtage während des Kalenderjahres:

Januar:

5. *Barcelona:* am Nachmittag ziehen die Hl. Drei Könige durch die Stadt.

Wochenende nach dem 17. *Barcelona:* Zug der 'els tres tombs' (die drei Runden) durch die Stadt auf kostbar aufgezäumten Pferden, gefolgt von einer Tierparade.

Sonntag vor Fasnacht: *Balsareny* (nördlich von Manresa): 'Fiesta de los arrieros', Wettrennen für Pferde, Maultiere und Esel, Geschicklichkeitsspiele für Reiter, Vieh-Segnungen und Tanz-Vorführungen.

Fasnachts-Sonntag: *Vilanova i la Geltrú* (an der Küste, zwischen Barcelona und Tarragona): Maskenumzüge mit Musikkapellen, Bonbonschlachten.

In der Fastenzeit: *Esparreguera,* westlich von Terrassa, an der N II: Passionsspiele nach jahrhundertealter Überlieferung.

Fronleichnamswoche: *Berga* (zwischen Ripoll und Solsona): von Mittwoch bis Sonntag Vorführung eines alten Maurendramas vor dem Rathaus; mit volkstümlichen Tänzen.

Fronleichnam: An praktisch allen Orten Feierlichkeiten, an den meisten Prozessionen. In *Barcelona* wird die Monstranz auf dem Thron von König Martin dem Humanen durch die Straßen getragen. Im Kreuzgang der Kathedrale kann man auf der Spitze des Wasserstrahls vom Brunnen ein Ei tanzen sehen. – In *Sitges* werden die Straßen des Ortes reich mit Blumenteppichen geschmückt.

April:

23. *Barcelona:* Fest des Hl. Georg, des Schutzheiligen von Katalonien, Tag des Cervantes und Tag des Buches. In den Morgenstunden Rosenmarkt im Hof der *Generalitat.*

Juni:

23. *Barcelona:* Kirmes (Feria) zu Ehren des Hl. Johannes. In der Nacht davor werden Freudenfeuer angezündet, es gibt Musik, Tanz und Feuerwerk.
28. *Barcelona:* auch am Vorabend zu diesem Feiertag der Heiligen Peter und Paul wird Feuerwerk abgebrannt.

Juli:

7. *Seu d'Urgell:* Fest zu Ehren des Hl. Odón. Außerdem an den Sonn- und Feiertagen zwischen 25. Juli und 24. September Aufführungen des mittelalterlichen Mysterienspieles ›Retaule de Sant Ermengol‹ im romanischen Kreuzgang der Kathedrale.
15. *Barcelona:* Tag der 'Virgen del Carmen', an dessen Vorabend bereits Feuerwerk stattfindet, ebenso wie am Vorabend des:
24. Tag des Hl. Jakobus.
24. *Lloret de Mar:* Fest der Hl. Cristina mit einer Bootswallfahrt und nachmittäglichen Volkstänzen auf der Plaça d'Espanya.

August:

Mitte August in *Tarragona:* 'Fiesta de San Magín'. Mit geschmückten Wagen wird 'heiliges Wasser' aus der Einsiedelei von San Magín Brufaganya in die Stadt gebracht und an die Bevölkerung verteilt. Dabei sind Menschenpyramiden zu sehen, Tänze usw.

September:

8. *Meritxell* (Andorra): Wallfahrt zu Unserer Lieben Frau von Meritxell.
8. *Solsona:* Fest Unserer Lieben Frau.
9. *Balaguer:* Patronatsfest des Ortes.
11. 'Diada': Katalanischer Nationalfeiertag.
11.–13. *Cardona:* Stierkämpfe besonderer Art: eine Schar junger Männer versucht eine Herde Jungstiere zu bändigen.
23.–24. *Tarragona:* Reliquienprozession von Santa Tecla, wobei der Arm der Heiligen in einem Silberschrein mitgetragen wird. Vor der Kathedrale Darbietungen von Menschenpyramiden.
21.–25. *Barcelona:* Fest der Schutzheiligen: Virgen de la Merced.

Dezember:

13. *Barcelona:* Fest der Hl. Lucia und Beginn des Weihnachtsmarktes vor der Kathedrale.

Feiertage: An folgenden Tagen sind alle Geschäfte geschlossen:

1. Januar: Neujahr
6. Januar: Heilige Drei Könige
19. März: St. Josephs-Tag

Karfreitag
1. Mai: Tag der Arbeit

Himmelfahrt
Fronleichnam
24. Juni: St. Johannes-Tag
18. Juli: Nationalfeiertag
25. Juli: Tag des Hl. Santiago, Spaniens Schutzheiligen
15. August: Mariä Himmelfahrt
24. September (nur in *Barcelona*): Tag der Schutzpatronin Virgen de la Merced.
12. Oktober: Tag der 'Hispanidad': Tag der Entdeckung Amerikas.
1. November: Allerheiligen
8. Dezember: Mariä Empfängnis
25. Dezember: Weihnachten.
26. Dezember: Stephanstag.

Ostermontag und Pfingstmontag gelten in Spanien als Werktage. Dagegen können die Gemeinden außer den oben genannten noch zwei lokale Feiertage im Jahr anordnen.

9. Tips zum Fotografieren

Besorgen Sie sich nach Möglichkeit *alles,* was Sie zum Fotografieren brauchen, vorher zu Hause. Filme und Batterien sind meist nur in *gängigen* Typen vorhanden. Vor allem müssen Sie genau wissen, was Sie *nicht* wollen für Ihre Kamera: Die in den Souvenir- oder Tabakläden der Touristenorte Filme verkaufenden jungen Mädchen haben meist keine Ahnung. Service (Filmeinlegen z. B.) ist deshalb dort auch nicht zu erwarten.

Lassen Sie sich bei Ihren Aufnahmen nicht irritieren von den uns ungewohnten überirdisch geführten Kabeln (auch in Großstädten): nehmen Sie sie mit ins Bild hinein. Was einen zunächst, auch beim Blick durch den Sucher, stört, wirkt später auf Dia oder Abzug ganz normal, die Umgebung jedenfalls nicht 'geschönt'.

Lassen Sie Ihre Kamera und möglichst auch die unbelichteten Filme nie im Auto, das in der prallen Sonne stehen muß: abgesehen vom möglichen Diebstahl altern die Filme in der Hitze schon in wenigen Stunden: Schleier auf den Bildern sind die Folge.

Wenn Sie ein Blitzgerät zum elektrischen Aufladen benutzen: nehmen Sie sicherheitshalber noch einen Zwischenstecker mit; spanische Steckdosen sind nicht immer passend für deutsche Stecker. Bevor Sie aufladen, kontrollieren Sie die Spannung: viele Orte haben *110 V*. Anschließend möglichst sofort wieder umschalten, sonst brennt das Gerät bei *220 V* dann durch.

Fotografieren in Museen: Es ist mitunter nicht verboten, mit Blitz jedoch meistens ('no flash!'), vor allem in Gemäldegalerien. Nur sehr wenige Museen haben am Eingang ein Schild stehen oder hängen, aus dem ersichtlich wird, ob Fotografieren erlaubt oder verboten ist. Fast durchwegs verboten ist aber die Mitnahme von Taschen, auch wenn sie nichts Inkriminierendes enthalten. Deshalb so anziehen, daß man notfalls vorher oder am Ort Wechselobjektive, Filme, Filter usw. in den Jackentaschen verstauen kann.

Im *Museu d'Art de Catalunya* in *Barcelona* ist Fotografieren ohne Blitz und ohne Stativ sowie nur zu persönlichen Zwecken erlaubt. Taschen sind dort (auch nur manchmal) abzugeben. Innen ist überall reines Kunstlicht: auf entsprechendes Filmmaterial einstellen bzw. Filter benutzen.

Weitere Museen in Barcelona:
Museu Maritimo (Atarazanas Reales): Fotografieren verboten.
Museu Arqueológico: verboten.
Museu Picasso: erlaubt, aber ohne Stativ und ohne Blitz, mit Ausnahme einiger Säle, in denen Blitz erlaubt ist, die aber nicht gekennzeichnet sind. Taschen müssen abgegeben werden.
Museu de Historia de la Ciudad: verboten.
Museu Marés: verboten.

In Tarragona:
Museu Arqueológico: verboten.
Museum der Nekropole: verboten. Die Sarkophage bzw. Fundstätten außerhalb des Gebäudes dürfen fotografiert werden.

Centcelles: verboten.

In Tortosa:
Kathedrale innen: verboten (nirgendwo vermerkt. Es wird einem nur gesagt – wenn jemand da ist).

In Solsona:
Diözesan-Museum: verboten

Fotografieren in Kirchen: Hier kann man meist, natürlich außerhalb der Gottesdienst-Stunden, fotografieren, auch blitzen. Da die romanischen Kirchen häufig sehr dunkel sind, empfiehlt sich eine weittragende, starke Taschenlampe – nicht nur zum Scharfeinstellen, sondern auch um vorher auszuleuchten, ob sich das Aufnehmen überhaupt lohnt. Ebenso empfiehlt sich ein Fernglas.

10. Öffnungszeiten der Museen

Grundsätzlich kann man davon ausgehen, daß alle Museen – außer montags – geöffnet sind *von 10 bis 14 Uhr* und *von 16 bis 18 oder 19 Uhr*. Diese Regel hat jedoch viele Ausnahmen. Wir geben deshalb hier die Öffnungszeiten für die in diesem Band erwähnten Museen und/oder Kirchen mit Kreuzgängen an (soweit sie nicht schon im Text genannt wurden). Dabei ist aber zu beachten, daß sich diese Zeiten gelegentlich ändern; eine genaue vorherige Information an Ort und Stelle ist deshalb anzuraten. *Montags* sind fast alle Museen ganztägig geschlossen.

Barcelona:

Museu Arqueológico, Montjuic: werktags 10–14 Uhr und 18–20 Uhr, an Sonn- und Feiertagen 10–13 Uhr.

Museu d'Art de Catalunya und *Keramik-Museum*, Montjuic: 9.30–13.30 Uhr.

Museu d'Art Modern, Parque de la Cuidadela: 9.30–13.30 Uhr und 16.30–19.30 Uhr.

Museu Maritimo (Reales Atarazanas), Porta de la Pau: 10–13 Uhr und 16–18 Uhr.

Museu Picasso, Montcada 15: 10–19 Uhr. An Sonn- und Feiertagen 10–14 Uhr.

Museu de la Historia de la Ciudad, Plaça del Rei: 9–14 Uhr und 17–20 Uhr. An Sonn- und Feiertagen 11–14 Uhr.

Museu Marés, Condes de Barcelona 10: 9–13.45 Uhr und 16–19 Uhr.

Kloster Pedralbes, Bajada Monasterio 16: 9.30–14 Uhr. An Sonn- und Feiertagen und montags geschlossen.

Girona:

Arabische Bäder: 10–13 Uhr und 16–18 Uhr.

Ripoll:

Kreuzgang: 10–13 Uhr und 16–19 Uhr.

Sant Pere de Roda:

Okt.–März 9–13 Uhr und 14–17 Uhr; April bis Sept. 9–14 Uhr und 16–20 Uhr.

11. Sprachen

In den größeren Hotels der Städte und der Badeorte ist meist auch mindestens ein Angestellter (z. B. am Empfang) da, der Deutsch versteht. Erheblich besser noch kommt man im allgemeinen mit Französisch zurecht. Vor allem auf dem Lande sind allerdings einige Spanisch-Kenntnisse äußerst empfehlenswert. Spanisch wird so gut wie durchwegs auch von den Einwohnern mit katalanischer Muttersprache verstanden – und da kaum ein Tourist Gelegenheit haben wird, bei sich zuhause Katalanisch zu lernen, erweist sich die offizielle Staatssprache Spaniens als das beste Verständigungsmittel.

12. Und überdies: allgemeine Tips

Kassenschalter der Banken: von 9–13 Uhr geöffnet, auch samstags. Hingegen gibt es in den von Touristen besuchten Badeorten *Wechselstuben,* die den ganzen Tag geöffnet sind, häufig auch noch am späten Abend. Selbstverständlich sind dort Wechselgeschäfte zum üblichen Kurs möglich. Bei Geldwechsel erzielen Reiseschecks durchweg einen höheren Kurs als Banknoten (und meist einen besseren, als ihn deutsche Banken beim Kauf von Peseten gewähren).

Geld abheben beim Postamt: *Alle Postämter* einschließlich der spanischen in Andorra zahlen den Gegenwert von 100,– DM oder einem Mehrfachen davon, jedoch an einem Tag nicht mehr als 1000,– DM; je Postsparbuch höchstens 2000,– DM innerhalb von 30 Tagen. Zur Auszahlung müssen Sie außer dem Postsparbuch die dazugehörige Ausweiskarte und Ihren Reisepaß oder Personalausweis vorzeigen. Die Postämter halten Rückzahlungsscheine vorrätig. Bei Postsparbüchern für Eheleute werden Rückzahlungen an jeden Ehegatten geleistet. Einzahlungen sind nicht möglich. Der Umrechnungskurs wird von der Deutschen Bundespost festgesetzt.

Stromspannung für Elektro-Rasierer von Ort zu Ort verschieden, von 110 bis 230 Volt. Vor Gebrauch nachprüfen!

Ein Tip für Journalisten und Geschäftsreisende: In jeder etwas größeren Stadt gibt es in der Hauptpost öffentliche *Telex-Stellen;* übrigens auch in kleineren, aber von Touristen viel besuchten Orten, z. B. an der Küste. *Post-Kreditkarten* werden anstandslos akzeptiert. Man kann selbst den Lochstreifen stanzen, wenn man das will. Die Tastatur der Fernschreiber unterscheidet sich kaum von der in der Bundesrepublik gebräuchlichen.

Raum für Ihre Reisenotizen

Notizen zur Bibliographie

Wer sich ernsthaft für Land, Volk und Kunst Kataloniens interessiert, wird in deutscher Sprache so gut wie keine leicht greifbare, ausschließlich diesem Gegenstand gewidmete Literatur finden. Das Buch von *Heinz Finke*: ›Katalonien – Landschaft und Kunst‹ (Konstanz 1963) dürfte die einzige neuere Gesamtdarstellung des Themas sein; es ist aber längst vergriffen und auch in Bibliotheken nicht leicht aufzufinden. Eine deutsch geschriebene Darstellung der katalanischen Geschichte ist uns überhaupt nicht bekannt geworden.

Wer sich für die Sprache unserer Region interessiert, sei auf das deutsch geschriebene »Handbuch des Katalanischen« von *Artur Quintana* hingewiesen, das eine sehr nützliche Grammatik, eine Vielzahl von Übungen und einen »katalanisch-deutschen Grundwortschatz« enthält (Editorial Barcino, Barcelona 1981). Eine streng wissenschaftliche Studie ist neuerdings auch in Deutschland herausgekommen: »Katalanisch. Eine einführende Beschreibung« von Jens Lüdtke (Verlag Hueber, München 1984). Inzwischen liegen auch zwei Wörterbücher vor: »Diccionari Alemany-Català, Català-Alemany« von *Roser Guàrdia* und *Maria Ritter i Obradors* (Editorial Pòrtic, Barcelona 1981) sowie das ausführlichere von *C. Batlle* und *G. Haensch*, von dem aber leider erst der deutsch-katalanische Teil erschienen ist (»Diccionari alemany-català«, Barcelona 1981).

Trotz der Anspruchslosigkeit ihrer vorwiegend touristisch-propagandistisch ausgerichteten Texte könnten die verschiedenen, den einzelnen spanischen (und folglich auch katalanischen) Provinzen sowie gewissen Reisegebieten gewidmeten Bändchen des spanischen Verlags Editorial Everest, Madrid, immerhin einige Informationslücken zum Nutzen des ausländischen Reisenden füllen, da sie meist auch in deutscher Ausgabe erschienen sind. Nur ist das (angebliche) Deutsch, in das sie aus dem Spanischen übertragen worden sind, in den meisten Fällen peinlich und teilweise schlechterdings unverständlich ausgefallen. Für unser Gebiet liegen vor die Bände Barcelona, Gerona, Tarragona, Lérida sowie die über die katalanischen Pyrenäen und die Costa Brava. Sprachlich etwas sorgfältiger, aber auch nicht gerade berückend sind die hauptsächlich durch ihre beachtlichen Farbfotos anziehenden Titel der Reihe *Ganz Spanien*: ›Ganz Barcelona‹ und ›Die ganze Costa Brava‹ (Editorial Escudo de Oro, Barcelona) ausgefallen.

So bleibt man für die Information im wesentlichen auf die Abschnitte angewiesen, die unserer Region in landeskundlichen, historischen und kunstgeschichtlichen Veröffentlichungen über Spanien gewidmet werden. Verhältnismäßig noch am besten steht es dabei im Bereich der Kunst und vor allem jener der frühen Epochen. In der Sammlung *Biblioteca de Arte Hispanico* (Barcelona, o.J.), die ihren Text jeweils viersprachig (spanisch, englisch, französisch und deutsch) präsentiert, enthalten die Bände von *Miguel Tarradell* (›Römische Kunst in Spanien‹) und *Pedro de Palol* (›Frühchristliche Kunst in Spanien‹) eine Fülle von Informationen über die entsprechenden Phasen in *Katalonien.* Palol hat auch den Text für den großartigen Bildband von *Max Hirmer* geschrieben: ›Spanien. Kunst des frühen Mittelalters vom Westgotenreich bis zum Ende der Romanik‹ (München 1965). Das Deutsche Archäologische Institut in Madrid bereitet eine sechsbändige, umfassende Publikation unter dem Sammeltitel *Hispania Antiqua* vor, die den gesamten Bestand von den vorgeschichtlichen Denkmälern bis zu denen des Kalifats von Córdoba umfassen soll; der erste Band dieser Reihe (›Die Denkmäler der frühchristlichen und westgotischen Zeit‹) von *Helmut Schlunk* und *Theodor Hauschild* liegt bereits vor (Mainz 1978) und vermittelt aus unserem Bereich insbesondere wichtige Aufschlüsse über den letzten Forschungsstand im Hinblick auf die Monumente in und bei Tarragona. Ausführlich wird die katalanische Romanik schließlich auch von *Marcel Durliat* in dem Photoband von *Jean Dieuzaide* behandelt: ›Hispania romanica. Die hohe Kunst der romanischen Epoche in Spanien‹, München 1962.

Vollends unentbehrlich aber sind für jeden, der sich ernsthaft mit dieser zweifellos größten und international fruchtbarsten Zeit der Kunst Kataloniens beschäftigen will, die den katalanischen Landschaften gewidmeten Bände der großen Reihe *La nuit des temps* im Verlag ZODIAQUE (St. Léger Vauban). Diese überaus eingehenden und eindringlichen Studien über die hervorragendsten romanischen Schöpfungen Westeuropas sind zwar französisch geschrieben, enthalten aber auch knappe deutschsprachige Zusammenfassungen:

›Catalogne Romane I‹ (der Kunst des 11. Jahrhunderts gewidmet, 2. Aufl. 1968)
›Catalogne Romane II‹ (12. Jahrhundert, 2. Aufl. 1970)
›Roussillon Roman‹ (2. Aufl. 1964)
›L'Art cistercien hors de France‹, 1971 (enthält u.a. Kapitel über Poblet und Santes Creus).

Sehr viel weniger reich bedacht ist der Kunstfreund mit leicht zugänglichen Arbeiten über die Gotik Kataloniens; die deutschsprachigen Veröffentlichungen zu diesem Thema liegen überwiegend recht weit zurück und sind daher nur (mit Glück) in Bibliotheken aufzutreiben, berücksichtigen daher auch die neueren Forschungen nicht. Das gilt z.B. für die ›Studien zur spanischen Architektur der Spätgotik‹ von *Georg Weise* (Tübingen, 1933) und das Buch von *Gertrud Richert*: ›Mittelalterliche Malerei in Spanien. Katalanische Wand- und

Tafelmalereien‹ (Berlin, 1925), das die romanische und gotische Periode umfaßt, schließlich die von *Christian Zervos* herausgegebene Publikation ›Die Kunst Kataloniens‹ (Wien, 1937).

Für Leser, die des Spanischen mächtig sind, seien einige wenige der jüngeren und daher an Ort und Stelle meist noch im Buchhandel verfügbaren Veröffentlichungen angeführt:

J. Vicens Vives: ›Noticia de Cataluña‹ (eine knappe und grundlegende Zusammenfassung der Erkenntnisse durch den führenden modernen Historiker Kataloniens).

Ferran Soldevila: ›Síntesis de la Historia de Cataluña‹ (eine mehr landläufige, dynastisch orientierte, aber als erste Einführung brauchbare Übersicht).

Aus dem kunstgeschichtlichen Bereich sei insbesondere auf die jüngste, großangelegte Gesamtdarstellung der romanischen Malerei in unserem Gebiet aufmerksam gemacht:

Santiago Alcolea und *Joan Sureda:* ›El Románico Catalán: Pintura‹. Bd. 1 der Colección Vulpellac, Barcelona 1975

Die parallele, als Bd. 2 der gleichen Sammlung ohne Jahresangabe erschienene Studie über die gotische Malerei liegt bisher leider nur auf katalanisch vor: *Joan Sureda:* ›El gotic català Pintura‹. Volum I.

Ausführlich orientieren über viele Bereiche des katalanischen Lebens (unter Aussparung der politischen Aspekte) die beiden Katalonien gewidmeten Prachtbände der verdienstvollen, von der Fundación Juan March herausgegebenen Kollektion *Tierras de España* (Editorial Noguer, Madrid 1974 und 1978): ›Cataluña‹, Bd. I und II, mit Abschnitten über Geographie, Geschichte, Kunst und Literatur.

Als Buchhandlung mit größerer deutscher Abteilung und teilweise deutschsprachigem Personal in Barcelona empfehlen wir die Libreria Herder, Carrer Balmes 26 (nahe Plaça de Catalunya).

Nachweis der Abbildungen

Vorlagen für die Farbtafeln und die vier Umschlagbilder: Xenia v. Bahder, Kleinrinderfeld

Abbildungen in Schwarzweiß

Xenia v. Bahder, Kleinrinderfeld: 1–19, 21–23, 25, 27–41, 43–49, 51–71, 75–79, 82–92, 94–103, 105–127, 129–135, 138–140, 142–166

Archivo Cuyás, Barcelona: 24, 26, 42, 50, 104, 136, 137

Dumont Bildarchiv, Köln: 74

Foto Marburg, Marburg/Lahn: 72

Foto M. A. S., Barcelona: 20, 93

Museu d'Arte de Catalunya, Barcelona: 80, 81, 141

Roger Viollet, Paris: 73

Edition et Revue d'Art Zodiaque, St. Léger Vauban: 128

Register

Ortsregister

Personenregister

44,– M4

DuMont Kunst-Reiseführer

»Kunst- und kulturgeschichtlich Interessierten sind die DuMont Kunst-Reiseführer unentbehrliche Reisebegleiter geworden. Denn sie vermitteln, Text und Bild meist trefflich kombiniert, fundierte Einführungen in Geschichte und Kultur der jeweiligen Länder oder Städte, und sie erweisen sich gleichzeitig als praktische Führer.« *Süddeutsche Zeitung*

Alle Titel in dieser Reihe:

- Ägypten und Sinai
  - Entdeckungsreisen in Ägypten 1815–1819
- Algerien
- Arabien
  - Entdeckungsreisen in Südarabien
- Belgien
  - Die Ardennen
- Bhutan
- Brasilien
- Bulgarien
- Bundesrepublik Deutschland
  - Das Allgäu
  - Das Bergische Land
  - Bodensee und Oberschwaben
  - Bremen, Bremerhaven und das nördliche Niedersachsen
  - Die Eifel
  - Franken
  - Hannover und das südliche Niedersachsen
  - Hessen
  - Hunsrück und Naheland
  - Kölns romanische Kirchen
  - Die Mosel
  - München
  - Münster und das Münsterland
  - Zwischen Neckar und Donau
  - Oberbayern
  - Oberpfalz, Bayerischer Wald, Niederbayern
  - Ostfriesland
  - Die Pfalz
  - Der Rhein von Mainz bis Köln
  - Das Ruhrgebiet
  - Sauerland
  - Schleswig-Holstein
  - Der Schwarzwald und das Oberrheinland
  - Sylt, Helgoland, Amrum, Föhr
  - Der Westerwald
  - Östliches Westfalen
  - Württemberg-Hohenzollern
- Volksrepublik China
- DDR
- Dänemark
- Frankreich
  - Auvergne und Zentralmassiv
  - Die Bretagne
  - Burgund
  - Côte d'Azur
  - Das Elsaß
  - Frankreich für Pferdefreunde
  - Frankreichs gotische Kathedralen
  - Korsika
  - Languedoc–Roussillon
  - Das Tal der Loire
  - Lothringen
  - Die Normandie
  - Paris und die Ile de France
  - Führer Musée d'Orsay, Paris
  - Périgord und Atlantikküste
  - Das Poitou
  - Die Provence
  - Drei Jahrtausende Provence
  - Licht der Provence
  - Savoyen
  - Südwest-Frankreich
- Griechenland
  - Hellas
  - Athen
  - Die griechischen Inseln
  - Alte Kirchen und Klöster Griechenlands
  - Tempel und Stätten der Götter Griechenlands
  - Korfu
  - Kreta
  - Rhodos
- Großbritannien
  - Englische Kathedralen
  - Die Kanalinseln und die Insel Wight
  - London
  - Schottland
  - Süd-England
  - Wales
- Guatemala
- Holland
- Indien
  - Ladakh und Zanskar
- Indonesien
  - Bali
- Irland
- Island (Sommer '88)
- Israel
  - Das Heilige Land
- Italien
  - Apulien
  - Elba
  - Das etruskische Italien
  - Florenz
  - Gardasee, Verona, Trentino
  - Lombardei und Oberitalienische Seen
  - Die Marken
  - Ober-Italien
  - Die italienische Riviera
  - Von Pavia nach Rom
  - Rom – Ein Reisebegleiter
  - Rom in 1000 Bildern
  - Das antike Rom
  - Sardinien
  - Südtirol
  - Toscana
  - Umbrien
  - Venedig
  - Die Villen im Veneto
- Japan
  - Nippon
- Der Jemen
- Jordanien
- Jugoslawien
- Karibische Inseln
- Kenya
- Luxemburg
- Malaysia und Singapur
- Malta und Gozo
- Marokko
- Mexiko
  - Unbekanntes Mexiko
- Nepal
- Österreich
  - Burgenland
  - Kärnten und Steiermark
  - Salzburg, Salzkammergut, Oberösterreich
  - Tirol
  - Wien und Umgebung
- Pakistan
- Papua-Neuguinea
- Portugal
  - Madeira
- Rumänien
- Die Sahara
- Sahel: Senegal, Mauretanien, Mali, Niger
- Die Schweiz
  - Tessin
  - Das Wallis
- Skandinavien
- Sowjetunion
  - Georgien und Armenien (Sommer '88)
  - Kunst in Rußland
  - Moskau und Leningrad
  - Sowjetischer Orient
- Spanien
  - Die Kanarischen Inseln
  - Katalonien
  - Mallorca – Menorca
  - Nordwestspanien
  - Spaniens Südosten – Die Levante
  - Südspanien für Pferdefreunde
  - Zentral-Spanien
- Sudan
- Südamerika
- Südkorea
- Syrien
- Thailand und Burma
- Tunesien
- USA – Der Südwesten
- Zypern

Alle Bände mit vielen, zum Teil farbigen Abbildungen; dazu Zeichnungen, Karten, Grundrisse, praktische Reisehinweise.

»Richtig reisen«

Ägypten
Algerische Sahara
Amsterdam
Arabische Halbinsel
Australien
Bahamas
Von Bangkok nach Bali
Belgien mit dem Rad
(Sommer '88)
Berlin
Bornholm
Budapest
Cuba
Elsaß
Ferner Osten
Finnland
Florida
Frankreich für Feinschmecker
(Sommer '88)
Friaul – Triest – Venetien
Graz und die Steiermark
Griechenland
Delphi, Athen, Nord- und Mittelgriechenland, Inseln
Griechische Inseln
Großbritannien
Hawaii
Holland
Hongkong
Mit Macau und Kanton
Ibiza/Formentera
Nord-Indien
Süd-Indien
Indonesien (Sommer '88)
Irland
Istanbul
Jamaica
Kairo
Kalifornien
Kanada und Alaska
Ost-Kanada
West-Kanada und Alaska
Kreta
»Richtig wandern«: Kykladen
London
Los Angeles
Madagaskar
Malediven
»Richtig wandern«: Mallorca
(Frühjahr '88)
Marokko
Mauritius
Mexiko
Moskau
München
Nepal
Neu-England
Neuseeland
New Mexico
Santa Fé – Rio Grande – Taos
New Orleans
und die Südstaaten Louisiana, Mississippi, Alabama, Tennessee, Georgia
New York
Norwegen
Ostafrika
Kenya und Tanzania mit Uganda, Rwanda und Burundi
Paris
Paris für Feinschmecker
Philippinen
Portugal
Réunion
»Richtig wandern«: Rhodos
Rom
San Francisco
Die Schweiz und ihre Städte
Seychellen
Sizilien
Sri Lanka (Ceylon)
Südamerika 1
Kolumbien, Ekuador, Peru, Bolivien
Südamerika 2
Argentinien, Chile, Uruguay, Paraguay
Südamerika 3
Brasilien, Venezuela, die Guayanas
Texas
Thailand
Toscana
»Richtig wandern«: Toscana und Latium
Türkei
Tunesien
Venedig
Wallis
Wien (Frühjahr '88)
Zypern